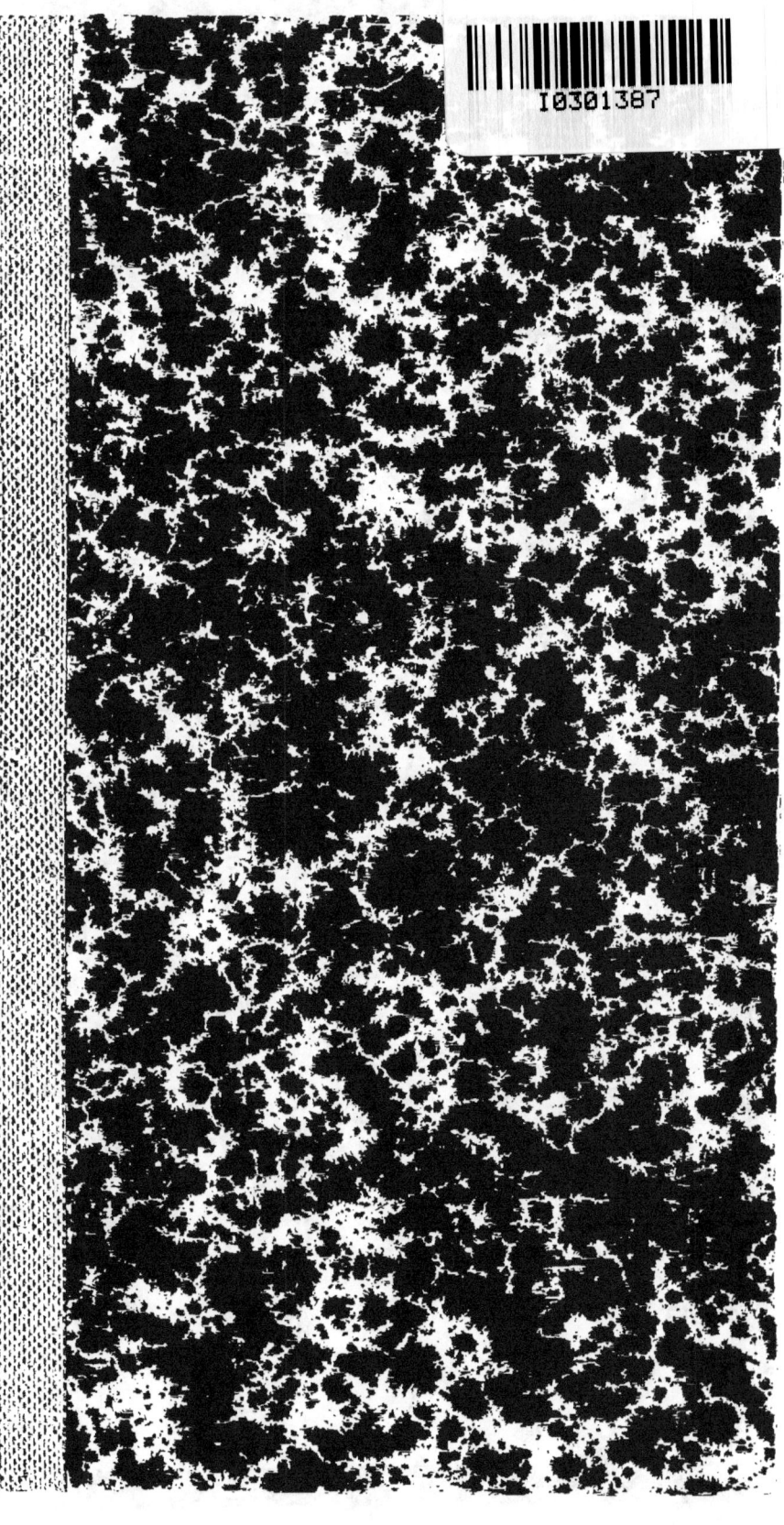

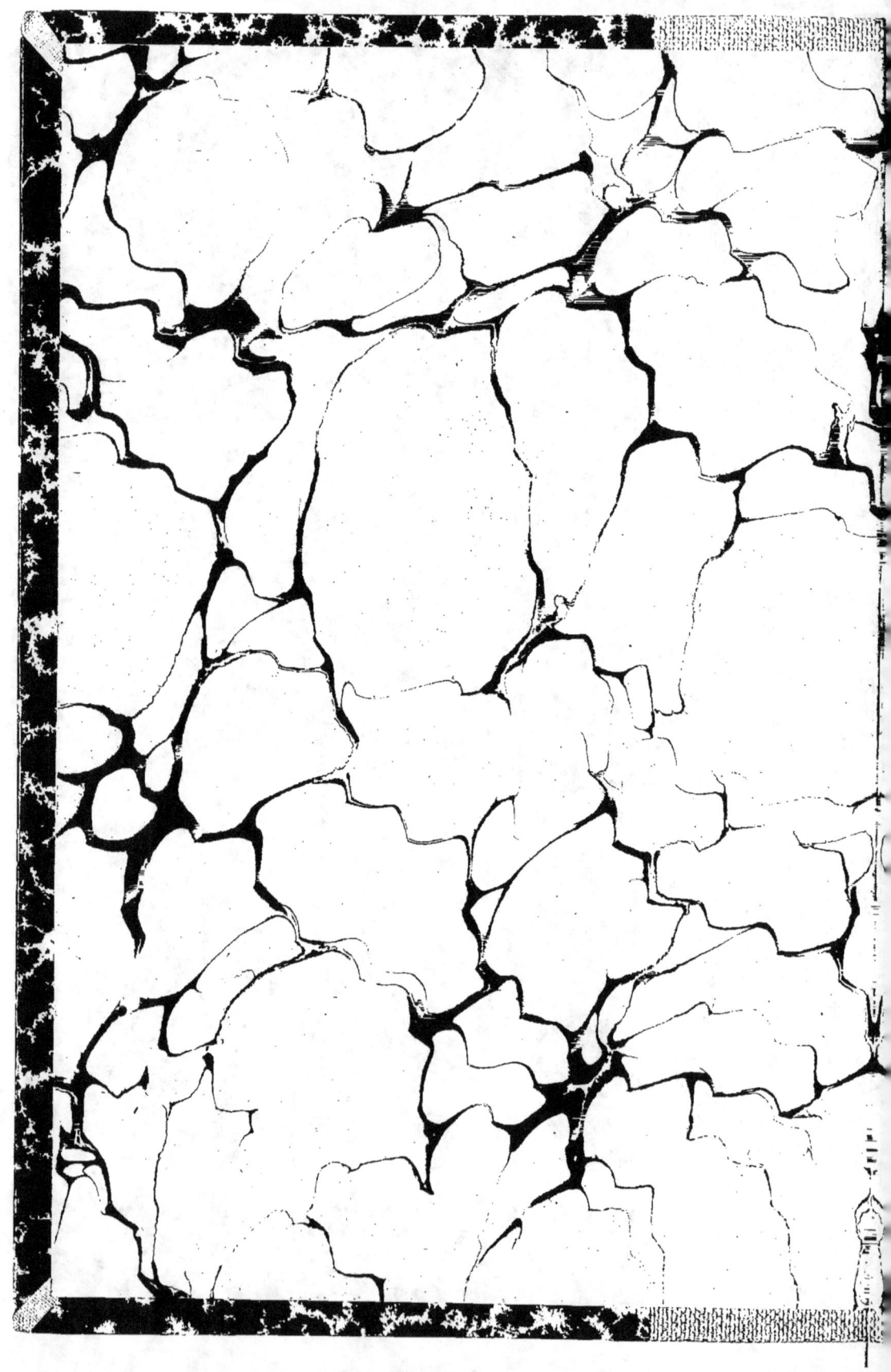

GUERRE DU CANADA

1756-1760

MONTCALM ET LÉVIS

PAR

L'ABBÉ H.-R. CASGRAIN

DOCTEUR ÈS-LETTRES, PROFESSEUR D'HISTOIRE A L'UNIVERSITÉ LAVAL DE
QUÉBEC, MEMBRE DE LA SOCIÉTÉ ROYALE DU CANADA, MEMBRE
CORRESPONDANT DE LA SOCIÉTÉ HISTORIQUE DE BOSTON
MEMBRE CORRESPONDANT DE LA SOCIÉTÉ DE
GÉOGRAPHIE DE PARIS, ETC., ETC.

TOME DEUXIÈME

QUÉBEC
IMPRIMERIE DE L.-J. DEMERS & FRÈRE
30, Rue de la Fabrique, 30

1891

ŒUVRES COMPLÈTES

DE

L'ABBÉ H.-R. CASGRAIN

Légendes Canadiennes et Variétés, 1 vol. in-8°, 580 pages.

Biographies Canadiennes, 1 vol. in-8°, 542 pages.

Histoire de la vénérable Mère Marie de l'Incarnation, 1 vol. in-8°, 6e édition, chez Beauchemin & Fils, 256, rue Saint-Paul, Montréal.

Le même, traduit en allemand, Regensburg, New-York et Cincinnati.

Histoire de l'Hôtel-Dieu de Québec, 1 vol. in-8°, 612 pages.

Un Pèlerinage au Pays d'Evangéline, 1 vol. in-8°, 550 pages.

Ouvrage couronné par l'Académie française.

Montcalm et Lévis, 2 vol. in-8°.

GUERRE DU CANADA

1756−1760

MONTCALM ET LÉVIS

V

LE MARÉCHAL DE LÉVIS

MONTE CASO DI CRISTO

GUERRE DU CANADA

1756–1760

MONTCALM ET LÉVIS

PAR

L'ABBÉ H.-R. CASGRAIN

DOCTEUR ÈS-LETTRES, PROFESSEUR D'HISTOIRE A L'UNIVERSITÉ LAVAL DE
QUÉBEC, MEMBRE DE LA SOCIÉTÉ ROYALE DU CANADA, MEMBRE
CORRESPONDANT DE LA SOCIÉTÉ HISTORIQUE DE BOSTON
MEMBRE CORRESPONDANT DE LA SOCIÉTÉ DE
GÉOGRAPHIE DE PARIS, ETC., ETC.

TOME DEUXIÈME

QUÉBEC
IMPRIMERIE DE L.-J. DEMERS & FRÈRE
30, Rue de la Fabrique, 30

1891

GUERRE DU CANADA

1756-1760

MONTCALM ET LÉVIS

CHAPITRE QUINZIÈME

1758-1759

Épuisement de la colonie. — Mission de Bougainville. — Son amitié avec Bigot. — Double rôle qu'il accepte. — Ses invectives et celles de Montcalm. — Son voyage et son arrivée en France. — Activité à Carillon. — Dernières incursions. — La levée du camp. — Le soldat chez l'habitant. — Montcalm à Québec. — Il reprend sa correspondance avec Lévis. — Misère affreuse. — Une émeute. — Pressentiments de Montcalm. — Jeux et folies indécentes. — Mandement de l'évêque de Québec. — Il dénonce les coupables et prédit des châtiments.

Lors de la dernière entrevue de Vaudreuil et de Montcalm, la situation de la colonie leur avait paru tellement grave, qu'ils avaient décidé d'un commun accord d'envoyer un exprès à Versailles, pour réveiller, si c'était possible, le roi et ses ministres de leur torpeur, et leur faire comprendre que s'ils n'envoyaient pas les secours que demandait le marquis de Vaudreuil, la colonie était perdue. Leur choix tomba sur Bougainville. Le commissaire des guerres, Doreil, rappelé en France pour des affaires de famille, fut chargé d'appuyer ses demandes à la cour. Bougainville et lui devaient partir sur des vaisseaux différents, afin que si l'un était pris, l'autre au moins eût la chance d'arriver. Montcalm et Vaudreuil avaient, outre les motifs d'intérêt général, des raisons particulières d'envoyer un émissaire en France : le premier pour se justifier des plaintes portées contre lui par Vaudreuil ; le second pour dégager sa responsabilité des concussions commises par Bigot et ses complices, et détourner de sa tête l'orage qui s'amoncelait sur eux à Versailles.

Bougainville acceptait en apparence ce double rôle ; mais en réalité il allait se faire l'avocat de son ami Montcalm. Vaudreuil, en annonçant sa mission à M. de Massiac, disait à ce ministre : "Dans la vue de condescendre aux désirs de M. le marquis de Montcalm, et de me servir de toutes les voies pour maintenir l'union avec lui, j'ai accordé à MM. Doreil et Bougainville une lettre de créance ; mais je dois avoir l'honneur de vous observer, Monseigneur, que ces messieurs ne connaissent point assez parfaitement la colonie et ses vrais intérêts pour pouvoir avoir l'honneur de vous en parler pertinemment. Vous pourrez cependant, Monseigneur, être persuadé que sous quelque couleur qu'ils vous dépeignent notre situation, ils ne pourront assez vous exprimer combien elle est triste, et à tous égards critique, par le manque d'hommes, de vivres et de munitions de toute espèce.

" Je dois d'ailleurs, Monseigneur, vous prévenir que ces messieurs étant créatures de M. de Montcalm abondent entièrement dans ses sentiments. Je m'attends qu'ils tâcheront d'éteindre, ou du moins de diminuer les actions de la colonie, dans l'unique vue d'attribuer aux troupes de terre tous les avantages que nous avons eus sur l'ennemi [1] ".

Dans la lettre de créance remise à Bougainville lui-même, Vaudreuil taisait toute réserve : " La situation actuelle de la colonie m'ayant paru exiger que j'envoyasse un officier capable d'en bien représenter toutes les circonstances, j'ai choisi, de concert avec M. de Montcalm, M. Bougainville, aide-maréchal des logis de cette armée.... Il est à tous égards plus en état que personne de remplir cet objet [2] ".

" Quant à M. Doreil, tout le monde l'aime ici ", disait le gouverneur, en lui prodiguant les mêmes éloges.

" Je suis parti, écrivait Bougainville, le 3 novembre de Montréal, dans un bateau conduisant cinq officiers anglais à Québec, où je suis arrivé le 6 au soir, après avoir fait naufrage au-dessous des Ecureuils. J'y ai passé la nuit échoué au large sur une roche élevée de plus de six pieds au-dessus de l'eau, à marée basse. J'ai été contraint d'abandonner le bateau que la haute mer a brisé, et de gagner la côte au point du jour, faisant plus de trois quarts de lieue dans l'eau, attendu que la mer commençait à monter. Il y avait déjà des bordages de glaces.... Quel pays ! Quel voyage ! Il faut être citoyen " !

1 — *Vaudreuil au ministre*, 3 novembre 1758.
2 — *Idem*, 4 novembre 1758.

Chemin faisant, l'assurance de la rentrée du général Abercromby dans ses quartiers d'hiver lui inspirait ces réflexions : " Cette retraite si prompte ... a quelque chose de singulier. Il est difficile d'en deviner les motifs. Ce que je sais, c'est qu'elle nous a été très favorable, et que les ennemis finissent cette campagne comme ils l'ont commencée, en ne nous faisant pas la centième partie du mal qu'ils nous pouvaient faire ".

Bougainville, retardé par les dernières dépêches du gouverneur, n'avait pu faire voile que le 12 novembre. Malgré son extrême impatience de revoir la France, les jours d'attente qu'il avait dû passer à Québec ne lui avaient pas paru trop longs, grâce aux prévenances dont il y était entouré chez son cousin De Vienne : " Lui, sa femme et sa belle-fille m'ont gâté en me donnant trop mes aises, écrivait-il auparavant. Il est fort bien ici : sa maison est une des plus jolies et des mieux meublées de Québec [1] ". En même temps que Bougainville, était parti sur la flûte l'*Outarde*, Doreil, accompagné de MM. de la Bretèche et de Carlan, officiers blessés à la bataille de Carillon.

Dans les dernières notes tracées par Bougainville sur son carnet, avant son départ, il semble avoir emprunté le fouet de Juvénal pour flageller les ennemis intérieurs du Canada, plus fatals à ce pays que ceux du dehors.

" ... Malgré l'exigence d'un péril extrême, dit-il, au lieu de composer les convois des articles relatifs à la défense de la frontière, la Grande Société, plus puissante que le gouverneur général, fait passer de préfé-

---

1 — *Lettre de Bougainville à son frère*, 4 juin 1756.

rence à Niagara et Toronto les objets nécessaires à son commerce. Tout le monde le voit, le sait, le cri est général. Qu'importe à ces concussionnaires qui se jouent de l'autorité ? Séparés du trône par un intervalle de quinze cents lieues, sûrs jusqu'à présent de l'impunité, parce qu'ils avaient osé se faire des complices jusque dans le sanctuaire de la suprême puissance [1], ils ont accoutumé le commerce, les particuliers, le peuple à tout voir, à tout souffrir, à être l'instrument de leur fortune. Depuis dix ans le pays a changé de face. Avant ce temps, on y était heureux, parce qu'avec peu on avait en abondance toutes les choses nécessaires à la vie ; on ne désirait pas d'être riche, on n'avait pas même l'idée des richesses ; personne n'était pauvre.

" Verrès arrive ; en construisant l'édifice d'une fortune immense, il associe à ses rapines quelques gens nécessaires à ses vues ou à ses plaisirs. La masse d'argent augmente, et conséquemment le prix des denrées dans la colonie. La simplicité première rougit d'abord, parce qu'elle trouve à se comparer avec un superflu plus recherché ; le luxe s'introduit et, avec lui, la corruption des mœurs et des sentiments, l'avarice, l'avidité, l'esprit de rapine. Le moyen de faire sa cour est de paraître désirer de faire fortune. La délicatesse sur les moyens est publiquement bafouée, traitée de sottise. L'exemple du chef produit son effet ordinaire, c'est-à-dire beaucoup d'imitateurs. Tout le monde veut commercer ; les états sont confondus ; le commerce, écrasé par les privilèges exclusifs et par les privilégiés

---

[1] — M. de la Porte, secrétaire au ministère de la marine.

tout puissants, gémit, se plaint; mais sa voix impuissante, étouffée, ne peut se faire entendre. Il faut qu'il subisse une loi qui va l'anéantir.... La concussion a levé le masque; elle ne connaît plus de bornes. Les entreprises augmentent, se multiplient; une Société seule absorbe tout le commerce intérieur, extérieur, toute la substance du pays qu'elle dévore. Elle se joue de la vie des hommes. Les habitants écrasés par des travaux excessifs, consomment en pure perte pour eux leurs forces, leur temps, leur jeunesse. L'agriculture languit, la population diminue, la guerre survient, et c'est la Grande Société qui, par des attentats utiles à ses intérêts seuls, fournit aux vues ambitieuses des Anglais le prétexte d'en allumer le flambeau. Une colonie épuisée n'en peut soutenir la fatigue et les frais.

" Les concussionnaires seuls ne se lassent point. Le péril du Canada qui devient celui de l'Etat ne change rien à leur système. Cette terre desséchée ne peut plus rien fournir à leur avidité. Eh bien! c'est aux richesses de l'Etat même qu'ils en veulent. Tout est mis en œuvre pour voler le roi; des moyens auxquels on ne peut donner de noms, parce que jusqu'à ce jour on n'en a pas eu l'idée. Enfin, chose inouïe! cette Société, juge et partie, se rend munitionnaire général; c'est elle-même qui fait son prix. On trafique notre subsistance, notre vie. N'y a-t-il donc aucun remède à ce mal qui est extrême? Et faudra-t-il qu'un seul homme épuise les finances de la France, insulte à nos dangers et à notre misère, et compromette la gloire de la nation" ?

Ailleurs Bougainville ajoute : " La Grande Société envoie à quinze et vingt lieues en mer des commissionnaires qui achètent la cargaison de tous les vaisseaux qui viennent à Québec. C'est ainsi qu'en se rendant maîtres de toutes les denrées et marchandises d'un pays, ces insatiables sangsues imposent le tout et tiennent notre vie même à leur discrétion. Aussi écrit-on de Québec qu'un grand nombre de familles se sauvent en France. Je dis " se sauvent ", parce qu'il s'agit ici de fuir un ennemi mille fois plus dangereux que les Anglais. Eh quoi ! le cri de ce peuple ne retentira-t-il donc jamais jusqu'au pied du trône [1] " ?

A la veille de quitter Carillon, Montcalm épanchait dans son *Journal* les mêmes imprécations :

" Chère patrie ! écrasée d'impôts pour enrichir des fripons et des avides ! et que tout y concoure. Garderai-je mon innocence, comme j'ai fait jusqu'à présent, au milieu de la corruption ? J'aurai défendu la colonie ;

---

[1] — On reste consterné pour l'honneur de Bougainville en apprenant qu'au moment même où il écrivait ces invectives saisissantes de vérité, et qu'il s'en allait dénoncer Bigot en France, il feignait d'être vis-à-vis de lui dans les termes de la meilleure amitié, et lui demandait des faveurs pour son cousin De Vienne. A plusieurs reprises, il l'avait sollicité de lui procurer de l'avancement. Il lui avait même fait écrire par sa parente, Mme Hérault de Séchelles, alors toute-puissante auprès de M. de Moras, ministre de la Marine. Dans sa réponse, Bigot écrivait à Mme de Séchelles : " Il suffit que vous vous intéressiez à ce qui le regarde (M. De Vienne) pour que j'aie l'honneur de rendre compte à M. de Moras de son mérite.... Je loge à Québec, pour ainsi dire sous le même toit avec M. de Bougainville ; cela nous donne occasion de nous voir très souvent. C'est un aimable cavalier, rempli d'esprit, et dont je cultiverai, autant qu'il me sera possible, l'amitié ". *Lettre de Bigot à Mme Hérault de Séchelles*, 12 août 1758.

je devrai dix mille écus ; et je verrai s'être enrichis un Ralig, un Coban, un Cécile, un tas d'hommes sans foi ; des va-nu-pieds intéressés dans l'entreprise des vivres, gagnant dans un an des quatre ou cinq cent mille livres, qui font des dépenses insultantes ; un Maurin commis à cent écus, avorton de nature, escargot par la figure, voyager avec une suite de calèches et de carrioles, dépenser plus en voitures, en harnais, en chevaux qu'un jeune fermier général fat et étourdi ! Et cette manutention de vivres, une entreprise formée du temps de M. de la Porte, qui était de part ! La France ne produira donc jamais à la tête de la marine un ministre éclairé, réformateur des abus ? Les concussions de Verrès, celles de Marius dont parle Juvénal, n'en approchent pas " !

Le peuple, l'armée, officiers et soldats, n'étaient pas moins exaspérés que Montcalm, sans pouvoir plus que lui trouver de remède au mal [1]. Il y eut à Carillon une

---

[1] — Il faut cependant convenir, remarque Montcalm à ce sujet, " que la conduite de l'officier a été jusqu'ici contradictoire ; la bonne chère de sa table, soit en campagne, soit en garnison ; le ton d'ostentation et de magnificence qu'il a pris vis-à-vis les colons, quoique la plupart aient une fortune des plus médiocres en France, et que beaucoup abusent de la facilité à leur prêter ".
Bougainville renchérit encore sur Montcalm : " J'avoue, dit-il, que jusqu'à présent une partie des officiers a vécu comme dans le sein de la paix et de la plus grande abondance ; que leur jeu était énorme, leur table recherchée, et qu'enfin, aux dépens à la vérité, ou de leur patrimoine ou de leurs créanciers, le luxe, la bonne chère, les aisances de la vie paraissent occuper uniquement des gens qui ne devraient l'être que de la gloire ". Bougainville, qui joue ici à la vertu, ne dit pas que lui-même était un des plus forcenés joueurs. Il n'avait pas besoin de chercher longtemps pour trouver l'explication de l'énigme qu'il se posait à lui-même. " Les

assemblée tumultueuse des officiers qui protestèrent contre le prix exorbitant des denrées et des marchandises, qui les mettait dans l'impossibilité de subsister avec leurs faibles appointements. Sur les instances de Montcalm auprès de Bigot, les capitaines obtinrent une augmentation de quarante-cinq livres par mois, et les lieutenants de trente.

Pour arrêter le torrent des abus, il aurait fallu ici une main de fer fortement appuyée par le roi et ses ministres. Mais que pouvait le faible Vaudreuil contre le tout puissant Bigot, soutenu par ses parents, à la cour, par Mme de Pompadour elle-même [1] ?

Vaudreuil était obsédé et compromis par certains membres de sa propre famille. Son frère Rigaud, propriétaire du poste de la Baie-Verte, avait présenté à lui seul, à l'intendance (1758) pour cinq cent mille livres

---

Canadiens et les Français, quoiqu'ayant la même origine, les mêmes intérêts, les mêmes principes de religion et de gouvernement, un danger pressant devant les yeux, ne peuvent s'accorder : il semble que ce sont deux corps qui ne peuvent s'amalgamer ensemble ". Bougainville a raconté quelle était son attitude vis-à-vis du clergé : elle était assez comique, si elle paraît peu sincère. A lire ses préférences pour les doctrines rigoristes des jansénistes, on serait loin de croire que dans la pratique il empruntât les mœurs de son ami Bigot. Voir à ce sujet le *Journal des Inspecteurs de M. de Sartines.* Paris, édition de 1863, particulièrement p. 309.

1 — Au moment où Bougainville venait de partir, Montcalm lui dépêcha un petit billet où il lui disait : " S'il faut en croire des lettres de particuliers, vous trouverez MM. Rouillé, Moras et Paulmy hors du conseil ; M. de Puysieux, qui y est rentré. MM. de Berryer et d'Estrées qui y sont. Il y en a même qui ajoutent que ce dernier est ministre de la guerre. Il est bon que vous sachiez que sa femme étant fille de M. de Puysieux, est nièce à la mode de Bretagne de M. Bigot. Je ne doute pas que vous ne vous conduisiez suivant les circonstances avec sagesse et circonspection ".

de certificats de dépenses. Vaudreuil n'avait voulu signer cette année que pour cent mille écus de certificats. Montcalm en rendant ce témoignage au gouverneur, lui lâche à la fin la flèche du Parthe : " Il se laissera gagner [1] ".

Quand Vaudreuil apprenait les accusations que portait contre lui Montcalm, parce qu'il n'extirpait pas ces abus, il répondait : " Que n'arrête-t-il lui-même le jeu effroyable auquel se livrent les officiers de son armée " ? Si Vaudreuil ne fut pas enveloppé dans la condamnation qui frappa les plus grands coupables à leur retour en France, c'est que, comme Montcalm, il était resté pauvre au milieu de cette course effrénée à la fortune.

L'extrémité du danger, qui aurait dû rapprocher ces deux hommes, acheva de les exaspérer l'un contre l'autre. De secrète qu'elle avait été d'abord, leur querelle était devenue publique, et faisait le sujet de toutes les conversations. Jamais peut-être deux natures plus antipathiques ne s'étaient vues en présence. C'était au moral, le combat du tigre et du lion. Vaudreuil, esprit borné, tempérament lymphatique, jaloux de l'éclat que jetait Montcalm sur son épée, concentrait sa colère en lui-même et gardait toujours des formes au milieu des entrevues les plus orageuses. Montcalm, au contraire, plein d'esprit, d'une pétulance toute méridionale, jaloux

---

[1] — Malgré son antipathie pour Vaudreuil, Doreil convenait de l'impossibilité où il était d'arrêter le torrent. " M. de Vaudreuil est bien éloigné d'approuver ce qui se passe ; il n'en ignore pas la moindre chose ; il s'est ouvert à moi jusqu'à m'en parler en détail ; il en gémit, mais je conçois qu'à moins d'un éclat ce sera toujours de même ". *Doreil au ministre*, 28 octobre 1755.

du premier rôle que jouait Vaudreuil, le méprisant profondément, se laissait au premier moment emporter à un déluge de paroles, et oubliait toutes les bornes de la prudence. Montcalm a raconté lui-même, dans sa correspondance intime avec Bourlamaque, une des scènes qu'il fit au château du gouverneur. Vaudreuil revenait toujours sur la prétendue faute qu'avait commise le général en ne marchant pas sur le fort Edouard, aussitôt après la prise de William-Henry. Celui-ci énuméra de nouveau les excellentes raisons qu'il avait eues de ne pas courir ce risque. " A la fin, avec beaucoup de modération, je lui dis qu'il ne fallait pas se repaître de chimères. Je conclus par lui dire modestement que je faisais de mon mieux à la guerre, suivant mes faibles lumières ; que quand on n'était pas content de ses seconds, il fallait faire la campagne en personne pour exécuter ses propres idées. Les larmes lui vinrent aux yeux, et il mâcha entre ses dents que cela pourrait être. La conversation finit de ma part : " J'en serai comblé et j'y servirai volontiers ". Mme de Vaudreuil voulut s'y mêler :

"— Madame, permettez que sans sortir du respect qui vous est dû, j'aie l'honneur de vous dire que les dames ne doivent parler guerre ". Elle voulut continuer : — " Madame, sans sortir du respect qui vous est dû, permettez que j'aie l'honneur de vous dire que si Mme de Montcalm était ici, et qu'elle nous entendît parler guerre avec M. le marquis de Vaudreuil, elle garderait silence ". Cette scène, devant huit officiers, dont trois de la colonie, sera brodée et rebrodée : la voilà telle.... Le chevalier de Lévis, qui entra, ne se serait pas douté de la conversation, vu mon air tranquille. Et j'y fus le soir à mon ordinaire, et ce matin je porte un bel œillet, qu'on m'envoie dans le moment, à Mme la marquise de Vaudreuil, mais c'est odieux.... Ah ! quand quitterons-nous ce pays-ci !... Je donnerais, je crois, la moitié de mon bien pour m'en aller dans ma patrie jouir de mes travaux et aspirer à ce à quoi le Canada ne peut jamais mener.... Passez cette digression à un mélancolique ; ce n'est pas que je n'aie encore des restes de gaieté, mais ce qui paraîtrait en être pour un autre est mélancolie pour un Languedocien.... Je dirai toujours : heureux qui

> Libre du joug superbe où je suis attaché,
> Vit dans l'état obscur où les dieux l'ont placé.

" Quand est-ce que je serai au château de Candiac avec mes plantations, mon bois de chêne, mon moulin à l'huile, mes mûriers ? Oh ! bon Dieu, bonsoir, ne doutez pas de mon attachement. Brûlez ma lettre [1] ".

A Carillon, l'activité de l'armée ne s'était pas ralentie jusqu'à la levée du camp. Les courses à l'ennemi n'avaient pas fait trêve. Aux yeux des Anglais, le camp de Carillon devait ressembler à un de ces nids de guêpes assailli, dont les essaims exaspérés partent comme la foudre et vont piquer leurs dards de tous côtés. La seule énumération des partis lancés à la fin de la campagne est fabuleuse. Durant les trois dernières semaines d'octobre seulement, on compte l'expédition de M. de

---

[1] — *Montcalm à Bourlamaque*, 9 décembre 1758. Résumé de quelques autres lettres.

Langy au fond du lac Champlain ; celle des sauvages domiciliés sur le corps de Bradstreet ; celle de M. de Saint-Rome par le nord du lac George ; celle d'Hotchig, le fameux chef Nepissing, qui va faire un prisonnier sous les murs mêmes d'Albany ; celle de M. de Florimond, qui surprend les traînards de l'armée d'Abercromby en retraite ; celle de M. Marin vers le Massachusetts ; celle de M. de Charly sur le camp déserté de William-Henry ; celle de M. de Lapause pour en trouver les caches, et en ramener les provisions et les munitions qu'on y avait découvertes.

Le major du Royal-Américain avait laissé une fort jolie baraque, avec une inscription par laquelle il priait les Français de ne pas la détruire. On eut la politesse de la conserver avec une autre inscription datée et signée [1].

Les Canadiens étant les meilleurs jarrets et d'excellents tireurs, avaient ordinairement la plus large part dans ces expéditions. Bougainville, à son passage à Saint-Frédéric, avait remarqué l'excellente qualité de ceux qui venaient d'y arriver.

" Ce détachement, dit-il, est de la bonne espèce, presque tous voyageurs. On les reconnaît aisément à la mine, à la taille et à ce que tous se font piquer sur le corps la figure de quelque plante ou animal : opération longue et douloureuse. La figure se trace en piquant la peau avec une aiguille, et s'imprime en faisant brûler de la poudre dans les trous. On ne passerait pas pour un

1 — *Journal de Desandrouins.*

homme parmi les sauvages des pays d'en haut, si on ne se faisait piquer ".

" Il ne fera pas bon sous la toile dans un mois ", écrivait le 29 septembre, M. Le Mercier au chevalier de Lévis [1]. L'armée de Carillon y était encore la veille de la Toussaint. Il était tombé de la neige dès le 4 octobre, et l'hiver s'annonçait précoce. Sous les nuages ternes qui planaient au-dessus du lac et s'enroulaient autour de la montagne du Serpent-à-Sonnettes, passaient de longues bandes de barnaches et d'outardes, qui rasaient le promontoire, en jetant par intervalles leurs cris rauques, auxquels répondaient les coups de fusil des chasseurs. Les sentinelles grelottaient sous les froides rafales qui balayaient les feuilles mortes ; et quand le matin le soldat sortait de sa tente ou de la caserne, il trouvait le sol couvert de givre, et le bord du lac blanchi par une frange de glaçons. Un murmure de joie passa dans tous les rangs de l'armée, quand le jour de la Toussaint le général annonça la levée du camp. La garnison de Carillon devait se composer de trois cents hommes de la ligne et de cent de la colonie, aux ordres du vigilant et brave d'Hébécourt, à qui échéait encore cette année ce poste avancé. M. de Lusignan commanderait cent quatre-vingts hommes à Saint-Frédéric.

---

1 — *Lettres du chevalier Le Mercier au chevalier de Lévis*, Montréal, 29 septembre 1758. Le 21 octobre, Montcalm écrivait à Bourlamaque, alors à Montréal : " Tout le monde trouve qu'il fait froid, j'ai encore mon habit d'été ".

La Reine irait prendre ses cantonnements d'hiver au-dessus de Québec, depuis Saint-Augustin jusqu'aux Grondines ; le premier bataillon de Berry à la côte de Beaupré ; le deuxième à l'île d'Orléans [1] ; Languedoc, depuis Sainte-Anne de la Pérade jusqu'à Batiscan ; La Sarre à l'Ile-Jésus, Lachenaie, Terrebonne, Mascouche et l'Assomption ; Royal-Roussillon à Laprairie, Longueuil, Boucherville, Varennes, Verchères ; Guyenne à Contrecœur, Sorel, Saint-Ours, Chambly ; Béarn au Saut-au-Récollet, la Longue-Pointe, la Pointe-aux-Trembles, la rivière des Prairies, Saint-Sulpice, Lavaltrie ; la Colonie à Lachine et dans les îles voisines. On n'assigna que trois cents hommes pour le service à Québec, cinquante aux Trois-Rivières, et deux cent cinquante à Montréal. Les Canadiens et les compagnies coloniales destinés à hiverner dans les gouvernements des Trois-Rivières et de Québec furent mis en marche les premiers, le jour de la Toussaint. Chaque bataillon suivit, l'un après l'autre, les jours suivants.

Dans la rade déserte de Québec, un dernier navire, la *Sérieuse*, attendait à l'ancre pour aller à tout risque porter en France les adieux des exilés, avant que les glaces de l'hiver les eussent séparés pour sept à huit mois du reste du monde. Le 14 novembre, Montcalm écrivait à sa femme : " Quoique nos troupes soient parties de meilleure heure, ma très chère et bien aimée, qu'en 1755 et 1756, nous avons éprouvé sur le lac

---

[1] — La côte du sud, depuis Québec jusqu'à Kamouraska, était exempte de loger les troupes, parce qu'elle avait la charge d'alimenter la ville. *Lettre de Péan au chevalier de Lévis*, 26 octobre 1757.

Champlain un coup de vent qui a dispersé notre flotte de bateaux comme ceux de Saint-Cloud. Cela a été suivi d'un froid qui nous a fait craindre de rester dans les glaces ; mais, Dieu merci, avec beaucoup de misères, d'embarras, tout est rentré dans ses quartiers et la misère oubliée. J'ai tâché de remédier autant qu'il m'a été possible au mal-être de l'officier et du soldat ; il ne m'en coûte que quatre soldats et quelques frais d'équipage, mais l'objet n'en vaut pas la peine. Le chevalier de Lévis a couru personnellement quelque risque ; pour moi, j'avais au milieu de la tempête le bateau qui portait César et sa fortune.... En vérité, il semblait que mon bateau eût quelque avantage sur les autres. J'ai toujours été, malgré la violence du vent, et ai devancé de quarante-huit heures mon chevalier avec qui je suis parti ; mais nous voici enfin tranquilles jusqu'en mai.

"Nous avons fait de notre mieux en 1756-1757-1758. Ainsi soit en 1759 ! Dieu aidant, si vous ne faites la paix en Europe.... Je souhaite que mon fils se soit bien tiré, que le chevalier étudie bien, que mes filles se portent à merveille, ma mère et vous tous, ma très chère, que j'aime tendrement pour toujours.... Quand irai-je en carrosse, au lieu de bateau et de traîneau ? et quand vous verrai-je [1] " ?

Avec la rentrée des troupes dans leurs quartiers d'hiver, la besogne du soldat était finie, mais celle du peuple recommençait. C'était sur lui que retombait le

---

1 — *Lettres à Mme la marquise de Montcalm et à M. de la Bourdonnaye.*

fardeau de loger et de nourrir l'armée, sans autre compensation, on le sait, que dix sous par jour par soldat. Depuis le printemps, les trois-quarts de la population valide avaient été enlevés à leurs champs, soit pour le service militaire, soit pour le transport des troupes et des munitions. C'était la quatrième année que le gouverneur avait fait appel à leur patriotisme, et ils étaient accourus sous les drapeaux avec le même élan incomparable. Ils avaient enduré avec la même patience tous les dangers, toutes les privations, toutes les fatigues de la guerre. A leur retour au foyer, ils avaient rencontré la misère à leurs portes. Le peu de semences jetées en terre, récoltées trop tard faute de bras, avaient peu produit.... Les étables étaient presque vides de bestiaux, et une grande partie des chevaux avaient été tués pour servir de nourriture. Les habitants exposés à se voir enlever au nom du roi, comme cela se fit, le peu de grains qu'ils avaient, en étaient réduits à le cacher dans la crainte de mourir de faim. Jamais hiver ne s'était présenté sous un aspect plus menaçant. Cependant la constance du peuple ne se démentait pas ; son dévouement et son courage croissaient avec le danger. Il sentait que la crise suprême était venue, et il s'apprêtait à l'affronter avec l'entêtement du désespoir. Le héros qui domine tous les autres dans ce drame, c'est l'obscur milicien qui n'a ni trêve, ni relâche, et qui va courir au-devant des balles dans la forêt ou sous les murs de Québec.

Durant les quelques semaines que Montcalm passa à Montréal après son retour de Carillon, il éprouva le même ennui qui lui faisait répéter à Bourlamaque sous une nouvelle forme : " La vie d'ici est aussi plate qu'ennuyeuse, et c'est bien du temps perdu.... Je sors peu ; jamais reclus n'a mieux gardé la retraite. Je ne vais nulle part ou du moins si peu que c'est de même. J'ai même en général retranché ma petite visite du matin, mais les jours impairs je vais faire une ou deux parties de tri avec mon général, et les jours pairs je lis au coin de mon feu ; aussi ai-je entrepris la lecture de suite du Dictionnaire Encyclopédique, en sautant les articles que je ne veux pas savoir, ceux que je ne puis comprendre. Je m'observe fort sur le manger ; je digère mal, et Massé dispute vis-à-vis de moi une médecine. Il faut croire que Québec m'égayera plus et cela ne sera pas difficile, car je m'ennuie bien. J'aurai dans quelque temps 47 ans ; la dignité de maréchal de France me flatterait autant qu'un autre. Il serait beau de l'avoir dans six ans, mais l'acheter par cette vie serait trop cher [1] ".

Quelques jours après, le marquis ajoutait : " J'ai regretté et je regrette dans mes accès d'imagination folle et romanesque.... de ne m'être pas fait chevalier de Malte pour mourir grand-maître. C'est le sang des Gozon qui coule dans mes veines ".

Montcalm avait hâte de quitter Montréal pour être débarrassé de la présence de Vaudreuil, et aussi pour retrouver le petit cercle de familles canadiennes qui l'avaient captivé ; car, disait-il à Bourlamaque : " Je suis attaché, sans réserve, à toute la rue du Parloir ".

---

1 — Le 9 novembre 1758.

Il était de retour à Québec dans les derniers jours de décembre, et recommençait ses promenades habituelles de la rue des Remparts à cette petite rue où il oubliait une partie de ses déboires, dans des amusements qu'il se reprochait parfois à lui-même, car ils ne seyaient ni à son âge ni à sa position, encore moins à l'heure présente. Il reprit en même temps avec son ami Lévis cette correspondance où, sans y songer, il a tracé un tableau si vivant de la société qui gravitait autour de lui. Dès son arrivée, il note dans son *Journal :* " Misère affreuse au gouvernement de Québec ".

Les premiers jours de l'année 1759 furent signalés par un soulèvement populaire qui n'attendait qu'une occasion pour éclater. La patience du peuple était à bout. Déjà on a entendu, l'année précédente, Montcalm justifier la défiance publique dans une autre occasion, celle où les soldats avaient été excités à l'insubordination. L'irritation du peuple avait toujours été depuis en s'accroissant, et l'on eût dit que l'aristocratie civile et militaire avait pris à tâche de la fomenter en lui donnant journellement le spectacle des réjouissances scandaleuses, du jeu effroyable et des excès de tout genre auxquels elle se livrait. A mesure que la misère publique augmentait, ces plaisirs et ces désordres devenaient plus effrénés. En vain la voix de l'Eglise s'était fait entendre. En vain l'évêque de Québec avait tonné du haut de la chaire et publié des mandements pour exhorter tout le monde à détourner la colère du ciel par un retour à de meilleurs sentiments. Sa voix s'était perdue dans le tourbillon des fêtes. Du moins, ses exhortations avaient-elles eu pour effet d'enhardir le peuple.

Une ordonnance de l'intendant, annonçant une nouvelle réduction dans la distribution des vivres, acheva d'exaspérer la population. Les hommes n'osant se mettre en émeute dans les rues où ils auraient été immédiatement balayés par les troupes qui gardaient la ville, engagèrent leurs femmes à faire une démonstration publique. Quatre cents de ces femmes vinrent en tumulte assiéger le palais de l'intendant, et lui firent entendre des menaces si formidables, qu'il en fut intimidé et retira son ordonnance.

Montcalm en dit un mot à son ami dans le passage suivant :

" Le 4 janvier 1759. — .... Dieu fait bien tout ce qu'il fait ; le contraire de Montréal. Nullité dans ma personne, tant mieux.

" .... La misère excessive ici ; l'intendant voulait nous mettre au quarteron ; quatre cents femmes l'ont fait trembler hier ; il a cédé à la demi-livre ".

En entrant dans cette année de 1759 qui s'annonçait si menaçante, Montcalm fut pris d'une immense tristesse, comme s'il avait eu le pressentiment de sa mort prochaine.

" Ah ! s'écrie-t-il dans l'extrait qu'on va lire, que je vois noir " !

La suite de sa correspondance contient d'autres expressions qui indiquent les sombres pensées dont son esprit était obsédé.

" Souvenez-vous que, faute de vivres, trois à quatre mille hommes à Carillon au plus à la fin de mai.... La paix, ou tout ira mal. 1759 sera pis que 1758. Je ne sais comment nous ferons. Ah ! que je vois noir ! M. de Vaudreuil, et un peu l'intendant, attendent des miracles. Je vous écrirai exactement. Mes vœux, mes sentiments sont et seront toujours sans bornes, mon cher chevalier, dans cette nouvelle année et suivantes ".

" Le 8 janvier. — .... Hier grand bal; j'y ai resté jusqu'à une heure. Je suis beaucoup plus cette année de la cour de Mme Péan ; cela prouve le désœuvrement. Ma santé a besoin de ménagements ".

On apprit à cette date l'abandon du fort Duquesne.... Montcalm en prit vite son parti.

" Le 12 janvier. — .... L'aventure de la Belle-Rivière me fâche un peu; je ne la voulais qu'au printemps. Elle n'a pas empêché hier une jolie fête dont je n'étais pas prié ; et, si l'on dit à Montréal que j'y ai été en masque, dites que je ne me masque jamais. Cependant j'y étais avec le plus joli officier de la Sarre que l'on puisse voir. Je vous jure que vous lui donneriez la préférence sur la Naudière. Mais *motus* [1] !

" ... La misère est grande. Je suis de votre avis : nourrir le peuple avant de songer à entrer en campagne. Heureux qu'on ne nous consulte pas ! De vous à moi, avant mon départ, je conclurai avec Cadet pour le vin

---

1 — C'était de la même personne que Montcalm disait dans une lettre à Bourlamaque : " Je suis bien aise qu'on parle de moi aux trois dames qui l'habitent (la rue du Parloir). Flatté de leur souvenir. Je ne suis véritablement touché que de celui d'une, à qui je trouve, dans certains moments, trop d'esprit et trop de charmes pour ma tranquillité ". 20 février 1757.

pour nos officiers ; mais mot à personne. Ce sera un bon service à nos troupes.

" Nous méditons une grande fête, pour jeudi prochain, avec Roquemaure, qui sera sur son compte où je serai de hasard. Ma santé me reprend. Je suis inquiet pour du Vernys.

" Adieu, mon cher chevalier ; amusez-vous, portez-vous bien, aimez-moi autant que je vous aime. Ma laconicité vient de ce que j'ai trop de lettres à écrire ".

Pendant que la Grande Société se livrait à tous les divertissements, le peuple mourait de froid autant que de faim. Le thermomètre était descendu à vingt-six degrés et demi, et le pont de glaces était pris devant Québec.

" Le 17 janvier. —... Bourlamaque est triste. Demain, grande partie de campagne, cinquante-deux personnes ; pique-nique ; Roquemaure, Mme Gauthier, Mme de la Naudière ont tout arrangé. J'en suis ; on m'en a mis, on a compté sur moi ; je ne puis jamais être un homme ordinaire. Aussi je fournis l'illumination, violons, orgeat, bière, partie du vin et de quoi faire vingt-six plats sur soixante-six qu'il y aura à deux tables servies également en ambigu. Ce détail pour vous seul ; mais, comme Montréal est l'écho de Québec, on dira : " M. de Montcalm donne la fête ". Le chevalier répondra : " Non, c'est un pique-nique ; c'est la répétition de celui de la Sainte-Catherine ; on y a mis M. de Montcalm. Je crois bien que, noble et galant comme il est, il aura suppléé à tout ce qui aurait pu embarrasser la société qui l'en a mis, et fourni par là plus que les autres ". L'intendant en avait fait un, moins arrangé que celui de demain, jeudi dernier. Les dames de la société Péan, avec qui je suis très intimement, en méditent un pour jeudi d'ensuite ".

La conduite chrétienne et rangée du marquis et de la marquise de Vaudreuil, à Montréal, était une censure de ce qui se passait à Québec. Montcalm avait quelques remords de s'y voir compromis ; il n'aurait pas voulu donner cette arme à Vaudreuil. Celui-ci était alors occupé d'un plus grave sujet : il faisait faire le recensement de tous les hommes, depuis seize ans jusqu'à soixante, en état de porter les armes. Le gouvernement de Québec en compta sept mille cinq cent onze ; celui de Montréal, six mille quatre cent cinq ; et celui des Trois-Rivières mille trois cent treize, formant un total de quinze mille deux cent vingt-neuf. Une levée de grains fut faite en même temps dans le gouvernement de Montréal. On espérait qu'elle rapporterait trente mille minots. "On aura de la peine, remarque Lévis en constatant ce résultat, de pouvoir primer l'ennemi en campagne, faute de vivres [1]".

Montcalm note dans son journal : " Les plaisirs, malgré la misère et la perte prochaine de la colonie, ont été des plus vifs à Québec. Il n'y a jamais eu autant de bals ni de jeux de hasard aussi considérables ".

Il continue avec Lévis :

" Le 22 janvier. — Je cherche à tuer le temps et à m'amuser. La partie de campagne a été au mieux

---

1-- *Journal de Lévis*, p. 173.

jalousée. On a fort approuvé le refus total des momons. Hier au soir, grand dîner et souper à l'intendance; j'y donnai, la journée, essai d'un cavagnole le soir, où Cadillac et moi instruisions.

" ... On ne peut vous aimer plus véritablement et plus tendrement, mon cher chevalier.

" ... Je crois partir le 3 mars. Partir plus tôt n'eût pas convenu; mais, ou les choses changeraient bien, ou je ne crois pas que Québec me possède l'hiver prochain, si le malheur s'obstine à nous retenir en Canada. On se divertit, on ne songe à rien, tout va et ira au diable.

" Mon amitié pour vous est sans bornes ".

" Le 30 janvier. — Vous êtes fait pour plaire, pour aimer, être aimé et être heureux; mais vous ne le serez jamais autant de personne que du meilleur de vos amis, et votre amitié me dédommagera de tout. Que ferons-nous, la campagne prochaine ? Elle sera épineuse. Nous agirons d'accord, pour le mieux, et, dans un malheur général qu'il faut éviter, nous nous tirerons d'affaire ".

" Le 2 février. — ... Qui diable sait où tout en sera au 1er novembre 1759 ? Sans me décourager, je redoute cette campagne ".

" Le 5 février. — ... Quand est-ce que la pièce que nous jouons en Canada finira " ?

" Le 9 février. — ... Je prévois avec douleur les difficultés de la campagne prochaine, et je crois qu'on y entrera encore tard. Dieu sur tout ! Ici je végète, et soit ennui, mécontentement, difficultés de la campagne prochaine, je n'y ai pas autant de satisfaction que l'hiver dernier. Au plaisir près de vous voir, mon cher chevalier, je crois que je m'ennuierais autant à Montréal.

" ... Bourlamaque reprend bien ce me semble, et est plus gai ; pour lui, s'entend, qui est naturellement triste. Aimez-moi autant que je vous aime, et je le mérite par l'amitié inviolable que je vous ai vouée pour toujours.

" ... Dimanche, bal à l'intendance, et de gros momons sûrement ".

" Le 15 février. — Rien de nouveau, mon cher chevalier ; les plaisirs à l'ordinaire ; deux bals encore ; ma vie accoutumée entre les maisons Péan et la Naudière ; beaucoup de tranquillité dans la tête et le cœur ".

Montcalm avait repris ses assiduités au salon de Mme de Beaubassin, qui lui paraissait l'esprit le plus délicat, la femme la plus charmante de toute la société de Québec. Le grand, jeune et galant Boishébert, qui papillonnait autour d'elle depuis son retour de l'Acadie, étourdissait le général par son babil et lui donnait sur les nerfs. " Envoyez-le moi à ses Acadiens, à Miramichi, sur les glaces ", écrivait-il à Lévis, pendant un séjour de Boishébert à Montréal.

" Le 17 février. — Comme certainement, mon cher chevalier, mes deux aides de camp vous font leur cour, je vous prie de leur dire que j'ai reçu leurs deux lettres, qu'une grande paresse pour écrire m'a pris, que je les en remercie et que je ne leur réponds pas. Mes réflexions sur les dernières nouvelles sont : les pays d'en haut perdus, Chouaguen rétabli, M. de Vaudreuil endormi par la déclaration vraie ou fausse des Hollandais sur la partie de Québec, et sans vivres pour aller à Carillon ".

" Le 24 février. — ... D'après les conseils sauvages, je les vois accommodés, et les pays d'en haut perdus, mais des millions dépensés, soit là, au Détroit, ou en Acadie, sans nécessité.

" Nuls vivres pour entrer en campagne. L'année dernière, un tiers des terres ne fut pas ensemencé ; cette année-ci, il y en aura moitié. Les bœufs à la charrue enlevés ; quatre à cinq cents quarts de bœuf qu'on sale pour attendre le lard de France. La colonie est perdue, si la paix n'arrive pas ; je ne vois rien qui puisse la sauver. Ceux qui la gouvernent ont de furieux reproches à se faire ; pour moi, je n'en ai point à me faire ; j'attends avec bien de l'impatience les nouvelles de notre patrie ; Dieu veuille qu'elles soient satisfaisantes !

" Nous avons eu hier un bal, mardi le dernier ; et ne croyez pas que je m'amuse beaucoup ".

Les derniers bruits de fêtes échappés du palais de l'intendant ne s'éteignirent qu'au bruit du canon. Cette société insensée qui, jusqu'aux derniers moments, avait jeté un insolent défi à la misère publique, allait avoir un terrible réveil. Elle était restée aussi sourde aux leçons des événements qu'aux avertissements de l'Eglise.

L'évêque de Québec l'avait dénoncée par des mandements si énergiques, qu'ils avaient soulevé des protestations. Dans celui de cette année, il empruntait des accents prophétiques :

" Ce qui doit nous faire craindre, disait-il, ce sont les divertissements profanes auxquels on s'est livré avec plus de fureur que jamais ; ce sont les excès intolérables dans les jeux de hasard, ces déguisements impies en dérision, ou pour mieux dire en haine de la religion ; ce sont les crimes plus que jamais multipliés dans le cours de cet hiver. Voilà ce qui nous oblige à tout craindre et à vous annoncer que Dieu lui-même est irrité ; que sa main est levée pour nous frapper et qu'en effet nous le méritons. Oui, nous le disons à la face des autels et dans l'amertume de notre cœur, ce n'est pas le nombre de nos ennemis, ce ne sont pas leurs efforts qui nous effraient et qui nous font envisager les plus grands malheurs, tant pour l'Etat que pour la religion. Voilà la dix-huitième année révolue que le Seigneur nous a appelé, quoique indigne, à la conduite de ce vaste diocèse. Nous vous avons vus avec douleur souffrir souvent de la famine et de la maladie, et presque toujours en guerre ; mais cette année nous paraît à tous égards la plus triste et la plus déplorable, parce que, en effet, vous êtes plus criminels. Avait-on jamais entendu parler de tant de rapines honteuses ? Avait-on vu dans cette colonie des maisons consacrées pour ainsi dire publiquement au crime ? Avait-on vu tant d'abominations ? Dans tous les Etats, la contagion est presque générale [1] ".

1 — *Mandement du 18 avril 1759.* — Montcalm se sentit piqué à la lecture de ce mandement. " Le saint évêque de Québec vient de donner un mandement pour ordonner des prières publiques et demander à Dieu notre conversion. Le saint évêque aurait dû se dispenser d'y parler des mascarades indécentes qu'il prétend y avoir eu cet hiver à Québec... et d'une maison de prostitution qu'il assure être établie près des remparts de Québec. Il aurait dû aussi entrer en moins de détails sur le danger où est la colonie ". *Journal de Montcalm.*

Mgr de Pontbriand ne tarda pas à voir fondre sur son diocèse les fléaux qu'il avait prévus, et il en mourut de chagrin.

Note. — Le tableau suivant, extrait du *Journal de Montcalm*, fait voir la hausse énorme qu'avaient subie les denrées à la fin de la guerre.

TARIF DES DENRÉES EN OCTOBRE 1758.	L.	S.	D.	TARIF DES DENRÉES IL Y A QUINZE ANS.	L.	S.	D.
Bœuf, la livre	1				0	2	6
Un mouton	40				4		
Un veau	60				6		
Une paire poules	8				1		
Une paire poulets	6				0	6	
Une paire dindes	15				1	15	
Une douzaine d'œufs	2				0	3	
Une livre lard	1	10			0	3	
Une livre beurre	2				0	5	
Une livre cassonade	4	10				7	
Une livre chandelle	2					8	
Un minot de blé	10				2		
Une barique de vin de 110 pots	600				55		
Un pot eau-de-vie	20				1	10	
Une corde de bois	24				2	5	
Une aune drap	50				18		
Une paire bas de soie	50				13		
Une paire bas de laine	18				5		
Une main de papier	3					10	

CHAPITRE SEIZIÈME

1759

Bougainville à Versailles. — Sa partialité. — Il est flatté et berné. — Le Canada abandonné par la France. — Noces à Candiac. — Tristesses de Montcalm. — Sérénité de Lévis. — Appels de Vaudreuil. — La colonie se lève en masse. — Travaux de défense à Québec, Carillon et Niagara. — Adieux de Pouchot à Montcalm. — Kisensik à Carillon. — Une terrible leçon.

Après le départ de Bougainville, toute la population, dont le sort dépendait de son voyage, l'avait suivi en imagination, se demandant avec anxiété s'il éviterait les croisières anglaises et parviendrait en France. Son vaisseau faillit périr avant de prendre la haute mer, et essuya une succession de tempêtes qui le mirent plusieurs fois à deux doigts de sa perte. Bougainville ne s'imaginait pas devenir le grand navigateur connu du monde entier, quand il écrivait : " Oh ! qu'Horace avait raison de dire : *Illi robur et œs triplex, circa pectus erat....* Je serais bien tenté de pardonner à Énée les larmes qu'il verse dans les tempêtes. Un héros peut bien l'être et avoir peur de se noyer.... O trois et quatre fois heureux le jardinier qui plante ses choux ! car il a toujours un pied à terre, et l'autre n'en est éloigné que du fer d'une bêche.

"Le vendredi (1er décembre), l'équipage fit un vœu et se cotisa pour une messe solennelle à l'arrivée à la première terre, afin d'obtenir changement de temps. Qu'on juge, par cette démarche de cette gente indévote, combien notre situation était mauvaise".

Une dernière tempête fut sur le point de briser le vaisseau sur les côtes de France. " L'équipage, dit-il, voua d'aller processionnellement nu-pieds et en chemise entendre la messe déjà promise.... à la première terre où le vaisseau aborderait [1]".

On aperçut les côtes de France en face du port d'Ouessant. Le 22 décembre, deux jours après son arrivée à Paris, Bougainville écrivit à la marquise de Saint-Véran :

" Madame, — ... M. le marquis de Montcalm, duquel je me suis séparé le 20 octobre, jouissait d'une très bonne santé.... Dans ce moment où je ne me reconnais pas encore, je n'ai que le temps de vous faire part de l'extrême joie que j'ai de voir que tout le monde (et j'en ai déjà vu beaucoup, et à la cour et à la ville) rend justice à monsieur votre fils. Il est ici aimé, respecté ; il étonne même. Que je le voudrais à portée de jouir lui-même ici de sa réputation et de ses succès !... Je vais aujourd'hui m'établir à Versailles. J'y suivrai tout ce dont M. le marquis de Montcalm m'a chargé, et j'aurai l'honneur de vous instruire de tout aussitôt que je l'aurai ".... Le 16 janvier, il ajoutait : " Depuis le

---

1 — Bougainville, *Journal de navigation de Québec en France*.

moment de mon arrivée, je n'ai pas quitté Versailles, et j'y ai suivi avec toute la chaleur et la patience dont j'ai été capable, les affaires tant publiques que particulières dont mes généraux m'ont chargé ".

Bougainville déploya tout le zèle dont il se targuait, mais il fut complètement berné à la cour, et il devait l'être avec les dispositions d'esprit qu'il y apportait. Au lieu d'un émissaire passionné et partisan comme lui, il aurait fallu un homme froid et impartial comme Lévis ; ou du moins, puisque Lévis était indispensable au Canada, un homme de sa trempe qui se fût mis au-dessus des querelles de partis, pour n'envisager que le bien général. Bougainville songea avant tout à se faire l'avocat de l'armée au détriment de la colonie. Il commença par épouvanter la cour par l'exposé des dépenses et des concussions trop réelles qui s'y faisaient. La cour qui ne cherchait qu'un prétexte pour abandonner le Canada, saisit avidement celui-ci. Qu'étaient-ce cependant que les dépenses ? Qu'était-ce même que le péculat quand il s'agissait de garder à la France un continent ? Le budget de Mme de Pompadour était à lui seul plus considérable que celui du Canada [1].

Bougainville avait soumis aux ministres un exposé clair et concis, résumant les différents mémoires que Montcalm l'avait chargé de présenter. Il faisait d'abord un parallèle entre les forces des deux parties belligé-

---

[1] — Si on y comprend surtout ce qu'a coûté sa politique. L'Angleterre n'hésita pas à dépenser deux milliards de francs (quatre-vingts millions sterling) pour l'acquisition du Canada. *Lettre de Lord Chesterfield*. 13 novembre 1762. Il faut ajouter à ce chiffre les dépenses faites pour le même objet par chacune des colonies anglaises.

rantes : d'un côté, les Anglais, avec plus de trois cent cinquante lieues de côtes ouvertes aux secours d'Europe, allaient avoir sous les armes, au printemps, soixante à quatre-vingt mille hommes, dont vingt ou trente mille de la vieille Angleterre, tous abondamment pourvus de munitions de bouche et de guerre ; de l'autre, les Français, à peine accessibles par le Saint-Laurent, " avec trois mille quatre cents soldats de la ligne, douze cents de la marine, et au plus cinq ou six mille miliciens ", manquant de tout, même de poudre, " au point que si les Anglais viennent à Québec, on n'a pas de quoi tirer du canon six jours ".

Dans la seconde partie du mémoire, il exposait les besoins les plus impérieux pour continuer la guerre, recommandait l'incorporation de la milice dans l'armée régulière, et demandait au moins quinze cents hommes de recrues, en y comprenant des ingénieurs, des canonniers et des armuriers, avec autant de vivres et de munitions que possible. Enfin, il suggérait, en prévision de l'abandon du Canada, un plan de retraite sur la Louisiane, pour conserver au moins un pied à terre en Amérique [1].

On répondit à ces demandes par des éloges et des compliments *aux braves soldats du Canada*. On prodigua les grades et de stériles honneurs. Bougainville eut des audiences du roi. Il se mit aux pieds de Mme de Pompadour ; mais il n'obtint aucun secours efficace.

---

1 — *Coll. Lévis.* — Bougainville, *Mémoires à la cour*, 12 janvier 1759.

Le ministre Berryer, ennuyé de ses sollicitations, lui adressa un jour cette incroyable boutade : " — Monsieur, quand le feu est à la maison, on ne s'occupe pas des écuries ".

" — On ne dira pas, du moins, que vous parlez comme un cheval, repartit cavalièrement Bougainville ".

Montcalm fut élevé au grade de lieutenant général, avec de beaux appointements, et décoré du cordon rouge ; Vaudreuil fut nommé grand-croix de Saint-Louis ; Lévis, maréchal de camp ; Bourlamaque et Senezergues, brigadiers ; Bougainville, colonel et chevalier de Saint-Louis. " On ne sait, disent les *Mémoires sur le Canada*, ce qui mérita au sieur de Bougainville le grade de colonel ; car il ne fit aucune action de remarque. On attribua son avancement à la faveur de Mme de Pompadour, ce qui tint lieu de mérite ".

La cour distribua beaucoup d'autres " grâces ", fit un grand nombre de promotions, mais elle oublia d'envoyer du pain aux colons affamés. On annonça un envoi de vingt-cinq mille quarts de farine et d'autant de lard ; mais tout se réduisit à six mille quarts ; le reste était pour le compte de la Société. " Pour toutes troupes, on expédia trois cents hommes de recrues, quatre ingénieurs, vingt-quatre canonniers, ouvriers et armuriers, avec des armes et des munitions pour la campagne [1] ".

Montcalm avait chargé Bougainville d'une mission toute autre que celle de la guerre et de la politique, et

---

1 — *Lettres de la cour de Versailles. Bougainville à Montcalm*, p. 112.

d'une nature plus délicate à traiter : celle d'entamer des négociations de mariage pour son fils, le jeune colonel, et de hâter celui qui se préparait pour sa fille. Le comte de Montcalm avait en tête un mariage avec une comtesse de Bavière, qui avait souvent fait le sujet de la conversation des deux amis, et qui leur paraissait à tous deux aussi chimérique que celui de Mlle de Montcalm semblait pratique et bien assorti.

" L'affaire à laquelle nous avions pensé pour le jeune colonel, écrivait Bougainville à la marquise de Saint-Véran, est Mlle de Channeville, fille unique du fermier général des postes, parfaitement bien élevée, et qui aura plus de 150,000 livres de rente.... M. Chauvelin, à qui j'en ai parlé, et pour lequel M. de Channeville a la plus grande confiance, s'est chargé de faire auprès de lui la guerre à l'œil ".

Avant le départ de Bougainville pour le Canada, Mre de Montcalm était devenue Mme d'Espinouse : " Que ne suis-je déjà, écrivait-il à la marquise, à portée d'apprendre à monsieur son père une nouvelle qui le comblera de joie ".

Bougainville, grisé par les honneurs qu'il avait reçus, quitta Paris avec l'illusion d'un beau succès. De Blaye où il s'était arrêté en se rendant à Bordeaux, il écrivit à Montcalm une lettre confidentielle chiffrée, où il lui annonçait le résultat de sa mission : " L'incorporation de la milice approuvée et recommandée, retraite à la Louisiane admirée, non acceptée.... La magie des sauvages, leur caractère, celui des Canadiens, les âneries, jalousies, intérêts, friponneries, bien développées. La cour furieuse de la dépense. Lettre forte à M. Bigot.

M. Péan déconcerté [1]. M. Vaudreuil, connu sans talents, sera soutenu par la Marine.

" Battez-vous jusqu'à extinction ; mais si vous ne perdez pas tout, prétendez à tout ; vous êtes l'homme du jour.... Doreil arrivé un mois après moi, tout étant fini, est toujours le même, a eu la croix de Saint-Louis.

" Le roi nul, Mme la marquise toute-puissante, premier ministre. On lui avait dit que vous étiez trop vif ; j'ai détruit l'impression ; a toutes bontés pour moi.

" Toujours à la cour ; j'ai peu vu les gens de Paris.... Enfin, ne perdez pas tout, et vous serez tout. Vous n'avez ni ennemi ni même aucun jaloux.... Je vous nommerais toute la France, si je voulais nommer toutes les personnes qui vous aiment et vous veulent maréchal de France. Les petits enfants savent votre nom, et le *Te Deum* chanté pour l'affaire de Carillon doit vous faire plaisir et aux troupes, car le roi dit dans sa lettre : *Mes braves soldats du Canada....*

" Le roi, en me faisant le même jour colonel et chevalier de Saint-Louis, a dit qu'il faisait là une chose extraordinaire, mais qu'il le faisait exprès. Vous portez bonheur à ce dont vous vous mêlez ".

Bougainville rédigea en même temps une autre lettre qui pouvait être communiquée au marquis de Vaudreuil.

Quant à son ami et son compagnon de jeux, M. Bigot, il aurait été rappelé immédiatement et mis en jugement, sans l'influence de M. de Puysieux et du maréchal

---

1 — Le chevalier Péan était passé en France l'automne précédent.

d'Estrées, ses parents. M. Berryer envoya un commissaire, M. Querdisien-Trémais, examiner ses comptes, et lui écrivit : " On vous attribue directement d'avoir gêné le commerce dans le libre approvisionnement de la colonie. Le munitionnaire général s'est rendu maître de tout, et donne à tout le prix qu'il veut. Vous avez vous-même fait acheter pour le compte du roi, de la deuxième et troisième main, ce que vous auriez pu nous procurer de la première, à moitié meilleur marché. Vous avez fait la fortune des personnes qui ont des relations avec vous, par les intérêts que vous avez fait prendre dans ces achats et dans ces entreprises. Vous avez l'état le plus splendide et le plus grand jeu au milieu de la misère publique.... Je vous prie de faire de très sérieuses réflexions sur la façon dont l'administration qui vous a été confiée a été conduite jusqu'à présent. Cela est plus important que peut-être vous ne le pensez "....

Le vaisseau du capitaine Canon, qui portait Bougainville et convoyait la flotte du munitionnaire, fit une assez courte traversée, échappa aux poursuites des croiseurs anglais, mais fut retenu pendant dix-huit jours dans les brumes et les glaces du golfe. Avril avec ses avalanches de pluie et de soleil, avec ses alternatives de giboulées et de chaudes effluves, avait gonflé toutes les rivières et amené la débâcle du Saint-Laurent, pendant que les vaisseaux impatiemment attendus remontaient lentement le cours du fleuve. Enfin, le 10 mai, ils jetèrent l'ancre dans la rade de Québec. La nouvelle s'en répandit en quelques jours jusqu'à Montréal et Carillon. C'était le premier événement de cette fameuse campagne de 1759, dont le dernier devait changer la face du continent américain.

" Jamais joie ne fut plus générale, dit le capitaine de Foligné ; elle ranima le cœur de tout un peuple qui, pendant le cours d'un hiver des plus durs, avait été réduit à un quarteron de pain et une demi-livre de cheval ".

Dans quelles dispositions d'esprit Montcalm reçut-il les messages de France ? Il l'écrivait à sa femme peu de jours auparavant. " L'ennui ne tue pas, et je le vois bien ; ma santé a été médiocre cet hiver ; quelquefois mon estomac, une fluxion sur un œil, mais ce n'a été que des misères. Je me flatte cependant de soutenir les fatigues d'une campagne où il y aura travail d'esprit et travail de corps. Je voudrais avoir un grain de foi suffisant pour multiplier les hommes et les vivres. Cependant j'espère en Dieu ; il a combattu pour moi le 8 juillet. Au reste, sa volonté soit faite ! Je mène ici une vie désagréable, je me ruine. Et incertain toujours si les nouvelles de France me consoleront, je les attends avec autant d'effroi que d'impatience. Etre huit mois sans en recevoir ! Et qui sait si nous en recevrons beaucoup cette année ? Ah ! s'il m'arrive quelque récompense, et le triste avantage de figurer une ou deux fois par an dans les gazettes, que je l'achète cher ! ... On ne peut t'aimer plus tendrement, mon cœur ; et quand mon retour ?... Le moment où je vous reverrai sera le plus beau de ma vie ".

L'impassible Lévis ne laissait paraître aucune de ces tristesses. L'extrémité du péril semblait, au contraire, le mettre en verve. C'est précisément à cette date qu'il priait sa grande amie et parente, la maréchale de Mirepoix, de lui choisir une femme, si cela lui plaisait, quoiqu'il eût, dit-il, peu de goût pour le mariage.

" J'ai appris avec un très grand plaisir que vous m'aviez fait accorder le grade de maréchal de camp, ce qui me met à portée de prétendre à tout ; et je suis actuellement susceptible de plusieurs grâces, comme d'être lieutenant général, inspecteur, d'avoir un gouvernement, et même d'être fait cordon bleu ; il y en a toujours eu dans ma famille, et malheureusement il n'y en avait plus. On pourrait bien s'aviser de me faire cordon rouge à la première occasion, sans que je le demande. Je vous supplie d'avance de prévenir les ministres que je n'en veux pas, parce que c'est comme une exclusion du cordon bleu [1] ".

Au maréchal de Belle-Isle, Lévis annonçait avec une parfaite sûreté de coup d'œil :

" Quoiqu'il paraisse que nous allons être vivement attaqués, je ne crains pas que les ennemis puissent nous réduire dans une seule campagne. Nous devons tout attendre de la valeur des troupes, de la bonne volonté des Canadiens et de la bonne disposition où les sauvages sont à notre égard. Je vis dans la meilleure intelligence avec MM. le marquis de Vaudreuil et de Montcalm ; ils font l'un et l'autre cas de mes avis. Je pense qu'il faudra nous défendre pied à pied, et nous battre jusqu'à extinction [2] ".

1— *Lettre à Mme la maréchale de Mirepoix*, 17 mai 1759, p. 225.
2— *Lettre au maréchal de Belle-Isle*, 17 mai 1759, p. 222.

Bougainville, en embrassant son général, espérait n'avoir à lui annoncer que des joies de famille ; mais au moment de son départ, il avait appris la mort d'une de ses filles. Laquelle ? On n'avait pu le lui dire. "— Je crois, écrivait le père désolé, que c'est la pauvre Mirette qui me ressemblait et que j'aimais fort".

Montcalm ne devait jamais éclaircir ce doute.

Le maréchal de Belle-Isle, dans la dépêche qu'il lui adressait, dissimulait mal son embarras en lui annonçant l'abandon de la France, que le petit nombre de troupes expédiées ne rendait que plus apparent.

" Outre, disait-il, qu'elles augmenteraient la disette des vivres que vous n'avez que trop éprouvée jusqu'à présent, il serait fort à craindre qu'elles ne fussent interceptées par les Anglais dans le passage ; et comme le roi ne pourrait jamais vous envoyer des secours proportionnés aux forces que les Anglais sont en état de vous opposer, les efforts que l'on ferait ici pour vous en procurer n'auraient d'autre effet que d'exciter le ministère de Londres à en faire de plus considérables, pour conserver la supériorité qu'il s'est acquise dans ce continent ".

" Le rouge ne vous monte-t-il pas au front en lisant cette lettre, dit un écrivain français de nos jours, et croyez-vous qu'il ait pu se trouver dans notre fier pays de France, un conseil de ministres pour la rédiger, un secrétaire d'Etat pour la signer [1] " ?

" Quoique cette conduite déliât les Canadiens de la fidélité qu'ils devaient à la France, puisqu'elle recon-

---

1 — X. Marmier, *Lettres sur l'Amérique.*

naissait elle-même la supériorité absolue des Anglais en Amérique, pas un cependant ne parla de rendre les armes ; ils avaient encore du sang à verser et des sacrifices à faire pour cette ancienne patrie d'où sortaient leurs pères. S'il y eut des paroles de découragement, elles partirent plutôt des rangs de l'armée que des rangs des colons [1]".

" Comme il faut s'attendre, continuait Belle-Isle dans sa dépêche, que tout l'effort des Anglais va se porter sur le Canada, et qu'ils vous attaqueront par les différents côtés à la fois, il est nécessaire que vous borniez votre plan de défensive aux points les plus essentiels et les plus rapprochés, afin qu'étant rassemblés dans un plus petit espace de pays, vous soyez toujours à portée de vous entre-secourir, vous communiquer et vous soutenir.

" Il est de la dernière importance de conserver un pied dans le Canada, quelque médiocre qu'en soit l'espace que vous pourriez conserver ; car si nous l'avions une fois perdu en entier, il serait impossible de le ravoir.

" C'est pour remplir cet objet que le roi compte sur votre zèle, votre courage et votre opiniâtreté, et que vous mettrez en œuvre toute votre industrie, et que vous communiquerez les mêmes sentiments aux officiers principaux, et tous ensemble aux troupes qui sont sous vos ordres.... J'ai répondu de vous au roi, et je suis bien assuré que vous ne me démentirez pas, et que pour le bien de l'Etat, la gloire de la nation et votre

---

1 — Garneau, *Histoire du Canada*, vol. 2, p. 308.

propre conservation, vous vous porterez aux plus grandes extrémités, plutôt que de jamais subir des conditions aussi honteuses qu'on a faites à Louisbourg, dont vous effacerez le souvenir. La confiance du roi est entière dans votre personne et toutes les qualités qu'il vous connaît. J'y ai bien confirmé Sa Majesté par les témoignages que je lui ai rendus ".

Dans la détresse où l'on était au Canada, qu'étaient-ce que les maigres approvisionnements qui accompagnaient les recrues amenées par Bougainville ? Les vingt-trois navires arrivés à Québec n'avaient procuré que le tiers de ce qui avait été demandé [1]. " Mais le peu est précieux à qui n'a rien ", répondait Montcalm au ministre. Et il concluait avec un courage qui ne devait pas se démentir : " J'ose répondre d'un entier dévouement à sauver cette malheureuse colonie, ou à périr ". Le gouverneur protestait des mêmes sentiments et mandait à la cour que la colonie entière était prête à mourir les armes à la main. Il disait vrai, car malgré les vices de son administration, sa popularité était immense parmi les Canadiens, et il pouvait en obtenir tout ce qu'il voulait. Il était regardé avec raison comme le père du peuple. On savait qu'il était le seul de tous les gouvernants qui eût pris dans toutes les occasions la cause des colons, et que c'était en grande partie pour cela qu'il s'était attiré l'animadver-

---

[1] — L'intendant écrivait au ministre, le 27 mai : " Il y aura dans ces provisions quatre-vingts jours de vivres pour le soldat, à raison de demi-livre de farine et demi-livre de lard par tête ; ce qui ne fait pas à beaucoup près la ration due. Une fois cette consommation faite, nous serons réduits à la viande salée jusqu'à la récolte ".

sion de l'armée. L'évêque et son clergé, dont l'influence était prépondérante, partageaient les mêmes sentiments. Mgr. de Pontbriand et lui unirent leurs voix pour appeler le peuple aux armes. Tous les habitants devaient se tenir prêts à marcher au premier ordre avec leurs armes, leurs ustensiles et six jours de vivres. Un seul officier par compagnie devait rester à domicile avec les vieillards, les infirmes et les malades.

" Cette campagne, disait le gouverneur, donnera aux Canadiens grandement matière de se distinguer; la confiance que j'ai en eux n'est point ignorée de Sa Majesté, que j'ai constamment informée de leurs services; ainsi elle s'attend à ce qu'ils feront tous les efforts qu'elle peut espérer de ses plus fidèles sujets; d'autant mieux qu'ils défendront leur religion, conserveront leurs femmes, leurs enfants, leurs biens, et éviteront le cruel traitement que les Anglais leur préparent.

" De mon côté, ajoutait-il, je suis déterminé à ne consentir à aucune capitulation, convaincu des suites dangereuses qu'elle aurait pour tous les Canadiens. La chose est si certaine qu'il serait incomparablement plus doux pour eux, leurs femmes et leurs enfants, d'être ensevelis sous les ruines de la colonie ".

Afin de connaitre d'avance l'arrivée de la flotte anglaise, des sentinelles furent placées de pointe en pointe, depuis le bas du fleuve jusqu'à la Pointe-Lévis, avec ordre d'allumer des feux de signaux dès qu'elle apparaîtrait. Les habitants des paroisses des deux rives situées au-dessous de Québec devaient préparer des caches dans les bois, y bâtir des cabanes à la manière des sauvages pour abriter leurs femmes, leurs enfants, leurs malades, leurs bestiaux et même leur mobilier. Les curés avaient ordre, à l'approche de l'ennemi, d'enlever le saint sacrement des églises, avec tous les vases sacrés et les objets précieux, de les transporter dans les lieux de refuge, et d'y continuer de remplir les offices de leur ministère auprès de leurs paroissiens.

La déportation des Acadiens, en 1755; l'enlèvement des habitants de l'Ile-Royale et de l'île Saint-Jean qui venait d'avoir lieu; l'incendie de toutes les habitations de ces îles; celui de la côte de Gaspé jusqu'au Mont-Louis, d'où la flotte d'Amherst avait enlevé tous les habitants qui avaient pu être saisis, toutes ces déprédations faisaient craindre le même sort pour le reste du Canada. Les Canadiens se croyaient pris entre l'alternative, ou de mourir en combattant, ou d'être proscrits comme leurs frères de l'Acadie.

L'évêque de Québec, qui avait la réputation d'un saint, et qu'on savait attaqué d'une maladie mortelle, avait publié un mandement qui avait été écouté comme le testament du vénérable prélat. Il ordonnait des prières publiques, et recommandait à ses diocésains de se battre avec la même vaillance que leurs pères. Ils accouraient en foule dans les églises en attendant de courir sous les drapeaux.

Dès qu'on avait appris que les Anglais devaient envahir le Canada par trois côtés à la fois, en attaquant Québec à l'est, Carillon au sud et Niagara à l'ouest, on avait envoyé des ingénieurs mettre chacune de ces trois places dans le meilleur état de défense possible : Pontleroy à

Québec, Desandrouins à Carillon, Pouchot à Niagara. Ce dernier avait ordre d'y relever de son commandement le capitaine de Vassan.

Les séductions qu'exerçaient les Anglais dans l'Ouest pour engager les tribus sauvages à se déclarer pour eux, ou du moins à rester neutres, avaient fait hâter le départ du capitaine Pouchot. Cet officier, qui prévoyait l'impossibilité de défendre le faible fort de Niagara contre les forces écrasantes qu'il allait avoir à combattre, ne consentit à partir que sur les sollicitations réunies de Montcalm et de Vaudreuil. En prenant congé de Montcalm, Pouchot lui dit : " — Mon général, il y a apparence que nous ne nous reverrons plus qu'en Angleterre ". Les deux soldats ne devaient jamais se revoir. Dans six mois Montcalm ne serait plus, et Pouchot, appelé après la guerre d'Amérique à se battre en Corse, irait tomber sous la balle d'un guérilla.

Il était parti de Montréal (27 mars) à l'époque la plus dangereuse de l'année, la fonte des glaces. Cent cinquante-sept Canadiens, aux ordres de M. de Repentigny, l'accompagnaient. " Les glaces, dit Pouchot, manquaient sous les pieds, plus de trente Canadiens s'enfoncèrent. Heureusement, en se retenant aux glaces ils remontaient dessus. Il ne périt personne par une espèce de miracle [1] ".

Cent cinquante Canadiens, commandés par M. Marin, et cent cinquante soldats de la ligne, aux ordres de M. de Villiers, les rejoignirent à la Pointe-au-Baril, trois lieues au-dessus de la Présentation, où le capitaine

---

1 — Pouchot, *Mémoires*, vol. II, p. 4.

Pouchot hâtait l'achèvement de deux barques armées de dix canons, qu'on y avait commencées l'automne précédent, dans le but de reprendre la supériorité sur le lac Ontario. A Niagara, le commandant se trouva à la tête de sept cents hommes, avec lesquels il avait ordre de réparer le fort et d'observer les mouvements des ennemis. S'ils osaient se hasarder dans le Saint-Laurent sans l'attaquer, il devait tomber sur leurs derrières avec toutes les forces réunies des différents postes échelonnés jusqu'aux Illinois, renforcés de tous les sauvages qui voudraient les suivre. On ne désespérait pas de rassembler à la tête du lac Ontario un effectif de trois mille hommes.

Le chevalier de La Corne commandait au pied du lac un corps d'observation de douze cents hommes, avec lesquels il devait disputer le passage des Mille-Isles, et tenir ensuite l'ennemi en échec aussi longtemps que possible, à la tête des rapides du Saint-Laurent.

Desandrouins était parti de Montréal un mois après Pouchot. Au fort Saint-Jean, il pressa la construction des quatre bateaux armés de canons, destinés à disputer aux Anglais la navigation du lac Champlain.

Lévis avait plus d'une fois attiré l'attention de Montcalm sur l'importance stratégique de l'Ile-aux-Noix, dans le cas d'une retraite de l'armée devant des forces supérieures. A quatre lieues au delà de Saint-Jean, " je reconnus, dit Desandrouins, suivant les ordres que j'en avais reçus de M. de Montcalm, la grande Ile-aux-Noix, qui est belle et bien boisée, et qui peut avoir de sept à huit cents toises de long sur cent cinquante de large. Elle est éloignée de cent toises de la côte est du lac, et de cent cinquante toises de celle de l'ouest. Les bords de cette île sont noyés actuellement ; mais jamais l'eau n'arrive au milieu qui est beaucoup plus élevé ".

Les observations de l'ingénieur Desandrouins confirmèrent Montcalm dans l'idée que lui avait inspirée Lévis de fortifier l'Ile-aux-Noix.

Pendant que Desandrouins faisait exécuter les premières réparations aux remparts de Carillon, le fameux chef Kisensik, qui y avait passé l'hiver, revint d'une expédition avec deux prisonniers qu'il avait faits au delà d'Albany. Quoique vieux, il était depuis quinze jours en courses. De tous les sauvages, c'était le plus accessible aux nobles sentiments, et le plus accrédité auprès des Français et des Indiens. Dans le cours de l'hiver, il avait fait sentir son autorité aux uns et aux autres. Deux soldats du régiment de Berry qui avaient déserté, furent rattrapés le lendemain par ses guerriers. Ils tuèrent sur place le plus âgé, et forcèrent l'autre à lui couper la tête et à la porter devant lui au bout d'une perche. Kisensik traversa le plateau de Carillon dans ce terrible appareil. Arrivé à la porte du fort, il s'arrêta devant le piquet de garde, et attendit que la foule des soldats qui accouraient de tous côtés eût fait cercle autour de lui. Alors, s'adressant au déserteur, il lui dit : — " Je t'avais averti que si tu trahissais ton Père et ta patrie, je te trouverais mort ou vif, fût-ce même au milieu des Anglais. Pourquoi n'as-tu pas voulu suivre mon conseil " ? Puis, promenant ses regards sur les troupes. — " Vous autres qui m'écoutez, ajouta-t-il, que cela vous serve d'exemple, je vous le dis, et pour la dernière fois. Je vous trouverai partout et ne vous ferai point de quartier ". La garnison fut appelée sous les armes, et le malheureux déserteur fusillé en sa présence, sans qu'un murmure s'élevât des rangs, " malgré nombre de *cabalistes* dont la garnison fourmille [1] ".

L'ouverture de la campagne amenait chaque jour des renforts sur cette frontière. M. de Langy venait d'arriver avec un parti de Canadiens et une centaine de sauvages. Les Anglais toujours tardifs dans leurs mouvements, n'avaient pas encore pris pied à la tête du lac George. Desandrouins fut adjoint au parti de M. de Langy, fortifié d'une escouade de soldats aux ordres de M. de Louvicourt, commandant de l'artillerie, pour aller détruire ou emmener un grand nombre de berges et de bateaux qu'on y avait découverts.

Arrivé à la Chute, il fut impossible de faire avancer plus loin les sauvages, qui tinrent conseil sur conseil, et s'amusèrent toute la journée " à tuer des loutres " le long de la rivière. Enfin, le détachement franchit le lac où il coula à fond une barque, brûla une grande quantité de rames et d'affûts, prit cinquante berges, vingt pierriers, beaucoup de fer et d'acier, enfin causa un dommage de plus de quarante mille livres, tout cela sous les yeux des éclaireurs ennemis. La hardiesse des Français ne se démentait pas sur ce champ de bataille illustré par tant d'actes de bravoure. Les sauvages avaient découvert la piste d'un détachement de soldats anglais qu'ils n'avaient osé attaquer. Les Cana-

1 — *Journal de Desandrouins.*

diens de Langy et les soldats de Louvicourt se mirent à leur poursuite, les cernèrent et les firent tous prisonniers, au nombre d'une quarantaine. Trois furent tués à la fin de l'action par les sauvages, malgré tous les efforts des Français.

L'arrivée de Bourlamaque, investi du commandement de l'armée de Carillon, forte de deux mille hommes, et dont l'arrière-garde faisait étape le long du lac Champlain, accéléra les travaux de défense. Les ateliers furent organisés, et tous les bataillons de la ligne et de la milice fournirent des travailleurs. On y mettait la dernière main quand arrivèrent les nouvelles de France apportées par Bougainville.

Québec paraissait le point le plus menacé. Bourlamaque reçut ordre de faire sauter les forts de Carillon et de Saint-Frédéric, si l'ennemi se présentait avec des forces trop considérables, et de se replier sur l'Ile-aux-Noix, où il devait sans délai faire commencer des retranchements.

A Québec, où les travaux de fortifications dirigés par Pontleroy avaient d'abord été poussés avec lenteur, la certitude d'une prochaine attaque avait mis toute la population sur pied. Soldats et citoyens, rivalisant de zèle, se mirent à l'ouvrage avec une furieuse activité. Du centre de la colonie où il se trouvait à Montréal, Montcalm suivait toutes les opérations, prêtant l'oreille à tous les bruits, prêt à se lancer, au premier signal, vers l'endroit où apparaîtrait la première des trois armées envahissantes.

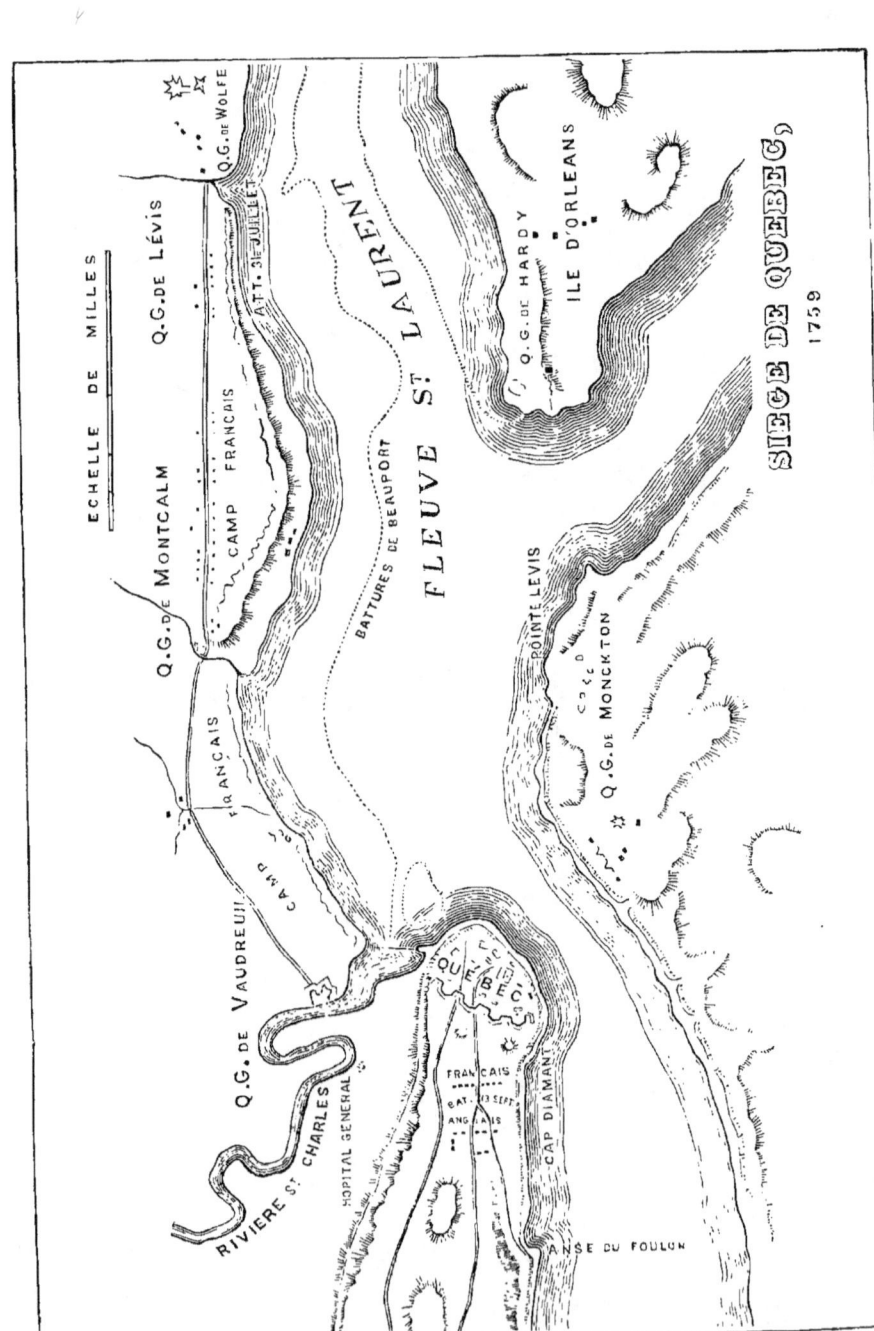

CHAPITRE DIX-SEPTIÈME

1759

Wolfe chargé de l'expédition contre Québec. — Une soirée chez Pitt. — Séjour à Bath. — Mlle Lowther. — Wolfe à sa mère. — Son projet d'attaque. — La flotte anglaise dans le Saint-Laurent. — Retour de Montcalm à Québec. — Son plan de défense. — Vauquelin et Pellegrin. — Arrivée de Vaudreuil et de Lévis. — Les Canadiens accourent sous les drapeaux. — Activité à Québec et au camp de Beauport. — L'amiral Durell à l'Ile-aux-Coudres. — Embuscade au cap à la Branche. — La Traverse. — Débarquement des Anglais. — Wolfe en vue de Québec. — Les brûlots. — Les Anglais à la Pointe-Lévis. — Alerte au camp de Beauport. — L'équipée des écoliers. — Bombardement de Québec. — Hésitations de Wolfe. — Une descente à la Pointe-aux-Trembles. — Embuscade au Gué-d'Hiver. — Bataille de Montmorency. — Lévis, l'homme du jour. — Alarmes pour la frontière. — Départ de Lévis.

Le 16 février 1759, durant une de ces soirées froides et brumeuses qui pèsent habituellement sur la ville de Londres à cette époque de l'hiver, le général Wolfe était descendu à la résidence de William Pitt, qui venait de lui confier l'expédition prête à faire voile pour mettre le siège devant Québec. La veille de son départ, Pitt, qui désirait lui réitérer ses dernières instructions, l'avait prié à dîner en compagnie d'un seul autre convive, Lord Temple. A la fin de la soirée, Wolfe, surexcité sans doute par ses propres pensées, par les grands intérêts en jeu et par la présence des deux hommes d'Etat avec qui il était en tête-à-tête, se laissa emporter à son impétuosité naturelle, et quoiqu'il eût été très sobre de vin durant le repas, il finit par se livrer à d'étranges bravades. Il se leva, sortit son épée, en frappa du pommeau la table, la brandit en faisant le tour de la salle et en disant les grandes choses que cette épée allait accomplir. Les deux ministres restèrent confondus de cette sortie si inusitée chez un homme de sens et de raison. Quand Wolfe fut parti, et que le bruit de sa voiture se perdit dans la rue, Pitt parut un instant ébranlé dans la haute opinion qu'il s'était faite du jeune général. Levant les yeux et les mains au ciel, et s'adressant ensuite à Lord Temple :—" Grand Dieu ! s'écria-t-il, dire que j'ai confié le sort du pays et de mon administration à de telles mains ! "

Lord Mahon, qui rapporte cet incident dans son *Histoire d'Angleterre*, assure l'avoir appris de Lord Grenville, son parent, homme doux et bienveillant, à qui Lord Temple lui-même l'avait raconté....Ce trait, ajoute l'historien, confirme le propre témoignage de Wolfe, lequel avoue qu'il ne paraissait pas avec avantage dans les circonstances ordinaires de la vie. Parfois l'excès de la timidité fait tomber dans l'excès contraire ; aussi, conclut Mahon, faut-il être indulgent pour un écart momentané qui peut très bien s'allier avec une vraie habileté et un mérite réel.

Serait-ce la rumeur de cet incident qui aurait fait dire au duc de Newcastle, en présence de George II, que le nouveau général de Pitt était un fou enragé ? —" S'il est enragé, repartit le vieux roi, j'espère qu'il mordra quelques-uns de mes généraux [1] ".

Peu de jours après son retour d'Amérique, Wolfe était allé prendre les eaux de Bath pour refaire sa santé plus que jamais compromise. " Je me suis établi en face du square, écrivait-il à son père, pour avoir plus de tranquillité, plus d'air et être plus près de la campagne. Les femmes n'ont rien de remarquable ici, les hommes non plus. Il faut toutefois qu'un homme soit bien difficile à plaire pour ne pas trouver quelqu'un qui lui convienne ". Wolfe ne tarda pas à aimer le séjour de Bath : c'est là, paraît-il, qu'il renouvela ses intimités avec Mlle Catherine Lowther. Il lui offrit sa main ; elle l'accepta. Elle lui donna son portrait qu'il emporta en Amérique et qu'il porta sur lui jusqu'à la veille de sa mort [2].

Les heures dévouées au sentiment ne détournaient nullement le jeune officier de son devoir militaire. Peu de jours auparavant, écrivant à son ami le lieutenant-colonel Rickson, il découvrait le fond de sa pensée sur la dernière expédition. " Je ne trouve pas que nous avons été heureux cette année en Amérique. Nos forces étaient tellement supérieures à celles de l'ennemi, que nous pouvions espérer de plus grands succès…. Il me semble que ce n'aurait pas été une tâche très difficile d'obliger le marquis de Montcalm de mettre bas les armes, et conséquemment de livrer tout le Canada….

---

1 — Wright, *Life of Wolfe*, p. 487.
2 — *Idem*, p. 473.

Entre nous soit dit, notre tentative de débarquer là où nous l'avons fait était téméraire et sans jugement ; notre succès, à mes yeux, a été inattendu et immérité. Il n'y a pas eu de prodigieux efforts de courage dans cette affaire ; un officier et trente hommes auraient rendu impossible notre débarquement là où nous l'avons exécuté. Nos autres opérations ont été lentes et traînantes autant que cette tentative avait été malavisée et désespérée ; mais ceci est pour votre information particulière seulement.

" Nous avons perdu du temps au siège, encore plus après le siège, et fait des bévues depuis le commencement jusqu'à la fin de la campagne [1].

" J'ai écrit aujourd'hui à M. Pitt qu'il peut disposer de mon fragile squelette comme il lui plaira, et que je suis prêt à toute entreprise à la portée et dans les limites de mon habileté et de mon adresse. Je suis dans un très mauvais état de santé, pris à la fois par la gravelle et par le rhumatisme ; mais j'aime mieux mourir que de refuser aucune espèce de service qui se présente. Si j'écoutais mon goût, il me pousserait vers l'Allemagne... cependant ce n'est pas à nous de choisir, mais d'obéir ".

Quand Wolfe blâmait si sévèrement l'heureuse faute commise à Louisbourg, qu'aurait-il pensé si on lui eût dit que lui-même ne prendrait Québec qu'à la condition de commettre une faute semblable ? La chambre

---

1 — Dans une autre lettre, Wolfe dit en parlant de Louisbourg : " This place could not have held ten days, if it had been attacked with common sense ", p. 499.

des Communes vota des remerciements à l'amiral Boscawen et au général Amherst ; elle ne fit pas mention de Wolfe, parce qu'il ne commandait qu'en second. Mais Pitt lui confia, aussitôt après, l'expédition qu'il préparait contre Québec, en l'élevant au grade de brigadier. Le peu de jours que Wolfe eut encore à séjourner en Angleterre, se passèrent entre les préparatifs de l'embarquement et les attentions filiales. Son père, vieillard septuagénaire, usé par la guerre ; sa mère, dont la santé avait toujours été chancelante, lui causaient de vives inquiétudes. Lui-même n'en inspirait pas moins à ses parents. Les uns et les autres, réfléchissant à leurs fragiles existences, songeaient au peu de chance qu'ils avaient de se revoir, et cette pensée répandait sur leurs épanchements la mélancolie des éternels adieux. "Tout ce que je souhaite pour moi, disait-il, est d'être prêt en tout temps à rencontrer d'un œil ferme le sort qu'on ne peut éviter, et à mourir avec honneur et grâce quand l'heure viendra ". Il fut exaucé au delà de ses rêves.

Peu de jours avant son départ, il écrivait à Londres à son oncle Walter : " Si le marquis de Montcalm trouve les moyens de faire échouer nos efforts durant un autre été, il pourra être regardé comme un habile officier.... Nous avions le Canada dans nos mains l'année dernière.... Si le siège de Louisbourg avait été poussé avec vigueur, Québec serait tombé. Je dois prendre une plus grande part à cette affaire que je ne l'aurais souhaité. La lenteur de quelques-uns de nos officiers a forcé en quelque façon le gouvernement de descendre aussi bas.... Nous pensons mettre à la voile dans trois semaines environ. La vie de Londres et le manque d'exercice me sont entièrement contraires, mais la mer me l'est encore davantage ".

A sa mère il faisait ses adieux en ces termes :

" Les scènes de départ doivent être évitées autant que possible ; voilà pourquoi je préfère le moyen dont je me sers pour offrir mes bons souhaits et mes devoirs à mon père et à vous. J'accomplirai ma tâche au meilleur de mes capacités. Le reste, vous le savez, est entre les mains de la Providence, aux soins de laquelle j'espère que votre bonne vie et conduite recommanderont votre fils ".

Wolfe devait avoir sous ses ordres trois brigadiers : Monckton, Townshend et Murray. Chacun d'eux était plus âgé que lui, quoique dans la vigueur de la jeunesse. Pitt lui avait laissé le choix de ses principaux officiers ; mais Townshend qui avait intrigué pour faire partie de l'expédition, lui avait été imposé. C'était un grand seigneur hautain, prétentieux, moqueur, passant une partie de son temps à faire la caricature de ses chefs. Il avait de la bravoure, du talent, ne manquait pas de bonnes qualités, mais se rangeait toujours du côté des mécontents. Walpole, dans ses mémoires sur le règne de George III, prétend qu'il mit tout en œuvre pour traverser les plans de Wolfe. Monckton et Murray étaient d'un tout autre caractère. Monckton, esprit large, droit et modeste, passait pour un parfait gentilhomme. Il avait malheureusement joué un triste rôle lors de l'expulsion des Acadiens, en 1755. James Murray s'était attiré l'admiration et l'amitié de Wolfe par sa valeur et son activité au siège de Louisbourg.

Il devint le second gouverneur anglais du Canada. Son plus bel éloge est dans la bouche des Canadiens-français, à qui son nom est resté cher, malgré les temps difficiles qu'il eut à traverser. Un autre ami de Wolfe, son premier officier d'état-major, le lieutenant-colonel Carleton, était destiné après la conquête, à graver son souvenir en lettres d'or dans nos annales. Guy Carleton, plus tard Lord Dorchester, sut si bien se faire aimer des Canadiens, les commanda avec tant de sagesse et de prudence, que l'Angleterre le nomma à quatre reprises différentes gouverneur du Canada.

Dans la soirée du 17 février, le vaisseau amiral le *Neptune*, de quatre-vingt-dix canons, sorti le même jour de Spithead, à la suite de la flotte anglaise, cinglait le long des côtes de l'Angleterre. Wolfe, debout sur le pont, cherchait à oublier la pensée du mal de mer qui commençait à le tourmenter, en regardant s'allumer l'un après l'autre les falots des navires qui bientôt étoilèrent tout l'horizon. Ce vaste armement, vingt-deux vaisseaux de ligne, cinq frégates, dix-neuf autres bâtiments de guerre et un nombre immense de transports, étaient aux ordres de l'invalide officier de trente-deux ans dont Pitt avait deviné le génie [1].

La destination de la flotte était Louisbourg ; mais à son arrivée en face du Cap-Breton, elle trouva la rade fermée par des champs de glace, qui obligèrent l'amiral Saunders d'aller, en attendant qu'elle fût libre, chercher un refuge à Halifax. Deux autres escadres étaient parties d'Angleterre peu de jours auparavant : celle de l'amiral

---

1 — *Knox's Journal*, vol. 1, p. 278.

Holmes, en route pour New-York d'où elle devait amener des renforts à Louisbourg ; celle de l'amiral Durell qui venait croiser à l'entrée du Saint-Laurent, pour intercepter tout secours de France. Ce ne fut qu'au milieu de mai que la flotte put entrer dans le havre de Louisbourg.

A peine Wolfe y avait-il mis pied à terre, qu'il apprit la mort de son père. " Je suis profondément affligé, écrivait-il à son oncle, qu'il n'ait pas été en mon pouvoir de l'assister dans sa maladie, et de consoler ma mère dans sa douleur ; d'autant plus que sa famille n'a pas d'affection pour elle, et que vous êtes trop loin pour lui apporter du soulagement ".

Dans la suite de la lettre où Wolfe annonça quel était son plan d'attaque sur Québec, on voit qu'il ne prévoyait pas la résistance qu'il allait y rencontrer, quoique peu de jours auparavant, il eût écrit à Pitt que " au Canada chaque homme était soldat ".

" Nous avons ordre d'attaquer Québec : une très jolie opération. L'armée est de neuf milles hommes : dix bataillons, trois compagnies de grenadiers, quelques-unes de la marine... et six des rangers de l'Amérique du Nord nouvellement levées, incomplètes et les plus mauvais soldats de l'univers. Les troupes régulières du Canada consistent en huit bataillons de vieille infanterie, environ quatre cents hommes par bataillon, et quatre compagnies de la marine ou troupes de la colonie, quarante hommes par compagnie. Ils peuvent réunir huit à dix mille Canadiens et peut-être mille Indiens. Comme ils sont attaqués du côté de Montréal par douze mille combattants effectifs, il faut absolument qu'ils divisent leurs forces ; mais comme la perte de la capitale implique celle de la colonie, leur principale attention sera là. Par conséquent, je compte que nous trouverons à Québec six bataillons, quelques compagnies de la marine, quatre ou cinq mille Canadiens et quelques Indiens, en tout un nombre peu inférieur à celui de leur ennemi.... La ville de Québec est pauvrement fortifiée, mais le terrain autour est montagneux. Pour investir la place, et couper toute communication avec la colonie, il sera nécessaire de faire camper notre droite sur la rivière Saint-Laurent, et notre gauche sur la rivière Saint-Charles. De la rivière Saint-Charles à Beauport, la communication devra être tenue ouverte par des postes et des redoutes fortement retranchés.

" L'ennemi peut passer cette rivière à marée basse, et il sera à propos de nous établir avec de petits postes retranchés depuis la Pointe-Lévis jusqu'à la Chaudière. Ce sera l'affaire de nos forces navales de nous rendre maîtres de la rivière tant au-dessus qu'au-dessous de la ville. Si je trouve que l'ennemi est fort audacieux et bien commandé, je procéderai avec la dernière précaution et circonspection pour donner le temps à M. Amherst de faire usage de sa supériorité. S'ils sont timides, faibles et ignorants, nous les pousserons avec plus de vivacité, afin de pouvoir, avant que l'été soit fini, assister le commandant en chef. Je compte que nous aurons un vif engagement au passage de la rivière Saint-Charles, à moins que nous puissions faire monter à la dérobée un détachement en haut de la rivière et le débarquer trois, quatre, cinq milles ou plus au-dessus de la ville, et avoir le temps de nous y retrancher si fortement qu'ils n'oseront nous attaquer [1]".

Des brumes presque continuelles retardèrent la flotte à Louisbourg. Enfin, le 6 de juin, les derniers transports levèrent l'ancre. Pendant qu'ils cinglaient hors de la rade, les soldats attroupés sur le pont faisaient retentir les rochers voisins de leurs cris de joie ; les officiers non moins enthousiastes, échangeaient des santés entre eux en saluant d'avance " les couleurs britanniques sur tous les forts, ports et garnisons de l'Amérique [2] ".

Le 11, du haut des falaises de Gaspé, les sentinelles françaises reconnurent l'escadre aux blancheurs lointaines qui éclairaient l'horizon. Avant la fin du jour, les innombrables navires aux ailes éployées comme des vautours, doublèrent le cap des Rosiers.

L'avant-garde, composée des dix vaisseaux de l'amiral Durell, venait alors de jeter l'ancre au mouillage de la Prairie, entre l'Ile-aux-Coudres et les Eboulements. Durell n'avait réussi à capturer que trois navires et quelques chargements de provisions.

Il avait à son bord un pilote français appartenant à une ancienne et honorable famille du Canada, dont le nom est resté flétri comme celui d'un traître. Jean Denis de Vitré avait été pris en mer, et s'il faut en croire son propre témoignage, forcé sous peine de mort de diriger l'escadre. Au reste, il n'était pas le seul à subir cette dure nécessité, car en entrant dans le fleuve, l'amiral avait arboré le pavillon français et fait les

---

1 — Wright, *Life of Wolfe*, p. 497 et suiv.
2 — *Knox's Journal*, p. 279.

signaux d'usage pour appeler les pilotes. Ceux-ci avaient aussitôt lancé leurs chaloupes à la mer et ne s'étaient aperçus de leur méprise que lorsque, montés sur les navires, ils avaient été faits prisonniers. D'après une légende qui n'a jamais existé que dans l'imagination des Anglais, un missionnaire se trouvant auprès d'une des vigies stationnées sur la côte, aurait été pris de transports de joie en s'imaginant que c'était la flotte française ; mais reconnaissant ensuite le pavillon anglais aux mâts des navires, il serait mort sur place de désespoir.

A sept heures du soir, le 22 mai, Montcalm était descendu à son hôtel de la rue des Remparts, harassé d'une marche de soixante lieues qu'il venait de faire tout d'une haleine, et irrité plus que jamais contre Vaudreuil qui l'avait retenu malgré lui à Montréal, jusqu'à l'arrivée des dernières dépêches de la cour. " Il eut sur le champ une conférence avec l'intendant, dont il résulta qu'il n'y avait rien de prêt [1] ".

Dès l'automne de 1757, Montcalm avait fait, comme on l'a vu, en prévision d'un siège, l'inspection des environs de Québec, des deux côtés du fleuve jusqu'au cap Tourmente, car les fortifications de la ville n'étaient

---

1 — *Journal de Montcalm.* — Montcalm en rejette à tort la faute sur Vaudreuil et en appelle aux témoignages de l'ingénieur Pontleroy, " qui, dit-il, n'a rencontré que des obstacles". Or Pontleroy dit lui-même : " Le marquis de Vaudreuil m'a laissé le maitre de faire ce que je jugerais nécessaire. Je vais, ajoute-t-il à M. de Moras, faire travailler à l'indispensable en attendant vos ordres". *Lettre au ministre,* 15 mai 1758.

pas même " à l'abri d'un coup de main ". Sa situation, dit-il, " aurait dû inspirer à tout autre ingénieur que M. de Léry des ressources admirables pour en faire une bonne place; mais il semble qu'il s'est attaché, en dépensant des sommes immenses, à détruire les avantages que la nature avait prodigués à sa situation ".

Les remparts du côté de la campagne n'étaient formés " que d'un très-faible mur " sans parapets, sans un seul canon qui pût battre la plaine. On n'avait pas même songé à les protéger à l'extérieur par des ouvrages avancés. Le plan de Montcalm avait été dès lors d'empêcher une descente de l'ennemi au seul endroit qui lui paraissait accessible, la côte de Beauport, où la rive nord s'allonge en pente douce, coupée à droite par la rivière Saint-Charles, à gauche par la rivière et la chute de Montmorency, d'y masser ses troupes et d'y établir un camp retranché [1].

Vaudreuil avait écrit à peu près dans le même sens au ministre, le 1er avril précédent : " Suivant ce que j'aurai, tant en troupes, milices, sauvages et gens de mer, je ferai mes dispositions, soit pour m'opposer à la descente de l'ennemi à l'île d'Orléans, ou pour me réduire à l'attendre au passage de la rivière de Montmorency jusqu'à Québec, et depuis Québec jusqu'à la rivière du Carrouge....

---

1 — La première idée de ce camp avait été donnée par Lévis. Montcalm n'avait songé d'abord qu'à se retrancher derrière la rivière Saint-Charles. — Johnstone, *Dialogue in Hades.*

" Quelques efforts que fassent les Anglais, je me flatte... que la valeur des troupes, les intérêts personnels des colons, leur attachement au roi, le nombre de sauvages que nous aurons, toutes ces forces réunies et animées du même désir, rendront la conquête de cette colonie bien difficile pour ne pas dire impossible ".

Le 8 mai suivant, Vaudreuil ajoutait : " Quelque triste et critique que soit notre situation, je n'ai pas moins de confiance en mes dispositions pour faire face à l'ennemi de tout côté, autant que nos moyens peuvent le permettre. Le zèle dont je suis animé pour le service du roi me fera toujours surmonter les plus grands obstacles. Je prends les plus justes mesures pour bien recevoir l'ennemi, quelque part qu'il veuille nous attaquer.

" Permettez, Monseigneur, que je vous supplie de vouloir bien assurer Sa Majesté qu'à quelque dure extrémité que je puisse être réduit, mon zèle sera aussi ardent qu'infatigable ; que je ferai jusqu'à l'impossible pour que nos ennemis ne fassent aucun progrès nulle part, ou pour du moins le leur faire acheter extrêmement cher ".

Si Vaudreuil ne gardait pas devant l'ennemi la résolution qu'il avait dans son cabinet, il est certain du moins qu'il exprimait celle de la colonie tout entière.

Le lendemain de son arrivée, Montcalm convoqua, au palais de l'intendant, tous les capitaines de frégates et de navires, avec les officiers de port. A leur tête, on remarquait le capitaine Vauquelin, le héros de

Louisbourg, aussi habile dans les conseils qu'intrépide au combat [1].

Là aussi se trouvait le vieux capitaine connu de tout le monde sous le nom du *bonhomme* Pellegrin, un peu sourd, mais encore actif et d'une expérience consommée. C'était lui qui avait servi de pilote à l'escadre sur laquelle étaient venus Montcalm et son corps de troupes. Toujours en mer depuis lors, il était devenu l'homme de confiance de tous les officiers, qui le chargeaient de leurs messages pour leurs familles, et qui en recevaient les réponses à son retour [2].

A la première demande qui fut faite par le général dans le conseil, tous décidèrent d'un commun accord de mettre trois cents matelots à la disposition du génie pour travailler aux lignes de défense tracées le long de la rivière Saint-Charles. Le capitaine Duclos se chargea de construire une batterie flottante, des carcassières et des bateaux armés chacun d'une pièce de canon. Quatorze cents marins feraient le service de cette petite flotte.

---

1 — Vauquelin des Yveteaux appartenait à une famille opulente, dont un membre avait été précepteur de Louis XIII. Il s'était retiré chez lui à sa rentrée en France ; mais le ministre de la marine l'avait rappelé, nommé lieutenant de vaisseau, quoiqu'il n'eût commandé que des navires marchands, et envoyé au Canada avec les plus hautes recommandations.

2 — "J'ai enfin vu notre ami Pellegrin ; je dis notre, car il me semble que ma chère maman a bien voulu le recevoir avec amitié ; aussi avez-vous fait la conquête de ce bon hyperboréen. Je crois, ma foi, qu'il laisserait sa femme pour vous.... Je n'ai encore vu Pellegrin que trois heures, ainsi je n'ai pas eu le temps de le questionner un cinquième de ma curiosité". *Bougainville à Mme Hérault de Séchelles.* Québec, 20 septembre 1757.

Il fut proposé de fermer le chenal le plus étroit du fleuve, celui de la Traverse entre l'île d'Orléans et l'île Madame, en y coulant bas dix des plus gros navires et d'ériger aux environs deux batteries, l'une au cap Tourmente, l'autre au cap Brûlé ; mais ni l'un ni l'autre de ces projets ne fut exécuté, parce que le capitaine Pellegrin, ayant été envoyé peu de jours après sonder le chenal de la Traverse, l'avait trouvé bien plus large qu'on ne le disait.

Le même jour, Montcalm écrivit au chevalier de Lévis : "Nous venons d'apprendre par deux capitaines marchands qu'ils ont vu à Saint-Barnabé sept ou dix vaisseaux. Ce pourrait être l'avant-garde des Anglais. Cependant on n'a point fait de signaux, et nous n'avons point d'avis ; ce qui m'empêche, vu la nécessité de ménager nos vivres, de faire avancer nos bataillons. Mais faites-les tenir prêts, car avant vingt-quatre heures, vous recevrez peut-être un second courrier pour les mettre en mouvement. M. Rigaud aura la bonté de faire tenir prêts les Canadiens que M. de Vaudreuil destine à la défense de cette partie. J'envoie des ordres pour que le bataillon de Languedoc marche....

" Je compte M. le marquis de Vaudreuil parti ; s'il ne l'est pas, vous lui communiquerez ma lettre".

Vaudreuil était en marche, et Lévis devait le suivre de près.

Le soir du même jour, à minuit, toute la rive droite du Saint-Laurent fut illuminée de cap en cap jusqu'à Québec, d'où l'on répondit par les signaux convenus. Un courrier dépêché de la baie Saint-Paul apprit en même temps l'arrivée de l'avant-garde anglaise au mouillage de l'Ile-aux-Coudres.

Les derniers doutes étaient dissipés. Les optimistes, comme il s'en trouve toujours, s'étaient flattés que la flotte anglaise ne pourrait franchir les difficultés de navigation qu'elle rencontrerait dans le fleuve. L'escadre de l'amiral Walker s'était perdue, de leur vivant même, sur les rochers des Sept-Iles. Toutes les âmes dévotes, les femmes assiégeaient les églises ; toutes les communautés religieuses étaient en prières ; on faisait des processions, des pèlerinages à Notre-Dame-des-Victoires pour obtenir cette grâce. Enfin, il fallut bien se rendre à l'évidence.

Une agitation et une activité fiévreuses régnaient dans la ville et dans les campagnes, d'où affluait vers la capitale la population en armes.

Un dernier billet de Montcalm trouva Lévis en route pour Québec :

" J'ai encore moins de temps, mon cher chevalier, pour écrire depuis l'arrivée de M. le marquis de Vaudreuil ; car il faut lui faire jouer le rôle de général. Je lui sers de secrétaire et de major. Il me tarde que nous vous ayons et de vous embrasser ".

C'était la première fois que Vaudreuil se trouvait à l'armée à côté de Montcalm, dont la position était devenue plus que jamais irritante par son élévation au grade de lieutenant-général. Le gouverneur n'avait aucun des grands grades, et cependant le commandant en chef de l'armée était obligé de lui rendre les honneurs du généralat. Cette dualité dans le commandement était, comme on l'a vu, un vice inhérent au système colonial, et reparaissait dans l'ordre civil entre le gouverneur et l'intendant. Elle avait amené de tout temps et devait fatalement amener des conflits. La cour n'avait su comment y échapper dans la dernière crise : Montcalm s'imposait par ses victoires, Vaudreuil par son influence auprès des colons. Remplacer le premier, c'était peut-être perdre la colonie ; rappeler le second, c'était peut-être amener la défection des Canadiens, que le roi était honteux d'abandonner après avoir tant exigé d'eux. Il crut tout concilier en donnant à Montcalm la direction des opérations militaires, et à Vaudreuil le droit d'être consulté : c'était consommer la discorde.

Les troupes furent campées, à mesure qu'elles arrivaient, en arrière de l'Hôpital-Général, sur la rive droite de la rivière Saint-Charles, où elles furent employées d'abord à terminer cette ligne de défense, qui devait servir de retraite à l'armée, au cas où elle serait forcée dans ses retranchements de Beauport. Le colonel de Bougainville se porta en avant avec les compagnies de grenadiers placées sous ses ordres, et les échelonna depuis la rive gauche de la rivière Saint-Charles jusqu'au ruisseau de Beauport, pour y travailler au camp retranché. Le nombre des travailleurs augmentait chaque jour par la rentrée des miliciens qui accouraient en plus grand nombre qu'on n'avait osé l'espérer. "On vit arriver au camp des vieillards de quatre-vingts ans et des enfants de douze à treize ans, qui ne voulurent jamais profiter de l'exemption accordée à leur âge [1]".

---

[1] — *Archives de la marine.* — *Extrait d'un journal tenu à l'armée que commandait feu M. de Montcalm, lieutenant général.*

Montcalm s'était senti soulagé en serrant la main à son cher chevalier, tant il avait de confiance dans son expérience militaire. Sa présence lui rendait moins importune celle du marquis de Vaudreuil.

Lévis, au reste, toujours en bons termes avec le gouverneur, adoucissait avec autant de tact que de prudence les rapports des deux ennemis. Montcalm et lui étaient montés à cheval dès le moment de leur réunion, et, suivis de Pontleroy avec quelques autres officiers du génie, ils avaient parcouru toute la rive du fleuve jusqu'au Saut de Montmorency, et avaient fixé l'emplacement des batteries et des redoutes à construire de distance en distance.

M. Jacquot de Fiedmond se chargea de fortifier les têtes de ponts de la rivière Saint-Charles, pendant qu'un autre ingénieur, M. de Caire, arrivé de France depuis peu de jours, surveillait les travaux qui se poursuivaient le long de cette rivière. Deux autres ponts furent construits à son entrée et défendus par des ouvrages couronnés. On y éleva aussi, sur deux navires coulés à fond, deux batteries de dix pièces de canon. Enfin, l'embouchure fut fermée par une forte estacade. Le palais de l'intendance allait être entouré d'une double enceinte de palissades, et le quai construit en face armé de plusieurs pièces de campagne. Autour de la base du cap, régnaient quatre grandes batteries, que le chevalier de Bernetz, nommé second commandant de la ville, faisait perfectionner. Une partie de ces batteries donnait sur la rade, le reste sur le cours du fleuve. Tous les édifices qui pouvaient en gêner le feu étaient démolis, tandis qu'on bouchait toutes les ouvertures des maisons.

adossées au cap, et qu'on barrait toutes les rues montant à la haute-ville, hormis celle du Palais. A partir de ce dernier endroit, le sommet du promontoire, dont les fortifications n'étaient pas terminées, fut couronné de palissades crénelées de trois en trois pieds, se prolongeant jusqu'au delà de la porte de la basse-ville, et les différentes batteries réparées ou munies de nouvelles pièces d'artillerie. Deux batteries à barbettes, placées dans la côte de la basse-ville, en défendaient l'accès. Le palais épiscopal avait été abandonné par l'évêque pour servir de redoute.

Durant cet intervalle, on voyait s'élever comme par enchantement sur la côte de Beauport les lignes du camp retranché. " Jamais, dit le capitaine de Foligné, ouvrages ne s'élevèrent plus vivement, de sorte que nos généraux avaient la satisfaction de se voir bientôt en état de recevoir les ennemis ".

Le capitaine Duclos reçut le commandement de la batterie flottante nommée le *Diable*, dont il avait donné le plan et surveillé la construction. Elle était de forme hexagonale, et ne tirait que trois ou quatre pieds d'eau, quoiqu'elle portât douze pièces de canons de gros calibres. Huit brûlots et cent vingt cajeux, chargés de matière combustible, devaient être lancés sur la flotte ennemie dès qu'elle paraîtrait devant la rade. Les navires chargés de vivres reçurent ordre de monter aux Trois-Rivières, d'où l'armée tirerait ses approvisionnements. Les deux frégates du roi, mouillées à l'anse des Mères, à une demi-lieue au-dessus de Québec, y empêcheraient une descente. M. de la Rochebeaucour formait un petit corps de cavalerie de deux cents hommes pour se porter aux endroits les plus menacés.

Montcalm qui, malgré ses occupations sans nombre, dictait ou écrivait lui-même son *Journal*, y mêlait des réflexions mordantes comme celle-ci : " Les voitures manquent pour les fortifications, mais non pour voiturer les matériaux nécessaires pour faire une casemate chez Mme Péan. Quelque tragique que puisse et doive être le dénouement de tout ceci, on ne peut s'empêcher de rire ".

A la première visite de Vaudreuil aux travaux du camp retranché, il remarque ironiquement : " M. le marquis de Vaudreuil, gouverneur général, et, en cette qualité, général de l'armée, a fait sa première tournée ; il faut bien que la jeunesse s'instruise. Comme il n'avait jamais vu ni camp ni ouvrage, tout lui a paru aussi nouveau qu'amusant. Il a fait des questions singulières. Qu'on s'imagine un aveugle à qui l'on donne la vue ".

Une nouvelle source de discorde avait surgi depuis la verte réprimande que le ministre Berryer avait adressée à l'intendant. Bigot s'était senti trahi par Bougainville et faisait retomber sa colère sur ses amis aussi bien que sur lui. Le conseil était le principal théâtre où éclataient ces animosités. On s'y livrait à des altercations et à des violences qui obligeaient parfois de lever les séances. Montcalm s'en plaignait à Lévis : " Je fus hier à la ville ; je vis le conseil tumultueux, indécent, de la marine... le cri général est contre Le Mercier, impatiences pour ses batteries auxquelles toute l'armée est subordonnée [1] ".

1 — 29 juin 1759.

L'intendant et le munitionnaire Cadet étaient allés s'établir à Beauport, d'où ils présidaient à l'approvisionnement de l'armée. Le peuple était dès lors réduit à deux onces de pain par jour ; une partie n'en avait même pas, et des familles mouraient d'inanition [1].

La Grande Société n'en vivait pas moins dans le luxe et l'abondance. Cadet faisait jeter le grain à des milliers de volailles destinées à sa table et à celle de ses amis.

L'amiral Durell avait trouvé l'Ile - aux - Coudres déserte : les habitants l'avaient abandonnée à l'apparition des voiles anglaises, par l'ordre de M. de Vaudreuil, et s'étaient retirés dans les bois de la baie Saint-Paul. L'amiral établit un camp sur les plateaux cultivés de l'île, et y fit descendre une partie des troupes pour les reposer des fatigues de la mer. Elles s'y crurent bientôt en pleine sécurité, et les officiers s'amusèrent à se promener sur les chevaux abandonnés dans l'île et à y faire la chasse. Trois officiers canadiens, MM. de la Naudière, Des Rivières et de Niverville étaient descendus de Québec à la baie Saint-Paul avec cent cinquante miliciens, une centaine d'Abénakis et quelques pièces d'artillerie, pour y empêcher une descente. Aidés des habitants du lieu, ils construisaient des retranchements et montaient des batteries à l'entrée de la rivière du Gouffre. Des partis de miliciens et de sauvages, guidés par des habitants de l'île, y faisaient souvent la traversée à la faveur de la nuit

---

1 — L'armée qui avait la ration régulière était moins à plaindre que le peuple. De là le dicton : Les habitants mangent maigre, les soldats mangent gras.

pour guetter les maraudeurs et en faire quelques-uns prisonniers. Du côté nord de l'île s'avance un promontoire escarpé nommé le cap à la Branche, au pied duquel passait un étroit chemin baigné par les eaux du fleuve. Quelques insulaires, conduits par un des leurs, François Savard, homme aussi vigoureux que brave et intelligent, vinrent s'y embusquer, s'abritant derrière un rideau de grands cèdres, dont les troncs recourbés s'allongeaient au-dessus du chemin. Ils virent venir deux officiers à cheval, dont l'un portait un jeune homme en croupe. Au moment où ils passèrent sous le cap à la Branche, une décharge de fusils abattit leurs deux chevaux, et ils furent tous trois faits prisonniers avant qu'ils eussent le temps de se reconnaître. Grande fut la surprise de François Savard et de ses compagnons, quand ils apprirent qu'un de ces officiers était le petit-fils de l'amiral Durell [1]. Le capitaine Des Rivières, qui faisait partie de l'expédition, le conduisit à Québec, où M. de Vaudreuil eut pour lui les plus grands égards, jusqu'à ce qu'il fût échangé avec d'autres prisonniers.

Une inspection de l'île d'Orléans faite par Bougainville et Pontleroy avait démontré l'impossibilité de protéger cette île contre une descente de l'ennemi, et ordre avait été donné aux habitants de l'évacuer. M. de Courtemanche s'y rendit avec cinq cents Canadiens et un parti de sauvages, pour dresser une embuscade et tenter de faire quelques prisonniers.

---

1 — " Il polissonnait sur l'Ile-aux-Coudres ". *Montcalm à Bourlamaque*, 6 juin.

Des vents de nord-est très fréquents avaient favorisé la marche de la flotte anglaise : le 23 juin elle était ancrée au pied des hautes montagnes de la baie Saint-Paul. " Entre les deux caps de la baie, dit le capitaine Knox, s'étend une charmante vallée, au fond de laquelle s'élève un village pittoresque avec une église paroissiale.... Je crois n'avoir jamais vu d'établissement situé dans un endroit plus agréable ; les habitations sont propres et convenables [1] ".

L'amiral Saunders était occupé en ce moment à faire sonder le dangereux passage de la Traverse, réputé infranchissable pour les grands vaisseaux de guerre, et d'où les Français avaient fait enlever les bouées et renverser les amers placés sur les rivages.

" A trois heures après-midi, le 25, ajoute Knox, un pilote français fut embarqué à bord de chacun des transports. Celui qui échut au *Good-Will* s'exclamait de la façon la plus extravagante, nous faisant entendre que c'était bien contre sa volonté qu'il était devenu pilote anglais. Le pauvre homme, s'exprimant avec une grande liberté, disait que " sans doute quelques-uns des vaisseaux retourneraient en Angleterre, mais qu'ils auraient une triste histoire à raconter, parce que le Canada allait être la tombe de toute l'armée. Il espérait que dans peu il verrait les murs de Québec ornés de chevelures anglaises ". N'eût été l'ordre de l'amiral de ne lui faire aucun mal, il aurait certainement été jeté par-dessus bord.

---

1 — Vol. I, p. 288.

" Lorsqu'il fit mine de donner ses ordres, le capitaine (nommé Killick, vieux marin qui n'avait que du mépris pour tout ce qui était français) ne voulut pas le laisser parler. Il plaça son second au gouvernail, lui ordonna de ne prendre d'ordres de personne que de lui, et montant avec son sifflet sur le gaillard d'avant, il donna ses instructions. Tout ce que purent dire l'officier commandant et les autres officiers à bord fut inutile. Le pilote déclara que nous allions nous perdre, car aucun navire français n'avait jamais passé là sans pilote.— " Aie ! aie ! mon ami, répliqua notre fils de Neptune, je vais par tous les diables vous convaincre qu'un Anglais peut passer là où un Français n'oserait se montrer le nez ". La frégate le *Richmond* se trouvant tout près en arrière de nous, notre officier commandant appela le capitaine et lui dit ce qui se passait. Celui-ci lui demanda quel était notre capitaine. Il lui fut répondu du gaillard d'avant par le marin même qui lui dit que c'était le vieux Killick, et que c'était assez.... Après que nous eûmes passé ce remarquable endroit où le chenal fait un complet zigzag, le capitaine ordonna à son second de donner le gouvernail à un autre en lui disant : — " Au diable ! s'il n'y a pas mille endroits dans la Tamise qui sont cinquante fois plus dangereux que celui-ci. Je suis confus qu'un Anglais fasse tant de bruit à ce propos ". Le pilote français me demanda si le capitaine était jamais passé par ici ; je l'assurai que non ; sur quoi il le regarda fixement en levant en même temps les mains et les yeux au ciel avec étonnement et admiration.

" A l'île d'Orléans, continue Knox, nous avons devant nous une contrée claire et ouverte parsemée de villages et d'églises innombrables. Vues de nos navires, les maisons blanchies à la chaux ont un air propret et élégant ".

A mesure que le capitaine Knox avançait, son admiration devenait plus vive. Quand le matin du 26, le *Good-Will* jeta l'ancre devant la paroisse Saint-Laurent, il écrivit sur son carnet : " Ici, nous jouissons de l'aspect le plus agréable d'une contrée de tous côtés charmante : moulins à vent, moulins à eau, églises, chapelles, rangées de fermes toutes bâties en pierre et couvertes les unes en bois, les autres en chaume ; les terres paraissent partout bien cultivées, et à l'aide de ma lunette, je puis distinguer qu'elles sont semées en chanvre, blé, orge, pois, etc., et que les propriétés sont fermées de clôtures en bois. Aujourd'hui la température est agréablement chaude ; de légères vapeurs flottent çà et là sur les hauteurs, mais sur la rivière l'atmosphère est claire et pure.

" Pendant que nous montions à la voile, nous avons eu, au tournant du fleuve, une vue passagère de l'étonnante curiosité appelée la chute de Montmorency, dont j'espère avant la fin de la campagne, donner à loisir la description ".

L'embuscade tendue par M. de Courtemanche à l'extrémité inférieure de l'île d'Orléans n'avait pas eu le succès qu'on en attendait, parce que malgré ses recommandations, les sauvages s'étaient montrés trop tôt au moment où plusieurs berges anglaises s'approchaient du rivage. Une seule put être prise avec quelques prisonniers.

Un incident assez comique se produisit lorsqu'il s'agit de rassembler et de descendre les cajeux en face du port, et de les mettre prêts à être lancés. Au moment où les canotiers allaient s'embarquer pour les conduire, le P. Beausset, jésuite fort zélé mais peu intelligent, vint, tout effrayé du danger qu'ils allaient courir, leur adresser une exhortation " à la manière de celles qu'on fait aux gens qu'on veut pendre [1] ". Son succès fut complet : ils refusèrent net de partir. Il fallut charger un officier supérieur d'organiser une nouvelle escouade pour exécuter la besogne.

Le 26, au coucher du soleil, le lieutenant Meech, avec quarante rangers, fit une première reconnaissance dans l'île. La croyant déserte, il s'engagea imprudemment dans un bois, où il tomba sur un parti de Canadiens qu'il crut occupés à faire une cache. C'était l'arrière-garde de M. de Courtemanche restée en observation [2], qui se mit à leur poursuite et fut sur le point de les envelopper. Meech n'eut que le temps de se jeter avec ses rangers dans une maison, sans même oser dans sa fuite ramasser un de ses hommes frappé d'une balle. Il s'y tint barricadé jusqu'au jour. L'armée débarqua sans obstacles. Un premier camp fut dressé sur un plateau ouvert un peu au-dessous de l'église de Saint-Laurent. Knox avec quelques officiers profitèrent du premier moment de loisir pour aller visiter l'église : " Edifice propre, dit-il, avec un clocher surmonté d'une flèche ". Les ornements en avaient été enlevés, hormis

---

[1] — *Journal de Montcalm.*
[2] — *Idem.*

quelques peintures sans valeur. Le curé de la paroisse, l'abbé Martel, y avait affiché en partant une lettre qui portait pour adresse : "*Aux dignes officiers de l'armée anglaise*". Il les priait, au nom de l'humanité et de leur générosité bien connue, d'avoir soin de son église, ainsi que de son presbytère et de ses dépendances, sinon par égard pour lui, du moins par amour de Dieu, et par compassion pour ses malheureux paroissiens privés de leurs demeures. " J'aurais souhaité, ajoutait-il, que vous fussiez arrivés plus tôt, afin de pouvoir goûter les légumes, tels que asperges, raves, etc., que produit mon jardin, et qui maintenant sont montés à graine ". Le curé terminait son épître par ce que Knox appelle les fades compliments habituels aux Français.

Le lendemain, au soleil levant, par une journée claire comme celle de la veille, Wolfe prit avec lui l'ingénieur en chef Mackeller, se fit escorter par quelques troupes légères, et remonta le fleuve jusqu'à l'extrémité de l'île d'Orléans, où il mit pied à terre. Il n'a pas écrit, mais il est facile de deviner quelle fut sa première impression. Il avait devant lui un des plus beaux points de vue et une des positions stratégiques les mieux choisies de l'Amérique du Nord : à sa droite, la rivière et la cascade de Montmorency, formant une ligne de défense naturelle ; à sa gauche, les falaises escarpées de Lévis ; en face, à une lieue de distance, s'avançant comme la proue d'un immense navire, le promontoire de Québec dominant les deux rives. Il distinguait parfaitement les lignes du camp retranché, se prolongeant en zigzags avec leurs batteries et leurs redans, depuis les cimes du Montmorency jusqu'à la rivière Saint-Charles ; et en arrière de cette première ligne, tout le long du coteau, la double rangée de jolies maisons blanches bordant le chemin. Il ne savait pas encore que le groupe de tentes qu'il apercevait sur son extrême droite était le camp de son plus habile ennemi, le chevalier de Lévis, avec les meilleures troupes régulières et ces fameux coureurs de bois de Montréal, redoutés de ses soldats presque autant que les sauvages ; qu'au centre de cette côte, le manoir seigneurial de Salaberry, entouré d'une multitude de tentes, était le quartier général de Montcalm ; et que plus loin, vers la Canardière, se trouvait celui de Bougainville, qu'allait bientôt occuper le marquis de Vaudreuil. Sur toute l'étendue de cette côte, il voyait les lignes blanches des régiments français et celles des troupes coloniales, qui allaient prendre leurs positions respectives. A l'entrée de la rivière Saint-Charles lui apparaissaient les lignes confuses des ponts fortifiés, et au loin dans la vallée, le clocher à peine visible de l'Hôpital-Général. A l'aide du plan de Québec déroulé devant lui, il pouvait déterminer la position des principaux édifices de la ville, dont les flèches et les toitures dominaient les remparts : le séminaire et l'Hôtel-Dieu au bord du cap, la cathédrale, le collège des jésuites, les monastères des ursulines et des récollets disposés au centre en quadrilatère irrégulier ; sur la gauche, et couronnant le précipice, le château Saint-Louis vu de profil. Les deux grands bouquets d'arbres surgissant du milieu des toits, indiquaient les jardins du séminaire et du collège.

Autour des crêtes palissadées de la montagne, s'alignaient les batteries du château Saint-Louis, du séminaire, de l'hôpital ; et au-dessous, allongeant leurs gueules à fleur d'eau, les batteries Saint-Charles, Dauphine, Royale et de Construction. Mais ce qu'il ne pouvait voir du point où il était, ce que lui cachait le cap Diamant qui fermait l'horizon à l'ouest, c'étaient les deux chaînes de rochers à pic entre lesquelles, à partir d'une distance de plusieurs lieues, le fleuve se fraye un passage. Sans les avoir vues, il savait, par les rapports les plus positifs, que du côté nord jusqu'au cap Rouge, trois lieues plus haut, la falaise est à peu près inabordable ; que dans les rares endroits où elle est accessible, elle peut être facilement défendue par de petits corps d'armée, et qu'au delà, la rivière du cap Rouge forme par ses rives encaissées, un obstacle non moins difficile que celui de la rivière Montmorency. Aussi cette position n'entrait-elle dans ses plans d'attaque que comme un dernier moyen auquel il ne devait songer qu'après avoir épuisé tous les autres.

Dans la lettre qu'il avait écrite de Louisbourg à son oncle, il posait deux hypothèses : l'une où son adversaire serait audacieux ; l'autre où il paraîtrait timide. Il ne rencontrait ni l'une ni l'autre : le général français était évidemment déterminé, mais il se montrait aussi prudent que ferme, et ne livrerait rien au hasard. Il l'attendrait derrière ses retranchements, lui disputerait pied à pied le terrain ; en un mot, ferait tout pour traîner le siège en longueur, attendre que son ennemi eût épuisé ses forces, ou que la saison l'eût obligé de se retirer. Wolfe s'était imaginé pouvoir mettre pied à terre sans beaucoup de résistance sur la côte de Beauport, où il espérait se maintenir par un système de fortifications analogue à celui qui avait été employé à Louisbourg. Il avait supposé qu'il n'aurait d'engagement sérieux à soutenir qu'au passage de la rivière Saint-Charles. Mais voilà que du premier coup il se voyait rejeté à deux lieues de la ville au delà de la rivière Montmorency, dont il embrassait d'un coup d'œil les difficultés.

Quand il eut examiné attentivement les positions formidables occupées par son ennemi, qu'il eut reconnu tous les obstacles que la nature y avait accumulés, tous ceux que des généraux habiles y avaient ajoutés et y ajouteraient encore, un sentiment de défiance s'empara de lui. Il comprit que de loin il ne s'était pas rendu compte des difficultés qui l'attendaient.

Si du moins les douze mille hommes qui s'avançaient contre Carillon avaient été commandés par un général aussi entreprenant qu'il l'était lui-même, il aurait pu espérer faire à temps sa jonction avec lui. C'eût été la meilleure chance de succès ; mais il connaissait trop bien le caractère d'Amherst, il avait trop souffert de ses lenteurs avant et après le siège de Louisbourg pour ne pas prévoir que ce général n'avancerait qu'à pas de tortue, et que la campagne serait finie avant qu'il eût descendu le Richelieu, d'autant plus que la tactique toute de prudence et de temporisation suivie par Montcalm, lui disait d'avance quelle serait celle de Bourlamaque. Cette première inspection avait suffi pour le désillusionner et renverser ses projets ; et, comme si la nature avait voulu refléter les nuages qui montaient dans sa pensée, le ciel si pur à l'aurore s'assombrit, un orage se forma au-dessus du cap Diamant, s'étendit sur les deux rives, éclata dans l'après-midi en pluie torrentielle accompagnée d'éclairs, de tonnerre et d'un vent qui fit chasser la flotte sur ses ancres ; plusieurs des transports, des bateaux et des berges furent jetés au rivage et mis en pièces. Heureusement pour les ennemis que cette tempête s'évanouit aussi vite qu'elle était venue, et qu'elle fit place à une nuit calme et sereine.

La même sérénité régnait la nuit suivante quand les vigies anglaises signalèrent à leurs commandants plusieurs points noirs glissant sur l'eau et grossissant à mesure qu'ils descendaient avec le courant. Sept brûlots avaient en effet été lancés sous la direction d'un capitaine de navire, nommé de Louche, jeune homme vantard et inexpérimenté, qui avait fait accepter ses services malgré l'avis des officiers du génie. Montcalm s'était mis en observation avec ses principaux officiers, devant l'église de Beauport, pour en observer l'effet. Il n'y avait guère confiance, et disait dans son *Journal* : " Nos chers brûlots ! Cette épithète convient fort, car ils coûtent quinze à dix-huit mille francs.... Il faut espérer qu'ils auront un meilleur effet que n'en a eu la tempête sur la flotte anglaise ".

Le sieur de Louche fut saisi d'une terreur panique avant qu'il eût atteint le milieu de la rade, et fit mettre, presque aussitôt après, le feu aux brûlots. Un seul fut conduit avec sang-froid et incendié à propos. Le brave officier qui le dirigeait, M. Dubois de la Milletière, ne put s'échapper du milieu des bateaux en flammes qui l'entouraient, et périt avec deux de ses hommes. Une partie des brûlots alla s'échouer sur l'île d'Orléans ; les autres furent arrêtés par les marins anglais, qui y jetèrent leurs grapins et les touèrent au rivage, où ils achevèrent de brûler en projetant leurs sinistres lueurs sur la rade, le camp retranché et jusque sur le cap de Québec.

Le capitaine Knox, qui de son navire vit s'approcher ces machines infernales, dit que rien n'était plus extraordinaire que leur aspect à la fois terrible et magnifique. Les canons chargés à mitraille, placés à bord avec une grande quantité de grenades et d'autres projectiles, éclataient de toutes parts avec une telle rage, que les sentinelles placées à l'extrémité de l'île furent saisies de terreur, et se replièrent en désordre sur le camp où elles jetèrent l'alarme. Les troupes légères marchèrent en avant, les régiments de ligne prirent les armes et eurent ordre de charger les fuyards.

" La nuit, continue Knox, n'était éclairée que par les étoiles, et cette faible lumière était éclipsée par l'éclat des brasiers flottants dont la flamme courait presque aussi vite que la pensée à travers les cordages et les mâtures. Joignez à cela la solennité de la nuit dont les ténèbres étaient épaissies par d'immenses nuages de fumée, le tonnerre des canons, l'explosion des grenades, le craquement des matières enflammées répercuté à travers les airs et les bois voisins, avec les cris sonores de *All's well!* que se renvoyaient fréquemment de l'un à l'autre nos braves marins sur l'eau ; tout cela offrait, je pense, une scène infiniment supérieure à tout ce qu'on en peut dire ".

L'indignation fut aussi grande que le désappointement parmi les Français. "Le sieur de Louche, observe Montcalm, se plaint que M. l'intendant et M. Le Mercier les ont forcés de partir avant d'être entièrement préparés.... Un des capitaines a dit : "— Messieurs, nous nous sommes lâchement comportés. Il reste encore un brûlot, lavons notre honte dans le succès ou la mort". Un seul a accepté ; le reste n'a dit mot."

Wolfe s'étant vu obligé de renoncer à une descente à Beauport, avait tourné son attention du côté de la rive sud par où il pouvait s'approcher de Québec. Quelle résistance Montcalm lui opposerait-il sur les hauteurs de Lévis ? Il l'ignorait encore ; mais elle ne lui paraissait pas devoir être bien forte, car il n'avait remarqué de ce côté ni travaux de fortifications, ni mouvements de troupes.

On voit encore aujourd'hui, en face du village de Saint-Laurent, la petite église de Beaumont conservée telle qu'elle était à la date du siège de Québec. Le 29, à cinq heures du soir, l'infanterie légère, les rangers, un régiment et un corps d'Ecossais avaient été transportés de l'île d'Orléans à la rive sud, et s'étaient emparés sans résistance du village et de l'église de Beaumont. La marée se trouvant trop basse, le reste de la brigade destiné à faire cette opération sous les ordres de Monckton, ne put être traversé, et fut obligé de passer la nuit au bivouac sur le bord de la grève, grelottant de froid ; car à la chaleur du jour avait succédé un vent de nord si vif qu'il gela en quelques endroits.

A sept heures du matin, pendant que les troupes légères escarmouchaient avec un parti de Canadiens qu'elles refoulèrent jusqu'au bord du bois, Monckton mit pied à terre avec ses troupes, et gravit les étroits sentiers bordés de broussailles qui conduisaient à l'église. Son premier soin fut de faire afficher sur le portail une proclamation rédigée par le général Wolfe.

Cette proclamation était un appel très habile adressé aux Canadiens. Après leur avoir parlé des forces irrésistibles qu'il avait conduites jusqu'au cœur de leur pays, auxquelles allaient se joindre celles qui s'avançaient par le lac Champlain, il leur disait que l'Angleterre n'en voulait qu'à la France, qu'elle ne faisait pas la guerre au peuple industrieux du Canada, ni à sa religion, ni aux femmes ni aux enfants sans défense ; que les habitants pouvaient rester sans crainte sur leurs terres et rentrer dans leurs maisons ; qu'en retour de cet inestimable bienfait, il espérait que les Canadiens ne se mêleraient pas au conflit engagé entre les deux couronnes ; mais que s'ils osaient prendre les armes, ils verraient leurs moissons dévastées, leurs habitations réduites en cendres, leurs églises profanées par ses soldats exaspérés ; que la seule issue par laquelle ils pouvaient recevoir des secours était fermée par une flotte formidable, et que durant l'hiver ils seraient en proie à toutes les horreurs de la famine. Il terminait en disant que la France, impuissante à secourir le Canada, avait déserté sa propre cause, que les troupes qu'elle avait envoyées n'avaient été entretenues qu'en faisant peser sur les colons tout le poids d'une oppression sans frein ni loi.

Wolfe ne disait que trop vrai ; cependant pas un Canadien ne parla de se rendre. Ils ne comptaient plus leurs sacrifices, s'obstinant à rester attachés à cette mère-patrie qui n'avait plus d'entrailles pour eux.

Au reste, au moment même où le général anglais protestait qu'il venait faire contraster sa manière de conduire la guerre avec celle des Français, ses propres soldats le démentaient par leur conduite. Quelques Canadiens tombés le matin même sous les coups des rangers, furent scalpés par eux à la façon des sauvages. Des femmes et des enfants furent brûlés vifs dans une maison à laquelle ils mirent le feu, quoiqu'ils sussent très bien que ces malheureux y étaient réfugiés.

Le parti de Canadiens restés en observation sur la lisière du bois, descendit à l'église après le départ des Anglais, arracha la proclamation et envoya un des leurs la porter au marquis de Vaudreuil [1].

Vers midi, l'attention des officiers français stationnés au camp de Beauport fut attirée par le mouvement qui s'opérait sur les hauteurs de Lévis. Une longue colonne, au milieu de laquelle il était facile de distinguer les troupes régulières à leurs couleurs écarlates, débouchait par le chemin de Beaumont, et montait vers l'église de Lévis. Aux petits nuages blancs qui se détachaient sur la verdure des coteaux, il était facile de juger qu'elle était harcelée par les tirailleurs canadiens. C'étaient en effet soixante coureurs de bois, qui après s'être attachés à ses pas pendant deux heures, étaient venus prendre position au pied du rocher boisé qui domine au sud l'église de Saint-Joseph de Lévis. M. de Vaudreuil, prévenu du débarquement des Anglais au nombre de

---

1— *Knox's Journal*, vol. I. pp. 302, 305,

sept à huit cents hommes, avait pris conseil du marquis de Montcalm et envoyé à leur secours trois cents Canadiens et marins, aux ordres de M. Dufils Charest, seigneur du lieu, ainsi qu'une quarantaine d'Outaouais et d'Abénakis. Cette petite troupe se battit depuis trois jusqu'à six heures du soir, avec une vaillance et une obstination qui firent l'admiration des Anglais, aussi bien que des habitants de la ville accourus sur les remparts [1]. L'église et le presbytère, qui servaient de redoutes, furent pris et repris plusieurs fois. A la fin de l'action, Monckton ordonna à ses montagnards écossais de pénétrer dans le bois qui couvrait le coteau, pendant que l'infanterie légère en ferait le tour, et que lui en personne attaquerait l'église et le presbytère. " Nos gens, dit le capitaine de Foligné, qui avait suivi l'action, eurent le dessus, et obligèrent les ennemis de leur laisser le champ de bataille, où les sauvages firent à loisir environ une douzaine de chevelures, ayant déjà un prisonnier ". M. Dufils Charest, ne voulant pas perdre le fruit de cet avantage, assembla les sauvages, toujours empressés de partir après un premier succès, et leur proposa de rester avec sa troupe. Il enverrait cinq ou six d'entre eux conduire le prisonnier au gouverneur, et lui demanderait un renfort d'un millier d'hommes, avec lesquels il forcerait les Anglais de se rembarquer. Les sauvages, qui n'avaient eu ni tués ni blessés dans le combat, donnèrent leur consentement. Malheureusement, le prisonnier amené à Québec déclara que le camp de Beauport devait être attaqué du côté de la

1 — *Knox's Journal*, p. 306.

Canardière durant la nuit, et il ne fut pas jugé prudent de le dégarnir[1]". Ce mouvement de retraite donna aux Anglais le temps de profiter de la connaissance du terrain, et de s'y fortifier de telle sorte qu'il ne fut plus possible de les en déloger.

Le marquis de Montcalm, qui était allé le matin même à la ville, pour conseiller au gouverneur le mouvement qui venait d'avoir lieu à la Pointe-Lévis, annonça à son retour que le camp allait être attaqué sur la droite entre dix heures et minuit. La batterie flottante de M. Duclos, le *Diable*, vint s'embosser à l'entrée de la rivière de Beauport. Ordre fut envoyé immédiatement au chevalier de Lévis de se replier un peu vers le centre. " Les Canadiens bordèrent les retranchements vis-à-vis de leur camp en s'étendant sur leur droite ; nos troupes au centre et le reste des Canadiens appuyant leur gauche au ravin de Beauport ; la troupe à cheval dans la cour de la Canardière pour être prête au besoin. M. le marquis de Montcalm parcourut toute la ligne avec M. de Bougainville et ses aides de camp, dont M. de Caire, ingénieur, faisait les fonctions suivant l'usage.... Je passai la nuit à la batterie de la Canardière avec Le Mercier. Les troupes attendirent inutilement la descente des Anglais ; on les fit rentrer au point du jour". Une alerte eut lieu en ce moment au camp des Canadiens, d'où partit un feu de mousqueterie qui jeta l'alarme dans la ville. " On y battit la générale, croyant le camp attaqué". Cette fusillade achevée, les troupes rentrées dans les tentes,

---

1 — *Journal de Montcalm.*

tout fut tranquille, " et je vins me coucher à sept heures du matin, avec la fièvre qui m'empêcha d'aller tracer la batterie Saint-Louis, comme je l'avais promis à M. le chevalier de Lévis ".

Montcalm prit à peine quelques heures de repos, car il croyait à une attaque imminente, et il n'était pas rassuré sur ses préparatifs. Il trouvait que sa petite armée était bien trop dispersée sur les deux grandes lieues qu'embrassait sa ligne de défense ; car il n'avait cédé qu'en hésitant aux raisons du chevalier de Lévis qui avait insisté pour que les retranchements fussent prolongés au delà de la rivière de Beauport jusqu'au saut Montmorency [1]. L'aile droite, formée des milices de Québec et des Trois-Rivières, commandées par MM. de Saint-Ours et de Bonne, s'étendait depuis la rivière Saint-Charles jusqu'à la Canardière ; le centre, composé des bataillons de la Sarre, Languedoc, Béarn, Guyenne et Royal-Roussillon, aux ordres du brigadier Senezergues, s'échelonnait depuis la Canardière jusqu'à l'église de Beauport ; enfin, la gauche, formée des milices de Montréal, sous MM. Prudhomme et Herbin, se prolongeait jusqu'à la rivière Montmorency.

Après une nouvelle inspection des postes, le général craignit que dans le cas d'une attaque dirigée sur son centre, il pût être enfoncé et coupé de sa ligne de retraite. Du camp de Royal-Roussillon il écrivit, le soir, à

---

[1] — Montcalm en était encore piqué lorsqu'il écrivait à Bourlamaque : " L'opiniâtreté, entre nous, du chevalier de Lévis, dont l'opinion prévaut à celle de l'armée et à la mienne, ne me déplait que pour le bien ". *Au camp de Beauport, le 7 juillet 1759.*

Lévis : " Depuis vous avoir quitté, mon cher chevalier, je suis à cheval et je cours, et je suis effrayé de notre position sur laquelle je vous conjure de réfléchir, sans opiniâtreté pour une première opinion ". Il dissertait ensuite avec lui sur les chances d'une descente des Anglais au centre, ou bien sur une des ailes du camp. " Comment voulez-vous que l'on garde cet espace immense depuis le poste de Royal-Roussillon jusqu'à la Sarre ? Languedoc et Béarn, trop loin ; si on peut, campons les plus près, fût-ce dans les blés, et par séparation, même par demi-bataillon.... Je resserrerais ma ligne de la Canardière à Beauport, et j'espèrerais avec deux mille Montréalistes et sauvages garder la gauche, et je n'y mettrais rien de plus.... Je vous écris de chez Poulhariez, sans cependant m'en communiquer avec personne, afin que vous dormiez dessus, comme vous dites très bien "....

Montcalm donnait ensuite le chiffre exact des forces dont il disposait :

Cinq bataillons	2,900
Trois-Rivières	1,100
Montréal	3,800
Québec, au plus	3,000
Total	10,800 [1]

" Et avec les sinuosités de quatre à cinq lieues à garder : voilà le tableau, méditez-le ce soir....

" Je suis sûr que demain vous serez la plume à la main, effrayé du détail des gardes. Il faut faire un

---

1 — Le chevalier Johnstone, aide de camp de Lévis, dit que " l'armée ne montait pas à dix mille hommes ". *Dialogue.*

habit suivant l'étoffe qui est courte. Je vous écris avec ouverture ; je défère volontiers à votre avis. Mais tâchons de n'en avoir qu'un, mon cher chevalier ; l'amitié et l'intérêt nous y doivent porter ".

Montcalm ne s'imaginait pas en ce moment que son ennemi redoutait autant de l'attaquer dans ses positions que lui-même craignait d'y être forcé. Wolfe avait cependant plus d'hommes de terre et de mer à opposer au général français, que celui-ci n'avait de soldats et de miliciens à sa disposition. Le premier pouvait mettre en ligne neuf mille hommes de troupes régulières, tandis que le second n'en avait que deux mille neuf cents sous la main. C'était trois contre un. Aux sept mille neuf cents miliciens, le général anglais pouvait opposer un plus grand nombre de marins armés de toutes pièces, tandis qu'une grande partie des Canadiens n'avaient que des fusils de chasse sans baïonnettes. Il n'était paru à Québec que cinq ou six cents sauvages.

Pendant que Monckton se fortifiait à Lévis, quatre chaloupes canonnières se détachèrent de Beauport et vinrent s'aligner à une demi-portée de fusil de la pointe, comme pour y faire une descente. Les capitaines Cannon et Le Sage, qui les montaient, avaient le soin de dissimuler la présence de leurs pièces d'artillerie, en groupant autour une partie de leurs soldats. Ils attendirent que les troupes anglaises qui venaient s'opposer à son débarquement, se fussent rangées au bord de la grève, et ils ouvrirent à l'improviste sur elles un feu de mitraille qui, en moins d'une demi-heure, abattit une centaine d'hommes. Ils en auraient tué davantage si une frégate anglaise, avertie par des signaux, ne se fût approchée. Les chaloupes se retirèrent alors à l'abri des canons de la place sans qu'elles eussent perdu un seul homme.

Un petit nombre de sauvages micmacs envoyés par M. de Boishébert, qui rôdaient sur les coteaux et fusillaient avec les troupes légères, tombèrent dans une embuscade et perdirent neuf des leurs, auxquels les rangers, qui avaient pris leurs coutumes barbares, enlevèrent la chevelure. Nos coureurs de bois, que les écrivains anglais ont tant de fois accusés d'être pires que des Indiens, ne se livraient pas à de pareils actes de férocité [1].

Wolfe, accoutumé aux guerres d'Europe, fut bientôt révolté de voir les rangers arriver de leurs courses avec d'horribles chevelures suspendues à leurs ceintures. Il défendit strictement la pratique inhumaine de scalper, excepté quand les ennemis seraient des Indiens ou des Canadiens habillés en indiens ; ce qui n'empêcha pas les rangers de continuer à scalper indistinctement [2].

---

1 — C'était une conséquence de l'esprit de douceur et d'humanité enseignées de tous temps par les Français. Il n'y avait guère que les métis élevés dans les bois et devenus sauvages qui eussent pris l'habitude de scalper. En réponse aux plaintes et aux menaces de représailles faites par le général Wolfe, Montcalm, de concert avec Vaudreuil, répondit qu'il était assuré que les Canadiens n'avaient point été dans le cas de lever des chevelures. " Les menaces, concluait-il, ne nous rendront ni craintifs, ni féroces ". *Lettre de Montcalm à Lévis*, 26 juillet. — *Journal de M. de Foligné*.

2 — Les rangers ne se contentaient pas de scalper, ils déchiquetaient et mutilaient les morts. " On a trouvé au delà du saut des corps des nôtres mutilés d'une façon barbare ". *Lettre de Montcalm à Lévis*, 2 août 1759.

Wolfe avait ordonné, dès le matin, à Carleton, d'aller établir un camp fortifié à l'extrémité occidentale de l'île d'Orléans, et il partit lui-même pour la Pointe-Lévis, précédé d'un nouveau corps de troupes avec lequel il s'avança jusqu'en face de la ville. Le capitaine Knox, qui s'y trouvait le même jour, ne fut pas moins frappé que son général de l'aspect que présente de ce côté le cap Diamant. " Nous avons eu, dit-il, la plus agréable vue de la cité de Québec. Le fleuve n'a ici qu'un mille de largeur et vient battre la base du promontoire qui, d'aucun côté, ne paraît aussi formidable ". Wolfe avait en face de lui le château séculaire des gouverneurs de la Nouvelle-France, auquel se rattachaient tant de faits importants de l'histoire d'Amérique. C'est de là qu'était partie l'impulsion qui avait poussé La Salle aux bouches du Mississipi, d'Iberville à la baie d'Hudson, La Vérendrye aux montagnes Rocheuses. C'est de là que Frontenac avait dit à l'envoyé de l'amiral Phipps cette fameuse parole : — " Allez dire à votre maître que je lui répondrai par la bouche de mes canons ".

A sa droite, le général anglais avait une vue plongeante sur le camp de Beauport, où il voyait les troupes françaises occupées sur toute la ligne à compléter des retranchements bien plus formidables que les abattis derrière lesquels Montcalm avait repoussé à Carillon, l'année précédente, avec une poignée d'hommes, l'armée d'Abercromby. A la couleur des uniformes, il croyait remarquer qu'il n'y avait qu'un cinquième des soldats appartenant aux troupes régulières. Toutes les ouvertures des maisons de Beauport, formant une ligne ininterrompue le long du chemin, étaient barricadées pour servir à la mousqueterie. Le rideau d'arbres qui bordait le Montmorency, et qu'il avait en ce moment en pleine vue, paraissait rendre impraticable le passage de cette rivière. Après ce dernier examen, Wolfe hésita plus que jamais à risquer une descente sur Beauport. Mais par quelle manœuvre dissimuler son inaction ? Il n'en voyait d'autre que de bombarder la ville. C'était un moyen aussi inutile que barbare, qui, sans le rapprocher de son but, ne ferait qu'exaspérer la population ; mais il satisferait ses soldats en les tenant occupés et en leur donnant l'illusion de quelques progrès. Il fixa donc l'emplacement des batteries, et fit immédiatement couper des fascines, faire des gabions, élever des parapets et traîner du canon. Les Français qui, de leurs remparts, suivaient ces mouvements, essayèrent de les inquiéter ; mais leurs canons, d'un trop faible calibre, atteignaient à peine les ouvrages et ne faisaient aucun mal à l'ennemi.

Montcalm, toujours préoccupé de sa position dont il croyait le centre trop faible, avait incorporé trois cents Canadiens dans les bataillons de la ligne qui en avaient déjà reçu un bon nombre. Il fit un corps de réserve du bataillon de Guyenne, qui dut se tenir prêt à se porter à droite ou à gauche, depuis le ruisseau de Beauport jusqu'à la rivière Saint-Charles. L'armée passait les nuits aux retranchements, et le marquis s'étonnait de l'activité du chevalier de Lévis qui, robuste et plus jeune que lui, supportait sans paraître s'en apercevoir, les fatigues et les veilles. " Vous êtes heureux d'être infatigable. C'est toujours au mieux…. Avant de vous coucher, je serai bien aise d'avoir de vos nouvelles…. Tout ce que vous faites, mon cher chevalier, est toujours très bien. S'il ne fallait que votre vigilance pour sauver le pays, la besogne serait sûre ; mais il faut autre chose ".

La flotte anglaise, qui, à son arrivée, s'étendait sur deux lignes immenses entre l'île d'Orléans et la côte du sud, s'était rapprochée chaque jour et ancrait maintenant à l'entrée de la rade de Québec. Le capitaine Knox, qui était très sensible au côté pittoresque des choses, en était dans l'admiration : elle avait, dit-il, une apparence superbe sur la rivière. L'impression que sa présence produisait sur les Canadiens était bien différente : pour eux, c'était comme un nuage sombre recélant la tempête. De ces cavernes flottantes sortaient les hordes étrangères et les engins de guerre qui allaient porter parmi eux la destruction et la mort.

Le 5 juillet, à l'heure où le soleil de midi éclatait sur la rade, on vit s'avancer une berge portant le pavillon parlementaire. Un bateau canonnier expédié à sa rencontre rapporta un message de l'amiral Saunders, demandant un échange de prisonniers, parmi lesquels plusieurs dames et des religieuses prises dans le bas du fleuve sur un navire qui les ramenait en France. Le lendemain, le chevalier Le Mercier fut chargé d'aller porter la réponse du gouverneur. Parmi les prisonniers échangés se trouvait le petit-fils de l'amiral Durell, pris à l'Ile-aux-Coudres. A la vue du pavillon blanc, la frégate le *Trent* arbora les mêmes couleurs au mât de misaine, et fit monter à son bord le chevalier, qui fut reçu avec beaucoup de distinction et de politesse. Wolfe, qui s'était rendu sur la frégate pour lui faire accueil, et sans doute aussi pour essayer d'en tirer quelques renseignements, se montra très aimable et l'invita à déjeuner. Une berge anglaise conduite, dit-on, par le capitaine Cook [1], ayant profité de ce moment pour sonder le chenal au nord de l'île d'Orléans, fut aperçue par un des canots d'écorce qui faisaient la garde nuit et jour autour de la baie. L'équipage d'indiens outaouais qui le montait, s'élança à sa poursuite avec cette supériorité de vitesse que donnent ces légères embarcations, rejoignit la berge avant qu'elle eût touché le rivage, et fit une chevelure. Les sauvages, glorieux de ce premier succès accompli en présence des deux armées, descendirent sur la grève, où ils furent bientôt suivis de plusieurs canots chargés de guerriers.

Pendant près d'une heure, ils fusillèrent avec un détachement anglais venu à leur rencontre, tuèrent ou blessèrent une vingtaine d'hommes, et se rembarquèrent sans avoir perdu un seul des leurs [2]. Cet incident, rapporté à bord du *Trent*, pendant que le général Wolfe était à table entouré de ses principaux officiers, obligea le chevalier Le Mercier de se lever et de dire adieu à ses hôtes. Il rapporta qu'il y avait environ cinq mille

---

1 — James Cook, commandant du *Mercury*, qui devait s'immortaliser par ses voyages autour du monde. Tous les historiens ont remarqué que dans le camp français se trouvait, en même temps, Bougainville, son rival en circumnavigation.

2 — " Les Outaouais ont poursuivi une berge,...ont pris deux hommes qu'ils ont tués, parce qu'ils ne voulaient pas marcher." *Journal de Ma'artic*, p. 218.

hommes au camp de l'île d'Orléans, et trois mille à celui de la Pointe-Lévis.

L'indécision de Wolfe tenait les généraux français dans une incertitude qui, pour le moment, était leur principal embarras.

Plusieurs vaisseaux entourés de berges vinrent s'embosser en plein jour près du saut, et canonnèrent le camp de M. de Lévis. La batterie flottante, échouée alors au rivage, rejointe bientôt par les chaloupes canonnières, leur répondit avec une vigueur qui les força de s'éloigner. Au soleil couchant, les berges chargées de troupes descendirent le long de l'île d'Orléans. On crut à une fausse attaque de ce côté pour surprendre l'aile droite du camp ; mais durant la nuit trois ou quatre mille hommes, sous les ordres de Townshend et de Murray, traversèrent de l'île d'Orléans, et vinrent occuper la rive gauche de la rivière Montmorency, où ils commencèrent à se fortifier. De cette position qui domine la rive droite, ils pouvaient inquiéter le camp du chevalier de Lévis. Montcalm cependant, contre l'avis de Vaudreuil [1], ne crut pas prudent de faire traverser un gros détachement pour les déloger.

---

1 — " M. le marquis de Vaudreuil et M. l'intendant voulaient qu'on passât le soir même le saut Montmorency pour aller attaquer l'armée ennemie ; mais l'avis contraire a unanimement prévalu ". *Journal de Montcalm.* — Le même jour Montcalm écrivait à Lévis qu'il n'y avait que trois partis à prendre : le premier, d'envoyer un fort détachement de l'autre côté du Montmorency ; le second, de rester sur l'expectative ; le troisième, de jeter le gros de l'armée sur l'aile gauche. " Pourvu que vous et moi soyons d'accord, je déterminerai M. le marquis de Vaudreuil à celui que nous voudrons. Après quoi il en arrivera ce qu'il plaira à Dieu ".

Dès le 7 juillet, il avait envoyé M. de Lapause explorer les gués de la rivière pour y élever des épaulements. Le brave capitaine de Repentigny, avec ses onze cents Canadiens d'élite, en eut la garde.

Le chevalier Johnstone, officier jacobite, que Lévis venait de prendre pour aide de camp, a prétendu sans aucune vraisemblance que son commandant n'avait reconnu qu'au dernier moment que la rivière Montmorency était guéable [1]. Johnstone raconte qu'il lui demanda s'il était sûr qu'il n'y avait pas dans le haut de la rivière quelque gué par où les Anglais pouvaient passer. Lévis lui assura que non, et qu'il était allé lui-même examiner la rivière jusqu'à sa source. Un Canadien qui se trouvait auprès, dit tout bas à Johnstone : —" Le général se trompe, il y a un gué que les habitants passent tous les jours ". Johnstone répéta cette parole à Lévis qui n'en voulut rien croire, et rebuta si durement

---

1 — Le chevalier Johnstone était un esprit mal balancé, inquiet et peu réfléchi. Dans une lettre à Bougainville (30 avril 1760), Vaudreuil disait de lui :

" Je suis très surpris de la légèreté et de l'inconstance de M. de Johnstone à me demander aujourd'hui à joindre M. le chevalier de Lévis, à Québec, ne lui ayant accordé d'aller à l'Isle-aux-Noix qu'après les sollicitations qu'il a fait faire par M. le chevalier de Lévis et vous. Je n'ai aucun égard à ses représentations ".

Le chevalier Johnstone a écrit trois mémoires sur le Canada. Malgré la forme et le titre fantaisistes de celui qu'il a intitulé : *A Dialogue in Hades (Dialogue des Morts)*, il a une valeur historique. L'auteur met en présence dans les Champs-Elysées, les ombres de Montcalm et de Wolfe, et les fait causer ensemble. Il n'y a de fictif dans ce dialogue que la mise en scène : les événements dont les deux héros s'entretiennent sont les campagnes auxquelles ils ont pris part. Les deux autres mémoires ont pour titre : *The campaign of Louisbourg, 1750-1758. — The campaign of 1760 in Canada*.

le Canadien que celui-ci ne se hasarda plus à parler. L'aide de camp le prit ensuite à part et lui dit d'aller chercher quelqu'un qui avait récemment traversé le gué, et de l'amener au quartier général. Il revint un instant après avec un individu qui affirma l'avoir franchi la nuit précédente, avec un sac de blé sur les épaules, n'ayant trouvé que huit pouces d'eau. Cette histoire, répétée par les historiens, est une pure invention contredite par Montcalm et par Lévis même [1]. Tous deux savaient, depuis leur arrivée, qu'il y avait non seulement un gué, mais plusieurs, dont le principal, distant de près d'une lieue, était connu des habitants sous le nom de Gué ou Passage d'Hiver [2].

Quatre cents sauvages, la plupart Outaouais, commandés par M. de Langlade, avec quelques Canadiens, les franchirent, descendirent le long de la rive alors couverte de forêts, et se jetèrent le casse-tête à la main sur un détachement de quatre cents hommes qui protégeaient les travailleurs du camp anglais. Les hurlements

---

1 — Elle est rapportée au long par M. Parkman dans *Montcalm and Wolfe*, vol. II, p. 217.

2 — Voici ce que Montcalm écrivait à Lévis le 1er juillet: " Lapause a jalonné et fait reconnaître des chemins pour nous porter à tous les gués du saut Montmorency. Longueuil qui était avec lui y retourne aujourd'hui avec une douzaine de sergents pour les bien connaître.... J'y voudrais des épaulements ". Lévis dit dans son *Journal*, p. 183, à la date du 5 au 8 juillet, que Wolfe espérait passer la rivière à marée basse, " ou à des gués qui étaient à une lieue au-dessus.... On mit des gardes aux gués ". Dès l'automne précédent, l'ingénieur Pontleroy avait exploré le cours du Montmorency et reconnu les gués. " On ne peut passer la rivière, dit-il, au-dessus du saut qu'en deux endroits, l'un distant d'une lieue du dit saut, l'autre de deux ". *Collection Lévis, Lettres et pièces militaires.* Outre M. de Repentigny, placé au Passage-d'Hiver, MM.

de cette bande répandirent la terreur parmi les soldats, qui se replièrent en désordre sur le gros de l'armée, après avoir perdu quatre-vingts ou cent hommes tués ou blessés. Repoussés à leur tour par des forces supérieures, les sauvages perdirent une quinzaine de guerriers qui s'obstinèrent à lever des chevelures. Cette perte causa la mort de cinq prisonniers qui furent immolés sur le champ. Les sauvages revinrent épuisés, avec trente-six chevelures. Les rangers rivalisèrent de cruauté avec eux. Ils avaient fait prisonniers deux enfants de la paroisse de l'Ange-Gardien. Ces petits malheureux pleuraient et se lamentaient pendant que les soldats, poursuivis par quelques indiens, les entraînaient avec eux : ils les tuèrent pour s'en débarrasser [1].

Les batteries de Québec produisaient si peu d'effet sur les ouvrages de la Pointe-Lévis, que Montcalm, qui craignait de manquer de poudre, ordonna d'en cesser le feu. L'alarme était déjà grande parmi les citoyens à la veille de voir leur ville bombardée et réduite en cendres. Ils murmuraient hautement contre les généraux qui ne faisaient rien pour déloger les ennemis. Les principaux

---

Herbin et Raimbaut furent postés plus haut, à deux endroits où la rivière paraissait guéable.

Afin de bien me rendre compte des lieux, j'ai parcouru à pied les deux bords du Montmorency, en remontant la rive droite jusqu'au Passage-d'Hiver, et redescendant par la rive gauche. On ne compte aujourd'hui que deux milles du fleuve au Passage. Les deux berges, très encaissées jusque-là, s'y abaissent considérablement. On distingue encore parfaitement les épaulements élevés par M. de Repentigny. La chaussée d'un moulin, construite un peu au-dessous du gué, l'a rendu infranchissable. A l'exception de deux petites clairières ouvertes de chaque côté de la rivière, cet endroit est aussi sauvage et isolé qu'au siècle dernier.

1 — *Knox's Journal*, vol. 1, p. 322.

se réunirent en assemblée et décidèrent d'envoyer une députation au camp de Beauport. Le lieutenant de police de Québec, M. Daine, au nom du peuple, et

M. Taché, au nom du commerce, demandèrent qu'il fût permis aux citoyens de traverser le fleuve et d'aller détruire les batteries de la Pointe-Lévis. Montcalm venait de conseiller cette opération. Il écrivait à Lévis, le 11 juillet : " M. le marquis de Vaudreuil, mon cher chevalier, a dit *amen* au mouvement projeté, d'autant que dès qu'on lui parle de détermination à combattre, c'est lui faire bouillir du lait. Il n'y sera pas, et la pièce en sera plus tôt finie en bien ou en mal. En conséquence de ce, tous les ordres sont donnés [1] ".

---

1 — Cette violence de paroles frappe davantage quand on met en regard la modération et la déférence que montrait Vaudreuil dans ses rapports avec Montcalm. Il lui écrivait deux jours après :

" Je reçois dans le moment la lettre que vous m'avez fait l'honneur de m'écrire à dix heures et demie du soir. Il est bien heureux que nous ayons eu un déserteur domestique d'un officier général…. Je suis très sensible aux soins que vous voudrez bien vous donner pour m'envoyer sa déposition…. Il n'est rien de mieux que l'ordre que vous avez donné aux bataillons de la Sarre et de Béarn, et la disposition que vous avez faite….

" Je suis très sensible, Monsieur, à l'attention que vous avez bien voulu avoir de me faire part de la lettre de M. le chevalier de Bernetz…. Je pense tout comme vous, etc. *Vaudreuil à Montcalm. Au camp*, 19 et 22 juillet.

Le détachement se composait d'un ramassis de bourgeois de tout âge et de toutes conditions, n'ayant ni expérience de la guerre ni discipline. Ils avaient même admis dans leurs rangs les élèves du séminaire, formant un piquet de trente hommes, que les badins avaient baptisé du nom de Royal-Syntaxe. En un mot, c'était un assemblage réunissant tous les éléments propres à amener un désastre. Une centaine de volontaires tirés des bataillons de la Sarre et de Languedoc leur furent adjoints, ainsi que quelques sauvages. Ils partirent le soir du 12 juillet au nombre de quinze cents, sous les ordres de M. Dumas, l'un des meilleurs officiers de la colonie, à qui était échu le dangereux honneur de commander cette expédition. Ils remontèrent jusqu'à Sillery, où des bateaux rassemblés d'avance les traversèrent à l'est de la rivière Etchemin. Dumas y laissa cinquante hommes à la garde des bateaux et mit sa troupe en marche sur deux colonnes par une nuit très obscure. A une petite distance du camp anglais, il fit halte près de la maison d'un nommé Bourassa, d'où il envoya quelques Canadiens et sauvages à la découverte, qui trouvèrent la campagne déserte devant eux. Le détachement s'ébranla de nouveau; mais les guides s'étant égarés, on s'arrêta pour se reconnaître. Heureusement que quatre-vingts habitants de la Pointe-Lévis arrivèrent en ce moment, qui rassurèrent M. Dumas sur sa marche. Comme l'avant-garde du détachement se relevait pour partir, elle fut entrevue dans l'ombre par l'autre colonne qui s'était avancée le long d'une clôture et qui la prit pour un parti d'ennemis. Une terreur panique courut dans leurs rangs; ils se débandèrent et prirent la fuite.

Une fusillade partie en cet instant du corps des étudiants mit les deux colonnes en déroute. Tous les efforts de M. Dumas et de ses officiers pour rétablir l'ordre, furent inutiles. Le vertige s'était emparé de cette foule qui fuyait vers les bateaux. Deux autres décharges de mousqueterie tirées pendant qu'on faisait la descente de la falaise, tuèrent deux hommes et en blessèrent trois. Quand M. Dumas arriva au lieu de l'embarquement, les deux tiers de la troupe étaient déjà dans les bateaux prêts à s'éloigner du rivage. Il eut des peines infinies à les faire débarquer et à rétablir un peu d'ordre. Il les gourmanda sévèrement, mais ne jugea pas prudent de retourner sur ses pas, de crainte que la fusillade n'eût donné l'éveil aux Anglais. D'ailleurs le jour approchait. Il était à peine huit heures du matin quand le détachement rentra en ville couvert de honte et de confusion. Cette équipée fut appelée le " coup des écoliers [1] ".

Ce fut le signal d'un déménagement général dans toute la ville. La plupart des familles s'enfuyaient vers la campagne ; le reste s'entassait le long des remparts de l'ouest, hors de la portée des bombes et des boulets, ou dans les faubourgs. Les rues étaient encombrées de voitures chargées de meubles et d'objets de ménage, dont on vidait les maisons. Bientôt la porte du Palais ne suffit plus à la circulation ; on dut ouvrir celles de Saint-Jean et de Saint-Louis. Il ne resta à la basse ville et dans la partie exposée de la ville haute, que la

---

1 — Foligné, *Journal mémoratif*. — *Journal tenu à l'armée*. — *Journal de J.-C. Panet*.

garnison et les hommes organisés en compagnies de sapeurs-pompiers, occupés à faire des approvisionnement d'eau dans les différents quartiers. Les ursulines et les hospitalières laissèrent leurs monastères à la garde de quelques-unes de leurs sœurs, et allèrent se réfugier à l'Hôpital-Général. On retira la poudre des magasins et on en fit un dépôt à Sainte-Foye.

Déjà quelques bombes et boulets avaient été lancés sur la ville. A neuf heures du soir, sur un signal donné par une fusée partie du vaisseau amiral, les mortiers et les canons des batteries de la Pointe-Lévis commencèrent à tirer à la fois. Toutes les bombes étaient dirigées sur la haute ville, aux endroits où s'élevaient les plus grands édifices et les pâtés de maisons les plus compactes. Le dommage fut très considérable dès cette première nuit. Plus de trois cents bombes et pots-à-feu furent lancés en moins de vingt-quatre heures. Cette pluie de fer et de feu ne cessa que lorsque la malheureuse cité ne fut plus qu'un monceau de ruines et de cendres. La cathédrale, une grande partie de la haute ville et toute la ville basse devinrent la proie des flammes. On pouvait compter les maisons qui n'avaient pas été trouées ou endommagées par les projectiles. Plusieurs personnes furent tuées. Les citoyens, dont un grand nombre étaient ruinés par cette mesure aussi cruelle que vaine, regardaient avec désespoir les nuages de feu et de fumée montant nuit et jour au-dessus de leurs remparts.

Le lendemain du bombardement, Montcalm écrivit dans son *Journal* : " M. de Pontleroy, sensible au sort des malheureux, a ouvert toutes les poternes aux femmes et aux enfants ; et notre regret, à lui et à moi, était de n'avoir pas de pain à donner à tant de misérables.

> *"...Quæque ipse miserrima vidi,*
> *Et quorum pars magna fui"* !

L'aile gauche de l'armée française se trouva dans une position inquiétante du moment que les Anglais se virent solidement retranchés sur la rive opposée du Montmorency. Les deux camps n'étaient séparés que par l'étroit chenal de la rivière qui, après avoir formé les rapides des Marches Naturelles, va se jeter dans un abîme de plus de deux cent cinquante pieds de hauteur, d'où elle traîne ensuite languissamment jusqu'au fleuve ses eaux qu'on dirait étourdies de l'énorme bond qu'elles viennent de faire. Les deux rochers qu'elle divise par sa nappe mince et blanche d'où monte sans cesse un nuage de vapeur irisé par l'arc-en-ciel, s'ouvrent en un entonnoir qui se prolonge jusqu'à la rencontre du rivage. A marée basse, un gué y est praticable pendant quelques heures. Les deux armées s'étaient abritées à portée de la voix par un fort épaulement, d'où les francs-tireurs échangeaient des balles d'une rive à l'autre. Chaque jour quelques-uns étaient tués ou blessés. Montcalm fut obligé de calmer l'ardeur de ses gens : " Il faut tâcher, écrivait-il à Lévis, que nos sauvages, nos soldats et nos Canadiens se ménagent un peu en fusillant ; car, quoique nous leur tuions du monde, je regrette bien les nôtres ". Plusieurs batteries érigées de distance en distance sur chacune des deux rives, lançaient d'un camp à l'autre des bombes, des boulets et des grenades. Le capitaine Knox qui, après un premier aperçu de la cataracte, s'était promis d'aller l'observer de près et d'en donner une description, s'y trouvait par une journée claire et ensoleillée qui la faisait voir dans toute sa beauté. Si le brave Écossais, avec sa vive imagination, avait eu la tournure d'esprit classique de Bougainville ou de Montcalm, il n'aurait pas manqué de la comparer à la robe blanche d'une naïade. Il ne put résister au plaisir d'y jeter un coup d'œil. Pendant qu'il se livrait à cet imprudent examen, la sentinelle voisine qui l'aperçut lui cria de s'éloigner s'il ne voulait pas être tué, car elle venait de voir un franc-tireur se glisser de l'autre côté, entre les jeunes pousses de sapins, et lever vers lui son fusil. Déjà une fois l'arme avait raté. Knox achevait à peine de descendre le talus qu'une balle sifflant au-dessus de sa tête, faillit interrompre brusquement son intéressant *Journal*.

L'infatigable et vigilant Lévis parcourait nuit et jour, d'un jarret aussi solide que celui d'un coureur de bois, la ligne qui s'étendait depuis son camp jusqu'à celui de M. de Repentigny, qu'il avait relié par un chemin de communication ouvert dans l'épaisseur du bois. Cette ligne étant devenue trop dangereuse pour être laissée à la garde des mêmes troupes, l'armée avait été divisée par détachements de quatorze cents hommes qui se relevaient toutes les vingt-quatre heures.

Les bataillons de la Sarre, Béarn et Guyenne avaient été rapprochés de la gauche, afin de border plus vite les retranchements dans le cas où les Anglais tenteraient le passage de la rivière. Le bataillon de Languedoc et les milices de Québec et des Trois-Rivières, aux ordres de Bougainville, étaient restés à la garde de l'aile droite. De temps en temps un drapeau blanc, agité au-dessus de l'épaulement, faisait taire la mousqueterie et les canons, et pendant quelques heures d'armistice, les parlementaires échangeaient des poignées de mains, des politesses ou des prisonniers.

Un des parlementaires français dit au général Wolfe : — " Nous ne doutons pas que vous ne détruisiez la ville ; mais nous avons résolu que votre armée ne mette jamais le pied dans ses murs ". A quoi le général répliqua : — " Je serai maître de Québec si je reste ici jusqu'à la fin de novembre ".

Un autre officier français disait à Knox que Lévis avait sollicité Montcalm de déloger Wolfe du saut Montmorency. Montcalm lui aurait répondu : — " Si nous les chassons de là, ils nous donneront plus de trouble ailleurs ; tant qu'ils seront là, ils ne peuvent pas nous faire de mal ; laissons-les s'y amuser [1] ".

L'inaction dans laquelle l'armée française avait été tenue depuis l'ouverture de la campagne, le manque de vivres, la nécessité de couper les foins qui, en plusieurs endroits, étaient déjà trop mûrs, et plus que tout cela l'habitude des miliciens de faire ce qu'ils appelaient *un coup*, puis de rentrer dans leurs foyers, commençaient à occasionner des désertions que les commandants essayaient d'arrêter par de sévères exemples. Il ne se passait guère de jours non plus, sans qu'on vît arriver quelques déserteurs anglais, de qui on tirait parfois d'utiles révélations. Un de ces déserteurs avait fait

---

1 — *Knox's Journal*, vol. I, pp. 333-335.

partie d'une garde placée en face de Québec. Il avait prétexté d'aller voir une pêche tendue au bas de la côte, et s'y était jeté à la nage. Quelques canonniers français l'aperçurent à mi-chenal, se lancèrent dans un canot et le hissèrent à bord. Après l'avoir interrogé, Montcalm écrivit à Lévis: " Je suis d'avis de garder strict un homme qui nage si bien et que je soupçonne déserteur-espion pour s'en retourner ".

A mesure que les jours s'écoulaient, les hésitations de Wolfe devenaient plus apparentes. Les Français s'étonnaient de voir qu'un général aussi actif passât son temps à tâtonner. L'armée régulière ne s'en impatientait pas moins que les milices. Plus que tout autre, Montcalm avait peine à contenir son ardeur, et il avait besoin de toute sa raison et de l'avis des autres commandants pour continuer à se tenir sur la défensive. " En général, disait-il, tout le monde désire la fin de tout ceci.... L'ennemi hérisse de canons et de mortiers tous les points du saut qui en sont susceptibles.... Ces travaux de la part d'un ennemi qu'on disait extrêmement expéditif, nous font soupçonner qu'ils veulent nous épuiser à tous égards. Je le soupçonne actuellement de n'avoir d'autre but que de nous lasser et nous faire quitter notre position. On doit envoyer ce soir un gros détachement de sauvages. Je crois qu'on ne peut trop en envoyer à la guerre: sauvages, Canadiens, soldats, Français, seul moyen de les tenir en haleine, et d'empêcher les désordres qui naissent de l'oisiveté. On en tirerait encore un bon parti en harcelant l'ennemi, et en augmentant la crainte qu'il a des sauvages. Car, ajoutait-il à Lévis, ils ont diablement peur des sauvages [1].... M. de Lusignan me relève ce soir au camp, et je vais passer mes huit jours en ville ".

Chemin faisant, il remarquait le soin que prenait le général Wolfe d'organiser ses marins en armée régulière. " Quinze cents matelots, dit-il, descendent tous les jours à la Pointe-Lévis, et y sont exercés au maniement des armes et à tirer ; le soir ils retournent à bord ".

Les chaleurs étouffantes du mois de juillet amenaient de brusques changements de température : des orages chargés de tonnerre et d'éclairs montaient à l'horizon, jetaient un voile noir sur le disque du soleil, et enveloppaient bientôt dans la même obscurité le cap de Québec, l'île d'Orléans et les deux rives du fleuve. Alors un singulier concert commençait entre le ciel et la terre : les coups de canons tirés entre la Pointe-Lévis et la ville, et à deux lieues plus loin, d'une rive à l'autre du Montmorency, répondaient aux éclats de la foudre roulant au-dessus du bassin avec des éblouissements d'éclairs et des sillons de feu, coupant le ciel en deux, quand le tonnerre tombait quelque part. Les déluges d'eau qui éclataient ensuite faisaient taire les canons et rentrer les soldats sous leurs tentes menacées d'inondation. Le tonnerre s'éteignait peu à peu dans le lointain, et durant quelques heures, le calme et la paix de la nature remplaçaient le tumulte de la guerre. Après ces orages, quand le soleil perçait les nuées et que l'atmosphère redevenait sereine, les montagnes semblaient s'être rapprochées, tant les objets y apparaissaient nets et distincts sous le ciel éclatant de l'été. Le bassin

---

1 — *Montcalm à Lévis*, 24 juillet.

de Québec était devenu comme un amphithéâtre aux proportions gigantesques avec ses coteaux pour gradins, où stationnaient des multitudes attentives aux divers combats qui se livraient, tantôt sur l'eau entre les canonnières et les vaisseaux anglais, tantôt sur terre, d'un côté ou de l'autre du littoral.

Les nuits ne faisaient que changer le genre du spectacle : la flotte qui s'était encore rapprochée avec ses transports, illuminait la rade d'une multitude de falots ; les bombes traçaient dans l'obscurité des courbes de feu ; et les incendies qui continuaient à consumer Québec donnaient au cap Diamant l'apparence d'un volcan en éruption.

La ville presque déserte était devenue le repaire des voleurs qui y commettaient toute espèce de désordres. A peine une bombe avait-elle brisé une porte ou les fenêtres d'une maison pendant la nuit, qu'elle était pillée ou dévastée. Pour arrêter ce désordre, on publia une ordonnance de peine de mort contre les voleurs, et pour effrayer plus par la menace que par la réalité du châtiment, on dressa deux potences près des remparts [1]. Des patrouilles furent organisées pour faire la garde dans les différents quartiers.

Les nouvelles qui arrivaient fréquemment de Carillon inspiraient peu d'inquiétude, car le général Amherst opérait avec la même lenteur qui avait désespéré Wolfe à Louisbourg. Mais celles venues de Niagara au milieu de juillet furent des plus alarmantes. M. Pouchot s'y

---

1 — *Siège de Québec* en 1759. Bibliothèque de Hartwell.

était cru trop peu menacé, et avait eu l'imprudence de diviser ses forces en envoyant un fort détachement à la Belle-Rivière. " Ainsi que je l'avais prévu, mon cher chevalier, malgré les raisonnements canadiens de Pouchot, les ennemis ont débarqué, le 6, trois mille hommes, sans qu'il s'en soit douté. Il a envoyé des courriers pour rappeler son armée du fort Duquesne. — Va-t'en voir, Jean, s'ils viennent. Il était plus simple de ne pas les y faire aller. Je vois le Canada attaqué par six endroits : le saut Montmorency, la Pointe-Lévis, Carillon, la tête des rapides, Niagara et le fort Machault. Le bel *ex-voto* si nous en sauvons une partie cette campagne [1] " !

Il ne se passait guère de jour où de part et d'autre on ne fît quelques prisonniers. Une escouade anglaise venant de battre l'estrade, en ramena deux : un enfant et un vieillard, lequel avait été surpris pendant qu'il faisait la pêche. Le vieux, très habile chasseur, avait eu le temps de décharger son fusil et de tuer un soldat. " Nous eûmes près d'une heure de conversation avec lui. C'était un fin coquin de soixante-dix ans, à ce qu'il affirmait lui-même, et un prodige de vigueur pour son âge avancé. Il parut d'abord taciturne et renfrogné ; mais quand nous lui eûmes versé quelques rasades de vin de Porto, sa langue se délia, et il se mit à nous débiter des propos exagérés : que l'armée française était de trente mille hommes ; que la moitié se composait de troupes régulières, etc. Quand il vit nos rires moqueurs, il se rattrappa, et dit qu'il souhaitait que tout cela finît d'une façon ou d'une autre ; que tous les Canadiens

---

1 — *Montcalm à Lévis*, 16 juillet.

étaient mécontents et qu'ils se rendraient ou resteraient neutres, n'étaient les conseils de leurs prêtres et la crainte des sauvages qu'on menaçait au premier mot de déchaîner contre eux[1]".

Les Peaux-Rouges étaient dès lors le fléau des paroisses environnantes. Une de leurs bandes campée en arrière de Beauport ne se contentait pas de tuer les bestiaux, mais enlevait les femmes et les enfants. " Comme il est de la dernière importance, écrivait Vaudreuil à Lévis, d'arrêter au plus vite ce désordre, je vous prie, Monsieur, de faire partir, sitôt ma lettre reçue, un détachement d'une vingtaine d'hommes pour en imposer à ces sauvages. Vous les ferez rendre au camp[2]".

Un coureur de bois, probablement métis, fait prisonnier à l'Ange-Gardien, fut pris tout d'abord pour un sauvage. Accoutré absolument comme eux, il était nu, n'ayant qu'un brayet autour des reins, tatoué de rouge et de bleu, avec un panache de plumes sur la tête, le casse-tête à la main, et le couteau à scalper suspendu au cou.

Quelques familles affamées descendaient de temps en temps aux camps anglais pour s'y faire nourrir ; d'autres, surprises dans les bois, et amenées prisonnières, étaient remises en liberté avec des présents et des copies de la proclamation de Wolfe. Mais ces invitations ne produisaient pas plus d'effet que la première ; car si la population gémissait du joug présent, elle redoutait encore plus celui des Anglais.

---

1 — *Knox's Journal*, vol. I, p. 341.
2 — *Vaudreuil à Lévis*, 5 juillet.

Dans le camp français, les sauvages eurent un jour la fantaisie de faire entonner le chant de mort à un captif. Montcalm en fut averti. " J'apprends que nos sauvages voulaient brûler le prisonnier anglais ; je vous envoie des branches, en cas que cela soit nécessaire. Il me semble que ce serait l'occasion de donner un coup d'eau-de-vie, vous pourriez en écrire à M. le général [1] ".

Dans la nuit du 18 juillet, les sentinelles en faction sur les remparts de Québec crurent reconnaître, à de vagues blancheurs glissant sur l'eau, l'approche de quelques vaisseaux anglais : c'étaient, en effet, le *Sutherland*, vaisseau de cinquante canons, une frégate et cinq autres voiliers qui cherchaient à remonter le fleuve. A peine pouvait-on les distinguer, car la nuit était très obscure. Une fraîche brise de nord-est avait couvert le ciel de nuages. Toutes les batteries de la basse-ville et des remparts firent feu, mais avant qu'elles eussent causé aucun dommage, les vaisseaux, favorisés par la marée montante et le vent, eurent dépassé la ville.

Le lendemain matin, les Anglais, stationnés à la Pointe-Lévis, purent remarquer deux cadavres suspendus à un double gibet, vis-à-vis la terrasse du château : c'étaient ceux de deux marins faisant partie de la " patrouille flottante " condamnés pour mutinerie et pour défaut de vigilance. Le châtiment avait été sommaire, mais le mal était fait. Jusque-là on avait espéré pouvoir arrêter tout vaisseau qui tenterait le passage.

Maintenant, le siège entrait dans une nouvelle phase : pour la première fois, Montcalm se voyait contraint de

---

1 — *Montcalm à Lévis.*

diviser ses forces. La communication avec ses dépôts de vivres et de munitions de guerre était menacée, et son armée pouvait être prise à revers : " Nous serions serrés de trop près, disait-il, et hors d'état de tenir, si jamais l'ennemi s'établissait sur les hauteurs qui dominent du côté de la terre ".

Cette dernière manœuvre de Wolfe était un nouveau tâtonnement qui faisait dire à Montcalm : " Tout ceci devient tous les jours plus obscur [1] ". L'armée anglaise, déjà dispersée sur trois points difficiles à secourir : le saut Montmorency, l'île d'Orléans et la Pointe-Lévis, se trouva occuper une quatrième position. Il fallait pour se justifier que Wolfe comptât sur la détermination bien arrêtée des Français de rester sur la défensive. L'extrémité où était la colonie leur imposait cette tactique.

Les vaisseaux anglais ancrés à l'anse des Mères mirent le feu à un brûlot, et tentèrent de détruire les cajeux qu'on achevait d'y construire ; mais ils furent repoussés. M. Dumas s'y était porté avec six cents hommes, de la cavalerie, du canon et des sauvages. Un autre corps de troupes le rejoignit le lendemain, sur l'avis qu'un grand nombre de berges avaient été transportées par le chemin de Lévis et lancées à la Chaudière. Le colonel Carleton s'y était embarqué avec six cents hommes [2], et avait remonté le fleuve jusqu'à sept lieues au delà de Québec. Il avait pour guide un ancien otage nommé Robert Stobo, qui, cinq

---

1 — *Journal de Montcalm.*
2 — Douze cents grenadiers et Ecossais, d'après le *Journal de J.-C. Panet.*

ans auparavant, avait été livré par Washington à de Villiers, lors de la prise du fort Nécessité. Conduit d'abord au fort Duquesne, puis à Québec où il avait séjourné longtemps, il avait abusé de la trop grande liberté qu'on lui avait laissée, pour étudier la ville et ses environs. Il s'était échappé au mois de mai précédent, par un coup d'audace combiné avec un autre prisonnier, nommé Stevens, officier dans les rangers, et était descendu à Halifax d'où il était revenu pendant le siège. Il s'était rendu important par les renseignements précis qu'il était en état de fournir. Carleton aborda sur la rive gauche du fleuve, non loin du village de la Pointe-aux-Trembles, où d'après les rapports de certains prisonniers, on croyait trouver quelques-uns des principaux magasins de l'armée et des papiers importants. A l'aube du jour, il entoura le village, après avoir repoussé une quarantaine de sauvages qui lui tuèrent ou blessèrent quelques hommes. Il y passa le reste de la journée sans être molesté, mais ne trouva à peu près rien de ce qu'il cherchait, et se rembarqua, emmenant avec lui une centaine de personnes, vieillards, enfants et femmes, parmi lesquelles plusieurs dames de Québec qui s'y étaient réfugiées, entre autres les dames Duchesnay, Couillard, de l'Epinay, la famille de Charnay, etc. Une partie des troupes de Dumas, envoyées à la nouvelle de cette descente, n'arrivèrent que pour fusiller avec l'arrière-garde dont ils blessèrent quelques soldats. Les indiens, plus redoutables que les ennemis, retournèrent au village et pillèrent les maisons abandonnées. Wolfe, qui s'était rendu à bord des vaisseaux mouillés à l'anse des Mères, accueillit les prisonnières avec une parfaite courtoisie, invita même les dames à souper, et les plaisanta beaucoup sur la circonspection des généraux français à qui, dit-il, il avait donné des occasions bien favorables de l'attaquer: il était surpris qu'ils n'en eussent point profité [1]. Le lendemain, il fit hisser un pavillon parlementaire et offrit quelques heures d'armistice à la condition qu'on laissât passer devant Québec les berges chargées de ses blessés qu'il voulait faire conduire aux ambulances de l'île d'Orléans. Les officiers anglais, dit un chroniqueur du temps, poussèrent la galanterie jusqu'à inscrire leurs noms sur les carnets de leurs belles prisonnières, qui mirent pied à terre à l'anse des Mères, aussi surprises que satisfaites de la promenade forcée dont elles revenaient. Elles étaient loin de soupçonner en ce moment que peu d'années après, elles feraient leur cour dans le château Saint-Louis au chef de cette expédition, devenu Lord Dorchester et gouverneur du Canada.

Montcalm passait des nuits entières sur les remparts de Québec pour veiller de plus près à ce qu'aucun vaisseau ne franchît le passage. Il choisit, parmi les meilleurs officiers, des gardes sur lesquels il pouvait compter comme sur lui-même. Plusieurs frégates mirent à la voile par un bon vent de nord-est, et s'avancèrent jusqu'à la portée du canon; mais elles furent accueillies par une telle grêle de boulets, qu'elles virèrent de bord. Le marquis était sans inquiétude pour son aile gauche, car son *alter ego*, Lévis, était là toujours sur pied, et prenant si peu de sommeil que

---

1 — *Journal tenu à l'armée.*

son ami s'en inquiétait. Il faisait dire à M. de Senezergues " d'être très attentif et de n'avertir le chevalier que pour des choses importantes ".

Vaudreuil, malgré ses soixante ans, ne se montrait guère moins actif que Lévis : " Nous avons été sur pied jusqu'au jour, lui écrivait-il, ainsi que le bataillon de Languedoc et le détachement que nous avons formé pour se porter au secours de la partie qui aurait été attaquée. Nous comptions fort que ce serait vers Sillery ; il y avait effectivement toute apparence que l'ennemi y tenterait son débarquement ; mais M. Dumas m'écrit qu'il a passé une nuit très tranquille.

" Je n'ai pas reposé de la nuit, et vraisemblablement je n'en aurai pas le temps de la journée ".

Montcalm écrivait de son côté à Lévis : " Je m'imagine, M. le chevalier, que vous avez bien reposé la nuit dernière, et je vous en souhaiterais autant pour celle-ci.... J'ai vu aujourd'hui le camp de la Pointe-Lévis qui est dans le bois sur les hauteurs. A juger par les tentes qu'on découvre avec peine, et les fumées, il est considérable.... On voit beaucoup de mirage, et nos astrologues annoncent du nord-est.... Après vous avoir quitté, je vis dans le lointain de l'île d'Orléans, la forêt de gros vaisseaux ".

Wolfe commençait à préparer une attaque vers la rivière Montmorency et y multipliait ses mouvements. Il tenta plusieurs fois de jeter un pont sur la rivière en se couvrant par une forte artillerie. Après une escarmouche, le marquis écrivait à son ami: " Les Anglais ont montré peu de vigueur, car tout avait foutu le camp, hors vingt Canadiens qui ont bien fait ".... Quelques heures après, il ajoutait : " Je suis bien convaincu qu'ils n'attaqueront pas la gauche. Je commence à croire qu'ils n'attaqueront nulle part, chercheront à intercepter nos vivres et à désoler le pays en courses [1] ". Le soir même Montcalm apprit qu'un détachement remontait vers les gués. " Ayez des postes de ce côté-là pour donner un coup de peigne à ce petit corps, qui nous embarrasserait bougrement s'il avait l'audace de se fourrer sur nos derrières, malgré les risques qu'il courrait ".

Ce petit corps entrevu à l'entrée de la nuit était une colonne de deux mille hommes conduite par le général Wolfe en personne, qui venait examiner le gué gardé seulement par onze cents Canadiens, et tenter d'en forcer le passage. Huit ou neuf cents sauvages accourus à son approche avec l'intrépide Langlade, se jetèrent sans être aperçus sur la rive gauche du Montmorency, et s'y tinrent tapis ventre à terre, à une portée de pistolet de la colonne anglaise, qui s'était arrêtée et qui se préparait à passer le reste de la nuit au bivouac. Le silence de la forêt qui n'était troublé que par le glou-glou des rapides voisins et par le passage des brises nocturnes dans la cime des arbres, fit croire aux Anglais qu'il n'y avait pas d'ennemis de ce côté de la rivière.

---

[1] — " C'est une partie d'échecs ; nous voudrions faire *mat* et il semble que Wolfe voudrait faire *pat*. Il a plus de facilité à faire mouvoir ses *pions* que nous, ses *pions* semblent lui valoir mieux : on dirait qu'ils ont été à *dame*, et il les soutient assez bien par les *tours*. Nous ne faisons pas autant d'usage de nos *fous* que nous voudrions : nos *cavaliers* n'agissent pas beaucoup, notre *roi* a une marche grave et lente ; belle partie à gagner ". *Montcalm à Bourlamaque*, 20 juillet.

Le chevalier Johnstone qui rapporte cet incident, s'étonne qu'un si grand nombre de sauvages aient pu se tenir cachés durant plusieurs heures si près d'un corps ennemi, sans que le moindre bruit ait trahi leur présence [1]. C'était une des merveilles de la stratégie indienne. M. de Langlade voyant son embuscade si bien préparée, fit signe aux chefs qui l'entouraient de l'attendre, puis se glissa furtivement en arrière, traversa la rivière, courut au camp du chevalier de Lévis et lui demanda de l'appuyer par un gros détachement. Il l'assura que s'il était soutenu, il envelopperait avec son détachement la troupe anglaise, et qu'un bien petit nombre retourneraient à leur camp. L'occasion était belle et tentante ; mais M. de Lévis ne pouvait ordonner une expédition qui exposait à entraîner une action générale, sans y être autorisé par le commandant en chef, et le quartier général était trop loin pour qu'il pût en avoir une réponse à temps. Tout ce que le chevalier put faire, fut d'expédier un fort détachement en écrivant à M. de Repentigny qu'il lui en confiait le commandement, laissant le reste à son habileté et à son expérience. Repentigny, aussi brave et non moins prudent que Lévis, se trouva dans le même embarras que lui. Les sauvages attendirent le retour de M. de Langlade. Ils avaient été cinq heures étendus à terre immobiles, le casse-tête à la main, ne remuant que leurs yeux de lynx dans l'ombre. Aux premières lueurs de l'aube,

---

[1] — The Indians losing all patience after having remained so long hid at a pistol shot from you, like setter dogs upon wild fowl, at last gave you a volley. *A Dialogue in Hades.*

ne voyant venir aucun secours, ils ne purent retenir plus longtemps leur ardeur. Un cri poussé par huit cents poitrines sauvages fit trembler les bois et tressaillir les soldats anglais qui sautèrent sur leurs armes ; mais les barbares qu'ils craignaient tant étaient sur leurs talons, brandissant leurs tomahawks. Ils reculèrent en désordre. Wolfe et ses officiers empêchèrent une panique ; mais la colonne dut retraiter précipitamment. M. de Repentigny n'osa jeter tout son monde de l'autre côté du gué ; mais il détacha une forte escouade qui alla prêter main forte aux indiens. Wolfe refoulé jusque dans son camp, dont tous les régiments avaient pris les armes, fit avancer du canon et marcher le gros de son armée contre les sauvages qui revinrent triomphants au Passage-d'Hiver, après avoir tué ou blessé environ cent cinquante Anglais sans presque aucune perte de leur part [1]. Au bruit de la fusillade, le camp français fut sur pied, et M. de Lévis porta le bataillon de Royal-Roussillon sur le chemin du gué pour appuyer au besoin M. de Repentigny. On se crut pendant quelque temps à la veille d'une action générale.

Le moment parut propice pour lancer les cajeux, dont la direction avait été confiée, cette fois, à un homme d'expérience et de sang-froid, M. de Courval, officier des milices canadiennes. Ils étaient formés d'environ soixante-dix embarcations : bateaux, chaloupes et berges, remplis de matières inflammables, de bombes, pots-à-feu,

---

1.— Knox admet une perte de cinquante hommes, et ajoute : " We took eleven scalps ". Vol. 1, p. 348.

grenades, vieux canons chargés à mitraille, le tout attaché ensemble par des chaînes. Cet appareil étendu en travers du fleuve n'avait pas moins d'une centaine de brasses de longueur. Il fut conduit avec toute l'intelligence possible, et amené jusqu'à une demi-portée de fusil de la frégate qui faisait l'avant-garde. Le feu se communiqua d'un cajeu à l'autre avec rapidité ; mais comme leur marche était très lente, et que la nuit n'était pas extrêmement obscure, les vaisseaux eurent le temps, ou de couper leurs chaînes ou de lever leurs ancres. Au premier signal des vigies, les matelots de la flotte se précipitèrent dans leurs berges, s'accrochèrent aux cajeux avec des grappins et les remorquèrent au rivage, où ils achevèrent de se consumer. Les Anglais en furent quittes pour une alarme ; mais elle fut si grande, que Wolfe fit savoir que si on renouvelait une autre fois une pareille tentative, les prisonniers français en seraient les premières victimes ; qu'il allait les placer sur deux de ses transports où ils seraient abandonnés quand leurs propres compatriotes y auraient mis le feu.

Il y avait un mois que le général anglais était débarqué devant Québec, et il n'était guère plus avancé que le premier jour. La ville ne présentait plus, il est vrai, qu'un monceau de cendres, mais elle n'en était pas moins hors de sa portée. Il espérait moins que jamais opérer sa jonction avec le tardif Amherst, tenu en échec par le prudent et méthodique Bourlamaque. Son espoir de lasser la patience des Canadiens, ou d'obtenir leur défection, avait été déçu. Il ne vit plus d'autres moyens de les réduire que d'exercer contre eux les dernières rigueurs, comme il avait fait pour Québec. Le 25 juillet, les habitants de Saint-Henri de Lauzon avaient lu en pâlissant la proclamation suivante, affichée au portail de leur église :

" Son Excellence, blessée du peu d'égards que les habitants du Canada ont eu à son placard du 27ème du mois dernier, a résolu de ne plus écouter les sentiments d'humanité qui le portaient à soulager des gens aveuglés dans leur propre misère. Les Canadiens se montrent, par leur conduite, indignes des offres avantageuses qu'il leur faisait. C'est pourquoi il a donné ordre au commandant de ses troupes légères et autres officiers, de s'avancer dans le pays pour y saisir et amener les habitants et leurs troupeaux, et y détruire et renverser ce qu'ils jugeront à propos. Au reste, comme il se trouve fâché d'en venir aux barbares extrémités dont les Canadiens et les indiens, leurs alliés, lui montrent l'exemple, il se propose de différer jusqu'au 1er août [1] prochain à décider du sort des prisonniers qui peuvent être faits, avec lesquels il usera de représailles ; à moins que pendant cet intervalle les Canadiens ne viennent à se soumettre aux termes qu'il leur a proposés dans son placard, et par leur soumission toucher sa clémence et le porter à la douceur ".

Les malheureux Canadiens des environs de Québec se trouvaient placés dans la plus affreuse alternative : s'ils continuaient à rester fidèles à la France, leurs maisons allaient être incendiées, leurs champs dévastés, le peu qui leur restait détruit et eux-mêmes traqués

---

[1] — Jusqu'au 10 août, d'après le texte cité dans le *Journal de Malartic*.

comme des fauves ; s'ils faisaient la paix avec les Anglais, les sauvages seraient immédiatement déchaînés contre eux. Les habitants de la côte de Beaupré étaient déjà sous le coup de ce châtiment. Montcalm écrivait le même jour à Lévis : " Je crains que les gens de l'Ange-Gardien et de la côte de Beaupré ne fassent leur paix particulière.... Il faudrait quelque gros détachement de sauvages et de Canadiens pour les corriger.... Et, pour soutenir les Canadiens et les sauvages, nous enverrons, s'il le faut, des grenadiers et soldats volontaires avec des officiers, une centaine ".

Les habitants de Saint-Henri avaient eu à peine le temps de lire la proclamation de Wolfe et d'en porter la nouvelle à leurs familles, que leur principal groupe caché dans les bois avec leur curé fut cerné et fait prisonnier. " Cette après-midi, raconte Knox, le major Dalling, avec son infanterie légère, a amené au camp deux cent cinquante prisonniers, hommes et femmes. Il y avait parmi eux un prêtre, de l'apparence la plus respectable [1], et environ quarante hommes en état de porter les armes. Un égal nombre de bestiaux, environ soixante-dix moutons et quelques chevaux. Le brigadier Monckton reçut dans sa tente le révérend père et quelques autres notables, et il ordonna avec beaucoup d'humanité de donner des rafraîchissements à tous les autres captifs. Cet exemple fut suivi par les soldats, qui

---

1 — C'était l'abbé Charles d'Youville Dufrost, curé de la Pointe-Lévis, qui desservait en même temps la paroisse de Saint-Henri. Il était le fils de Mme d'Youville, née Dufrost de Lajemmerais, fondatrice de l'hôpital de la Charité à Montréal.

se groupèrent autour de ces infortunés et partagèrent généreusement avec eux leurs provisions, leur rhum et leur tabac. Le soir, ils furent embarqués sur les transports mouillés au large ". Deux jours après " nous fûmes témoins de nouvelles scènes de détresse et des lamentables conséquences de la guerre, à l'arrivée du colonel Fraser et de son détachement, qui amenaient au camp un grand nombre de malheureuses familles prises avec leurs effets et près de trois cents têtes de bétail : moutons, porcs et chevaux. Quoique de pareils actes d'hostilité puissent être justifiés par la loi des nations et les règles de la guerre, toutefois, comme l'humanité est loin d'être incompatible avec le caractère du soldat, il n'est pas d'homme tant soit peu doué de ce sentiment, qui ne soit saisi de sympathie et sincèrement affecté à la vue des misères de ses semblables, bien qu'ils soient ses ennemis [1] ".

Wolfe était aussi sensible qu'aucun de ses officiers aux maux dont il était le témoin et le principal auteur ; mais il pensait y trouver le moyen de désarmer la population, d'affaiblir les forces de son ennemi, et peut-être même de le décider à sortir de ses retranchements. C'était là le but de ses efforts ; car s'il pouvait l'amener à un engagement général, il se croyait sûr de le battre, ayant trois fois plus de troupes régulières et mettant à peine en ligne de compte les milices canadiennes qu'il méprisait. Depuis qu'il avait réussi à franchir le passage de Québec, il avait examiné avec soin toute la falaise jusqu'au cap Rouge. Elle lui parut presque

1 — *Knox's Journal*, vol. I, pp. 346-349.

partout inaccessible, coupée à pic et baignée par les eaux du fleuve. Alors comme aujourd'hui, un rideau d'épinettes, de pins, de hêtres, de chênes et de sapins en couronnait le sommet. Les rares endroits où la côte s'affaisse ou se creuse pour livrer passage à quelque torrent, avaient été rompus et occupés par des corps de troupes. Il tint sa lunette braquée sur une coulée qui s'ouvre à un quart de lieue en deçà de la pointe de Sillery, au fond de l'anse à laquelle il a légué son nom ; mais ce point, comme les autres, parut trop bien gardé pour qu'il fût possible d'y faire une descente. On peut difficilement s'expliquer pourquoi il n'eut pas l'idée de s'établir fortement sur quelques points accessibles de la rive nord, sous la protection de ses vaisseaux : c'était, on l'a vu, ce que Montcalm redoutait le plus. Il lui aurait coupé toute communication avec ses dépôts d'approvisionnements, l'aurait forcé de venir à lui et de lui offrir le combat. Une bataille gagnée lui aurait livré Québec en peu de jours, sans coup férir, car la famine l'aurait réduit à capituler. La perte de Québec entraînait celle de la colonie. Quoi qu'il en soit, il revint au saut convaincu plus que jamais de la difficulté de son entreprise. C'était encore le rivage de Beauport qui lui semblait le plus vulnérable. Après un long et dernier examen, il crut qu'il lui serait peut-être possible d'attirer Montcalm hors de ses retranchements, en attaquant les redoutes qu'il avait fait construire sur le bord même de la grève.

A partir du saut Montmorency, la falaise s'incline graduellement et se divise en plusieurs coteaux d'un accès plus facile. Elle forme un ravin vers la rivière de Beauport et continue à s'abaisser jusqu'à Maizerets, où elle devient un plan doucement incliné qui va mourir à la ligne de la marée. Tout le long de la grève règne un vaste estuaire qui a environ un tiers de lieue de largeur.

Sur cette grève, à moins d'un quart de mille du saut, se trouvaient la redoute de Johnstone, remarquée par Wolfe, et une autre plus importante située un peu plus à l'est, en face du gué de la rivière. Les retranchements qui longeaient la crête de la falaise étaient munis de redans dont les feux se croisaient. En arrière couraient plusieurs lignes de défense ou traverses, érigées pour mettre les troupes à l'abri des batteries anglaises de la rive gauche du saut qui, dominant la droite, enfilaient la tranchée. Toute l'artillerie de cette aile consistait en vingt pièces qui battaient d'un côté la rivière, de l'autre le fleuve.

Le plan de Wolfe était de diviser les forces des Français en menaçant leur camp sur trois points à la fois. Une fausse attaque serait dirigée sur la droite, et une autre sur l'extrême gauche ; la première vis-à-vis la Canardière, la seconde vers le Gué-d'Hiver, tandis que l'attaque réelle se ferait en face du camp de Lévis. La masse de l'armée régulière marcherait sur deux divisions : celle de droite, sous Townshend, descendrait la falaise de l'Ange-Gardien, et déboucherait par le gué du saut ; celle de gauche, sous Monckton, montée sur les berges, prendrait terre en deçà de la chute. Elles y opèreraient leur jonction, attaqueraient les deux redoutes et monteraient à l'assaut des retranchements. Toutes les embarcations de la flotte seraient réunies pour transporter les soldats et les marins. Chaque marin était armé d'un mousquet, d'une cartouchière, d'un pistolet et d'un coutelas [1] ou épée courte.

Le général anglais avait commencé à préparer son attaque dès le 28 juillet, et il avait cherché à détourner l'attention du saut Montmorency en faisant bombarder et canonner nuit et jour la ville avec plus de violence que jamais. Chaque jour, il poussait vers les gués de forts détachements qui en venaient aux mains avec les Canadiens de M. de Repentigny et avec les sauvages. Un de ces détachements parut si considérable, qu'il causa une alarme dans le camp, dont les bataillons prirent les armes. Wolfe se rendit plusieurs fois de sa personne aux différents gués : partout il trouvait les Français en alerte. Il connaissait maintenant et appréciait le redoutable antagoniste qui gardait leur gauche. Sa personne même ne lui était pas inconnue. Le 19 juillet, pendant que l'un et l'autre faisaient à la même heure la visite des postes, le chevalier de Lévis se trouva face à face avec lui, et les deux commandants purent se toiser de près, n'étant séparés l'un de l'autre que par les étroits rapides du Montmorency [2].

Le matin fixé pour l'attaque, le régiment d'Anstruther, l'infanterie légère et les rangers avaient ordre d'avancer vers les gués en laissant à peine voir leur marche à travers les arbres, et en allongeant autant que possible leur ligne pour paraître plus nombreux.

---

1 — *Knox's Journal*, vol. I, p. 353.
2 — *Journal de Malartic*, p. 253.

Parvenus aux gués, ils devaient se dérober à la vue de l'ennemi en s'enfonçant davantage dans la forêt et revenir à marche forcée pour se mettre à l'arrière-garde de Townshend.

Quand l'aurore du 31 juillet éclaira les hauteurs des Alléghanys, une forte brise du sud-ouest soufflait sur le Saint-Laurent et favorisait le mouvement des vaisseaux anglais, dont quelques-uns commençaient à déployer leurs voiles. C'était une pareille journée que souhaitait Wolfe pour l'exécution de son projet. Dans le camp de M. de Lévis, les soldats sortaient déjà de leurs tentes. Plusieurs officiers stationnaient devant la maison qu'il avait choisie pour son quartier général. Le chevalier était sur pied, donnant des ordres pour expédier un renfort à M. de Repentigny, qui venait de lui faire dire qu'un corps de troupes très considérable apparaissait dans la direction du Passage-d'Hiver. Le bataillon de Béarn et une des brigades canadiennes montaient en ce moment la garde aux retranchements de la gauche. Les batteries anglaises du saut s'étaient tues depuis la veille, et trois cents travailleurs en profitaient pour continuer les ouvrages de défense. Pendant que M. de Malartic faisait la visite de ces ouvrages, il aperçut une douzaine d'officiers anglais qui examinaient attentivement les positions. Vers onze heures, deux transports armés chacun de vingt canons [1] mirent à la voile, et louvoyant à la faveur de l'étale de la marée, vinrent se placer en face de la redoute de Johnstone, où ils se firent échouer à une portée de fusil.

1 — *Journal de Montcalm.*

Peu après, un vaisseau de ligne de soixante-quatre canons, monté par l'amiral Saunders, vint s'embosser un peu plus bas vis-à-vis la redoute de l'est. C'était le fameux *Centurion*, aussi connu dans la marine anglaise que devait l'être plus tard le *Victory*, qui portait Nelson à Trafalgar. Aussitôt ces trois vaisseaux, dont les feux se croisaient, ouvrirent une vive canonnade sur les redoutes, les batteries et les retranchements, pendant que les quarante gros canons braqués sur la rive gauche du saut les prenaient en flanc. Les Français n'avaient, comme on l'a vu, à opposer à ces cent quarante-quatre bouches à feu que vingt canons d'un moindre calibre. Toute la gauche, qui s'était mise en mouvement à l'approche des vaisseaux, descendit la déclivité et vint border la tranchée.

Une flottille de berges portant deux régiments, les grenadiers de cinq autres et un détachement du Royal-Américain avec le brigadier Monckton, se détacha de la Pointe-Lévis et descendit vers l'île d'Orléans, où une autre flottille qui émergeait du milieu de la flotte avec les marins, vint la rejoindre. Elles y furent renforcées par une troisième venue du camp de l'île. Ces trois ou quatre cents embarcations se rangèrent sur trois lignes à mi-chenal, et y restèrent immobiles jusqu'à de nouveaux ordres, laissant les Français dans l'incertitude du point qui allait être attaqué. Wolfe, durant cet intervalle, attendait l'effet de ses batteries. Il espérait que la pluie de boulets et de bombes qu'il faisait jeter sur les retranchements de la gauche, ébranlerait les troupes régulières et ferait lâcher pied aux Canadiens ; mais ceux-ci tinrent aussi ferme que leurs compagnons d'armes. Montcalm était en observation avec Vaudreuil au quartier général, prêt à se porter avec les bataillons qu'il avait sous la main, à l'endroit où les ennemis se décideraient à aborder. Lévis, descendu aux retranchements, parcourait toute la gauche, prenant ses dispositions et encourageant les soldats par sa présence. " Quelque chose, dit Malartic, qu'on pût lui dire pour sa conservation qui nous était très précieuse, exposé à une grêle de bombes et de boulets, il y donnait ses ordres avec une tranquillité et un sang-froid admirables [1] ".

Les berges s'ébranlèrent et poussèrent une pointe vers la rivière Saint-Charles, comme pour y faire une descente. Elles revinrent ensuite et continuèrent à exécuter divers mouvements, menaçant tantôt le centre, tantôt la gauche, tantôt la droite. Un soleil éblouissant, une chaleur étouffante et quelques nuages à l'horizon présageaient pour la fin du jour un de ces violents orages accompagnés de foudre qui rafraîchissent l'atmosphère. La marée qui baissait rapidement découvrait les battures, laissait à sec les deux transports et allait bientôt rendre guéable le passage du saut. A une heure et demie, le capitaine Duprat, qui commandait les volontaires stationnés au Gué-d'Hiver, vint avertir le chevalier qu'une colonne qui paraissait forte de deux mille hommes, s'avançait pour attaquer M. de Repentigny. Lévis détacha aussitôt cinq cents Canadiens les mieux rompus à la guerre des bois, ainsi que les sauvages, pour aller porter secours à M. de Repentigny,

1 — *Journal de Malartic*, p. 261.

avec ordre au capitaine Duprat de suivre la colonne ennemie avec ses volontaires, et de lui donner avis de ses mouvements. Il fit avancer Royal-Roussillon à la droite des Canadiens, qui occupaient les retranchements entre les deux redoutes, à côté du bataillon de Béarn aligné sur l'escarpement de la gauche. Montcalm s'avançait en ce moment avec le bataillon de Guyenne, accueilli partout aux cris de : Vive notre général ! Il rejoignit Lévis qui lui rendit compte de l'apparition d'une colonne anglaise en arrière du saut, des ordres qu'il avait donnés pour la tenir en échec, et lui demanda quelques renforts qu'il fit placer derrière lui, sur le chemin de Beauport, afin de les porter au besoin, soit au secours de M. de Repentigny, soit aux retranchements. "Nous convînmes, écrit Lévis,... que nous ferions la guerre à l'œil, et que si la gauche était attaquée, il ferait avancer les troupes du centre pour la soutenir, et que j'en ferais de même si la droite était attaquée. Après cet arrangement, M. de Montcalm me quitta et me dit qu'il allait rejoindre M. le marquis de Vaudreuil et lui rendre compte de notre situation [1]".

Peu après, sur l'avis de Duprat que la colonne rétrogradait, Lévis dépêcha son aide de camp Johnstone pour faire revenir les renforts qu'il avait expédiés à M. de Repentigny. Les berges qui jusque-là avaient monté et descendu le long de l'estuaire, menaçant surtout le centre et la droite, rentrèrent dans le chenal de l'île d'Orléans et vinrent se placer en arrière des deux transports échoués.

---

[1] — *Lettre de Lévis au maréchal de Belle-Isle*, 2 août 1759, p. 230.

Il était alors cinq heures du soir; la marée achevait de baisser et le passage du saut était guéable. Dans le ciel, d'épais nuages chargés d'éclairs et de tonnerre avaient caché le soleil, et de grosses gouttes de pluie commençaient à tomber. L'armée, qui s'était tenue en ordre de bataille sur la falaise de l'Ange-Gardien, venait de la descendre, et se formait en colonne sur le bord de la grève pour franchir le gué. Les batteries et les vaisseaux anglais n'avaient pas cessé la canonnade, qu'ils dirigeaient avec habileté mais sans produire beaucoup d'effets sur les travaux ni sur les troupes françaises. Les sauvages, revenus avec le détachement de Canadiens, furent disposés en tirailleurs entre la redoute de Johnstone et les retranchements. Le chevalier fit avertir Montcalm du mouvement des Anglais et descendre la réserve qu'il tenait sur le chemin de Beauport. A six heures, les berges s'approchèrent, après avoir eu quelque peine à franchir une chaîne de roches à fleur d'eau.

A mesure que les troupes débarquaient, Monckton les rangeait en bataille à l'abri des transports, les grenadiers à l'avant-garde suivis du Royal-Américain [1]. Au même instant, l'armée de Townshend commença à franchir le gué et la canonnade devint plus furieuse que jamais. Lévis, prévenu que la redoute de Johnstone manquait de boulets, ordonna à M. de la Perrière qui y commandait, de l'évacuer après avoir encloué légèrement les canons. Les troupes de Monckton s'avancèrent " de bonne grâce " au dire de Lévis. Les grena-

---

[1] — D'après le *Journal* de Panet et la *Relation du New-York Mercury*, elle était forte de cinq mille hommes.

diers, impatients de se distinguer, prirent les devants et coururent à la redoute qu'ils dépassèrent sans s'y arrêter. Là, ils rencontrèrent un terrain spongieux qui retarda leur marche. Les Canadiens, qui se composaient de ce qu'il y avait de meilleurs tireurs parmi les coureurs de bois, ouvrirent un feu meurtrier, qui abattit les premiers rangs [1]. Les grenadiers oscillèrent un instant, puis s'élancèrent de nouveau en avant, et commencèrent à gravir la côte, qui était beaucoup plus raide que Wolfe ne l'avait supposé. Les plus hardis n'étaient pas arrivés à la moitié de la déclivité, qu'ils furent fauchés par les balles et tombèrent sur ceux qui les suivaient, en les entraînant dans leur chute. Pendant que cette lutte désespérée se prolongeait, Townshend qui venait de traverser le gué du saut, lança son corps d'armée sur l'autre redoute où commandait le brave capitaine de Mazerac. En ce moment, les nuages, qui avaient enveloppé le bassin d'une demi-obscurité, crevèrent au-dessus des combattants avec des éclats de tonnerre qui couvrirent le bruit de la canonnade. La montée du coteau devint de plus en plus difficile, à mesure que la pluie qui tombait par torrents détrempait la terre et la rendait vaseuse et glissante. Les assaillants décimés reculèrent en désordre, enjambant par-dessus les rangées de cadavres, et vinrent se reformer en arrière de la redoute pour se préparer à un nouvel assaut ; mais Wolfe, qui de loin avait suivi l'action, en comprit

---

1 — " Les Canadiens ont fait sur eux un feu si nourri qu'en moins de demi-heure ils les ont forcés à se retirer ". *Journal de Malartic*, p. 261.

l'inutilité et fit sonner la retraite. Le feu de mousqueterie et du canon avait en partie cessé de part et d'autre, car la poudre, exposée à la pluie, était devenue humide.

Des cris et des hourras retentirent sur toute la ligne des remparts, quand les Français virent les assaillants reprendre le chemin de la grève, en emportant leurs blessés. Montcalm, descendu en ce moment à la gauche, fut salué par les acclamations de : Vive notre général !

Les sauvages se répandirent sur l'estuaire pour faire des prisonniers et lever des chevelures. Un incident se produisit alors, qui donna lieu ensuite à quelques correspondances entre les généraux des deux armées. Le capitaine Ochterlony, blessé à mort, épuisait le reste de ses forces pour échapper aux griffes des Peaux-Rouges. Un soldat de Guyenne l'aperçut au moment où un de ces barbares brandissait son couteau pour lui lever la chevelure ; le soldat saisit l'indien à bras-le-corps et le retint, au risque de se faire tuer lui-même, jusqu'à ce que des officiers français venus à son secours, eussent entouré le malheureux Anglais, qui fut transporté à l'Hôpital-Général. La pluie tombait en si grande abondance qu'elle empêchait de voir à distance. L'orage fut de courte durée, et quand le ciel s'éclaircit, les Français aperçurent les derniers détachements de Monckton qui s'éloignaient du rivage dans la direction de la Pointe-Lévis, et l'armée de Townshend, repliée au delà du saut, remontant la falaise. Le fort du combat s'était livré autour de la redoute de Johnstone, où les pertes des Anglais avaient été des plus sensibles. La division de Townshend, qui avait été lente à s'engager, s'était avancée encore avec plus de lenteur, et n'avait pas osé monter à l'assaut de la redoute. L'amiral Saunders craignant que les Français ne s'emparassent des deux transports, ordonna aux équipages de les abandonner après y avoir mis le feu.

Le rapport officiel des Anglais avoua une perte de quatre cent quarante-trois hommes tués ou blessés, au nombre desquels étaient le colonel Burton du 48ᵐᵉ, huit capitaines, vingt et un lieutenants et trois enseignes [1]. Le chevalier de Lévis l'estima bien plus considérable. On sait que la crainte de l'opinion publique en Angleterre portait les généraux à diminuer le chiffre de leurs pertes et à grossir celles de leurs ennemis. Les Français n'eurent que soixante-dix hommes tués ou blessés [2].

Lévis écrivit sur le champ au ministre de la guerre : " On ne peut assez faire l'éloge des troupes et des Canadiens, qui ont été inébranlables, et qui ont continuellement témoigné la plus grande volonté ".

De retour au quartier général, Montcalm adressa ce petit billet à son ami : " A l'entrée de la nuit, nous serons tous sous les armes à notre poste. Il y a du mouvement dans l'escadre vis-à-vis de nous. La démonstration qu'ils ont faite en plein jour me persuade que ce sera la fausse attaque. Vous avez le coup d'œil bon. Si ce qui vous occuperait ne vous paraissait pas considérable, il faudrait, mon cher chevalier, nous faire appuyer ".

---

1 — *Knox's Journal*, vol. 1, p. 358.
2 — Les Anglais portèrent à deux cents le nombre de tués et blessés français.

Un heure après, Lévis avait rassuré son général, qui lui répondit : " Je doute d'une attaque pour ce soir, mon cher chevalier.... Vous faites la guerre à l'œil, et il n'y a rien de mieux.... Je veux vous laisser dormir ; vous devez en avoir besoin ; j'irai cependant vous voir sur les onze heures ". Lévis avait passé dix heures consécutives à cheval.

Vaudreuil rivalisait d'attention pour le chevalier : " Cet heureux événement est une suite de vos conjectures que j'ai toujours bien goûtées. Recevez-en, je vous prie, mon compliment, et soyez bien persuadé que je vous le fais d'un très grand cœur. Je serai bien flatté d'avoir le plaisir de vous voir, et que vous puissiez me donner un détail de l'action. Elle est pour nous une très bonne époque. J'en conçois les plus grandes espérances pour la campagne.... Je n'ai pas ignoré la vivacité et la fermeté des mouvements que vous ordonnâtes. Je sais que vous avez constamment surveillé et que vous vous êtes porté partout. Tout le monde était occupé du danger auquel vous vous exposiez. C'était mon unique inquiétude par les sentiments que je vous ai voués. Je vous prie d'éviter à l'avenir, autant que vous le pourrez, des risques aussi évidents. Ménagez-vous, je vous prie, nous en avons besoin [1] ".

On eût dit que Vaudreuil pressentait l'événement qui allait bientôt placer Lévis à la tête de l'armée. Par quel chef-d'œuvre d'habileté et de prudence le chevalier avait-il réussi à se concilier une égale estime et une égale amitié de la part des deux ennemis ? Il était

---

1 — *Vaudreuil à Lévis*, 1er août.

devenu l'homme nécessaire, l'homme de conseil, le point de contact et de ralliement entre eux. Quel tact il lui avait fallu pour ne porter ombrage ni à l'un ni à l'autre ! surtout pour ne pas éveiller l'extrême susceptibilité de Montcalm, d'autant plus que Vaudreuil était en continuels rapports avec Lévis, qu'il consultait sans cesse, préférant ses avis, et qu'il en était venu avec lui à la plus grande intimité. Toutes ses lettres en font foi. " Vous savez, lui disait-il souvent, qu'on ne peut rien ajouter à la confiance que je vous ai vouée.... Je m'étais arrangé à aller dîner avec vous ; mais au moment que j'ai voulu partir, je n'ai eu ni cocher ni voiture. Je m'en serais dédommagé en allant vous voir cette après-midi, si je n'avais appris que vous allez visiter vous-même le poste de Repentigny "... Le lendemain, Vaudreuil insistait : " J'aurai le plaisir d'aller dîner avec vous, mais à condition que vous me receviez sans façon ; je profiterai du premier intervalle que j'aurai pour m'absenter ".

Le gouverneur en était aux petits soins avec Lévis. En lui envoyant un billet : " Je recommande bien fort, disait-il au porteur, qu'on ne l'éveille point s'il dort [1] ".

Montcalm se vengeait de ces délicatesses par de plus grandes attentions pour son ami.

Le capitaine Ochterlony fut entouré de soins si délicats par les religieuses de l'Hôpital-Général, qu'il en fut touché jusqu'aux larmes. Il l'écrivit au général Wolfe, qui manifesta sa vive reconnaissance, et fit savoir aux hospitalières que s'il s'emparait de leur monastère,

---

1 — *Lettres des 29 juillet, 2, 4 et 5 août.*

elles pouvaient être assurées de sa protection. Son message adressé à Vaudreuil renfermait une somme de vingt livres sterling, qu'il priait de remettre au soldat de Guyenne qui avait empêché le capitaine d'être scalpé. Vaudreuil renvoya cette somme, et répondit, avec politesse et fierté, que le soldat n'avait fait qu'obéir à son devoir et aux ordres des commandants.

La victoire de Montmorency avait relevé le moral de l'armée et ranimé l'humeur guerrière de la population, malgré le spectacle de ruines qu'elle avait sous les yeux. Wolfe se vengeait en effet de sa défaite en accablant de projectiles ce qui restait de Québec, et en ordonnant d'incendier les campagnes. On calcula que du 13 juillet au 5 d'août, la ville ne reçut pas moins de neuf mille bombes ou pots-à-feu et dix mille boulets. Ces ravages n'avaient d'autre but que de satisfaire l'opinion publique en Angleterre, qui lui demanderait un compte sévère des énormes dépenses faites pour cette expédition, s'il retournait à Londres sans avoir rien accompli. S'il ne prenait pas Québec, il voulait du moins pouvoir dire qu'il n'avait laissé après lui que des ruines.

Des événements d'une extrême gravité se passaient en ce moment aux frontières. Lorsque la nouvelle en parvint au camp, dans la soirée du 9 d'août, la confiance se changea en consternation, et l'on craignit l'envahissement prochain de la colonie.

Bourlamaque avait évacué Carillon et le fort Saint-Frédéric, après les avoir fait sauter, et retraitait vers l'Ile-aux-Noix, faible et dernier rempart de la frontière sur le lac Champlain. Les trois mille hommes qu'il y ramenait y seraient bientôt forcés si les douze mille d'Amherst étaient vigoureusement commandés. Les nouvelles de Niagara étaient plus désolantes encore. La petite armée rassemblée par Des Ligneris et Aubry, pour venir au secours de Pouchot, était tombée dans une embuscade, et avait été détruite ou dispersée. Niagara avait capitulé; sa garnison était faite prisonnière, et le chevalier de La Corne écrivait que si l'armée victorieuse de Johnson se tournait contre lui, il était incapable de tenir à la tête des rapides. Le succès d'une des armées anglaises sur l'une ou l'autre frontière décidait de la campagne.

A neuf heures du soir, les généraux français étaient réunis en conseil de guerre au manoir seigneurial de Salaberry transformé, comme on l'a vu, en quartier général. Montcalm et Vaudreuil, d'accord cette fois, convinrent qu'un seul homme était de taille à faire face au danger: c'était le chevalier de Lévis. Il partit la nuit même en chaise de poste avec M. de Lapause. Huit cents hommes distraits de l'armée devaient le suivre dans les vingt-quatre heures. Il avait le pouvoir de faire tout ce qu'il jugerait nécessaire pour organiser une défensive, visiterait les deux frontières, prendrait le commandement de celle qui serait la plus menacée, et disputerait le terrain pied à pied.

Le lendemain de son départ, Vaudreuil lui écrivit: " Les sentiments que je vous ai voués vous persuaderont aisément la peine que je ressens de votre départ, et qu'il n'a fallu rien moins que les puissants motifs que j'eus l'honneur de vous communiquer hier, pour me déterminer à vous éloigner ; mais la partie que je vous ai confiée est dans ce moment si capitale, que tout a dû céder à l'excellent effet que votre présence va y produire. Je suis très convaincu, Monsieur, que vos sages et fermes dispositions en imposeront à l'ennemi. Vous êtes parfaitement instruit de mes intentions à tous égards, et je ne puis que m'en rapporter à vous, quels que puissent être les événements, connaissant votre zèle, votre prudence et vos ressources [1]".

Lévis emportait avec lui la fortune, ou pour mieux dire, la sagesse de l'armée. Les deux antagonistes irréconciliables, restés seuls en présence, n'eurent plus le contrepoids dont ils avaient besoin pour conserver leur calme et la rectitude de leur jugement aux heures critiques. Les derniers jours du siège furent marqués par une suite de fautes et de désastres qui amenèrent la catastrophe finale.

---

1 — *Vaudreuil à Lévis,* 10 août.

CHAPITRE DIX-HUITIÈME

1759

Bourlamaque à Carillon. — Amherst, son caractère. — Il s'avance par le lac George. — Bourlamaque fait sauter Carillon et Saint-Frédéric. — Sa retraite vers l'Ile-aux-Noix. — Lenteurs d'Amherst. — Marche du général Prideaux sur Niagara. — Le chevalier de La Corne repoussé à Chouaguen. — Philippe et Daniel de Joncaire chez les Iroquois. — Pouchot néglige leurs avis. — Siège du fort Niagara. — Héroïsme de la défense. — Mort de Prideaux. — Des Ligneris et Aubry viennent au secours de la place. — Embuscade de Johnson. — Défaite et massacre des Français. — Capitulation de Niagara.

Les opérations de la campagne, du côté du lac Champlain, s'étaient ressenties de l'effet moral produit par la victoire de Carillon. Le souvenir de cette journée, terrifiant pour les Anglais, les avait rendus lents et timides dans leurs mouvements, tandis qu'il avait soutenu la confiance et le courage des Français. La décision du conseil de guerre, enjoignant à Bourlamaque de faire sauter le fort de Carillon, s'il était attaqué par des forces trop supérieures, avait été tenue secrète, et les troupes mises sous l'impression qu'elles attendraient l'ennemi sur le même champ de bataille que l'année précédente. Leur ardeur ne s'était pas ralentie, et la vue des lieux où elles s'étaient couvertes de gloire, ainsi que des nouvelles fortifications ajoutées aux anciennes, leur faisait espérer de nouveaux succès, malgré leur infériorité numérique. Les deux mille cinq cents hommes qui les composaient étaient continuellement occupés à perfectionner les travaux de défense, comme s'il eût été décidé d'y tenir jusqu'à l'extrémité. On y creusa même un puits profond pour fournir de l'eau potable en cas de blocus [1]. " Deux années de travaux continuels faits à Carillon, dit l'ingénieur Desandrouins, pourraient faire soupçonner que ce poste est *soutenable*, et il n'en est rien [2] ".

Il est vrai que les lignes de fortifications qui barraient le plateau dans toute sa largeur, avaient été considérablement augmentées, ainsi que leurs deux ailes et les redoutes armées de canons, et que les deux petites plaines qui s'étendent de chaque côté avaient été garnies de solides retranchements. Mais il restait encore beaucoup de travaux à faire, et d'ailleurs les conditions étaient changées depuis la journée du 8 juillet. L'ennemi, cette fois, ne s'approcherait pas sans amener du canon. Il lancerait ses berges sur le lac, et menacerait par cette manœuvre de couper la retraite sur Saint-

---

1 — En visitant les ruines de Carillon, au mois d'août 1890, j'ai remarqué que ce puits, dont la margelle en pierre fait saillie sur le terrain, est encore intact. Il est situé au fond du ravin qui s'étend entre le site du fort et le bord du lac.

2 — *Mémoires de Desandrouins*, p. 285.

Frédéric. En outre, la position de Carillon pouvait être tournée par le chemin des Agniers qui, à l'ouest de la Chute, suivait un ravin souvent parcouru par les coureurs de Rogers. Ainsi, l'armée française pouvait être prise à revers, du côté de terre et du côté du lac, et exposée à tomber toute entière entre les mains de l'ennemi. La route de Montréal restait alors toute grande ouverte, ce qui décidait du sort de la colonie.

Le 1er de juin, Bourlamaque, escorté de deux compagnies, l'une de Berry, l'autre de la Reine, alla faire l'inspection de la rive gauche du lac jusqu'à Saint-Frédéric. La rivière à la Barbue lui parut présenter une ligne trop étendue à défendre, pour que sa petite armée pût en disputer le passage. Le fort Saint-Frédéric, dominé par une hauteur, comme celui de Carillon, était encore moins tenable, car cette hauteur n'était pas défendue, et le temps manquait pour y élever des retranchements. Bourlamaque résolut de ne s'arrêter à la rivière à la Barbue que le peu de jours nécessaires pour donner à la garnison de Carillon le temps de le rallier. Il ferait ensuite sauter le fort Saint-Frédéric, et se replierait sur l'Ile-aux-Noix, où les travaux de défense étaient déjà commencés.

A cette date, Desandrouins note dans son *Journal* : " Le bruit court qu'on devait abandonner le fort de Carillon à ses propres forces, que M. d'Hébécourt y commandera, et que toute la garnison y est déjà nommée ".

En effet, le 26 juin, on commença à déblayer le fort. " Ce déblaiement, quoique fait le plus secrètement possible, n'en est que plus remarqué du soldat qui est surpris qu'on attende la nuit pour embarquer des effets ".

" Le 30 : Les malades sont envoyés à Saint-Frédéric ; on déblaye à force depuis plusieurs jours tous les effets du fort ".

" Le 5 : On a fait embarquer tous les gros équipages de l'armée de Carillon sur la gabare la *Facile*, et tout est préparé pour une retraite ".

C'est qu'en effet chaque jour les nouvelles devenaient de plus en plus alarmantes. Le bruit de l'arrivée des Anglais, jusqu'alors éloigné, se rapprochait petit à petit comme les grondements du tonnerre qui, sourds au début, vont sans cesse grandissant ; et leurs reconnaissances commençaient à se montrer autour de Carillon, pareilles aux éclairs, avant-coureurs de l'orage.

Ils s'étaient fait précéder par le feu. " Deux ou trois fois par semaine, continue Desandrouins, il sort de Lydius des partis qui ont ordre de faire courir le feu dans les bois : c'est vraisemblablement pour voir mieux les pistes. Mais n'est-ce pas aussi pour essayer de brûler nos lignes de fortifications, construites en grande partie en bois " ?

Quoi qu'il en soit, " le feu a pris dans la réserve, en avant des retranchements de la plaine à droite, très violemment, parce que les gens de corvée qui y étaient allés bûcher les jours derniers, y avaient laissé des feux allumés ". Le feu dura trois jours et fut éteint avec peine.

Le 12 juillet, presque immédiatement après, un nouvel incendie fut allumé. " Le feu a pris avec force à nos retranchements ; on y a envoyé les piquets et les

Canadiens; on y a fait des coupures ; mais il y a eu environ quarante toises de détruites ".

" Le 13 : Le feu continue en avant et en arrière des retranchements.... On bouche la brèche faite hier. On s'est occupé à écarter du retranchement tout ce qui est combustible ; on a fait ce qu'on a pu pour éteindre les feux qui duraient encore le 16 [1] ".

Les patrouilles ennemies apparaissaient de jour en jour plus nombreuses, et refoulaient nos éclaireurs jusqu'aux abords du Portage. Ces braves coureurs de bois, à la tête desquels se distinguait plus que jamais le brillant et infatigable Langy, comme s'il eût pressenti sa fin prochaine, ne s'étaient pas arrêtés depuis l'ouverture de la campagne. Au printemps, ils avaient pénétré jusqu'à une lieue d'Albany, d'où ils avaient ramené un prisonnier, et renouvelé ensuite leurs courses, tantôt sur la rive droite, tantôt sur la rive gauche du lac George, suivant de semaine en semaine les progrès de l'ennemi. Depuis cinq ans que cette vallée du lac servait de rendez-vous aux deux armées, ils en connaissaient tous les sentiers et toutes les retraites. Ils avaient vu des légions de travailleurs ouvrir une large trouée de chaque côté du chemin qui conduisait du fort Edouard à la tête du lac. Le général Amherst n'avait pas voulu y engager son armée avant qu'elle pût circuler en plaine ouverte sans le moindre danger d'embuscade. Ce général, dont la tactique consistait à élever des postes fortifiés partout sur son passage, en fit construire une chaîne ininterrompue, séparés seulement d'une lieue

1 — *Le maréchal de camp Desandrouins.*

les uns des autres, entre le fort Edouard et la tête du lac. On montre encore aujourd'hui, sur le plateau boisé occupé en 1757 par le camp retranché des Anglais, les ruines d'un fort inachevé appelé le fort George, qu'Amherst s'attarda à y construire, compromettant, par ses lenteurs et ses précautions exagérées, le succès de la campagne. C'était un homme d'un caractère diamétralement opposé à celui de Wolfe : il était flegmatique, taciturne et impassible, du moins en apparence. Les divisions et les rivalités qui s'agitaient autour de lui, les querelles, lui étaient si indifférentes qu'il semblait ne pas s'en apercevoir. Il n'avait aucune initiative, mais une ténacité à toute épreuve. Quoique son armée fût quatre fois plus nombreuse que celle de son adversaire, il ne se mesura pas une seule fois avec lui durant toute cette campagne. Si les autres généraux anglais lui eussent ressemblé, le Canada n'aurait pas été conquis ; et s'il se fit un nom, c'est qu'il cueillit les fruits de la victoire que d'autres avaient gagnée.

A la fin de juillet, les onze mille cent trente-trois hommes qu'il commandait, composés moitié de troupes régulières, moitié de milices coloniales [1], soutenus d'une puissante artillerie, n'avaient pas encore quitté les ruines du fort William-Henry. Ils perdaient le temps le plus précieux de la saison à faire des corvées, des manœuvres, des exercices à la cible, des voyages de découvertes, etc.

Les plus hardis de nos éclaireurs s'étaient approchés si près de leurs retranchements, qu'ils avaient entendu

---

1 — Mante, *History of the late war in North America.* p. 210.

aboyer leurs chiens. Le brave Langy avait même fait des prisonniers jusque dans le camp, d'où il avait ramené un sauvage mohican renommé pour sa bravoure et son esprit[1]. Il avait compté leurs berges au nombre d'environ trois cents, mouillées à l'ancre au bord de la grève, outre plusieurs bateaux armés de canons. Quelques-unes de leurs berges sillonnaient continuellement le lac, fouillaient les anses et les îles pour débusquer nos partis de rôdeurs.

Enfin, le 21 juillet, la flottille de berges s'ébranla sur quatre colonnes comme avait fait celle qui portait l'armée d'Abercromby. Elle renouvela le même spectacle grandiose, le même déploiement de drapeaux et d'uniformes éclatants entre les montagnes et les îles du lac, mais non plus la même présomptueuse exultation. La terrible leçon infligée l'année précédente inspirait, au contraire, aux troupes d'Amherst une défiance qui était une meilleure garantie de succès. La brise qui soufflait du sud favorisait leur marche. Une partie des équipages retirèrent leurs rames, en firent des mâtures auxquelles ils attachèrent des couvertures en guise de voiles. Après le coucher du soleil, pendant qu'ils faisaient halte pour la nuit, aux environs de la Montagne-Pelée, ils furent assaillis par une de ces violentes tempêtes d'été, accompagnée de pluie, qui souleva le lac et ballotta les berges toute la nuit. Le lendemain, qui était un dimanche, dès l'aube du jour, l'avant-garde, formée de l'infanterie légère, aux ordres du lieutenant-colonel Gage, débarqua sans

1 — *Mémoires sur le Canada.*

obstacle au Portage et s'avança jusqu'au moulin de la Chute, suivie du reste de l'armée [1].

A huit heures, Bourlamaque, averti de la descente des Anglais, faisait battre la générale et border les retranchements par les grenadiers, un détachement de volontaires, cent Canadiens et les ouvriers du génie. Ils reçurent peu après l'ordre de les franchir et de se porter à la Chute pour retarder les ennemis au passage de la rivière ; mais les sauvages, qui étaient au nombre d'environ quatre cents, refusèrent de marcher, malgré les exhortations et les reproches de Bourlamaque. Alors, sur un ordre de celui-ci, les Canadiens et les volontaires de Bernard s'élancèrent en avant et poussèrent jusqu'à une hauteur que venaient d'abandonner les sauvages. L'avant-garde de Gage et un corps de troupes régulières fort de quatre ou cinq mille hommes, étaient déjà massés en face d'eux de l'autre côté de la rivière, vis-à-vis une passerelle qu'on n'avait pas eu le temps de couper. A peine deux hommes pouvaient-ils y passer de front. Les rangers la franchirent au pas de course, suivis des régiments, qui se mirent en ordre de bataille à mesure qu'ils avaient traversé, et s'avancèrent sur nos soldats. Ceux-ci, profitant du terrain coupé d'abattis jusqu'au camp, les tinrent en respect, malgré l'extrême disproportion du nombre, fusillèrent jusqu'à la nuit avec un rare sang-froid, et rentrèrent en bon ordre derrière les retranchements, qu'ils bordèrent comme s'ils avaient dû être attaqués.

---

1 — *Knox's Journal*, vol. I, p. 396. — Cf. Mante, p. 212.

La pluie avait commencé à tomber en abondance. Une brume épaisse qui montait du lac et envahissait la pointe, dérobait complètement à l'ennemi les mouvements de l'armée. A minuit, elle s'embarqua dans un profond silence, et s'éloigna, non sans regret, de ce promontoire où elle avait inscrit, en traits immortels, le nom de Carillon.

D'Hébécourt était resté dans le fort avec cent quatre-vingts soldats de la ligne, quatre-vingt-cinq de la marine, cent vingt Canadiens et treize canonniers.

La brume était devenue si intense que plusieurs des bateaux s'égarèrent sur le lac, et ne reconnurent l'entrée de la Barbue qu'après que le soleil levant eut dispersé le brouillard. L'ingénieur Desandrouins, avec un parti d'ouvriers et le deuxième bataillon de Berry, s'y étaient rendus dès la veille pour commencer les retranchements provisoires projetés par Bourlamaque.

Pendant toute cette journée du 23, "nous vîmes, dit l'ingénieur, une épaisse fumée du côté de Carillon ; c'étaient les deux hôpitaux, les hangars de la haute et de la basse ville et les baraques du camp qu'on incendiait. La garnison s'est occupée à détruire sur le champ tous les bâtiments du fort, ou au moins d'en enlever toutes les toitures. Cependant les sauvages semblaient honteux de n'avoir rien voulu faire la veille contre l'Anglais. Ils étaient d'une surprise étonnante de nous voir abandonner ces retranchements si célèbres par notre victoire de l'année précédente et par nos travaux pour les perfectionner. Ils n'en voulaient rien croire, lorsqu'on le leur annonça... et disaient :
— "Quoi ! le Français abandonnerait la maison, la

cabane où il a tant travaillé ? Non, cela ne peut être " !

Cet abandon de Carillon avait achevé de décourager les sauvages. Un seul, le brave Hotchig, était resté dans le fort avec M. d'Hébécourt.

Les Anglais ne s'étaient aperçus de l'abandon des retranchements qu'à huit heures du matin. Amherst les fit occuper par ses grenadiers, et rangea les tentes de ses soldats le long de la face extérieure, où elles se trouvaient abritées contre les boulets et les bombes que lançait le fort. La figure du taciturne général s'illumina quand il se vit maître, presque sans coup férir, de ces fameux remparts au pied desquels était venue tourbillonner et se briser la belle armée d'Abercromby. Ceux de ses officiers qui s'y étaient trouvés s'étonnèrent des augmentations faites à ces retranchements, soit en bois, soit en terre, soit en pierre sèche. Amherst fit approcher son artillerie et commença un siège en règle, pendant que, de Carillon, les Français tiraient à toute volée.

Dans la nuit du 24, la garnison fit une sortie, attaqua les gardes de tranchée, y jeta la confusion, tua un lieutenant, plusieurs soldats, et en blessa un plus grand nombre [1].

" M. d'Hébécourt est très content de son artillerie et des bombes. M. de Louvicourt, commandant de l'artillerie, travaille continuellement et court d'un lieu à l'autre pour faire exécuter ses ordres avec plus de diligence et de succès.... Notre artillerie continue à faire

---

1 — *Knox's Journal*, vol. I, p. 399.

merveille, on a tué un ingénieur qui piquetait la tranchée ". Cet officier était le colonel Townshend [1].

Pendant quatre jours consécutifs, les quatre cents Français de d'Hébécourt arrêtèrent les onze mille hommes d'Amherst. Une plus longue résistance eût été impossible sans exposer la garnison tout entière à être enveloppée et faite prisonnière, car les berges ennemies se montraient en grand nombre sur le lac Champlain. Le 26, à dix heures du soir, la garnison évacua le fort avec armes et bagages, et prit place dans les bateaux. D'Hébécourt et Louvicourt sortirent les derniers, après s'être assurés que tous les canons des remparts étaient chargés jusqu'à la gueule, et les mines prêtes à être allumées. Trois déserteurs arrivaient en ce moment hors d'haleine au camp anglais, où ils confirmaient la nouvelle de l'évacuation, qu'on soupçonnait déjà au mouvement inusité qu'on avait remarqué autour de la place.

Il était près de minuit ; les derniers bateaux venaient de prendre le large au milieu du silence d'une belle nuit d'été, lorsque tout à coup une immense gerbe de lumière monta vers le ciel, accompagnée d'une épouvantable détonation qui fit trembler le promontoire et secoua les eaux du lac. Un épais nuage de poussière, mêlé de pierres, de bois, de débris de toutes sortes, tourbillonna un instant dans les airs, puis s'abattit avec fracas sur la pointe et sur le lac. Quand le soleil se leva sur ces ruines, le feu courait encore parmi les

---

1 — Cet officier ne doit pas être confondu avec le brigadier Townshend, de l'armée de Wolfe.

décombres et faisait partir de temps en temps quelque canon resté chargé. Les Anglais furent assez longtemps sans s'approcher, de crainte de quelques autres explosions [1]. Un des bastions avait été complètement détruit ; les autres, affreusement mutilés, étaient encore reconnaissables. C'est là tout ce qui restait de Carillon, ce petit fort dont l'existence avait été de courte durée, mais dont le souvenir est impérissable.

D'Hébécourt avait reçu ordre de ne s'arrêter qu'à Saint-Frédéric, où Bourlamaque le rejoignit le lendemain. L'armée ne devait pas y séjourner, et l'on ne débarqua ni le matériel ni l'artillerie ; les hommes seuls mirent pied à terre. Le fort Saint-Frédéric avait été miné d'avance, ainsi qu'un petit poste voisin appelé le Moulin-à-Vent.

Le 31, à sept heures du matin, toute l'armée se rangea en bataille vis-à-vis les bateaux, les berges et les barques échelonnés le long du rivage. L'embarquement se fit dans l'ordre suivant : la colonie, c'est-à-dire toutes les femmes, les enfants, les commerçants et les employés civils. Puis, vinrent les bateaux portant les vivres ; les ambulances avec les blessés et les malades ; les berges chargées de poudre ; la troupe du génie ; ensuite les deux bataillons de Berry, celui de la Reine, les volontaires et les Canadiens. Enfin, les trois compagnies de grenadiers fermaient la marche avec M. de Bourlamaque.

Toute la flottille resta en panne à quelque distance de Saint-Frédéric pour attendre l'explosion. Le Moulin-

---

1 — *Knox's Journal*, vol. I, p. 402.

à-Vent sauta ; mais les mines du fort ne partant pas, un brave canonnier s'y fit ramener, et constata que la secousse partie du moulin avait fait tomber la dernière lance à feu qui restait à prendre. Il la replaça et y mit le feu. A peine était-il éloigné d'une cinquantaine de pas que le fort Saint-Frédéric vola en éclats, l'enveloppant d'un nuage de fumée, de poussière, de décombres, de débris de toutes sortes, dont heureusement pas un ne l'atteignit [1].

Le 2 août, dans la soirée, on arriva en vue de l'Ile-aux-Noix, où l'on débarqua, le lendemain, par une pluie battante. C'était la dernière étape de l'armée ; elle devait s'y défendre à outrance, y périr, s'il le fallait, pour sauver la colonie. Les travaux de fortifications, déjà avancés, furent poussés avec toute la vigueur que pouvait y mettre le stoïque et énergique Bourlamaque.

Amherst, qui aurait dû s'attacher à sa poursuite, n'avait pas encore quitté le plateau de Carillon le 3 d'août. Il absorbait toutes les forces de son armée à relever les ruines du fort, quand il apprit par ses éclaireurs que Saint-Frédéric avait été évacué.

Dans le moment d'exultation qu'il éprouva lorsqu'il prit possession de ce fort, il parut sortir de son caractère habituel, et vouloir faire autre chose que de prendre des forts abandonnés. Du moins l'écrivit-il. Mais cet instant passé, il reprit sa tactique ordinaire, et manda au gouverneur de New-York " qu'il se mettait immédiatement à l'œuvre pour bâtir un fort tel, que

---

1 — Six jours auparavant, Amherst avait inutilement offert cent guinées à celui qui irait éteindre la mèche qu'on supposait allumée pour faire sauter le fort de Carillon. Mante, p. 213.

par sa situation et sa solidité, il garantirait très efficacement la possession de tout le pays[1]". On ne peut s'empêcher de faire contraster cette lenteur et cette timidité avec la promptitude et la hardiesse déployées par les Français sur la même route militaire. A la même date, deux ans auparavant, Montcalm, avec une armée beaucoup moins nombreuse, avait franchi toute la distance entre Montréal et la tête du lac George, et achevait de réduire William-Henry.

Avant que le nouveau fort qui reçut le nom de Crown Point fût terminé, Amherst en construisit sur les éminences voisines trois autres qui devaient servir d'ouvrages avancés ; et sur l'avis donné par des déserteurs que les Français avaient quatre vaisseaux armés sur le lac Champlain, il chargea le commandant de sa marine, le capitaine Loring, de bâtir un brigantin, une batterie flottante, et un peu plus tard, une corvette, destinés à protéger la marche de son armée. Il était évident que tous ces travaux ne pouvaient être finis avant l'automne. On a peine à croire qu'Amherst ait achevé de paralyser son armée en organisant des expéditions aussi inutiles que celles qu'il dirigea, d'un côté vers les sources de l'Hudson, de l'autre au fond du lac Champlain, et à l'est jusqu'à la rivière Connecticut, sous prétexte d'explorer ces voies de communication, connues depuis longtemps. Il donnait ainsi à Bourlamaque le temps de se fortifier à l'Ile-aux-Noix, de lui

---

1 — *Amherst au lieutenant-gouverneur De Lancey, camp de Crown Point, 5 août 1759. N.-Y. Documents, vol. VII, p. 403.*

barrer le chemin de Montréal et de l'empêcher de faire sa jonction avec Wolfe.

L'armée d'invasion, lancée vers la frontière de l'Ouest, contre Niagara, était conduite avec plus d'activité. Le général Prideaux, avec cinq mille hommes de troupes régulières et de milices [1], outre neuf cent quarante-trois sauvages [2], rassemblés par Sir William Johnson, avait remonté la rivière Mohawk et débouché sur le lac Ontario, après avoir jeté une garnison dans le fort Stanwix [3] et dans quelques postes le long de sa route. Il fit halte sur les ruines de Chouaguen, où il assura ses communications en laissant un corps de mille hommes commandés par le colonel Haldimand [4], avec ordre de se fortifier de l'autre côté de la rivière, sur l'emplacement du fort Ontario, et remonta, le premier juillet, dans ses bateaux pour atteindre Niagara, en suivant les bords du lac.

Le chevalier de La Corne, placé en observation aux rapides du Saint-Laurent, s'était mis en marche deux jours auparavant pour venir attaquer le corps expéditionnaire de Prideaux. Il amenait avec lui deux cent quarante soldats, huit cent vingt miliciens et cent dix

---

1 — Ainsi répartis : deux régiments anglais, un bataillon du Royal-Américain, un détachement de l'artillerie royale, le reste formé des milices de New-York.—Mante, *History of the late war in North America*, p. 224.

2 — Stone, *Life of Sir William Johnson : Johnson to Secretary Pitt*, 24th October, 1760, vol. II, p. 96.

3 — Bâti en 1758.

4 — Plus tard gouverneur du Canada. Les troupes qu'il avait avec lui au fort Ontario se composaient d'environ cinq cents hommes du Royal-Américain et de cinq cent vingt recrues de New-York.—*De Lancey to the Lords of Trade*, 24th July, 1759. *N.-Y. Documents*, vol. VII, p. 395.

sauvages, la plupart Iroquois de la Présentation, en tout, onze cent quatre-vingt-onze hommes, en y comprenant les officiers, parmi lesquels on comptait des chefs de bandes, tels que MM. de Corbière, Hertel, de Lorimier et l'honnête chevalier Benoist. L'abbé Piquet s'était offert et avait été accepté comme aumônier de la troupe. M. de La Corne avait appris en route, par ses découvreurs, que les Anglais étaient arrivés à Chouaguen et se retranchaient à droite de la rivière. Le 4 juillet, à onze heures du soir, il avait abordé sans être aperçu, à l'anse où, trois ans auparavant, Montcalm avait débarqué son artillerie. Aux premiers rayons du jour, il divisa ses hommes en neuf petites colonnes, afin d'attaquer par autant de côtés à la fois, et s'avança en silence à travers la forêt.

Les sauvages qui éclairaient la marche vinrent peu après dire qu'ils avaient aperçu sur la lisière du bois un parti d'Anglais travaillant à bûcher des arbres. Soixante hommes, moitié sauvages, moitié blancs, furent immédiatement envoyés pour les cerner. En ce moment, des cris partirent de l'aile gauche par où marchaient les Canadiens. Une des colonnes, prenant probablement pour des ennemis celles qui marchaient dans les taillis voisins, fut saisie de panique, et prit la fuite en criant : "— Sauve qui peut ! nous sommes cernés"! A ce bruit, les Anglais s'enfuirent à toutes jambes et se jetèrent dans leurs retranchements. L'abbé Piquet, voulant arrêter les Canadiens, fut entraîné et culbuté. Enfin s'accrochant à l'un d'eux : " — Au moins, s'écria-t-il, sauvez votre aumônier"! On parvint à les rallier ; mais l'avantage d'une surprise était manqué. M. de La Corne alla faire une reconnaissance et y envoya ensuite ses principaux officiers ; ils jugèrent, comme lui, que les Anglais étaient bien fortifiés. Ils avaient élevé à l'endroit " où gisait le fort Ontario " un redan auquel s'appuyaient de solides retranchements, ouvrages en bois qui communiquaient avec une redoute placée sur la gauche. Ces retranchements, très considérables, firent présumer que les ennemis étaient " nombreux ", ou du moins que l'armée qui allait assiéger Niagara était passée [1]. On tint conseil, et la majorité fut d'avis qu'il n'y avait plus d'autre parti à prendre que celui de la retraite, puisque la chance d'une surprise était perdue, et que les retranchements étaient trop forts pour être emportés sans artillerie.

Pouchot, qui n'a connu l'expédition de M. de La Corne que par ouï-dire, puisqu'il commandait alors à Niagara, en a fait un récit qui diffère, sur certains points, du *Journal de l'expédition*. Il prétend que les Anglais, qui pourtant avaient eu quatre jours pour se fortifier, n'avaient d'autres retranchements que des quarts de lard et de farine. Le *Journal* entre dans des détails trop précis à ce sujet pour qu'il puisse être révoqué en doute. D'ailleurs, les relations des Anglais mêmes disent qu'ils avaient eu le temps de se fortifier [2].

---

[1] — *Coll. Lévis.* Manuscrit intitulé : *Relation de la campagne de M. le chevalier de La Corne à Chouaguen*, en 1759.
[2] — Le gouverneur De Lancey, qui écrivait d'après des lettres reçues d'Oswego, dit que Haldimand " had thrown up a breast work ". *Lieutenant-gouverneur De Lancey to the Lords of Trade*, New-York, 24th July, 1759. *N.-Y. Documents*, vol. VII, p. 396. Cf. *Journal de Lévis*, p. 188, Mante, p. 230. M. Parkman a suivi le récit de Pouchot.

Pouchot ajoute que l'abbé Piquet aurait compromis par son zèle religieux le succès de l'entreprise. Au moment de l'action, il aurait fait arrêter les troupes pour les exhorter et leur donner l'absolution, ce qui aurait occasionné un retard durant lequel les Anglais auraient été mis en éveil. Le *Journal*, qui note des faits d'une moindre importance, ne fait aucune allusion à cet incident.

Pendant que les colonnes regagnaient les bateaux, les sauvages, accompagnés de quelques soldats, se répandirent autour des retranchements, envahirent la clairière obstruée d'arbres renversés et fusillèrent jusqu'à la nuit avec les travailleurs anglais, qui leur répondirent sans oser faire aucune sortie. Les sauvages, voyant que les Anglais s'obstinaient à se tenir sur la défensive, vinrent demander à M. de La Corne l'assistance de cinquante hommes que commanderait M. de Lorimier, pour aller briser une cinquantaine de berges, tirées à sec, à portée du feu de l'ennemi. M. de La Corne y consentit, et le lendemain, dès l'aurore, il fit marcher tout son détachement pour investir le poste, afin de faciliter l'entreprise. Mais les Anglais avaient eu le loisir de mettre quelques canons en batteries. Ils tinrent les assiégeants à distance, et l'escouade qui poussa jusqu'aux berges fut si maltraitée, qu'elle n'eut le temps d'en briser qu'un petit nombre. L'expédition reprit le chemin de ses embarcations, emportant ses blessés au nombre de vingt, et ses morts au nombre de dix, parmi lesquels on eut à regretter M. Hertel, un des officiers partisans les plus connus, et qui soutenait la réputation de bravoure traditionnelle dans sa famille. Les Anglais, qui ne s'étaient pas montrés en plaine ouverte, n'avaient eu que trois hommes de tués et douze blessés. Si les Canadiens avaient été de ceux que les officiers français appelaient " de la bonne espèce ", il est probable que le chevalier de La Corne aurait réussi à enlever d'assaut les retranchements des Anglais ; car, remarque Pouchot, " ils étaient surpris et déconcertés dans le premier moment ". Du même coup Niagara était sauvé ; car le général Prideaux se trouvait coupé de sa ligne de retraite, privé de ses moyens d'approvisionnements, et exposé par suite aux plus grands dangers.

La flottille qui portait son armée abordait en ce moment, sans avoir rencontré un seul ennemi, à la tête du lac Ontario. Mais avant de l'y suivre, il est nécessaire de jeter un coup d'œil sur le théâtre de ses opérations.

L'énorme masse d'eau qui forme la cataracte de Niagara continue sa course échevelée en tourbillonnant au fond d'une crevasse dont les murailles gigantesques ne s'abaissent qu'en approchant du lac Ontario, quatre lieues plus bas. Le fort Niagara, dont le site est encore marqué par des ruines, avait été bâti à l'extrémité de l'angle que décrit la rive droite de la rivière avec les " écores " du lac [1]. Il n'avait d'abord été qu'un simple poste de traite, établi par le sieur de Joncaire [2], coureur

---

1 — Voir *Fort Niagara*, *The Dominion Illustrated*, vol. V, p. 318.
2 — Louis-Thomas de Joncaire, sieur de Chabert, natif des environs d'Arles, en Provence. Il était interprète du roi et lieutenant dans les troupes.

de bois très influent parmi les Iroquois, qui l'avaient adopté dans une de leurs tribus (1721). Lorsque dans l'automne de 1755, le capitaine Pouchot y fut envoyé avec le régiment de Guyenne, pour en refaire les fortifications, il n'y trouva qu'une enceinte de palissades à demi-pourries, gardées par une soixantaine de Canadiens [1]. Il en fit une petite forteresse solidement construite selon les règles de l'art militaire. Elle était de forme triangulaire, munie de bastions et d'un fossé. Le côté qui faisait face au lac et celui qui regardait la rivière longeaient les écores, dont les pentes assez raides étaient une protection naturelle. Le côté le plus vulnérable était celui de terre, dont les approches étaient faciles. L'ingénieur y multiplia les travaux de défense. En avant du fossé régnait un chemin couvert, protégé par des ouvrages avancés reliés à la campagne par des glacis. Ces fortifications étaient encore inachevées quand Pouchot fut rappelé à Montréal et remplacé par M. de Vassan. A son retour au printemps de 1759, il se hâta de reprendre les ouvrages abandonnés en son absence, et y travaillait encore avec toute sa garnison au moment du siège.

Les deux corvettes lancées à la Pointe-au-Baril, l'*Iroquoise* et l'*Outaouaise*, armées chacune de dix

---

1 — *Mémoires de Pouchot*, vol. 1, p. 55. Un fort de palissades y avait été construit, en 1687, par le gouverneur Denonville, mais abandonné et démoli l'année suivante.

canons, avaient remis la France en possession du lac Ontario. Elles avaient rétabli les communications entre Niagara et la Présentation, servant à la fois de bâtiments de transports et de croisières.

Les deux fils de M. de Joncaire, Philippe et Daniel [1], établis comme leur père chez les Iroquois, où ils avaient plusieurs parents métis et de riches comptoirs, y jouissaient comme lui d'une grande autorité. Ils avaient longtemps balancé l'influence de Sir William Johnson, le plus accrédité des Anglais auprès des Cinq-Nations. Celui-ci, à l'est chez les Agniers ; ceux-là, à l'ouest chez les Tsonnontouans, dominaient dans les conseils et faisaient osciller les tribus entre les deux partis. Un chef iroquois exprimait naïvement, mais avec une rare perspicacité, la position critique de sa nation : "— Le Français, disait-il, nous attire d'un côté, l'Anglais de l'autre. Tous les deux, vous nous donnez des raisons spécieuses. L'Anglais nous dit de nous défier du Français, qui a de l'esprit et qui tâche de nous tromper finement. Chaque nation nous accable de présents. Pour nous, ce que nous savons, c'est que le Maître de la vie nous a donné l'île de l'Amérique à nous autres sauvages qui l'habitons. Nous ne comprenons rien aux prétentions des Anglais et des Français. Nous ignorons quel est le motif secret qu'ils ont de faire la guerre. Notre véritable intention est de rester neutres. Vous êtes tous les deux si gros que nous nous voyons écrasés malgré nous [2]".

---

1 — Sieur de Chabert et de Clausonne.
2 — *Mémoires de Pouchot*, vol. 2, p. 21.

Mais la puissance toujours croissante des Anglais, leurs ressources incomparablement plus grandes qui leur permettaient de multiplier leurs séductions, le prestige surtout qu'ils s'étaient acquis depuis la destruction de Frontenac et la prise du fort Duquesne, avaient fini par anéantir l'autorité des Joncaire.

Vers le milieu de mai, Philippe, l'aîné des deux frères, écrivit à Pouchot que les Iroquois s'étaient déclarés et avaient accepté la hache de guerre des mains de Johnson. Il l'avertissait en même temps qu'une armée anglaise se préparait à venir attaquer Niagara. Malheureusement, Pouchot ne tint pas assez compte de ces avertissements, et une suite d'incidents dont on lira plus loin les détails, l'entretinrent dans cette fausse sécurité. Il crut le danger assez éloigné pour risquer une division de ses forces et organiser une expédition dont les avantages le séduisaient. Le nouveau fort de Pittsburg où les Anglais, décimés par les maladies, n'avaient pu guère travailler dans le cours de l'hiver, n'était pas à l'abri d'un hardi coup de main. Le camp de Loyalhannon même, réduit comme le fort, pouvait être emporté. Un parti de sauvages onontagués, commandé par M. de Saint-Blin, alla enlever aux environs un convoi de seize chariots, chargés de vivres, et escortés par cent hommes. Vingt-sept furent tués, trois faits prisonniers, le reste dispersé dans les bois. Les sauvages brûlèrent les chariots et emmenèrent quatre-vingt-quatre chevaux.

M. Pouchot confia à M. de Montigny un corps de troupes, avec des vivres, des marchandises de traite, des armes et même du canon. Dans la lettre qu'il écrivait à M. Des Ligneris, à qui il envoyait ces secours, il lui disait : " Si vous étiez assez heureux d'enlever Loyalhannon, vous devez être sûr que tous les postes depuis Raystown jusqu'à la Belle-Rivière tomberont d'eux-mêmes, se trouvant abandonnés à leurs propres forces, et ne pouvant recevoir aucun secours de vivres [1] ".

Un pareil exploit aurait eu sans doute un grand éclat, aurait fermé la route aux Anglais de ce côté et rallié les tribus de l'Ohio ; mais il était chimérique à l'heure présente. Le fort Niagara étant la clef des pays d'en haut, tout le reste devait être subordonné à sa sécurité. C'était, au surplus, d'après le dire de Pouchot lui-même, ce que portaient les instructions de Vaudreuil [2].

Toute la population française de l'Ouest, obéissant aux appels de ce gouverneur, était alors en armes. Elle accourait de la Baie-Verte, de Michilimakinac, du Détroit et jusque de la Louisiane, entraînant à sa suite tout ce que les officiers partisans les plus en renom, tels que Marin, Langlade, Aubry, Des Ligneris et autres, avaient pu rassembler de coureurs de bois, de métis et de sauvages.

Ces bandes suivaient un double courant : celles de l'extrême Ouest descendaient par l'Outaouais pour rejoindre les armées de Montcalm et de Bourlamaque où nous les avons vues. Les autres avaient pour point de ralliement le fort de la Presqu'île, sur le lac Erié, où commandait M. de Portneuf.

---

1 — *Mémoires de Pouchot*, vol. 2, p. 31.
2 — *Idem*, vol. 2, p. 15.

Le commandant du Détroit, M. de Bellestre, amenait cent Français et cent cinquante sauvages ; le capitaine Aubry, six ou sept cents hommes des bords du Mississipi ; M. de Linctot [1] et Bayeul, sept ou huit cents sauvages des postes intermédiaires. M. Marin, revenant avec deux cent quatre-vingts sauvages et quelques Canadiens d'une incursion du côté de Pittsburg, allait bientôt se joindre à eux. M. Des Ligneris, au fort Machault, attendait la réunion de tous ces corps pour exécuter le plan du capitaine Pouchot.

Celui-ci avait envoyé, de bonne heure, dans le mois de juin, la corvette l'*Outaouaise* croiser à l'entrée de la rivière Chouaguen. Elle fut assaillie en route par un ouragan qui brisa son grand mât et son beaupré et faillit l'engloutir. Une troupe de sauvages mississagués qui se trouvaient à bord et qui n'avaient jamais essuyé de tempête sur un navire, furent si effrayés qu'ils jetèrent à la mer leurs armes, leurs ornements et des morceaux de tabac pour apaiser le manitou du lac. Cet accident donna lieu à une scène de comédie qui aurait pu tourner au tragique. Il y avait à bord un bossu, si petit de taille qu'il paraissait un vrai nain. Les Mississagués, qui n'avaient jamais vu d'être humain si petit, se persuadèrent qu'il était un manitou, et voulurent à toute force le jeter à la mer comme un autre Jonas. Le commandant eut toutes les peines du monde à les arrêter. L'*Outaouaise* fut retardée plusieurs jours à la Présentation pour être réparée. A son

---

1 — Godefroy de Linctot.

retour vis-à-vis Chouaguen, elle détacha un canot monté par M. de Blainville et quelques sauvages, pour aller à la découverte. L'armée de Prideaux franchissait en ce moment la chute de la rivière à quelques lieues de son embouchure. Par une incroyable incurie, le canot ne remonta pas jusque-là, et n'ayant rien aperçu, M. de Blainville confirma M. Pouchot dans son illusion. La seconde corvette fit la croisière avec aussi peu d'intelligence. L'*Iroquoise*, qui remontait le lac dans le temps même où les longues files d'embarcations anglaises en longeaient la côte méridionale, et qui n'aurait eu qu'à louvoyer durant quelques jours pour les découvrir, n'eut aucun soupçon de leur présence. La corvette jeta l'ancre devant Niagara dans l'après-midi du 6 juillet, précisément à l'heure où Prideaux débarquait son armée à une lieue et demie du fort. Le commandant venait de faire son rapport à M. Pouchot, lorsqu'un soldat chassant aux tourtes dans la clairière, vit sortir du bois une bande de sauvages qui s'élancèrent sur deux de ses camarades occupés un peu plus loin, et les entraînèrent avec eux. Il courut en avertir le commandant qui fit sur le champ sortir une cinquantaine d'hommes. Ce piquet n'était pas encore arrivé à la lisière du bois qu'il reçut une décharge de plus de deux cents coups de mousquet, dont la régularité fit reconnaître des troupes réglées. Deux soldats furent blessés et cinq faits prisonniers. Le piquet opéra sa retraite sous la protection des canons du fort, qui lancèrent quelques boulets aux ennemis.

Il n'y avait que quatre cent quatre-vingt-six hommes de garnison, tirés en nombre à peu près égal des troupes de terre, de la colonie et de la milice, outre trente-neuf employés, dont cinq femmes ou enfants [1].

A une lieue et demie au-dessus de la cataracte, avait été placé un petit fort en bois, appelé le Portage, où commandait Daniel Chabert de Clausonne [2]. Un courrier lui fut immédiatement dépêché pour lui ordonner de se replier sur Niagara avec ses hommes, après avoir brûlé son fort. Le même courrier se rendit au fort Machault avec des dépêches enjoignant à M. Des Ligneris de rassembler tout ce qu'il y avait de Français et de sauvages à la Presqu'île et dans les forts voisins, et d'accourir au secours de Niagara.

Dans la matinée du 9, pendant que les boulets du fort balayaient les broussailles des environs, il parut dans la clairière un officier agitant un drapeau blanc. M. Pouchot envoya vers lui un de ses lieutenants qui lui banda les yeux et l'amena au fort. Ce parlementaire était un capitaine du Royal-Américain, porteur d'une sommation du commandant anglais, disant " que le roi d'Angleterre lui ayant donné le gouvernement du fort Niagara, il eût à lui remettre cette place ; sinon qu'il l'y obligerait par les forces supérieures qu'il avait avec lui ". M. Pouchot répondit qu'il n'entendait pas l'anglais, qu'il n'avait point de réponse à faire. Il avait

---

1 — Cent quarante-neuf hommes de troupes régulières ; cent quatre-vingt-trois de la colonie ; cent trente-trois de la milice, et vingt et un canonniers. *Mémoires de Pouchot*, vol. II, p. 44.

2 — " Aucun officier n'avait plus de zèle pour le bien du service, et il était l'homme le plus accrédité, le plus essentiel de l'Amérique pour ménager les sauvages, et bien au-dessus de Johnson pour la confiance que les nations avaient en lui ". *Mémoires de Pouchot*, vol. II, p. 52.

cependant bien compris la lettre. L'officier insista sur les grandes forces qu'il avait. M. Pouchot répliqua que le roi lui avait confié cette place, qu'il se trouvait en état de la défendre, et qu'il espérait que M. Prideaux n'y entrerait jamais; que du moins, auparavant, il voulait faire connaissance avec eux, que sûrement il gagnerait leur estime. Il fit déjeuner cet officier, et le renvoya les yeux bandés jusqu'où on l'avait pris [1].

Le général Prideaux, qui avait échelonné une partie de son armée sur son passage, avait encore devant Niagara deux mille deux cents hommes, outre ses neuf cents sauvages [2]. Durant les premiers jours du siège, la corvette embossée vis-à-vis son camp, l'incommoda si fort, qu'il fut obligé de dresser ses tentes hors de sa portée. Elle retarda ses opérations en arrêtant ses bateaux et le forçant à transporter par terre tout son matériel de siège.

La petite garnison était sur pied jour et nuit, mais l'espérance qu'elle avait d'un secours prochain soutenait son courage et son entrain. Le matin du 10, quand le soleil levant eut dissipé le brouillard qui s'était levé du lac à la suite d'une nuit pluvieuse, on s'aperçut que l'ennemi avait commencé à trois cents toises de distance une parallèle obliquant vers le lac. Les boulets et les bombes dirigés sur ces travaux les ralentirent sans les arrêter.

Les jours suivants furent marqués par des épisodes d'une étrangeté achevée : c'étaient des entrevues et des

---

1 — *Mémoires de Pouchot*, Vol. II, p. 54.
2 — *Letter from Captain De Lancey*, Niagara, July 25th, 1759. *N.-Y. Documents*, vol. VII, p. 402.

conférences entre les Iroquois restés amis des Français et leurs frères passés à l'ennemi. Ces pourparlers avaient pour théâtre l'enceinte même du fort. Quand on en voit la description dans les *Mémoires de Pouchot*, on croit lire des passages de l'Iliade. Chabert et son frère Joncaire, qui l'avait rejoint à l'ouverture du siège, y faisaient jouer tous les ressorts de leur diplomatie. Les hésitations et les regrets exprimés par les orateurs du parti anglais, font voir jusqu'à quel point les préférences des tribus auraient été pour la France, si le déclin de son pouvoir et leur propre intérêt ne les eussent entraînés ailleurs. Un orateur poutéotamis terminait ainsi sa harangue : " — Mes oncles, dit-il, en s'adressant aux Iroquois, le Maître de la vie nous a tous rassemblés dans cette île (l'Amérique). Qui est-ce qui a plus d'esprit que nos ancêtres ? N'est-ce pas eux qui ont les premiers tendu la main au Français ? Pourquoi ne serions-nous pas liés avec lui ? nous ne connaissons pas l'Anglais. Nous sommes charmés que vous soyez dans le dessein de bien vivre avec notre Père. C'est le moyen que nous ne nous quittions pas la main ni les uns ni les autres".

Ces entrevues, qui durèrent plusieurs jours, n'interrompirent ni le feu de la place ni les travaux des ennemis. Ils prolongèrent leurs tranchées du côté du lac et montèrent successivement trois batteries, dont la plus proche était à moins de cent toises du fort. Une autre batterie, érigée sur le côté opposé de la rivière, croisait ses feux avec les trois autres, et prenait à revers la principale ligne de fortifications. Le canon grondait jour et nuit de part et d'autre. Depuis le 6 juillet, personne dans le fort n'avait clos l'œil. Les soldats aux embrasures tombaient de sommeil en épaulant leurs armes. Sur dix fusils, il n'y en avait guère qu'un qui partît. Sept armuriers étaient continuellement employés à les raccommoder. Faute de baïonnettes, les soldats de la colonie et les Canadiens avaient adapté des couteaux bûcherons au bout de bâtons et les emportaient aux postes avec eux. Les femmes servaient les blessés et les malades ou travaillaient à coudre des gargousses. On remplaçait les parapets éboulés par des sacs de terre ; mais la plupart étaient déchirés par les projectiles, et on manquait d'étoffe pour en faire d'autres ; on fut obligé pour les remplacer de se servir des paquets de fourrures qui se trouvaient dans les magasins. On était même réduit à bourrer les canons avec des chemises, des couvertures, des paillasses de lit.

Le soir du 18 [1], les assiégés remarquèrent une grande fumée qui montait de la tranchée : ils crurent qu'un de leurs boulets avait mis le feu à un dépôt de poudre. C'était une bombe qui avait éclaté au sortir du mortier, et dont un éclat avait frappé à la tête le général Prideaux et l'avait tué instantanément.

Il fut remplacé dans le commandement par Sir William Johnson.

A mesure qu'approchait le temps où l'armée de M. Des Ligneris devait se montrer sur le chemin de la cataracte, les regards de la garnison se portaient de plus en plus de ce côté. Mais le secours si impatiemment attendu arriverait-il à temps ? L'ennemi avait fini ses

---

1 — Mante, page 225, dit le 19.

approches, et les brèches, grandissant d'heure en heure, allaient bientôt être prêtes pour l'assaut.

Le 23, à dix heures du matin, entrèrent au fort quatre sauvages, porteurs de lettres de MM. Des Ligneris et Aubry. Ces sauvages dirent que leur armée était forte de six cents Français et de mille sauvages [1]; que lorsque ses bateaux avaient passé à la sortie du lac Érié, ils couvraient tellement la rivière qu'elle paraissait une île flottante. M. Pouchot répondit par les mêmes courriers que les assiégeants lui semblaient être de quatre à cinq mille hommes, sans compter les sauvages ; que si M. Des Ligneris ne se croyait pas assez fort pour les battre, il ferait mieux de traverser la rivière Niagara et de descendre par sa rive gauche jusque vis-à-vis le fort, où il n'y avait que deux cents Anglais qui seraient sûrement écrasés, parce qu'ils pouvaient être difficilement secourus ; qu'ensuite les bateaux du fort traverseraient son armée. Malheureusement ce conseil ne fut pas suivi.

Les troupes indisciplinées de Ligneris, après avoir tiré leurs canots à terre, défilèrent en longue colonne, bariolées de toutes couleurs, au bord du précipice creusé par la cataracte. Le chemin du Portage, qui menait au fort Niagara, n'était qu'une trouée mal tracée à travers la forêt, sur un terrain inégal et rocailleux. Le 23 au soir, les feux de bivouac durent être allumés en vue de la Chute. De toutes les hordes américaines réunies sous les bannières de France, celle-ci était certainement une des plus extraordinaires

---

1 — Mante, p. 226, dit douze cents hommes. Knox, vol. II, p. 134, écrit douze cents hommes, sans compter les sauvages.

qu'on eût vues, par la variété des tribus et des dialectes, des costumes et des armes, des chants et des danses guerrières. Elle renfermait les éléments les plus disparates, depuis le Français élégant des bords de la Seine et du Rhône jusqu'à l'aborigène du Mississipi chasseur de buffles ; depuis le gentilhomme canadien endurci aux courses, jusqu'au Sang-Mêlé retroussant ses cheveux avec des plumes d'oiseaux et fier de son tatouage, aussi bien que des scalpes flottant à sa ceinture. Tout cela, étalé en face d'une des plus grandes merveilles du monde.

Le lendemain, à l'aurore, la troupe se remit en marche et descendit les pentes au pied desquelles le grondement distinct du canon annonçait la proximité du fort assiégé. Le chemin du Portage n'avait qu'une dizaine de pieds de largeur. Les éclaireurs indiens rôdant sur les ailes surprirent un avant-poste anglais, le mirent en fuite, tuèrent une douzaine d'hommes dont ils coupèrent les têtes et les plantèrent sur des piquets. Comme on approchait du fort, une députation de chefs iroquois venant du camp anglais, s'avança avec des signes d'amitié jusqu'à un endroit nommé la Belle-Famille, et proposa à nos alliés une conférence pour traiter de la paix. Les officiers français firent tous leurs efforts pour l'empêcher, mais n'y purent réussir. M. Marin, qui marchait en avant avec un parti de Français, voulut y mettre fin en criant aux sauvages de le suivre ; mais une trentaine seulement lui obéirent.

Sir William Johnson, prévenu d'avance de la marche de M. Des Ligneris, avait transporté la plus grande partie de son armée sur le chemin du Portage, où il l'avait disposée en embuscade derrière un abattis, après avoir placé ses indiens dans le bois, de chaque côté du chemin. La troupe de Marin s'était élancée en poussant le cri de guerre auquel les neuf cents sauvages de Johnson avaient répondu, et la fusillade avait commencé. Elle fut entendue distinctement dans le fort, et M. Pouchot, accompagné du commandant de l'artillerie, M. Bonnafoux, accourut sur le bastion d'où l'on avait vue sur le chemin. Il aperçut une escouade d'Anglais qui fuyaient vers leurs grand'gardes, tandis que des troupes venant du camp défilaient le long de la lisière du bois en se dirigeant vers les abattis. Un instant après, quelques sauvages débouchèrent du chemin en déployant un drapeau blanc. Comme ils ne paraissaient pas soupçonner qu'ils allaient tomber dans une embuscade, M. Pouchot fit tirer deux coups de canon entre eux et les Anglais, pour indiquer qu'il y avait des ennemis de ce côté. Mais avant qu'ils eussent fait d'autres mouvements, une épaisse colonne, marchant confusément, "sans rangs ni files", sortit de l'étroit chemin, et parut chercher à se mettre en bataille avec beaucoup de sang-froid, quoiqu'elle fût fort proche de l'ennemi. Le feu fut ouvert par l'aile droite, composée de sauvages, et devint bientôt général. Les Français avaient le désavantage de combattre à découvert, tandis que les Anglais étaient cachés derrière leurs abattis. Cependant la colonne de M. Marin tint ferme. Un moment les Anglais s'avancèrent hors de leurs retranchements ; mais ils furent reçus par des salves si bien nourries qu'ils s'y réfugièrent de nouveau en toute hâte.

Les Français se portèrent alors en avant et mirent genou à terre pour tirer à travers les interstices des abattis ; mais la pluie qui commença à tomber avec abondance mouilla leurs armes et les obligea à battre en retraite. La tête de la colonne, continuant toujours à tirer, disparut dans la trouée du chemin, poursuivie par les régiments anglais qui, sortis des retranchements, la chargeaient à la baïonnette. Cette colonne, la seule partie des troupes de Ligneris qui se fût montrée dans la clairière, avait paru si peu considérable, que M. Pouchot resta sous l'impression que ce n'était qu'une avant-garde qui s'était retirée après un premier engagement. L'épaisseur de la forêt lui avait dérobé ce qui se passait au delà. Or, c'était l'armée entière qui était venue donner tête baissée dans l'embuscade. En même temps qu'elle était attaquée de front par les Anglais, elle fut assaillie par les sauvages de Johnson. La plupart de nos alliés ayant refusé de se battre, les Français s'étaient trouvés en présence de forces supérieures qui les avaient écrasés et mis en déroute. La fin du combat ne fut plus qu'un massacre dont les horreurs sont restées le secret des solitudes de Niagara [1]. Tel fut le courage désespéré avec lequel les officiers avaient conduit leurs troupes, que de trente qu'ils étaient, trois seulement s'échappèrent ; tous les autres furent tués ou faits prisonniers. Les principaux chefs, presque tous blessés, étaient de ce nombre, entre autres les deux commandants Des Ligneris et

---

1 — " Sur quatre cents hommes, dit Pouchot, il y en eut plus de deux cent cinquante de tués, presque tous soldats de la colonie qui étaient très braves ". Vol. II, p. 124.

Aubry, les capitaines Marin, de Montigny, de Repentigny, de Villiers et Gamelin ; trois lieutenants, deux officiers de milice, quatre cadets et le chirurgien-major [1]. Les débris de l'armée regagnèrent les bateaux laissés dans une île au delà de la cataracte, remontèrent le lac Érié, firent sauter et brûler, sur leur passage, les forts de la Presqu'île, aux Bœufs, Machault, et se retirèrent au Détroit, anéantissant ainsi les derniers restes de la puissance française dans cette région si longtemps disputée de l'Ohio.

Pendant que M. Pouchot se tenait en observation sur les remparts, un sergent était venu lui demander de faire une sortie, car les Anglais s'étaient portés en masse au lieu du combat, et le silence qui régnait dans la tranchée faisait croire qu'elle était déserte. Il y consentit, mais recommanda de ne sortir du chemin couvert qu'avec précaution, et de faire d'abord monter quelques soldats sur les palissades, afin d'attirer l'attention de l'ennemi. Ceci ne fut pas plus tôt exécuté, que la tranchée parut toute remplie d'assiégeants qui se découvrirent jusqu'à la ceinture. La sortie n'eut pas lieu.

Un guerrier iroquois, ami des Français, qui se trouvait dans le fort, demanda et obtint du commandant la permission d'aller se mêler au combat. Il traversa les lignes anglaises sans être remarqué, rejoignit l'armée de Ligneris, fut témoin de sa défaite, et revint dans l'après-midi en apporter la première nouvelle. Quoiqu'il donnât des détails précis, et désignât les noms des officiers faits prisonniers, M. Pouchot refusa d'y croire.

---

1 — Stone, *Life of Sir William Johnson*, vol. II, p. 394.

Deux heures après, un pavillon parlementaire fut arboré sur la tranchée, et le major Hervey vint lui remettre une lettre de M. Johnson, dans laquelle il lui disait d'ajouter foi à la parole du gentilhomme qu'il lui députait, fils de Lord Bristol, qui lui apprendrait la déroute de l'armée de secours, et lui remettrait la liste des officiers français captifs dans son camp. Pouchot feignit de ne rien savoir, et demanda qu'il fût permis à un de ses officiers d'aller parler aux prisonniers. Il confia ce message à M. de Servies, capitaine au régiment de Royal-Roussillon. Cet officier vit en effet MM. Des Ligneris, Aubry, Marin, blessés, gisant " dans une feuillée " avec leurs compagnons d'infortune auprès de la tente de Sir William Johnson, qui s'occupait de les racheter par des présents. Les sauvages avaient fait cent cinquante chevelures et quatre-vingt-seize prisonniers, qui ne furent pas rachetés, et qui, par conséquent, étaient condamnés, selon la coutume indienne, soit au bûcher, soit à l'esclavage [1]. Ce destin inspira à un sauvage un acte de pitié qui ne pouvait naître que dans la pensée d'un Peau-Rouge. Ce guerrier était l'ami intime d'un cadet de la colonie, nommé Moncour. Le voyant captif, il alla le trouver et lui dit : " — Mon frère, je suis au désespoir de te voir mort : mais sois tranquille ; je veux empêcher qu'on te fasse souffrir ". Et d'un coup de casse-tête, il l'étendit mort à ses pieds [2].

---

[1] — " I divided among the several nations the prisoners and scalps ". Stone, *Life of Johnson*, vol. II, p. 395.
[2] — M. Des Ligneris avait été blessé mortellement. " L'Anglais a la dureté de l'abandonner dans une cabane, seul et sans secours, et il meurt dans les plus vives douleurs. Il emporte en mourant le regret de laisser presque toute sa

Dans le conseil de guerre tenu par Pouchot, il fut reconnu qu'il n'y avait plus d'effectifs que trois cent quarante hommes de la garnison : les autres gisaient dans les hôpitaux ou avaient été tués. Il n'y avait en outre que cent quarante fusils en état de servir [1]. Une plus longue résistance n'aurait d'autre résultat que d'exposer tout ce qu'il y avait d'êtres vivants dans le fort à être égorgés par les sauvages.

Aux termes de la capitulation, qui fut signée le 25 juillet, la garnison devait sortir du fort avec les honneurs de la guerre, être protégée de toute insulte de la part des sauvages et conduite à New-York. Les femmes, les enfants et l'aumônier seraient escortés jusqu'au prochain poste français.

Avant d'ouvrir les portes du fort, le commandant rangea en ordre de bataille sur la place d'armes toute la garnison, armée jusqu'aux dents, les havresacs entre les jambes de chaque soldat. Il leur fit comprendre la nécessité de cette manœuvre, s'ils ne voulaient pas se faire égorger comme des moutons, à l'exemple de la garnison de William-Henry. S'il fallait mourir, leur dit-il, mieux valait être tué en se battant en brave, qu'au milieu des tortures. Du moment qu'un sauvage les attaquerait, ils devaient le repousser à grands coups de poings ou de pieds dans le ventre. Ils savaient qu'aux yeux des indiens ce n'était pas une insulte, et qu'ils ne chercheraient à venger que des coups portés avec des

---

famille prisonnière". *Affaire du Canada; Mémoire de M. Duverger de Saint-Blin*.—" MM. Marin et de Montigny ont reçu la bastonnade par les Agniers". *Journal de Montcalm.*

1 — *Mémoires de Pouchot*, vol. II, pp. 108 et suivantes.

armes. Le mauvais temps commencé la veille ayant tourné en une tempête qui dura jusqu'au 26, et empêcha toute embarcation de sortir sur le lac, la garnison, déjà exténuée, fut près de trente heures en bataille. Les Anglais, qui avaient pris possession du fort, auraient voulu que la garnison livrât ses armes, sous prétexte qu'ils auraient moins de peine à la défendre. Le commandant s'y refusa obstinément, les assurant qu'ils n'étaient pas capables d'empêcher les sauvages d'entrer. Effectivement, il n'y avait pas deux heures que le fort était rendu, que les murailles étaient escaladées de toutes parts par plus de cinq cents sauvages, qui entourèrent la garnison et cherchèrent à enlever les armes aux soldats; mais ceux-ci, résolus à tout, les bousculèrent si rudement qu'ils les tinrent en respect. Dès lors ils se montrèrent paisibles, et essayèrent plutôt à les consoler qu'à les insulter. La même chose serait arrivée à William-Henry, si les Anglais avaient montré la même énergie.

Dans l'après-midi du 26, la garnison du fort Niagara sortit de la place, " le fusil sur l'épaule, tambour battant, et deux pièces de gros canons à la tête de la colonne ". Les soldats ne livrèrent leurs armes qu'après être montés dans les embarcations, qui prirent immédiatement le large. Ils partaient plutôt écrasés par le nombre que vaincus, après s'être montrés braves jusqu'à la fin. Avec eux, disparaissait la puissance française dans le pays des lacs où elle avait régné pendant plus d'un siècle. D'autres races étaient destinées à le peupler; mais aucune n'y a laissé d'empreinte plus glorieuse ni de souvenir plus aimé.

CHAPITRE DIX-NEUVIÈME

1759

Lévis aux rapides. — A l'Ile-aux-Noix. — Bourlamaque s'y fortifie. — Sa correspondance avec Montcalm. — Abattement et maladie de Wolfe. — Il fait incendier les campagnes. — Horreurs commises par les rangers. — Protestations de Montcalm. — Descente des Anglais à Deschambault. — Inquiétudes de Montcalm. — Bougainville en observation au-dessus de Québec. — Perplexités de Wolfe. — Sa dernière lettre à sa mère. — Il évacue le camp de Montmorency. — L'amiral Holmes cherche à surprendre Bougainville. — Nouveau projet d'attaque. — Démonstration au cap Rouge. — Pressantes recommandations de Vaudreuil à Bougainville. — Il n'en tient compte. — La veille du 13 septembre. — Pressentiments de Montcalm et de Wolfe. — Vergor surpris à l'anse du Foulon. — L'armée anglaise sur les plaines d'Abraham. — Montcalm à la Canardière. — Nuit d'agitation. — Il refuse de croire au débarquement des Anglais. — Sa stupéfaction. — L'armée française accourt de Beauport. — Vaudreuil conjure Montcalm de ne pas précipiter l'action. — Bataille d'Abraham. — Montcalm et Wolfe blessés à mort. — Héroïque résistance des Canadiens.

Pendant le trajet que le chevalier de Lévis avait fait de Québec à Montréal, il avait été attristé de l'aspect désert des campagnes, où l'on ne voyait que des femmes, des enfants et quelques vieillards occupés aux moissons, dont la plus grande partie était encore sur pied, et se gâtait sous les averses fréquentes qui tombaient depuis le commencement du mois d'août. Le danger de la disette lui parut plus pressant que celui de l'ennemi, et il laissa à Montréal la moitié de son détachement pour y être employée aux récoltes. " Il encouragea, dit-il, les femmes, les religieuses, les prêtres et généralement tout le monde de la ville, à aider directement ou indirectement à ce travail dont dépendait le soutien du pays [1]".

Peu de jours après, Vaudreuil écrivit à Lévis : " Votre arrivée à Montréal a produit un effet merveilleux ; les esprits timides ont acquis un degré de force supérieure ; les dames, à commencer par Mme de Vaudreuil, ont cessé de craindre l'ennemi ; votre présence les a non seulement rassurées, mais même aguerries ; les demoiselles, moins expérimentées, ne désirent pas moins de faire éclater la confiance qu'elles ont en vous. Elles méritent les unes et les autres que vous leur en teniez bon compte ; mais il faut nécessairement qu'elles vous donnent du répit. Vous avez une besogne beaucoup plus sérieuse et plus pressée. Vous allez, mon cher chevalier, être le héros de la colonie et celui des cœurs ; vous en méritez le titre par les excellentes qualités que vous réunissez [2]".

Le chevalier fit une inspection minutieuse du Saint-Laurent jusqu'à Frontenac, pour en reconnaître les endroits susceptibles de défense. Il fit immédiatement commencer, sur une île située à la tête des rapides, un

---

[1] — *Journal de Lévis*, p. 194.
[2] — *Au quartier général*, 18 août 1759.

petit fort auquel Vaudreuil donna le nom de Lévis. L'ingénieur Desandrouins avait été rappelé de l'Ile-aux-Noix pour en faire les plans et en surveiller la construction [1]. Peu de temps auparavant était arrivé au camp du chevalier de La Corne, dressé dans l'Ile-aux-Galops, M. de Langy, toujours prêt à accourir aux endroits les plus menacés. Sa présence avait communiqué une nouvelle ardeur aux partis de découvertes. Un de ces partis s'était rendu jusque sous les murs de Niagara et en avait rapporté des informations qui avaient calmé les appréhensions qu'inspirait cette frontière. L'armée de Johnson n'avait fait aucun mouvement depuis la prise de ce fort et ne paraissait occupée qu'à s'y fortifier.

Les sauvages de la Présentation, dont le village palissadé n'était pas à l'abri d'un coup de main, l'avaient abandonné et s'étaient rapprochés du camp du chevalier de La Corne. Il avait fallu toute l'influence dont jouissait parmi eux l'abbé Piquet pour les maintenir dans la fidélité à la France. M. de Lévis s'appliqua à les rassurer, alla les visiter dans l'île où ils étaient campés, et y fit élever quelques retranchements. Il fit bénir avec solennité la première pierre du fort Lévis, et y fit célébrer la messe par leur missionnaire. Il se soumit même de bonne grâce à leurs ennuyeuses cérémonies. Les sauvagesses, qui jouent toujours un grand rôle dans leurs tribus, le convoquèrent à un conseil sous la tente de l'abbé Piquet. " On le fit asseoir, dit-il, sur un fau-

---

[1] — *Le chevalier de Beauclair au chevalier de Lévis*, 13 et 15 septembre 1759.

teuil avec ceux de sa suite d'un côté, et les missionnaires de l'autre. Le respectable conseil femelle entra, leur sibylle en tête. Après que chacun eut pris sa place et qu'elle fut assise, elle dit : " — Mon Père, c'est de tout notre cœur que nous remercions le Maître de la vie de t'avoir conservé ; tu nous es cher, nous t'aimons, et nous comptons que tu penses de même pour nous. Nous avons eu un grand plaisir de te voir, et sommes sensibles à l'affection que tu nous as témoignée de la part d'Ononthio, et que tu sois venu pour nous défendre et mourir avec nous ". Elle sortit en même temps un grand collier pour lui dire que par ce collier elles l'arrêtaient auprès d'elles jusqu'à la paix. Et sortant ensuite quatre branches de porcelaine pour lui notifier qu'on le recevait comme naturel adoptif dans leurs cabanes, elle lui imposa le nom d'Orakouinton, qui veut dire en français le soleil suspendu [1] ".

La mission que le chevalier de Lévis avait à remplir à l'Ile-aux-Noix était assez délicate, car M. de Montcalm venait de lui écrire que Bourlamaque avait été froissé en apprenant sa visite d'inspection, et surtout le choix du du commandement qui lui était laissé sur l'une ou l'autre des deux frontières. Bourlamaque n'avait pas d'ailleurs pardonné à Lévis l'avancement que celui-ci avait eu aux dernières promotions, tandis que lui-même avait paru être laissé dans l'oubli : " Je crois, écrivait Montcalm, n'avoir pas besoin, mon cher chevalier, de vous recommander dans votre tournée à l'Ile-aux-Noix, d'agir

---

1 — *Journal de Lévis*, p. 198.

vis-à-vis de Bourlamaque comme vous voudriez qu'un lieutenant général en agît vis-à-vis de vous, s'il venait dans un poste que vous eussiez arrangé [1] ".

Lévis, avec son tact ordinaire, n'eut pas de peine à se conformer à ce conseil ; il n'eut d'ailleurs qu'à approuver les dispositions prises par Bourlamaque. De retour à Montréal, il manda à Montcalm : " Je me suis bien aperçu que Bourlamaque a de l'humeur. Il m'écrit froidement. Je continue à lui écrire sur le même ton d'amitié que j'ai toujours fait. Il faut bien qu'il s'accoutume à trouver sur son chemin des maréchaux de camp, comme je trouverai sur le mien des lieutenants généraux. Au surplus, j'espère qu'il aura lieu d'être content de moi, et j'en agirai avec lui comme je désirerais qu'en pareilles circonstances on en usât avec moi [2] ".

Bourlamaque n'en était pas moins un soldat aussi actif qu'intelligent. La belle retraite qu'il venait de faire devant des forces supérieures en était une preuve ; et il allait se distinguer encore davantage par sa conduite à l'Ile-aux-Noix. Cinq jours après son arrivée dans cette île, il avait écrit à son général les dangers de tout genre qui l'entouraient dans sa nouvelle position. Les retranchements commencés étaient mal faits, et il était obligé d'en modifier le plan. " Les terres, ajoutait-il, sont sèches à droite et à gauche de l'île, un

---

1 — *Lettre de Montcalm à Lévis*, 19 août 1759.
2 — *Lettres du chevalier de Lévis*, Montréal, 6 septembre 1759.

chemin magnifique mène à Saint-Jean par les profondeurs, cinq ou six lieues au plus. Le portage par la baie de Missiscouy très aisé... tombe à une lieue au-dessous de l'Ile-aux-Noix ; beau chemin, trois lieues et demie d'une eau à l'autre.... La pointe en avant de l'Ile-aux-Noix fournit un beau débarquement à couvert de mes retranchements, et même jusqu'à un endroit de la rivière du Sud, enfoncé d'une lieue dans les profondeurs, d'où les bateaux peuvent venir dans la rivière Saint-Jean.... Voici donc trois portes pour gagner le fleuve Saint-Laurent [1]". Dans une lettre précédente, Bourlamaque disait au même Montcalm : " Si vous étiez sur le lac Champlain, vous connaîtriez bientôt la baie de Missiscouy et cette rivière du Sud, et, en présentant une tête à l'Ile-aux-Noix, vous réussiriez à prendre Saint-Jean sans vous embarrasser de cette île.... Mais heureusement ils ne feront pas ce que l'on peut faire [2] ".

Si, en effet, Amherst eût débarqué au commencement d'août, à la sortie du lac Champlain, et marché directement sur Saint-Jean, comme le redoutait Bourlamaque, il n'aurait rencontré sur sa route qu'un petit corps d'armée de deux mille huit cents combattants, dont il n'y avait que dix-sept cent soixante-dix-huit de troupes régulières. Le reste se composait de miliciens parmi lesquels " un grand nombre d'enfants

---

[1] — *Bourlamaque à Montcalm, à l'Ile-aux-Noix*, 7 août 1759.
[2] — *A Carillon*, le 11 juin 1759.

et de vieillards[1]". Sur cet effectif, Bourlamaque aurait eu encore à défalquer quelques centaines d'hommes pour garder l'Ile-aux-Noix. Le camp d'observation placé à Laprairie, sous M. de Rigaud, n'était que de quatre ou cinq cents hommes et quelques sauvages. La flotte en miniature jetée sur le lac n'était montée que par cent soixante-dix-huit hommes, y compris les équipages. C'était avec ces moyens infimes que Bourlamaque avait à faire face aux onze mille hommes d'Amherst. Il y réussit à force d'activité. En quelques semaines, il eut élevé et armé de canons de solides retranchements, barré la rivière de chaque côté de l'île par de fortes estacades, en un mot, mis la place en état

---

1 — *Bourlamaque à Montcalm*, 7 août 1759.

ÉTAT DES TROUPES CAMPÉES A L'ILE-AUX-NOIX

Trois bataillons des troupes de terre..........	1,165 hommes.
Un bataillon des troupes de la marine, de huit compagnies....................	417 "
Deux compagnies de volontaires, composées en partie des piquets des cinq bataillons de Québec................	98 "
Canonniers.......................	34 "
Soldats des piquets attachés au service de l'artillerie	64 "
Canonniers de milice........	10 "
Ouvriers attachés au génie..............	70 "
Miliciens attachés aux compagnies de volontaires................	25 "
Miliciens en huit brigades (*sic*), à la suite des compagnies du bataillon de la marine, dont grand nombre d'enfants et vieillards	1,157 "
Total............	3,040

Dans cet état, ne sont pas compris cent soixante-treize officiers. — *Lettre de Bourlamaque à Montcalm*, 6 août 1759.

de soutenir un coup de main. A peine prenait-il quelques heures de repos. " Afin, disent les *Mémoires sur le Canada*, d'être toujours prêt à la première alerte, il se couchait de travers sur son lit, pour qu'une blessure dont il se sentait encore ne le laissât pas dormir longtemps ; il faisait toutes les nuits quatre ou cinq rondes, et tous les jours il était aux travaux ; lui seul ne reposait point, ayant soin de faire relever exactement les travailleurs par ceux qui avaient pris leur repos, et qu'au sortir de leurs travaux, ils trouvassent leur ordinaire prêt [1] ".

De temps en temps, un petit billet daté du camp de Beauport, et tout récemment du saut Montmorency, où Montcalm avait établi son quartier général, l'instruisait des opérations du siège de Québec. Mais ce que le marquis ne pouvait lui apprendre, c'était l'état de consternation où se trouvait l'armée assiégeante, à qui on avait vainement essayé de cacher la maladie grave dont était atteint le général Wolfe depuis sa défaite à Montmorency. Sa faible constitution, minée par les fatigues du siège, n'avait pu résister au choc qu'il avait ressenti, lorsque du haut du navire d'où il dirigeait la bataille, il avait vu tomber l'élite de ses soldats, et avec eux les espérances dont il s'était flatté jusqu'à ce jour. Il crut son expédition manquée ; il eut même l'idée d'aller se fortifier à l'Ile-aux-Coudres, et d'y laisser une partie de son armée, dans l'intention de revenir au printemps [2]. Après l'échec du 31 juillet, il avait eu le tort d'en rejeter

---

1 — *Mémoires sur le Canada.*
2 — *Knox's Journal*, vol. II, p. 28.

la faute sur ses braves grenadiers, à qui il reprocha d'être montés à l'assaut avec trop de précipitation. La faute en était bien plus au général, qui n'avait pas suffisamment calculé les difficultés qu'il avait sous les yeux. C'était sous l'empire du même désappointement qu'il avait lancé le manifeste que les écrivains amis et ennemis lui ont reproché, et dans lequel il déclarait aux Canadiens qu'ils n'avaient plus droit à sa pitié, puisqu'ils avaient méprisé ses offres de protection, et refusé d'observer la neutralité qu'il leur avait demandée. En justice pour lui-même et pour son armée, il ne pouvait, disait-il, s'abstenir plus longtemps de les châtier de leur ingratitude, et il allait déchaîner ses soldats pour incendier leurs habitations, détruire leurs bestiaux et ravager leurs moissons. Il cherchait à excuser ces actes de barbarie en accusant les Canadiens d'exercer sur ses troupes les mêmes cruautés que les sauvages.

" M. de Vaudreuil, raconte Montcalm, avait écrit au sieur Parent, curé de l'Ange-Gardien, et envoyé des couteaux à quelques Canadiens, qui font une partie de l'équipement fourni par le roi. Le général Wolfe a intercepté la lettre et en a fait faire une au dit curé d'un style relatif à son caractère bouillant et emporté : " Dites à votre gouverneur que s'il veut indiquer le jour, je retirerai mon artillerie et nous déciderons l'affaire en rase campagne ". Rodomontade qui au fond ne signifie rien ! Il se récrie sur les couteaux envoyés pour faire des chevelures, à ce qu'il prétend. Cet article lui tient fort au cœur.... Il annonce aux habitants que, passé le 20, on ne pourra plus compter sur sa clémence, et qu'il mettra tout à feu et à sang ; ce naturel féroce fait précéder l'effet à la menace [1] ".

Effectivement, Wolfe avait déjà fait incendier " plus d'une lieue et demie de pays [2] ", au sud de Québec, vis-à-vis la Pointe-aux-Trembles. L'effroi que lui inspirait l'opinion publique en Angleterre, où on lui demanderait compte du sang inutilement versé, et des sommes énormes engagées dans cette expédition, tel était le motif qui le poussait à ces cruelles extrémités qu'il se reprochait intérieurement ; mais il voulait au moins pouvoir dire qu'il n'avait laissé derrière lui que des ruines. A partir de ce moment, ses hordes de rangers, soutenues de l'infanterie légère et des Ecossais, se répandirent des deux côtés du fleuve, la torche à la main. On pouvait suivre leur marche, aux nuages de fumée, qui le jour s'élevaient dans les airs, et la nuit, aux lueurs sinistres qui marquaient de taches rouges les maisons, les granges, les étables en feu. Les familles retirées aux confins des paroisses stationnaient sur les montagnes ou les hauteurs qui dominent les forêts, et suivaient d'un œil de désespoir le progrès de ces dévastations. Des cris et des lamentations éclataient dans un groupe ou dans un autre, à mesure qu'ils apercevaient les flammes percer le toit de leurs habitations. Montcalm fut saisi de pitié pour les miliciens des paroisses les plus exposées. Il organisa neuf partis différents pour s'attacher aux pas des incendiaires et les décimer [3] : un

---

1 — *Journal de Montcalm*, 12 août.
2 — *Siège de Québec*, en 1759, Bibliothèque de Hartwell.
3 — *Lettre de Montcalm à Lévis, au camp du saut Montmorency*, 24 août 1759.

bon nombre, en effet, ne revinrent pas de ces incursions. Les rangers, de leur côté, sous le prétexte toujours facile à inventer, que les Canadiens se déguisaient en sauvages, scalpaient ceux qui tombaient sous leurs coups. Toutes les paroisses de l'île d'Orléans, celles de la rive sud en face, celles de la côte de Beaupré, depuis le saut Montmorency jusqu'au cap Tourmente, tout le littoral de la baie Saint-Paul, et vis-à-vis au sud du fleuve, sur une étendue d'une dizaine de lieues, depuis la Rivière-Ouelle jusqu'à l'Islet, tout fut réduit en cendres. Malgré l'injonction faite par le général anglais d'épargner les églises, plusieurs furent détruites. Dans toute la paroisse du Château-Richer, un seul fournil était resté debout. A Sainte-Anne, il n'y eut que l'église et quatre maisons qui échappèrent à l'incendie ; encore, d'après une tradition transmise jusqu'à nos jours, l'église ne fut conservée que par un miracle attribué à une protection visible de la bonne sainte Anne, car le feu mis par trois fois, s'éteignit de lui-même. L'incendie de la paroisse de Saint-Joachim, où les habitants se mirent en défense, fut signalé par des horreurs qui révoltèrent les Anglais eux-mêmes.

Philippe-René de Portneuf, curé de Saint-Joachim, appartenait à l'ancienne famille des Robineau, barons de Bécancourt. Plusieurs de ses ancêtres et trois de ses frères s'étaient distingués à la guerre ; lui-même n'était pas homme à abandonner ses paroissiens par la peur des Anglais. Lorsqu'il vit le détachement de rangers et d'Ecossais débarquer sur la grève, en arrière du Petit-Cap, couronné alors comme aujourd'hui par le château

Bellevue [1], il envoya un habitant porter au commandant un petit billet, dans lequel il l'invitait à dîner avec ses officiers, l'assurant que ceux qui lui feraient cet honneur pourraient s'en retourner en toute sécurité. Il ajoutait que si le commandant anglais combattait pour son roi et pour la gloire, lui-même ne pouvait pas être blâmé de combattre pour ses pauvres paroissiens et pour la défense de son pays. L'officier s'excusa de ne pouvoir accepter sa politesse, et ajouta qu'il se flattait de pouvoir avant peu avoir le plaisir d'inviter le brave ecclésiastique et ses adhérents dans le camp anglais [2].

Une cinquantaine d'habitants étaient alors rassemblés dans le voisinage, observant les mouvements des ennemis. Lorsqu'ils les virent occupés à détruire et à brûler le presbytère et l'église, ils comprirent que leurs habitations étaient menacées du même sort, et se déterminèrent à défendre leurs propriétés. Munis de leurs fusils de chasse, ils s'embusquèrent sur le penchant d'un coteau couvert de bois et commandant le chemin que devaient suivre les ennemis dans leur marche. Le brave curé ne crut pas pouvoir abandonner ses paroissiens dans cette occasion périlleuse ; il les accompagna pour les aider de ses conseils, et leur administrer au besoin les secours de la religion. Les Canadiens défendirent vaillamment leur poste ; mais enfin, pressés par des forces supérieures et menacés d'être cernés de toutes parts, ils prirent la fuite, laissant sur le champ sept à

---

1 — Maison de campagne des prêtres du séminaire de Québec.
2 — *Knox's Journal*, vol II, p. 31.

huit des leurs, ou morts ou dangereusement blessés. Les rangers et les Ecossais avaient chèrement payé cet avantage, car beaucoup d'entre eux étaient tombés sous les balles de ces adroits tireurs. Bien des années après, M. Fraser, présent à cet engagement, demandait à un vieillard, nommé Gagnon, s'il n'avait pas regretté la mort de son frère, tué dans cette occasion. — " Non, répondit Gagnon, car je l'ai aussitôt vengée ; j'ai tiré huit coups de fusil, et chaque coup a étendu un de vos Anglais ".

Grièvement blessé, M. de Portneuf put néanmoins suivre ses gens dans leur fuite. Mais, épuisé par la perte de son sang, il tomba sur une pierre que l'on montre encore près du moulin. Il y fut bientôt rejoint par les ennemis, qui le hachèrent à coups de sabre [1].

Les rangers se surpassèrent en atrocités dans cette occasion. Tous les prisonniers furent massacrés et scalpés " avec une barbarie sans exemple "; (*unparalleled piece of barbarity*), dit le lieutenant Fraser. On voit clairement, par le *Journal* de cet officier, que les Canadiens n'étaient pas plus déguisés en sauvages que leur curé [2]. " Le barbare capitaine Montgomery, qui nous commandait, dit-il, les fit massacrer de la manière la plus inhumaine et la plus cruelle, particulièrement deux que j'avais envoyés comme prisonniers par un sergent, après leur avoir donné quartier et promis qu'ils ne seraien

---

1 — *Le Foyer Canadien, Fragment*, par l'abbé Ferland.
2 — Knox, qui n'était pas présent à l'action, a probablement répété les affirmations des rangers qui s'excusaient d'arriver au camp avec des chevelures françaises, en disant qu'elles appartenaient à des habitants déguisés en sauvages.

pas tués. Un le fut à coups de fusil, l'autre à coups de tomahawk, et tous deux scalpés en mon absence [1]. Des actes du même genre eurent lieu à la baie Saint-Paul [2] et ailleurs.

" Les Anglais, remarque Montcalm, fidèles imitateurs de la férocité de nos sauvages, ont fait la chevelure à quelques habitants de la côte du sud. Croira-t-on qu'une nation policée s'acharne de sang-froid à mutiler des cadavres ? Cette barbarie aurait été abolie parmi les sauvages, s'il était possible de les corriger. On leur paye fort cher les prisonniers, très peu les chevelures. On s'y est pris de toutes les manières et sans fruit ; mais on n'a pas à se reprocher d'avoir suivi leur exemple [3] ".

Le système de stricte défensive adopté par Montcalm lui interdisait de s'opposer à ces ravages autrement que par de petits partis qui ne pouvaient qu'inquiéter les incursionnistes. Il concentra son attention sur la côte nord du fleuve, au-dessus de Québec, où la ruine des campagnes s'aggravait du danger imminent de se voir couper de sa ligne de communication avec ses dépôts d'approvisionnements, ce qui en peu de jours l'aurait mis à la merci de son adversaire. Il détacha le colonel de Bougainville, avec mille hommes et la cavalerie de

---

1 — *Fraser's Journal.* — " Ils ont été si mutilés qu'on a eu peine à reconnaitre le cadavre de l'ecclésiastique ". *Journal de Montcalm.* — " Le curé a eu la tête ouverte en quatre, et toute la chevelure faite. M. Wolfe est cruel ". *Bigot à Lévis*, 1er septembre.
2 — L'abbé Mailloux, *Histoire de l'Ile-aux-Coudres.*— Registres de la baie Saint-Paul.
3 — *Journal de Montcalm*, 1er septembre.

la Rochebeaucour, et lui ordonna de s'échelonner le long du fleuve, d'épier tous les mouvements des ennemis, et de les repousser énergiquement partout où ils se présenteraient. Cette tâche allait être extrêmement ardue et fatigante, car les Anglais menaçant plusieurs points à la fois, forceraient les troupes à des marches et contremarches continuelles.

Le général Murray avait été expédié avec douze cents hommes montés sur des berges transportées par terre jusqu'à l'entrée de la rivière Chaudière. Il devait d'abord aider les vaisseaux anglais passés devant Québec, à détruire la petite flotte française stationnée aux rapides du Richelieu, vis-à-vis Deschambault ; puis saisir toutes les occasions d'attaquer les troupes postées le long du rivage, et y faire des incursions. A une première descente à la Pointe-aux-Trembles, il fut repoussé avec perte de quelques soldats ; et à une seconde, tentée une lieue plus bas, ses premières berges avaient été criblées de balles par les tirailleurs canadiens, cachés dans les buissons du rivage ; une partie des hommes avaient été tués ou blessés, le reste avait regagné précipitamment le large. Murray eut un meilleur succès à Deschambault, où il eut le temps de débarquer avant l'arrivée des Français. Il mit le feu et réduisit en cendres la maison d'un des principaux habitants du lieu, le capitaine Perrot, où se trouvaient les équipages des officiers [1]. Quinze hommes de la cavalerie, commandés par le major de Belcour, entrèrent en ce

---

1 — J.-C. Panet, *Journal du siège de Québec*. " Cette maison servait de retraite à la belle Amazone : c'est Mme Cadet ".

moment au grand galop dans le village, et se présentèrent hardiment malgré leur petit nombre. Les Anglais, les prenant pour une avant-garde, se rembarquèrent précipitamment avec perte de vingt-deux hommes, sans compter les blessés.

Montcalm avait été si fort alarmé à la première nouvelle de cette descente, qu'il avait laissé le commandement de son camp à M. de Senezergues, et était parti incognito, décidé à tout risquer pour empêcher les Anglais de se fortifier.

Quelques jours après, Lévis décachetait le billet suivant : " L'ennemi a fait une incursion à Deschambault, qui nous a coûté nos équipages. Je n'ai jamais vu un meilleur ton et moins de regrets sur pareilles pertes. Bougainville, qui fit une marche de quatorze lieues, de sept heures du matin jusqu'à minuit, leur empêcha de prendre racine. J'accourais pour le même objet ; je fis dix-huit lieues.... Voilà, mon cher chevalier, tout ce qu'il y a à vous marquer. Aimez-moi autant que je vous aime, et je n'aurai rien à désirer [1] ".

Peu de jours auparavant, Montcalm notait dans son *Journal :* " Un vent de nord-est violent, avec un brouillard épais, a tenu l'armée et la garnison très alertes. On peut être battu, c'est un malheur ordinaire au plus faible ; mais le comble de l'infortune, c'est d'être surpris ".

On eût dit qu'il avait un vague pressentiment de ce qui devait lui arriver, lorsqu'il faisait cette interrogation

---

1 — *Au camp du saut Montmorency,* 24 août 1759.

à Bourlamaque : " Je ne sais qui de nous trois sera le plus tôt défait [1] " !

La situation était en effet désespérante. Le bombardement de la ville, qui n'avait pas cessé, y avait accumulé de nouvelles ruines. En une seule journée, cent soixante-sept maisons de la basse ville furent brûlées, et plusieurs caves voûtées, renfermant une grande quantité d'objets précieux, crevées et abimées par les bombes. Ce quartier était le plus riche de la ville. Plusieurs citoyens opulents y avaient tout perdu. Autour de Québec et jusqu'à vingt-cinq lieues plus bas, les campagnes présentaient la même désolation. Dans l'armée, la détresse, devenue extrême, amenait le désordre et la désertion. Malgré les menaces et même les châtiments, une masse de Canadiens étaient retournés dans leurs foyers pour y faire les récoltes et amasser quelques autres provisions, afin de ne pas mourir de faim durant l'hiver. Un grand nombre d'entre eux, dont les habitations avaient été incendiées, étaient en outre obligés de se faire des abris pour leur famille et les quelques bestiaux qu'ils avaient pu sauver. Plus de deux mille Canadiens, disait-on, avaient abandonné le camp.

Chaque fois que le vent tournait au nord-est, quelques

---

[1] — 9 août 1759. "Ce général qui m'honorait de son amitié, m'a témoigné être fort occupé des différents mouvements des Anglais, et avoir des pressentiments fâcheux". *Journal de Malartic*, p. 277. — Montcalm donnait à ses pressentiments une tournure prophétique, lorsqu'il écrivait de Wolfe, dont il avait compris le caractère : "Il faut que cet homme finisse par un grand effort, par un coup de tonnerre". *Journal*, 26 août. Cette appréciation rend encore plus incompréhensible l'obstination de Montcalm à mépriser les avis de Vaudreuil.

vaisseaux ennemis tentaient le passage devant Québec, et souvent y réussissaient, malgré la canonnade de la ville. A la fin d'août, l'amiral Holmes se trouvait à la tête d'une douzaine de vaisseaux, dont les uns ancraient depuis Sillery jusqu'à Saint-Augustin, et dont les autres montaient et descendaient avec la marée dans le but de fatiguer nos troupes. La proximité de cette flottille avait forcé les vaisseaux français de remonter le Richelieu jusqu'aux Grondines. Le fleuve était tellement infesté de berges anglaises que les convois de vivres, qui tous venaient par eau de Montréal et des Trois-Rivières, ne pouvaient continuer leur route sans un péril extrême. Le transport par terre était devenu si difficile et si lent, faute de chevaux, de voitures et d'hommes pour les conduire, que l'armée était à la veille de manquer de provisions. Les soldats étaient réduits à trois quarterons de pain, et le peuple à un quarteron, comme aux plus mauvais jours de la disette.

Depuis la journée de Montmorency, les vastes salles de l'Hôpital-Général n'avaient pas suffi à contenir les blessés qu'on y avait transportés. On avait converti en hôpital tous les appartements disponibles, même la chapelle et jusqu'aux greniers, hangars, granges, étables et appentis. Le site du monastère, au milieu de la vallée du Saint-Charles, le mettant à l'abri du bombardement de la ville, un bon nombre de familles s'y étaient réfugiées au commencement du siège, en même temps que les ursulines et les hospitalières de l'Hôtel-Dieu. Les trois communautés réunies, rivalisant de zèle et de charité, passaient les jours et les nuits auprès des malades. Les soins délicats qu'elles prodiguaient aux blessés anglais étaient parvenus jusqu'à la connaissance de leurs généraux, qui en avaient témoigné leur gratitude.

Mgr de Pontbriand, retiré au presbytère de Charlesbourg, où il se consumait de la maladie qui allait bientôt l'enlever, descendait cependant presque chaque jour consoler les malades de l'Hôpital-Général.

A deux lieues plus loin, dans la mansarde d'une maison de l'Ange-Gardien, voisine du camp anglais, Wolfe était en proie à une fièvre qui épuisait le reste de ses forces. Le capitaine Knox, traversé un matin de la Pointe-Lévis afin de recevoir des ordres pour sa brigade, apprit qu'il n'avait pu descendre l'escalier pour prendre son dîner.

Depuis le commencement du siège, Wolfe avait été l'âme de son armée ; il la tenait dans sa main, parce qu'elle avait une extrême confiance dans ses talents militaires. Il l'avait étonnée par une activité en apparence incompatible avec sa frêle charpente. Passant sans cesse d'une rive à l'autre, il semblait multiplier sa présence. A l'apparition de sa longue et mince stature dans un camp, ses soldats, animés de son impulsion, enlevaient l'ouvrage ou couraient au combat avec l'ardeur qu'inspire le dévouement.

L'armée se sentit paralysée quand elle se vit privée de sa présence. L'inquiétude qui le tourmentait lui-même s'empara des esprits ; on se répéta d'un camp à l'autre que la campagne tirait à sa fin, et qu'avant peu la flotte ferait voile pour l'Angleterre.

Wolfe, ne voulant pas que sa maladie retardât les opérations, remit le commandement aux trois brigadiers généraux, Monckton, Townshend et Murray, avec un mémoire contenant trois projets d'attaque. Par le premier, il proposait de remonter de nuit le Montmorency avec une partie de l'armée, de le traverser à trois lieues dans la forêt, et de tomber sur les derrières du camp de Beauport, pendant que le reste des troupes l'attaquerait de front. Par le second, il faisait traverser de nuit le gué du saut au corps d'armée de Montmorency, et le faisait marcher le long des retranchements jusqu'à ce qu'on découvrît un endroit facile à escalader. Monckton, avec les troupes de la Pointe-Lévis, se tiendrait prêt à débarquer du moment que l'infanterie légère aurait gravi le coteau. Le troisième plan se réduisait à renouveler l'attaque du 31 par la droite du camp de Beauport [1].

Les trois brigadiers n'accédèrent à aucun de ces projets, parce qu'en supposant même qu'on réussît à déloger Montcalm de sa position, il se retirerait derrière les retranchements de la rivière Saint-Charles, et la campagne serait finie avant qu'on pût l'en chasser.

Chose singulière, le seul plan dont Wolfe ne dit rien dans ce mémoire, était celui que le général français redoutait le plus ; c'est-à-dire de couper ses communications avec ses dépôts d'approvisionnements, en jetant un corps d'armée sur la côte nord, ce qui le forcerait à livrer bataille. Ce fut le plan que proposèrent en dernier lieu les trois brigadiers [2].

---

1 — Mante, *History of the late war*, p. 250. — *Life of Wolfe*, p. 544.

2 — " Il est heureux pour le pays qu'il (l'ennemi) se soit uniquement occupé de cette opération (d'incendier à Deschambault), au lieu de s'établir et retrancher ; il n'aurait pas été facile de les déloger. Nous l'avons tous craint, et

Wolfe y donna son adhésion, plus par condescendance que par conviction ; car il ne croyait pas au succès de l'entreprise. L'état d'affaissement moral et physique où il se trouvait, semblait lui enlever sa lucidité d'esprit ordinaire. Dans la dépêche qu'il écrivit le 2 septembre au ministre Pitt, il disait : " J'ai acquiescé à ce projet, et nous nous préparons à l'exécuter. L'amiral et moi avons examiné la ville en vue d'un assaut général ; mais après nous être consultés avec l'ingénieur en chef, qui en connaît bien l'intérieur, et après l'avoir observée avec une extrême attention, nous avons jugé que malgré la facilité qu'il y avait de réduire au silence les batteries de la basse ville au moyen des navires de guerre, l'assaut en serait peu avancé, parce que le petit nombre de passages qui conduisent de la basse ville à la haute sont soigneusement retranchés... et les batteries supérieures ne peuvent être atteintes par les vaisseaux qui en souffriraient un dommage considérable, ainsi que des mortiers. L'amiral se serait volontiers joint à moi pour cela ou pour toute autre mesure d'intérêt public ; mais je ne pouvais lui proposer une entreprise aussi dangereuse et promettant si peu de succès. A la force peu ordinaire des lieux, l'ennemi a ajouté un grand nombre de batteries flottantes et de bateaux pour défendre la rivière. A cause de

---

M. de Montcalm avait si bien senti l'importance de cette situation, que fort ou faible, retranché ou non, il partait dans le dessein de l'attaquer. Plus de communications avec nos magasins, point ou très peu de vivres ici, le pays ouvert à l'ennemi, la colonie perdue ou bien près de l'être". *Journal de Montcalm*, 20 août 1759.

leur vigilance et des indiens qui entourent nos différents postes, il est impossible de rien exécuter par surprise.... Dans cette situation nous n'avons que le choix des difficultés, à tel point que je suis en peine de savoir comment me déterminer.... Toutefois, vous pouvez être assuré que le peu qui reste de la campagne sera employé autant que j'en suis capable pour l'honneur de Sa Majesté et l'intérêt de la nation [1]".

Du moment que le projet fut adopté, Wolfe mit à son exécution la même énergique volonté que s'il avait été certain du succès, sans toutefois y porter l'enthousiasme qui était dans sa nature. Son plus grand regret était de penser que peut-être il n'aurait pas assez de force pour marcher en personne à la tête de son armée.—" Je sais parfaitement, disait-il à son médecin, que vous ne pouvez me guérir ; mais pourvu que je ne souffre pas durant quelques jours, et que je sois capable d'agir, c'est tout ce que je demande ".

Le dernier jour d'août, il se sentit assez bien pour sortir. Knox s'était déjà empressé de noter dans son *Journal* : " Son Excellence le général Wolfe est en convalescence, à la joie inconcevable de toute l'armée ". La lettre que le général écrivit ce jour-là à sa mère, la dernière qu'il lui ait adressée, met à jour le complet abattement dans lequel il était tombé : " Chère Madame, le fait que je vous écris vous convaincra qu'aucun malheur personnel, autre que les défaites et les désappointements, ne s'est abattu sur moi. Mon antagoniste s'est sagement renfermé dans des retranchements inac-

---

[1] — *Life of Wolfe*, p. 547.

cessibles, de façon que je ne puis l'atteindre sans verser un torrent de sang, et cela peut-être pour un mince résultat. Le marquis de Montcalm est à la tête d'un grand nombre de mauvais soldats, et moi à la tête d'un petit nombre de bons qui ne désirent rien tant que de combattre ; mais le prudent vieux évite une action, incertain qu'il est de la conduite de son armée. Il faut être du métier pour comprendre les désavantages et les difficultés contre lesquels nous avons à lutter, qui proviennent de la force naturelle extraordinaire du pays ".

En présence de ses intimes, Wolfe épanchait l'amertume de ses pensées, et s'écriait parfois dans ses plus noirs accès, que s'il ne réussissait pas, il ne retournerait jamais en Angleterre pour y être exposé, comme d'autres infortunés généraux, aux censures et aux reproches d'une populace ignorante [1].

Le général enviait son adversaire que la fortune semblait favoriser. Celui-ci cependant se croyait, à l'heure même, en face de difficultés non moins grandes ; et lui aussi épanchait avec ses intimes ses inquiétudes et ses ennuis. Le soir du 2 septembre, assis auprès de sa lampe, dans la maison qu'il occupait au saut Montmorency, il écrivait à Bourlamaque : " La nuit est obscure, il pleut, nos troupes habillées et éveillées dans leurs tentes, la droite et la ville des plus alertes. Je suis botté et mes chevaux sellés, c'est à la vérité mon allure ordinaire la nuit, suite des interruptions, signatures, visites et conseils des sauvages.... Je vous voudrais ici... ; car je

---

[1] — Smollett, *History of England*. — *Life of Wolfe*, p. 556.

ne puis être partout, quoique je me multiplie bien et que je ne me sois pas encore déshabillé depuis le 23 juin [1]".

Le nuage d'anxiété qui planait sur le camp de Beauport s'éclaircit pendant quelque temps. Les nouvelles venues de Montréal étaient plus rassurantes. M. de Lévis affirmait que l'armée de Johnson ne menaçait pas les rapides, qu'Amherst ne sortait pas de Saint-Frédéric, et que d'ailleurs Bourlamaque se trouvait en état de tenir à l'Ile-aux-Noix jusqu'à la fin de la campagne. Bourlamaque lui-même l'avait écrit à Vaudreuil. Les mouvements de l'armée anglaise autour de Québec paraissaient indiquer la prochaine levée du siège. Déjà, depuis plusieurs jours, Wolfe avait commencé à démonter ses batteries sur les hauteurs de Montmorency. Bientôt il fut évident qu'il déblayait le camp du saut, et le 3 septembre, il l'avait complètement évacué, après avoir mis le feu aux retranchements. " Si j'avais voulu croire tout le monde hier, disait Montcalm à Lévis le 3 septembre, il n'y avait plus que trois ou quatre cents hommes, qu'il fallait aller charger. Ce matin, il n'y avait qu'à entrer dans le retranchement. M. Wolfe nous tendait une embuscade avec deux mille cinq cents hommes qui ont descendu en bon ordre du saut. La pièce de vingt-quatre les a salués joliment, coulé une berge et incommodé une autre, ce qui était déjà arrivé hier. Dès ce soir, la droite est renforcée de deux mille hommes ; j'y passe demain, et Poulhariez reste général depuis le

---

[1] — *Montcalm à Bourlamaque*, 2 septembre, à 3 heures après minuit.

saut jusqu'à l'église de Beauport. Nous avons toujours dix-neuf bâtiments au-dessus de Québec ; et Bougainville, garde-côte, toujours en l'air. Je m'établis de ma personne à la maison de Salaberry pour être en belle vue et à portée de tout [1] ".

Le ton de satisfaction qui règne dans cette lettre ne laisse qu'entrevoir l'impression de délivrance que fit naître dans le peuple et l'armée l'abandon du saut. Le bruit s'en répandit de tous côtés, et la colonie retentit d'éclats de joie [2] ; car on crut que c'était le signal de la levée du siège. Mais les généraux ne partageaient pas cette illusion. " Quelque flatteuse que puisse en être l'idée, écrit Vaudreuil à Lévis, je ne m'y arrête pas, et il est de la prudence que je m'arrange pour faire vivre l'armée jusqu'au 15 d'octobre [3] ".

Il était facile de voir que ce n'était qu'un premier mouvement pour opérer une diversion. Wolfe profitait de chaque bon vent pour faire monter de nouveaux vaisseaux au delà de Québec. Il rassemblait ses trois corps d'armée à la Pointe-Lévis, afin de les jeter sur quelque autre point, et frapper, s'il était possible, un coup décisif. Quel était ce point ? il était impossible de

---

1 — *Au camp du saut*, ce 3 septembre au soir, 1759. — L'attitude respective des Anglais et des Français sur les bords du Montmorency offre un nouvel exemple de la hardiesse et de la supériorité de ces derniers. Durant tout le temps que les Anglais restèrent auprès de cette rivière, pas un d'entre eux, rangers ou autres, n'osa mettre le pied sur la rive droite, au-dessus du saut ; tandis que les Français ne cessèrent de faire des incursions sur la rive gauche.

2 — *Mémoires sur le Canada*.

3 — *Au quartier-général*, le 4 septembre.

le deviner, car Wolfe lui-même ne le savait pas. Il avait seulement résolu de tenter une descente au-dessus de Québec, et il attendait les circonstances pour en déterminer l'endroit précis.

Montcalm fit de nouvelles dispositions à son camp : quatre cents miliciens de Montréal gardèrent la gauche, et cent quatre-vingts les gués d'hiver. La réserve de M. de Repentigny vint prendre les positions de Guyenne, qui alla camper à la droite, renforcée la veille par six cents hommes de Montréal ; et Royal-Roussillon se rangea auprès de M. de Repentigny sur le plateau voisin de l'église de Beauport. Une chaîne de postes relia le saut Montmorency avec la ville, qui reçut quelques renforts. Déjà Malartic et plusieurs officiers de hauts grades, prévoyant la catastrophe du 13, ne se cachaient pas de dire que les précautions prises pour la ligne de Beauport étaient excessives, " et qu'on ne s'occupait pas assez des autres [1] ". Vaudreuil était du même avis, particulièrement pour l'anse du Foulon, qui n'était gardée que par une centaine d'hommes ; mais Montcalm persistait à croire que la falaise y était inaccessible. Aux observations que lui avait faites auparavant le gouverneur, il avait répondu : " Je vous jure que cent hommes postés arrêteront l'armée et nous donneront le temps d'attendre le jour et d'y marcher par notre droite ". Après de nouvelles remarques, il insistait : " Il ne faut pas croire que les ennemis aient des ailes pour, la même nuit, traverser, débarquer, monter des rampes rompues,

---

1 — *Journal de Malartic*, p. 278.

et escalader, d'autant que pour la dernière opération, il faut porter des échelles [1]".

Dans la journée du 3, Bougainville vint passer une heure au manoir de Salaberry, pour faire part au commandant des inquiétudes que lui causaient les dernières manœuvres de l'amiral Holmes, dont la flotte s'était rapprochée de la ville. Ce fut probablement la dernière fois que Bougainville vit le général qu'il aimait comme un père et admirait comme un héros. Le lendemain, le bataillon de Guyenne eut ordre de s'avancer sur les hauteurs d'Abraham pour être à portée de secourir au premier signal, soit Bougainville, soit le camp, soit la ville. Les canons anglais rapportés du saut Montmorency à la Pointe-Lévis, ayant servi à augmenter les batteries, le bombardement redoubla d'intensité. " La

---

1 — *Montcalm à Vaudreuil*, 27 et 29 juillet. — " Ces mouvements de l'ennemi ne changèrent que peu de chose aux premières dispositions que M. le marquis de Montcalm avait faites. Il jugea que la partie de Beauport était toujours le point essentiel à garder et... où l'ennemi pouvait venir avec plus de succès à la conquête de la ville. *Journal du siège de Québec*, 4 septembre, Bib. Hartwell.

" M. de Vaudreuil a plus d'inquiétude que moi pour la droite ". *Montcalm à Bougainville*, 10 septembre 1759. — On le savait si bien dans l'armée française, qu'un déserteur rapporta au général Wolfe : " That Monsieur Montcalm will not be prevailed on to quit his situation, insisting that the flower of our army are still below the town ". *Knox's Journal*, 1er septembre, vol. II, p. 66.

" Je sais sûrement que M. de Vaudreuil avait dit de mettre dans ce quartier quatre cents hommes de plus, et de faire quelques redoutes ; ceux qui conduisaient les opérations militaires et l'artillerie pensaient le tout inutile ". *Jugement impartial des opérations militaires de la campagne du Canada, en 1759*.

ville, remarque M. de Foligné, ne peut être dans un état plus pitoyable, à moins d'être rasée ".

Durant la veillée du 4, l'ennemi, profitant d'un bon vent et d'une nuit obscure, réussit à faire passer devant Québec, tout un convoi de bateaux chargés de bagages et de munitions. Dans l'après-midi du 5, Murray sortit du camp de Lévis avec quatre bataillons pour aller rejoindre au-dessus de Sillery les vaisseaux de l'amiral Holmes ; et le lendemain, Monckton et Townshend le suivirent avec trois autres. M. de Rumigny, qui commandait un détachement de la Sarre, à Sillery, avait vu passer les régiments le long des falaises de Lévis, et les avait incommodés du feu de ses batteries, pendant qu'ils traversaient à gué la rivière Etchemin pour s'embarquer dans l'anse voisine.

A la nouvelle de cette marche, on avait battu la générale au camp de Beauport, et fait avancer les compagnies de grenadiers et la réserve de M. de Repentigny avec presque tous les sauvages, dont le nombre était encore considérable, quoiqu'il en fût parti beaucoup pour retourner dans leurs pays. La réserve de M. de Repentigny stationna au pied de la côte qui conduit à la porte Saint-Jean, et les compagnies de grenadiers à la fourche des chemins de Samos et de Sillery. Vaudreuil mandait à Bougainville : " Je n'ai pas besoin de vous dire, Monsieur, que le salut de la colonie est entre vos mains, que certainement le projet des ennemis est de nous couper la communication en faisant des débarquements au nord ; il n'y a que la vigilance qui puisse y parer ".

Il lui détaillait ensuite ses dernières dispositions, et ajoutait : " Par cet arrangement, voici ce qu'il y aurait depuis l'anse des Mères jusqu'au cap Rouge : cent cinquante hommes entre l'anse des Mères et l'anse au Foulon ; trente hommes à Samos ; cinquante hommes à Saint-Michel ; cinquante hommes à Sillery ; deux cents hommes au cap Rouge ".

Puis il lui donnait le tableau des forces dont il disposait en sus, " tant pour garnir les autres postes que pour frapper en masse, non compris les sauvages ", ce qui formait un effectif de deux mille cent hommes [1]. Et il concluait : " Je crois, Monsieur, qu'avec cela et un peu de bonheur, vous ferez de la bonne besogne.

" Je n'ai pas besoin de vous recommander... d'établir le régiment de Guyenne dans le point central.... En un mot, carte blanche sur les moyens [2]". Enfin, dans l'inquiétude que lui inspirait toujours le poste du Foulon, il lui conseillait de l'augmenter de cinquante hommes tirés de la compagnie de Repentigny, la plus aguerrie des troupes canadiennes.

---

[1] — Du détachement de Saint-Martin... 150 hommes.
       Idem   de Rumigny....... 50 "
       Idem   de Beaubassin.... 250 "
       Idem   de Villejoin....... 180 "
       Idem   de Demey.......... 180 "
Volontaires de Duprat................ 240 "
Cavalerie............................. 130 "
Détachement de M. de Blau......... 200 "
Guyenne.............................. 500 "
Détachement de Royal-Roussillon,
  avec 60 hommes de Repentigny. 110 "
Détachement de Béarn, avec 60
  hommes de Repentigny .... 110 "
                              2,100 "

Vaudreuil à Bougainville, 5 septembre.

[2] — *Vaudreuil à Bougainville*, 5 septembre 1759.

Le lendemain, M. de Montbeillard accompagnait l'envoi de deux pièces de campagne d'un petit billet où percent les anxiétés déjà exprimées par Malartic :

" Je voudrais bien que toute votre plage fût hérissée comme celle-ci et retranchée de même, cela vous épargnerait bien des allées et venues. Au demeurant, vous faites une bien belle campagne ; puisse-t-elle finir comme elle a commencé, et puissions-nous voir couronner vos peines et vos travaux comme je le désire [1] ".

L'armée anglaise achevait de s'entasser sur les vaisseaux, et un ordre du jour du général Wolfe, qui l'avait rejointe dans la nuit du 6, l'avait prévenue de se tenir prête pour un prochain débarquement. Elle était fatiguée des longueurs du siège et impatiente d'agir.

La frégate le *Seahorse* avait reçu à son bord le 43me régiment, dans lequel servait John Knox. " Le capitaine Smith et ses officiers nous donnèrent, dit-il, l'hospitalité d'une façon princière, et n'oublièrent rien pour rendre aussi agréable que possible l'état d'encombrement où nous étions ".

Le matin du 7, après une nuit d'orage et de vent, le soleil s'était levé dans une atmosphère tiède et claire. L'escadre de l'amiral Holmes leva l'ancre devant Sillery et remonta le fleuve en louvoyant à la faveur d'une légère brise et de la marée montante. Chaque fois que les vaisseaux tiraient une bordée vers la côte nord, les sentinelles françaises et les sauvages cachés au bord de la grève envoyaient quelques balles parmi les habits

---

[1] — *Montbeillard à Bougainville*, 7 septembre, à neuf heures du matin.

rouges et les uniformes bariolés qui fourmillaient sur les ponts. L'escadre jeta l'ancre vis-à-vis la rivière du cap Rouge, dont les deux rives ouvertes en entonnoir présentaient en ce moment un spectacle aussi animé que pittoresque. Bougainville y avait établi son quartier général, et élevé quelques retranchements au bord de l'anse, où mouillaient plusieurs des batteries flottantes. " Les ennemis, dit Knox, sont au nombre d'environ seize cents, outre la cavalerie qui est vêtue de bleu et montée sur de légers chevaux jolis et de différentes couleurs. Ils paraissent très alertes et font des évolutions dans les bois qui couvrent les hauteurs et le long de leurs retranchements, afin de montrer leur nombre avec plus d'avantage ".

Les batteries françaises s'avancèrent à l'embouchure de la rivière et se mirent en ligne de bataille ; la cavalerie descendit de cheval et se forma à droite de l'infanterie, puis tout le détachement descendit la côte et borda les retranchements, en poussant des cris que Knox qualifie de ridicules. " Quelle différence, remarque-t-il, avec la coutume des troupes britanniques ! Comme le silence de celles-ci est bien autrement noble et terrible, et qu'il exprime bien mieux le véritable courage " !

Le chroniqueur anglais ne réfléchit pas que les Français avaient des sauvages dans leurs rangs, et que le meilleur moyen de les entraîner au combat était d'imiter leurs cris de guerre.

Les batteries flottantes canonnèrent quelques-uns des vaisseaux, dont les berges remplies de troupes montaient et descendaient le fleuve comme pour tenter une descente ; mais après divers mouvements, elles se retirèrent sans s'être approchées. Ce n'était qu'une fausse démonstration destinée à retenir le corps principal de Bougainville aux environs du cap Rouge, " tandis qu'une descente était préméditée ailleurs, peut-être plus bas ", augurait Knox. De son côté, l'amiral Saunders feignait de menacer la droite du camp de Beauport, en faisant exécuter des sondages et poser des bouées en face de la Canardière.

Wolfe, monté sur la corvette le *Hunter*, en compagnie de quelques officiers, poussa une reconnaissance jusqu'à la Pointe-aux-Trembles, d'où il redescendit aussi perplexe qu'avant son départ. Les pluies continuelles qui tombèrent, les deux jours suivants, suspendirent les opérations et firent craindre pour la santé des troupes entassées sur les vaisseaux. Seize cents hommes durent être débarqués à Saint-Nicolas, sous la conduite de Monckton, qui les cantonna dans l'église et quelques maisons échappées à l'incendie.

Ce mauvais temps exposait plus que jamais l'armée française à manquer d'approvisionnements. " Vous êtes fort heureux, mandait Bigot à Bougainville, que vos voisins ne vous fassent pas promener : comment l'infanterie s'en tirerait-elle ? Notre camp est plein d'eau, les ponts des chemins sont soulevés, et les charrettes ne peuvent marcher. Il faut espérer que le beau temps reviendra bientôt, sans quoi nous serions très embarrassés [1] ".

Montcalm profita de ce temps de répit pour dicter à son secrétaire Marcel, un projet de cantonnement pour le prochain hiver. " Il s'en faut bien, disait-il à Lévis

---

1 — 9 septembre 1759.

en lui adressant ce projet, que la campagne soit finie ici, depuis le départ du saut. Ains, au contraire, augmentation de batteries et de feu sur la ville. Une petite escadre de vingt bâtiments, cinquante ou soixante berges, depuis trois jours, vis-à-vis Sillery et le cap Rouge. Bougainville côtoyant ; la ligne très longue ! Hier, sur les dix heures du soir, démonstration d'attaque ; cent berges en bataille à mi-chenal. J'avoue que je vous voudrais ici, et que je voulais que M. le marquis de Vaudreuil vous en envoyât un ordre conditionnel, s'il n'y avait rien à craindre et que tout fût bien ".... A la fin de la même lettre, il ajoutait : " Je vous voudrais ici pour cette épineuse queue, où je crois à une tentative quelque part ".... Et le lendemain : " Voici un travail à faire, où Lapause peut vous servir d'avance, au cas où la colonie soit sauvée ; car elle ne l'est pas encore. N'en écrivez rien au marquis de Vaudreuil, mais à moi seul....

" En vérité, s'il n'y a rien à craindre pour votre partie, j'avoue, mon cher chevalier, que je vous désirerais bien pour celle-ci, où tout n'est pas encore dit ".

Le jour même que le général français traçait ces lignes anxieuses, son antagoniste exprimait des idées plus sombres encore dans une lettre à Lord Holderness, écrite à bord du *Sutherland*, ancré vis-à-vis le cap Rouge. L'état du ciel, dans cette journée orageuse, était en harmonie avec la tristesse de ses pensées. Le vent de nord-est qui s'engouffrait entre les deux falaises sifflait lugubrement dans les cordages en blanchissant les vagues autour du vaisseau amiral. La pluie qui fouettait les vitres des hublots ne laissait pénétrer qu'un demi-jour dans la cabine où Wolfe écrivait. Sa figure était d'une extrême pâleur, car il était à peine rétabli d'une dernière attaque de sa maladie. Après avoir donné au secrétaire d'Etat un résumé des opérations du siège, des obstacles qu'il avait rencontrés, des préparatifs d'une dernière tentative qu'il croyait inutile, il finissait par cet adieu découragé : " Je suis assez rétabli pour faire ma besogne, mais ma constitution est entièrement ruinée, sans la consolation d'avoir rendu aucun service considérable à l'Etat, et sans la perspective d'en rendre [1] ".

Etait-ce pour s'excuser de n'avoir rien fait qu'il disait à Lord Holderness n'avoir avec lui que trois mille six cents hommes, et ne parlait pas du reste des troupes stationnées à Saint-Nicolas, la Pointe-Lévis et l'île d'Orléans ? La semaine précédente, il avait dit à l'amiral Saunders qu'il emploierait environ cinq mille hommes pour la dernière expédition, "*which is all I intend to take*", ajoutait-il : ce qui montre évidemment qu'il laissait derrière lui une réserve. D'après le rapport qu'il avait adressé le 2 septembre à William Pitt, il déclarait n'avoir perdu sur les neuf mille hommes débarqués devant Québec que huit cent cinquante et un tués ou blessés, y compris les officiers [2]. En défalquant les malades, manquants, déserteurs, etc., il se trouvait encore avec un effectif de plus de sept mille hommes, sans compter les milliers de marins armés qui montaient la flotte

Les dernières nouvelles reçues d'Amherst ne laissaient espérer aucun secours de ce côté, et une sage précaution de Vaudreuil tenait fermé le Saint-Laurent au-dessus

---

1 — *Life of Wolfe*, p. 565.
2 — *Idem*, p. 547.

des rapides du Richelieu. Malgré les plus vives sollicitations, il avait refusé de risquer les vaisseaux qu'il y avait fait monter, dans un engagement avec l'amiral Holmes. Leur présence empêchait Wolfe d'exécuter le dessein qu'il avait d'envoyer un détachement pour attaquer l'armée de Bourlamaque par les derrières et ouvrir le chemin du Canada à celle d'Amherst. " Tout cela, disait-il, aurait pu s'exécuter facilement avec dix batteries flottantes, portant chacune un canon, et vingt bateaux plats, s'il n'y avait pas eu de vaisseaux dans la rivière [1] ".

Le matin du 10, le vent tourna au sud-ouest, et le soleil se leva radieux derrière les coteaux de la Pointe-Lévis. Wolfe, qui déjà avait fouillé de l'œil toutes les anses et les rochers de la rive nord, depuis Québec jusqu'à la Pointe-aux-Trembles, prit avec lui le brigadier Townshend, l'ingénieur MacKeller, quelques officiers, et descendit jusqu'à une demi-lieue en amont de Québec, vis-à-vis l'anse au Foulon, mieux connue actuellement sous le nom d'anse de Wolfe. Cet endroit lui avait, dit-on, été indiqué par le major Stobo.

Wolfe examina attentivement à l'aide d'une longue vue une coulée par où descend le ruisseau Saint-Denis, ombragé aujourd'hui comme alors par de hautes futaies. De chaque côté, surtout à l'est, l'escarpement s'affaisse et forme une déclivité par où passe un chemin public. Wolfe compta soigneusement les tentes dont les cônes blancs se détachaient à travers les arbres sur le penchant de la falaise. Il n'y en avait qu'une douzaine, et il

---

[1] — *Life of Wolfe*, p. 564.

paraissait y avoir peu de mouvement aux environs. Wolfe en conclut que le poste était peu gardé, et qu'une surprise de nuit y était peut-être possible. Mais l'entreprise semblait si téméraire, qu'il n'osa la proposer directement au conseil de guerre. Il prit un moyen détourné. C'est du moins ce qu'affirment deux annalistes du siège, le chevalier Johnstone et l'auteur du *Journal tenu à l'armée*, tous deux servant dans le camp français [1]. Il est assez étrange que les chroniqueurs anglais, pas même Knox, dont le récit est pourtant si complet, ne fassent point mention de ce fait. " Les manœuvres que nous voyions faire depuis quelques jours à l'ennemi au-dessus de Québec, dit le *Journal*, et la connaissance que nous avions du caractère de M. Wolfe, ce guerrier impétueux, hardi et intrépide, nous préparaient à une dernière attaque. La résolution en était effectivement bien prise dans l'armée anglaise. On y avait tenu, ainsi que nous l'avons appris depuis par différents officiers anglais, après la levée du camp du saut, un conseil de guerre où tous les officiers généraux opinèrent unanimement pour la levée du siège. Les officiers de mer observaient que la saison déjà avancée rendait de jour en jour la navigation du fleuve plus périlleuse, et les officiers de terre, dégoûtés par la longueur d'une campagne

---

[1] — Bigot confirme cette version dans sa lettre au ministre, du 25 octobre 1759 : " Je sais toutes les particularités de cette descente par des officiers anglais de ma connaissance qui me l'ont fait dire, en ajoutant que M. Wolfe n'avait pas compté réussir ; qu'il n'avait tenté que de descendre au-dessus de Québec, et qu'il ne devait sacrifier que son avant-garde, qui était de deux cents hommes ; que si on eut tiré dessus, ils se rembarquaient tous ".

aussi infructueuse que pénible, regardaient comme inutile de rester plus longtemps devant des retranchements qui leur paraissaient inattaquables. D'ailleurs, les uns et les autres ajoutaient que leur armée, toujours en proie aux maladies, se fondait insensiblement; alors, M. Wolfe voyant qu'il ne pouvait rien gagner en heurtant de front l'opinion générale, prit adroitement les choses d'un autre côté : il déclara aux membres du conseil que bien éloigné de penser autrement qu'eux, il était au contraire de leur avis sur l'inutilité de prolonger le siège de Québec; qu'aussi, dans la proposition qu'il allait faire, il voulait se dépouiller de la qualité de général pour ne rien attendre que de leur opinion pour lui.

" — Enfin, Messieurs, leur dit-il, la gloire de nos armes me semblant exiger que nous ne nous retirions point sans faire une dernière tentative, je vous demande avec instance de vouloir bien ne vous y point refuser. Je veux que, dans cette circonstance... notre premier pas nous mette aux portes de la ville.

" Je vais dans cette vue essayer de faire pénétrer par les bois de Sillery un détachement de cent cinquante hommes seulement. Que toute l'armée se prépare à suivre. Si ce premier détachement rencontre de la part de l'ennemi quelque résistance, je vous donne ma parole d'honneur que regardant alors notre réputation comme à l'abri de toute espèce de reproche, je n'hésiterai plus à me rembarquer ". Le zèle qui animait un si brave général passa chez tous les officiers qui l'entendaient, et l'on ne s'occupa plus dans son armée que des dispositions nécessaires pour l'exécution d'un si noble projet [1]".

Wolfe, qui savait combien sa présence enflammait le courage de ses troupes, alla les visiter dans chacun des navires. Il donna à cette occasion un témoignage de sollicitude qui fit une profonde impression. Ayant appris que deux officiers du 43me régiment étaient indisposés, il leur exprima toute sa sympathie, leur offrit même son canot pour les conduire à la Pointe-Lévis. Mais ceux-ci, en lui témoignant leur gratitude de sa bonté et de sa condescendance, l'assurèrent qu'aucune considération ne les ferait quitter leur poste, tant qu'ils n'auraient pas vu la fin de cette tentative. Quelqu'un remarqua qu'un de ces officiers était fort mal et n'avait qu'une faible constitution. Wolfe l'interrompit en s'écriant : "— Ne me parlez pas de constitution : cet officier a de l'entrain, et avec de l'entrain un homme peut venir à bout de tout".

Depuis plusieurs jours, l'escadre de l'amiral Holmes levait l'ancre devant Sillery à chaque marée et se laissait dériver jusqu'à Saint-Augustin et souvent au-dessus, d'où elle redescendait avec le baissant. Ce va-et-vient continuel épuisait les troupes de Bougainville, forcées de marcher jour et nuit pour se tenir vis-à-vis des vaisseaux, afin d'empêcher un débarquement [2].

Enfin, tout étant prêt, la nuit du 12 septembre fut fixée pour la descente. A partir de ce moment, une succession de circonstances inouïes concoururent au plus

---

1 — *Journal tenu à l'armée.*
2 — *Archives de la guerre. Mémoire sur la campagne de 1759*, par M. Joannès, major de Québec.

étonnant succès. La fortune qui jusque là s'était montrée si hostile au général anglais parut lui accorder toutes ses faveurs. Cette puissance invisible que les païens appelaient la fatalité, et que les chrétiens nomment la Providence, voulait le triomphe de sa cause. Deux déserteurs de Royal-Roussillon, échappés du camp de Bougainville dans la journée du mercredi 12, assurèrent que le poste du Foulon était à peine gardé, et que le soir même un convoi de vivres devait descendre pour ravitailler le camp de Beauport. La difficulté des transports par terre avait contraint le munitionnaire de recourir à ce périlleux expédient. L'essai en avait été fait depuis quelque temps et avait réussi. Les bateliers choisissaient les nuits noires et se laissaient dériver en silence avec leur chargement le long du rivage nord, dans les ténèbres doublement épaisses projetées par les falaises. L'occasion ne pouvait être plus belle pour Wolfe, et il résolut d'en profiter. Il ferait précéder le convoi et tâcherait de tromper les sentinelles en se faisant passer pour Français.

Dès le matin de ce jour, les détachements de Saint-Nicolas s'étaient embarqués, et le colonel Burton avait ordre de réunir à la nuit tombante tout ce qui restait de troupes disponibles tant à la Pointe-Lévis qu'à l'île d'Orléans, de remonter, en suivant le pied de la falaise, jusque vis-à-vis l'anse du Foulon, où il se tiendrait prêt à traverser au premier signal.

Ce même jour, Wolfe lança du vaisseau amiral, le *Sutherland*, sa dernière proclamation : " Les forces des ennemis sont divisées, dit-il, il y a maintenant une grande disette de vivres dans leur camp, et un mécontentement universel parmi les Canadiens. Le second commandant est allé à Montréal ou à Saint-Jean, ce qui nous donne raison de penser que le général Amherst s'avance dans l'intérieur de la colonie. Un coup vigoureux frappé par notre armée dans cette conjoncture peut décider du sort du Canada. Nos troupes au-dessous de Québec sont prêtes à se joindre à nous ; toute notre artillerie légère et les outils sont embarqués à la Pointe-Lévis, et les troupes débarqueront là où les Français semblent s'y attendre le moins. Le premier corps qui mettra pied à terre marchera directement à l'ennemi, et le chassera de tous les petits postes qu'il peut occuper ; les officiers auront soin que les corps qui suivront ne tirent pas par erreur sur ceux qui marcheront en avant. Les bataillons se formeront sur la hauteur avec promptitude et se tiendront prêts à charger tout ce qui se présentera. Quand l'artillerie et les troupes seront débarquées, un détachement sera laissé pour garder le lieu de débarquement, tandis que le reste marchera en avant et tâchera de forcer les Français et les Canadiens à livrer bataille. Les officiers et les troupes doivent se rappeler ce que le pays attend d'eux, et ce qu'un corps de soldats déterminés, endurcis à la guerre, est capable de faire contre cinq faibles bataillons français mêlés à des paysans sans discipline [1] ".

Par une nouvelle faveur de la fortune, cette proclamation ne fut connue dans l'armée anglaise qu'après le départ d'un déserteur du Royal-Américain, qui s'esquiva le jour même.

---

[1] — *Knox's Journal*, vol. II, p. 66.

Deux petits billets, écrits la veille par Montcalm, l'un à Bourlamaque, l'autre à Lévis, révèlent dans quelle situation d'esprit il était quelques heures avant le coup de foudre du 13. Il disait à Bourlamaque : " Je suis accablé de travail, et l'humeur me saisirait souvent comme vous, si je ne pensais que j'ai été payé par l'Europe pour n'en avoir pas ". Contre son habitude, il écrivit tout entières de sa main les quelques lignes adressées à Lévis, les dernières probablement qu'il ait tracées. " Je réponds par celle-ci, mon cher chevalier, à la lettre que vous m'avez écrite le 7. Je manquai le courrier par la faute de Saint-Sauveur. Rien de nouveau ici. L'article des vivres, pain et viande ; mais n'importe, l'Anglais restât-il jusqu'au 1er novembre, nous soutiendrons "....

Au coucher du soleil, le marquis descendit au rivage de Beauport accompagné de Marcel, et après avoir examiné une batterie qu'il venait de faire augmenter, il se promena longtemps avec lui le long des retranchements, en observant de fois à autre la flotte de l'amiral Saunders, dont les gros vaisseaux avaient ouvert leurs voiles et se rapprochaient des grèves de la Canardière, tandis qu'un grand nombre de berges, chargées de marins, se rassemblaient vers la pointe de l'île d'Orléans. C'était le commencement d'une fausse attaque, convenue entre Wolfe et l'amiral, pour retenir au-dessous de Québec la masse des troupes françaises. Bientôt toute la flotte fut en mouvement : les vaisseaux échangèrent des signaux entre eux et entre l'île d'Orléans et la Pointe-Lévis ; le bombardement de la ville reprit avec une nouvelle fureur, et joignit ses grondements lointains à la canonnade plus rapprochée des vaisseaux qui balayaient les battures de Beauport, comme pour préluder à une descente. Ce déploiement de forces, coïncidant avec la fin du jour, reportait aux scènes grandioses du 31 juillet, et acheva de tromper Montcalm sur les vrais desseins des ennemis. A mesure que s'éteignirent les dernières lueurs du crépuscule pour faire place à une nuit obscure, les feux de bivouac allumés dans le camp étoilèrent toute la côte de Beauport depuis Montmorency jusqu'à la ville. Le général, conversant toujours avec Marcel, remontait vers le manoir de Salaberry, lorsque M. de Poulhariez vint l'avertir que plusieurs berges s'approchaient vis-à-vis le plateau occupé par son régiment. Montcalm fit alors prendre les armes aux troupes et border les retranchements. Il détacha en même temps le capitaine Marcel, avec une de ses ordonnances, auprès de M. de Vaudreuil, en recommandant de venir lui donner avis au premier incident qui surviendrait. Il continua à circuler entre le manoir et le ravin de Beauport, en s'entretenant avec M. de Poulhariez et le chevalier Johnstone. Sa conversation, toujours animée, prit un accent de vive émotion à mesure que la nuit s'avançait. Il avait le pressentiment d'un danger prochain qu'il ne pouvait préciser. A une heure du matin, il envoya Poulhariez à son régiment et continua sa marche avec Johnstone. Son inquiétude se portait surtout vers les bateaux de provisions qui, d'après l'avis de Bougainville, devaient descendre cette nuit-là même : " — Je tremble, répétait-il souvent au chevalier, qu'ils ne soient pris, et que cette perte nous ruine sans ressource ; car nous n'avons de provisions que pour peu de jours [1] ".

A la même heure, Wolfe avait les mêmes pressentiments d'une mort prochaine. Il fit ses dernières dispositions testamentaires, comme s'il eut eu la certitude qu'il ne survivrait pas au lendemain. En témoignage d'estime et d'attachement pour ses collègues dans le commandement, il légua son argenterie à l'amiral Saunders, ses équipages à Monckton, et à Carleton ses papiers avec ses livres. Tous ses ordres donnés, et n'ayant plus qu'à attendre la marée, il fit venir dans sa cabine, à bord du *Sutherland*, un de ses compagnons de jeunesse en qui il avait une particulière confiance, John Jarvis, commandant la corvette le *Porc-Épic*, qui devint plus tard amiral avec le titre de Lord Saint-Vincent. Il passa une heure avec lui dans l'intimité, et lui fit part de ses pressentiments. Au moment de lui dire adieu, il sortit de son gilet le médaillon contenant le portrait de Mlle Lowther, et le remit à son ami en le priant de le rendre à sa fiancée, lorsqu'il serait de retour en Angleterre, si ses appréhensions se réalisaient.

Les vingt-deux vaisseaux de l'amiral Holmes ne levèrent l'ancre au cap Rouge qu'à l'entrée de la nuit. La marée, qui achevait de monter, ne les entraîna qu'à une petite distance de Saint-Augustin, d'où ils redescendirent avec le reflux, comme ils avaient fait les jours précédents, sans qu'aucun mouvement inusité éveillât

---

1 — Tous ces détails sont tirés des dernières pages du *Journal de Montcalm* et du *Dialogue* du chevalier Johnstone.

le soupçon des factionnaires du rivage. Tout était activité cependant sur les navires. Les troupes savaient qu'une descente aurait lieu cette nuit même, mais un petit nombre d'officiers seulement connaissaient en quel endroit elle allait se faire. Les soldats nettoyaient leurs armes, les équipages se préparaient à la manœuvre des bateaux. Le colonel Howe [1], commandant de l'infanterie légère, frère du héros tombé l'année précédente devant Carillon, faisait appel à l'élite de ses soldats. Il choisissait vingt-quatre braves à qui il réservait l'honneur de marcher les premiers au combat.

Les moiteurs de la nuit flottant sur le fleuve épaississaient les ténèbres et empêchaient de voir à distance. Aux ombres vagues qui glissaient sur les eaux, les sentinelles françaises placées en vigies sur les cimes du cap Rouge, reconnurent et signalèrent le passage de la flotte ; mais Bougainville, convaincu qu'elle remonterait avec le jusant, comme aux autres marées, ne jugea pas à propos de la suivre.

Depuis quelques jours il semblait frappé d'aveuglement. Malgré les ordres les plus formels de Vaudreuil, lui enjoignant de garder sur les hauteurs d'Abraham le régiment de Guyenne, pour se porter en peu d'instants aux endroits menacés, il l'avait laissé partir pour le camp de Beauport. Il avait également négligé de suivre le conseil du gouverneur qui, après lui avoir fait remarquer que le poste du Foulon n'était pas assez gardé, lui avait dit d'y ajouter cinquante hommes de la compagnie de Repentigny. " Bougainville, dit Johnstone, avait un

---

1 — Lord Mahon, *History of England*, vol. IV, p. 164.

grand fonds d'esprit, du bon sens et beaucoup de bonnes qualités…; mais à une très grande bravoure se joignait chez lui beaucoup d'ignorance de l'art militaire, qu'il n'avait jamais étudié ". Grâce à des influences de cour et à la faveur de Mme de Pompadour, il était passé de simple aide de camp au grade de colonel, au grand mécontentement de plusieurs officiers plus anciens et plus méritants que lui. Le soir du 12, il avait envoyé dire, contre toute apparence, que l'armée anglaise était rentrée au camp de la Pointe-Lévis; puis, au lieu de suivre la flotte sans jamais la perdre de vue, comme il en avait l'ordre formel, il resta inactif au cap Rouge avec tout son détachement. Pourquoi ne se rapprocha-t-il pas des hauteurs d'Abraham, commes les manœuvres des Anglais le lui indiquaient ? Pourquoi ne renvoya-t-il pas les grenadiers et les volontaires qui sont l'âme de leurs régiments ? Pourquoi, après avoir informé Vaudreuil et Montcalm, ainsi que les postes de Rumigny, de Douglas et de Vergor, qu'il enverrait cette nuit même des bateaux chargés de provisions, n'a-t-il pas averti de son changement de résolution pour qu'ils ne les attendissent plus ? Tout cela, conclut Johnstone, est inexplicable.

Mais ce qui est impardonnable de la part de Bougainville, c'est d'avoir, au mépris des avertissements du gouverneur réitérés dans la lettre où il lui donnait *carte blanche sur les moyens*, changé, ou du moins laissé partir trois ou quatre jours après, le commandant du Foulon, et laissé le poste aux mains de Vergor, cet officier mis en jugement peu d'années auparavant, pour avoir livré presque sans résistance le fort de Beauséjour [1]. L'armée, comme les généraux, se reposait entièrement sur lui. L'avant-veille encore, Montbeillard lui écrivait de Beauport: "Nous passons ici les nuits au bivouac et nous avons grand tort ; c'est vous qui veillez pour nous". Durant tout l'été, il avait eu sous les yeux l'infatigable vigilance de Lévis, qui, placé dans la même position que lui sur la rivière Montmorency, n'avait jamais été mis en défaut. Mais Lévis n'était plus à Québec.

A minuit, deux lanternes furent hissées l'une au-dessus de l'autre au grand mât du *Sutherland*. C'était le signal convenu. Aussitôt la première division prit place dans les bateaux et se mit en ligne, suivie de proche par le reste de l'armée, l'infanterie légère faisant l'avant-garde. A deux heures, sur un signe du général, dont le canot s'était placé en tête, tous les bateaux se mirent en mouvement. Les soldats avaient ordre de garder un profond silence, les équipages de faire le moins de bruit possible, et de ne se servir de leurs rames que pour diriger légèrement leurs embarcations, car la marée baissante et la brise du sud-ouest qui s'était élevée, les faisaient dériver rapidement. Les vaisseaux du général Holmes devaient descendre trois quarts d'heure plus tard avec le reste des troupes. La nuit était sereine mais sans lune, et la lumière des étoiles, tamisée par les vapeurs de septembre, était à peine visible. Le silence nocturne n'était troublé que par le clapottement de l'eau sur les flancs des embarcations, et par le bruit du vent dans les arbres de la falaise qui

---

1 — M. de Foligné, *Journal mémoratif*.

tout près, sur la gauche, dressait sa muraille de pierre dans l'obscurité.

Durant plus d'une heure la longue file de bateaux glissa dans le même silence en suivant les contours du rivage. Aucun bruit insolite ne se faisait entendre sur les hauteurs, et tout portait à croire qu'ils n'étaient pas découverts. Wolfe, assis à l'arrière de son canot, conversait de temps en temps à voix basse avec les officiers rangés auprès de lui. L'un d'eux, John Robinson [1], jeune garde-marine, qui devint plus tard professeur de sciences naturelles à l'université d'Edimbourg, a raconté l'impression profonde qu'avait faite sur lui la conversation du général. Les idées mélancoliques qui l'avaient obsédé lui revenant à l'esprit, il en chercha l'expression dans la poésie, et il se mit à réciter la belle élégie de Gray sur un cimetière de campagne, dont la publication était encore récente. Eut-il une intuition plus vive du sort qui l'attendait, lorsque, d'une voix émue, il répéta ce vers qui ne fut jamais si vrai que pour lui-même :

" The paths of glory lead but to the grave ".

— Messieurs, murmura-t-il, en terminant la citation, j'aimerais mieux avoir fait cette élégie que de prendre Québec.

— Qui vive ? cria une sentinelle invisible dans l'ombre à l'un des bateaux de l'infanterie légère, au moment où il rasait le rivage de Samos à une portée de pistolet.

1 — Robison, d'après Lord Mahon, vol. IV, p. 163.

— France ! répondit un capitaine des Fraser's Highlanders, qui savait très bien le français.

La sentinelle, croyant que c'était le convoi de vivres annoncé par Bougainville, laissa passer le bateau en commettant la faute de ne pas demander le mot d'ordre et de ne pas aller elle-même s'assurer de la vérité [1].

Quelques minutes après, un froissement de branches, indiquant que quelqu'un descendait la côte du Foulon, se fit entendre, suivi d'un nouveau : — Qui vive ?

— France ! répéta le capitaine ; et il ajouta : — " Ne faites pas de bruit, ce sont les vivres ; on pourrait nous entendre ". La corvette le *Hunter* était en effet ancrée à peu de distance. — Passez, dit la sentinelle, qui ne descendit pas plus loin.

La force du courant entraîna les bateaux de l'infanterie légère un peu au-dessous de l'anse [2]. Les vingt-quatre volontaires, conduits par le capitaine Delaune, sautèrent sur le sable et s'avancèrent jusqu'au pied de

---

[1] — Les historiens anglais et américains prétendent que la sentinelle aurait ajouté : — A quel régiment ? Et que le capitaine aurait répondu : — De la Reine. S'il eut véritablement fait cette réponse, elle l'aurait trahi, car le régiment de la Reine ne se trouvait pas à Québec, il était à l'Ile-aux-Noix. Smollett (*History of England*, vol. VIII, p. 376, édition de 1864), et Wright (*Life of Wolfe*, p. 576), affirment que ce régiment faisait partie du corps d'armée de Bougainville. M. Parkman dit seulement qu'il y avait une partie de ce régiment au-dessus de Québec. La liste détaillée du détachement de Bougainville citée plus haut prouve le contraire. Aussi bien, les relations françaises les plus circonstanciées, comme celle de M. de Vaudreuil au ministre (5 octobre 1759), et celle de M. de Foligné (*Journal mémoratif*), se taisent sur cette seconde question.

[2] — Les postes français se succédaient, depuis Québec jusqu'à Sillery dans l'ordre suivant : l'anse des Mères, l'anse du Foulon, Samos et Sillery.

la falaise, qui en cet endroit est très escarpée et couverte aujourd'hui comme alors de bois et de broussailles [1]. Leurs fusils en bandoulière, ils se mirent hardiment à la gravir en s'aidant des branches et des arbustes. Ils arrivèrent au sommet sans avoir reçu un coup de fusil, et s'avancèrent jusqu'à la clairière ouverte sur le plateau, suivis de près par un plus fort détachement. Le jour commençait à poindre et permettait de distinguer la toile blanche des tentes sur le fond obscur du sol et du feuillage. Ils s'élancèrent vers les sentinelles qui, en les apercevant, tirèrent quelques coups de fusil et se replièrent vers les tentes. Vergor dormait profondément dans son lit, et ne fut réveillé que par les détonations et les cris d'alarme. Il sortit précipitamment et se mit en défense avec les soldats de son poste accourus des tentes voisines. Ils n'étaient qu'au nombre d'une trentaine, car Vergor avait envoyé le reste, composé d'habitants de Lorette, travailler à leur récolte, à la condition, paraît-il, qu'ils iraient achever les siennes sur la terre qu'il possédait dans cette paroisse [2]. Un piquet de l'infanterie légère débarqué un peu plus haut, gravissait alors le ravin et marchait au secours des volontaires [3]. Vergor, pris

---

[1] — Afin de bien me rendre compte des obstacles que présente la montée, je m'y suis transporté le 31 mai 1891. A une centaine de pas à l'est de la côte suivie par les voitures, c'est-à-dire à l'endroit même où montèrent les soldats de Howe, la falaise est restée absolument dans le même état, ombragée d'arbres et de broussailles comme au siècle passé. Je l'ai gravie avec mes jambes de soixante ans en moins de cinq minutes, la montre à la main.
[2] — *Mémoires sur le Canada.*
[3] — *Vaudreuil au ministre*, 5 octobre 1759.

entre deux feux, ne fit qu'une faible résistance, reçut une balle au talon et se rendit prisonnier avec quelques-uns des siens. Les autres réussirent à s'échapper à la faveur de l'obscurité et des bois voisins.

Wolfe, resté sur le bord de la grève, attendait un signal avant de lancer de nouvelles troupes. Pendant un temps assez long, rien ne rompit le silence de la nuit que les rafales du vent et le murmure du ruisseau Saint-Denis qui, gonflé par les dernières pluies, tombait en cascade sur le flanc de la montagne. Soudain éclatèrent quelques coups de fusil suivis d'appels aux armes, puis de nouvelles décharges accompagnées de clameurs confuses. Enfin, des hourras poussés par cent poitrines anglaises annoncèrent que le poste était pris. Wolfe, sans rien laisser voir de la joie qu'il éprouvait, donna l'ordre d'avancer. Toute la première division, formée d'environ seize cents hommes, s'élança hors des bateaux, précédée des sapeurs qui, en peu d'instants, eurent débarrassé le ravin des abattis qui l'obstruaient et rendu libre le chemin tracé sur le penchant de la côte. Une partie de la division s'y engagea, tandis que le reste grimpait à droite et à gauche en s'accrochant aux buissons et aux angles des rochers. Wolfe, à qui l'excitation du moment donnait de nouvelles forces, gravit la côte d'un pas léger et rangea rapidement les troupes en bataille à mesure qu'elles débouchaient sur le plateau, l'aile gauche du côté de Sillery, l'aile droite du côté de Québec, toute la ligne faisant face au chemin Saint-Louis. L'éveil avait été donné à la batterie de Samos par la fusillade du Foulon, et elle ouvrit un feu vif sur les bateaux dont elle endommagea quelques-uns, tua ou blessa plusieurs soldats et officiers [1]. Le colonel Howe fut détaché avec l'infanterie légère pour aller s'emparer de ce poste et de celui de Sillery, dont la batterie tirait maintenant à toute volée sur l'escadre qui achevait de dériver et jetait l'ancre devant l'anse du Foulon. Les deux postes, assaillis par des forces supérieures, et se voyant sur le point d'être cernés, battirent en retraite du côté du cap Rouge. Une partie du régiment d'Anstruther alla prendre position dans les maisons échelonnées sur la route de Sillery.

Le transport des troupes s'était fait avec une telle célérité, qu'avant six heures du matin les plus éloignées, celles du colonel Burton, stationnées de l'autre côté de la rivière, avaient été traversées et déposées dans l'anse du Foulon. Les gardes françaises entretenues par la ville le long de la grève, essayèrent d'inquiéter le débarquement, mais furent refoulées par des détachements soutenus du canon des vaisseaux.

Durant ces opérations le grand jour était venu. Le soleil du 13 septembre se leva dans les nuages : du ciel gris d'automne tombaient de temps en temps de légères ondées qui faisaient craindre une journée pluvieuse. Sur la plaine ondulée et semée de bouquets d'arbres qui s'étendaient devant l'armée, aucun ennemi n'avait encore fait son apparition. On eût dit que les régiments anglais n'y avaient été rassemblés que pour l'exercice d'une parade. Seul, le canon du bombardement, qui avait redoublé à la nouvelle du succès de la descente,

---

1 — Dans le bateau où était le capitaine Knox, il y eut sept hommes tués ou blessés.

rappelait la guerre. Quand on songe que pour obtenir un tel avantage, il n'avait fallu que la peine d'une montée difficile, et trois escarmouches insignifiantes, on reste confondu. Toutes les causes qui auraient dû faire manquer cette audacieuse tentative avaient conspiré pour sa réussite.

Premièrement, le régiment de Guyenne posté sur les plaines d'Abraham, avait été retiré contre toute raison [1];

Secondement, il l'avait été à l'insu de Vaudreuil, sans quoi ce gouverneur aurait insisté à le faire renvoyer;

Troisièmement, Bougainville, contre l'avis de Vaudreuil, n'avait pas renforcé le poste du Foulon avec les cinquante hommes d'élite de Repentigny;

Quatrièmement, les deux déserteurs de Royal-Roussillon, révélèrent à Wolfe le passage projeté du convoi de vivres, dans la nuit du 12;

Cinquièmement, Bougainville le fit annoncer aux différents postes, et quoique ce convoi ne descendît pas, il négligea de contremander son ordre;

Sixièmement, le déserteur du Royal - Américain s'évada avant de connaître la proclamation de Wolfe, et ne put ainsi révéler le projet de descente;

Septièmement, Bougainville, qui avait toujours suivi pas à pas la flotte de l'amiral Holmes et ne l'avait pas perdue de vue, la vit descendre du cap Rouge et y resta précisément durant la fatale nuit du 13;

Huitièmement, le commandant du Foulon avait été remplacé trois ou quatre jours auparavant par le capitaine de Vergor, le plus mauvais soldat de la colonie;

---

1 — Dans la soirée même du 12, d'après Vaudreuil. *Lettre au ministre*, 5 octobre 1759.

Neuvièmement, celui-ci, le soir du 12, avait permis à presque tout son monde de s'absenter ;

Dixièmement, il n'exerçait aucune vigilance et dormait profondément au moment du débarquement des Anglais.

Si une seule de ces chances avait fait défaut, la descente aurait probablement été empêchée, ou du moins arrêtée dans son exécution, et peut-être tournée en effroyable désastre. Si, par exemple, le régiment de Guyenne avait été retenu sur les plaines d'Abraham par Bougainville, comme celui-ci en avait l'ordre positif de Vaudreuil, il serait arrivé à temps pour surprendre les régiments anglais dans le désordre de la montée, les culbuter du haut en bas des caps, et lancer sur eux un feu plongeant qui en aurait fait un terrible massacre, tandis que les batteries de Samos et de Sillery les prenant en enfilade, auraient complété l'hécatombe. Wolfe aurait perdu devant Québec sa réputation d'homme de guerre, et serait aujourd'hui placé au rang de Phipps ou de Sir Hovenden Walker. L'Angleterre, découragée par la ruine de cette expédition qui lui avait coûté d'énormes dépenses, aurait probablement renoncé à son projet de conquête ; et la Nouvelle-France serait restée à ses anciens maîtres, en proie aux abus qui l'auraient entraînée sur la pente que suivait la France de Louis XV, jusqu'à ce qu'elle fût tombée avec celle-ci dans l'abîme de la révolution.

Pendant que les trois brigadiers complétaient les dispositions, Wolfe s'avança à une petite distance du côté de Québec pour choisir le terrain sur lequel il voulait livrer bataille. Il s'arrêta sur un plateau assez uni qui, à partir de ce jour, allait devenir immortel sous le nom de Plaines d'Abraham. Cette désignation avait été donnée à ce lieu parce qu'un des premiers colons du Canada, Abraham Martin, ancien pilote surnommé maître Abraham, y avait acquis une terre qu'il avait défrichée. Le plateau, large à peu près d'un quart de lieue, est coupé à droite par l'énorme anfractuosité au fond de laquelle coule le fleuve Saint-Laurent; à gauche, par le coteau Sainte-Geneviève, au pied duquel s'étend la vallée où la rivière Saint-Charles traîne en serpentant ses eaux lentes et boueuses. Les deux falaises forment en se réunissant, à une demi-lieue vers l'est, le cap Diamant, sur lequel est assise la citadelle de Québec. Deux chemins courant parallèlement traversent les plaines d'Abraham : l'un, le chemin Saint-Louis, sort de la porte de ce nom, et mène à Sillery ; l'autre, le chemin Sainte-Foye, émerge de la porte Saint-Jean et conduit à la paroisse de Sainte-Foye. En avant du plateau règne un léger ravin qui descend en pente douce et remonte un peu plus loin pour former les buttes à Neveu, lesquelles se prolongent jusque sous les murs de la ville. A travers les champs de blé et les prairies qui couvraient ces plaines, surgissaient çà et là des bouquets d'arbres et des touffes d'arbustes. De la crête du coteau Sainte-Geneviève, la vue embrasse toute l'étendue des paroisses de Lorette, de Charlesbourg et de Beauport, le bassin de Québec, l'île d'Orléans et toute la côte de Beaupré, c'est-à-dire les paroisses de l'Ange-Gardien, du Château-Richer, de Sainte-Anne et de Saint-Joachim, bornées à l'horizon par le cap Tourmente. Cette vue rappelle par son étendue et son aspect pittoresque, la route de Naples à Castellamare. Il ne manque à la montagne Sainte-Anne, qui dresse son cône bleu à sept lieues de distance, qu'un panache de fumée pour ressembler au Vésuve.

Wolfe apprit en rejoignant son armée qu'un officier avait reçu une balle au travers du poumon. Il donna, dans cet instant critique, une marque de bonté et de sympathie qui explique l'affection qu'avaient pour lui ses soldats. Il alla lui presser la main, lui exprimer toute sa douleur, et l'assura que s'il guérissait, il le recommanderait pour une promotion, ajoutant qu'il allait en prévenir Monckton, en cas que lui-même tombât dans la bataille.

Les tirailleurs canadiens et sauvages commençaient à se montrer aux abords des bois, et lançaient des balles qui tuaient ou blessaient quelques hommes. L'armée avait exécuté un changement de front et faisait face à la ville. Le général la disposa sur trois colonnes et la fit avancer vers les plaines.

C'est à ce moment que Montcalm reçut le premier avis d'une descente au Foulon [1]. Vaudreuil l'ignorait encore. Marcel n'était plus auprès de lui ; il avait suivi à la batterie de la Canardière le major Dumas

---

1 — Le *Journal de Montcalm* s'arrête à la journée du 12 septembre. Marcel n'eut le courage de le reprendre que dix jours après pour raconter en quelques pages la bataille du 13, la mort du général et les derniers incidents de la campagne. Avant de commencer son récit, daté du cap Santé, le 23 septembre 1759, il s'écrie : "Je n'ai plus que des malheurs à écrire ; vingt fois j'ai pris la plume et vingt fois la douleur l'a fait tomber de mes mains ! Comment me rappeler une suite d'événements aussi assommants ? Nous étions sauvés et nous sommes perdus" !

qui, prévenu par les patrouilles d'eau que les berges signalées à Poulhariez remontaient vers la ville, avait fait sortir des retranchements et marcher au bord de la grève les milices de Québec. Aux premières lueurs de l'aube, tout danger semblait disparu, et l'armée rentrait dans les tentes lorsque des coups de canon retentirent du côté de Samos. Montcalm venait de quitter Johnstone après avoir pris une tasse de thé avec lui pour se réveiller, n'ayant pas dormi de la nuit, et avait ordonné de seller ses chevaux. Il arrivait à la Canardière. En rentrant avec Marcel dans la maison du séminaire, il dit avec saisissement que ses craintes se réalisaient, et que le convoi de vivres était attaqué, peut-être même pris. Peu d'instants après entra un Canadien tout hors d'haleine, qui n'avait fait qu'une course du Foulon au camp. Il dit qu'il était le seul échappé du poste de M. de Vergor, que ce poste avait été surpris, emporté, et que les Anglais étaient maîtres des hauteurs. " Nous connaissions si bien, dit le secrétaire de Montcalm, les difficultés de pénétrer par ce point, pour peu qu'il fût défendu, qu'on ne crut pas un mot du récit d'un homme à qui nous crûmes que la peur avait tourné la tête. J'allai me reposer chez moi, en priant M. Dumas d'envoyer au quartier général pour avoir des nouvelles, et de me faire avertir s'il y avait quelque chose à faire. On entendait toujours quelques coups de fusil de loin en loin ". La ville fit des signaux. " Par quelle fatalité n'envoya-t-on pas savoir des nouvelles [1] " ?

---

1 — *Journal de Montcalm.*

Le chevalier de Bernetz avait expédié au camp un courrier qui rencontra chemin faisant le major général Montreuil, lequel venait d'être prévenu par un fuyard [1].

Ch́ev. de montreuil

Montreuil fit marcher immédiatement le régiment de Guyenne et courut avertir le marquis de Montcalm qui fit aussitôt avancer un piquet par bataillon et six cents hommes de Montréal. Il les suivit de près, après avoir laissé le camp sous le commandement de M. de Senezergues [2].

Lorsque, vers six heures du matin, les lignes blanches du régiment de Guyenne commencèrent à serpenter à travers les buttes à Neveu, Wolfe fit faire halte à son armée et la mit en bataille sur trois rangs de profondeur, à une petite distance du ravin. Elle couvrait l'espace compris entre le sommet de la falaise et le chemin de Sainte-Foye, et regardait la ville, distante seulement d'un quart de lieue, mais dont les buttes lui dérobaient la vue. Monckton commandait la droite avec les grenadiers de Louisbourg, les régiments d'Otway, de Bragg et de Kennedy; Murray, le centre avec ceux de Lascelles, des Highlanders et d'Anstruther; Townshend, la gauche avec le régiment d'Amherst et le Royal-Américain. Cette aile n'atteignait pas le coteau Sainte-Geneviève. Wolfe s'était solidement établi dans la maison d'un nommé Borgia et dans

---

1 — *Journal de Lévis*, p. 207.
2 — *Journal de Malartic*, p. 284.

quelques autres constructions voisines du chemin de Sainte-Foye, le long duquel les deux derniers régiments étaient disposés en potence, afin de repousser l'aile droite des Français si elle essayait de déborder de ce côté [1]. L'infanterie légère, ramenée de Sillery, se rangeait sur trois colonnes à quelques pas en arrière. Le colonel Burton commandait la réserve avec le régiment de Webb subdivisé en huit corps séparés par de grands intervalles [2]. L'effectif de cette armée était de cinq mille deux cent vingt-neuf hommes de toutes armes. Le troisième bataillon du Royal-Américain avait été laissé à la garde du débarquement. Enfin, le détachement d'Anstruther établi, comme on l'a vu, dans les maisons de Sillery, devait tenir en échec le corps de Bougainville [3].

Vaudreuil n'avait été prévenu qu'à six heures moins un quart par un billet contradictoire du chevalier de Bernetz qui lui annonçait que l'ennemi était descendu au Foulon, mais qu'il le croyait rembarqué. Il ne connut la vérité qu'après le départ de M. de Montcalm [4]. A sept heures moins un quart, il envoya un exprès à

---

1 — Mante. *History of the late war*, p. 255. — Voir à la fin du chapitre, *A view of the action gained by the English, September 13th, 1759, near Quebec, brought from thence by an officer of distinction*. Sur ce plan l'infanterie légère est placée, partie en avant, partie en arrière du Royal-Américain.

2 — Mante, p. 255.   3 — *Idem*, p. 255.

4 — " M. de Vaudreuil n'en fut exactement informé que vers les six heures et demie ". *Journal tenu à l'armée*. Vaudreuil avait son quartier général dans la maison de M. De Vienne, située sur le chemin de Beauport, vis-à-vis la route de Bourg-Royal. *Lettre de Vaudreuil à Bougainville*, 17 septembre 1759. De Vienne y avait d'abord reçu son cousin Bougainville durant les premiers jours du siège.

Bougainville avec ces quelques mots : " Il paraît bien certain que l'ennemi a fait un débarquement à l'anse du Foulon ; nous avons mis bien du monde en mouvement. Nous entendons quelques petites fusillades.... Il me tarde d'avoir de vos nouvelles et de savoir si l'ennemi a fait quelque tentative de votre côté ". Vaudreuil ajoutait en post-scriptum. " Les forces de l'ennemi paraissent considérables. Je ne doute pas que vous soyez attentif à ses mouvements et à les suivre ; c'est sur quoi je m'en rapporte à vous ".

Les courriers se succédaient avec des nouvelles de plus en plus alarmantes. Montcalm put à peine en croire ses yeux, lorsqu'en arrivant à la rivière Saint-Charles, il aperçut distinctement les rangées d'uniformes écarlates sur le penchant du coteau Sainte-Geneviève :

— " L'affaire est sérieuse, dit-il à Johnstone qui l'accompagnait ; retournez au plus vite à Beauport, et ordonnez à Poulhariez de m'envoyer en toute hâte le reste de la gauche sur les hauteurs d'Abraham ". Puis il piqua des deux, et le regard fixe, sans proférer une parole, il traversa à fond de train le pont et la vallée Saint-Charles en se dirigeant vers la côte d'Abraham.

Toute l'armée fut bientôt en mouvement, à l'exception de la garde des batteries et de la tête de pont. Dans la ville, l'excitation et l'alarme étaient indescriptibles. Les citoyens avaient été réveillés en sursaut en entendant crier : Les Anglais sont aux portes ! Tout ce qui ne portait pas les armes, vieillards, femmes, enfants accourus au nord de la ville, stationnaient soit aux remparts, soit au bord du cap, et regardaient dans une muette anxiété défiler les troupes depuis le chemin de Beauport jusqu'à la ville. Elles s'avançaient à marche forcée, les régiments de la ligne reconnaissables à leurs uniformes blancs, drapeaux déployés, tambours battants, les milices vêtues de toute façon, la plupart en costumes d'habitant. Après avoir traversé les ponts, elles se divisaient en trois colonnes, la première montant par la côte du Palais, la seconde par la côte à Coton, la troisième par celle d'Abraham. Tandis que ces deux dernières longeaient à l'ouest les murs d'enceinte, la première, entrée par la porte du Palais, traversait la cité en ruine et débouchait par les portes Saint-Jean et Saint-Louis. Les femmes, les enfants reculaient au passage des bandes de sauvages aux allures et aux regards féroces sous leur tatouage de guerre, avec leurs pendeloques, leurs scalpes, leurs plumets agités par une marche rapide. Des familles cherchaient parmi les miliciens soit un fils, soit un époux, soit un père, pour les embrasser avant la bataille, qui s'annonçait par une fusillade intermittente. Chacun sentait que le moment de la crise si longtemps redoutée était venu. Tout ce qu'un peuple a de cher : sa religion, sa patrie, ses foyers, son existence même, étaient en jeu.

Montcalm demeura stupéfait en apercevant devant lui, non pas un détachement, comme il s'y attendait, mais toute l'armée de Wolfe. Il courut de la droite à la gauche, en comptant les régiments, remarqua au centre celui des Écossais, tranchant, par ses uniformes rayés de diverses couleurs, sur le rouge des lignes anglaises, par la musique nasillarde de leur cornemuse mêlée aux sons clairs des fifres et des trompettes. Du ciel gris se détachaient de petites ondées qui continuaient à tomber par intervalles. Le colonel de Fontbonne, commandant de Guyenne, avait fait les premières dispositions avec autant d'intelligence que de bravoure. Après avoir étendu le front de son régiment pour en imposer à l'ennemi, il avait profité des accidents du terrain pour jeter en avant des pelotons qui entretenaient un feu bien nourri avec ceux des Anglais. Trois ou quatre cents tirailleurs canadiens, dispersés à gauche, dans un champ de blé en épis au centre derrière des touffes d'épinettes, de cèdres et d'aubépines, à droite dans un petit bois traversé par le chemin de Sainte-Foye, incommodaient si fort les Anglais, que leur commandant les avait tenus longtemps couchés à terre pour éviter les balles. Montcalm rangea son armée en bataille sur trois lignes de hauteur à mesure qu'elle arrivait : les milices sur les deux ailes ; les régiments de ligne au centre, dans le même ordre qu'ils occupaient au camp de Beauport, c'est-à-dire Royal-Roussillon le plus près du fleuve, puis Guyenne, Béarn, Languedoc et la Sarre. Le major Dumas commandait la plus forte partie des Canadiens placés à droite. Quelques pièces d'artillerie demandées à la ville, furent amenées " avec promptitude [1] ", pour répondre au feu de mitraille que venaient d'ouvrir deux canons anglais [2]. Montcalm ordonna à Marcel qui arrivait avec des munitions, de placer deux pièces sur le chemin de Sainte-Foye [3], lesquelles concentrèrent leur feu sur la maison de Borgia, dont trois cents hommes

---

1 — M. de Foligné.
2 — *Knox's Journal*, Vol. II, p. 70.
3 — *Journal de Montcalm.* — *Journal de Lévis*, p. 208.

de l'infanterie légère s'étaient emparés en avant de leurs lignes. Quelques Canadiens s'y glissèrent, malgré les balles qui pleuvaient des ouvertures, y mirent le feu, en chassèrent les ennemis, et les forcèrent de se rabattre sur leurs régiments.

Un cavalier d'ordonnance de Vaudreuil, lequel s'avançait avec le reste des troupes, vint dans ce moment remettre à Montcalm un billet où il le conjurait de ne pas précipiter l'attaque : " L'avantage, disait ce billet, que les Anglais avaient eu de forcer nos postes, devait naturellement être la source de leur défaite ; mais il était de notre intérêt de ne rien prématurer. Il fallait que les Anglais fussent en même temps attaqués par notre armée, par quinze cents hommes qu'il nous était fort aisé de faire sortir de la ville, et par le corps de M. de Bougainville, au moyen de quoi ils se trouveraient enveloppés de toutes parts, et n'auraient d'autres ressources que leur gauche pour leur retraite, où leur défaite serait encore infaillible [1] ".

Ce billet contenait, de l'aveu de tous les hommes de guerre, le meilleur parti à suivre, mais Montcalm le rejeta avec dédain. " Il n'en fallut pas davantage, dit le *Journal tenu à l'armée*, pour déterminer un général qui eût volontiers été jaloux de la part que le simple soldat eût pris à ses succès ; son ambition était qu'on ne nommât jamais que lui, et cette façon de penser ne contribua pas peu à lui faire traverser les différentes entreprises où il ne pouvait pas paraître ".

---

1 — *Archives de la Marine, Collection Moreau de Saint-Méry, Vaudreuil à M. de Berryer*, 5 octobre 1759. — *Journal tenu à l'armée.*

Le premier soin de Montcalm en voyant, à son arrivée sur les plaines, qu'il avait affaire à toute l'armée de Wolfe, aurait dû être évidemment de se mettre en communication avec Bougainville. Il n'était pas encore sept heures du matin. En moins d'une heure et demie, un cavalier aurait franchi la vallée Saint-Charles, remonté la route de Lorette à l'église de Sainte-Foye, et remis à Bougainville l'ordre d'accourir au plus vite. Celui-ci, dont l'armée était en marche à neuf heures, aurait pu, en hâtant le pas, signaler son approche dès onze heures.

Dans l'intervalle, Montcalm aurait eu le temps de faire sortir la garnison de Québec et de la mettre en ligne avec les quinze cents hommes qu'amenait le gouverneur. Il aurait ainsi attaqué de front l'armée anglaise avec plus de six mille hommes, tandis que l'élite de son armée, composée de plus de deux mille soldats, l'aurait prise en queue. L'issue était facile à prévoir. Mais l'homme qui, selon l'expression de Montcalm, savait si bien faire la guerre à l'œil, n'était pas là.

" Je m'arrêtai, dit Marcel, un moment avec le marquis de Montcalm qui me dit : " — Nous ne pouvons éviter le combat. L'ennemi se retranche ; il a déjà deux pièces de canon. Si nous lui donnons le temps de s'établir, nous ne pourrons jamais l'attaquer avec le peu de troupes que nous avons ". Il ajouta avec une espèce de saisissement : " — Est-il possible que Bougainville n'entende pas cela " ? Il me quitta sans me donner le temps de lui répondre autre chose sinon que nous étions bien petits ".

Montcalm tint un conseil de guerre avec les commandants des divers corps ; mais ceux-ci, voyant la résolution où il était de brusquer l'attaque, n'osèrent le contredire, ou le firent timidement comme le chevalier de Montreuil [1]. Lévis seul, s'il eût été présent, aurait pu par son sang-froid, calmer l'agitation du général, et par l'ascendant qu'il exerçait sur lui, l'empêcher de précipiter l'action.

Les troupes régulières et coloniales que Montcalm avait en ce moment sous la main, ne s'élevaient pas à plus de trois mille cinq ou six cents hommes [2], la plus grande partie composée de milices. L'élite de l'armée, les grenadiers, les volontaires étaient, comme on vient de le voir, au cap Rouge avec Bougainville. On avait en outre, un mois auparavant, détaché de l'armée, avec le chevalier de Lévis, huit cents hommes, des meilleurs soldats choisis parmi les cinq régiments qui allaient se battre.

La seule partie de l'armée engagée jusqu'à ce moment était les Canadiens de la droite qui, conduits par Dumas, avaient délogé l'infanterie légère de la maison de Borgia. Favorisés par le petit bois qui leur servait de retraite, ils en sortaient au pas de course et s'élançaient sur cette infanterie chaque fois qu'ils la voyaient s'avancer : ils venaient de la repousser pour la troisième fois [3]. " Les

---

1 — Poulhariez, en qui Montcalm avait plus de confiance que dans tous les officiers généraux de son camp, avait été laissé à la garde de l'ouvrage à cornes.

2 — *Journal de Lévis*, p. 208. Voir la note à la fin du chapitre.

3 — *Vaudreuil au ministre*, 5 octobre 1759.

Canadiens arrangés de la sorte, dit le *Journal tenu à l'armée*, surpassent certainement par l'adresse avec laquelle ils tirent, toutes les troupes de l'univers ". Les succès obtenus coup sur coup par ces braves miliciens, et l'ardeur que montrait le reste des troupes inspirèrent trop de confiance à Montcalm. Il oublia que les Canadiens perdaient leur supériorité en rase campagne ; qu'en outre, ils étaient la plupart mal armés, n'ayant que leurs fusils de chasse. Une partie d'entre eux n'avaient pas même de baïonnettes, qu'ils avaient remplacées par des couteaux fixés, tant bien que mal, au bout de leur fusil [1]. L'armée, inférieure en nombre, fatiguée d'une marche forcée d'une à deux lieues, dont les derniers arrivés étaient encore essoufflés, allait perdre l'avantage du terrain en descendant dans un ravin inégal, embarrassé de buissons, où les rangs seraient infailliblement rompus avant d'atteindre l'ennemi sur la hauteur qu'il occupait. La crainte de lui donner le temps de se retrancher et d'augmenter son nombre, l'emporta sur toutes ces raisons. Montcalm poussa son cheval en avant de sa ligne de bataille, et parcourut les rangs en les animant par sa parole vive, avec cet air chevaleresque et martial qui le faisait admirer de ses soldats. Un jeune milicien de dix-huit ans, présent à l'action, et qui vécut dans un âge très avancé, Joseph Trahan, a souvent raconté l'impression singulière que lui avait laissée la vue du général. " — Je me rappelle très bien, disait-il, l'attitude de Montcalm avant le combat. Il montait un cheval

---

[1] — " Ces gens (les Canadiens) mal armés, n'ayant point de baïonnettes et que de simples fusils de chasse ". *Mémoires de Pouchot*, vol. II, p. 142.

brun ou noir, au front de nos lignes, tenant haut son épée comme pour nous exciter à faire notre devoir. Il portait un uniforme à larges manches, dont l'une, rejetée de l'arme qu'il tenait, découvrait le linge blanc de sa manchette [1]".

Il était dix heures. Les nuages s'étaient dissipés, et le soleil éclairant la plaine de tout son éclat, faisait briller devant les Français, les baïonnettes, les sabres, les uniformes garances des Anglais, les tartans des Highlanders. Wolfe, qu'on eût dit présent partout, reconnaissable à sa haute taille, marchait à la tête de ses régiments qu'il avait fait avancer jusqu'au bord du ravin. Personne mieux que lui ne comprenait la position dangereuse où il se trouvait. Quelques coups de fusils entendus du côté de Sillery lui faisaient penser que Bougainville s'avançait et serait bientôt sur ses derrières. Si le général français retardait l'attaque pour combiner son mouvement avec celui du colonel, il sentait que sa position était presque désespérée. Mais la fortune qui avait si bien favorisé le coup d'audace qu'il venait d'accomplir, lui donnait foi dans le triomphe. Il passait devant ses régiments, en montrant l'ennemi de son épée, haranguant ses soldats d'un air inspiré, leur disant que pour eux c'était la victoire ou la mort, car la retraite était impossible.

Montcalm fit sonner la charge. Son armée s'ébranla en front de bandière, poussant le cri de guerre à la façon des anciens. Elle s'avança avec rapidité, recueil-

---

1 — *Revue Canadienne. Le régiment des montagnards écossais*, par M. J.-M. LeMoine, vol. IV, p. 856.

lant sur son passage les pelotons de tirailleurs qui n'avaient pas eu le temps de rentrer dans les rangs, ce qui occasionna un premier flottement. Elle ne fut pas rendue au fond du ravin, que les lignes rompues par les difficultés du sol firent croire aux Anglais que l'attaque se faisait en colonnes irrégulières.

Les régiments essayèrent de se reformer en gravissant la montée, et firent halte à une demi-portée de fusil. Dans l'instant de silence qui suivit, on n'entendit que les cris de commandements répétés sur tout le front de l'armée puis une décharge générale par les trois rangs à la fois, sans qu'on eût le soin de réserver de coups pour entretenir le feu. Cette première décharge, faite à distance et avec précipitation, produisit peu d'effet. Les Canadiens, rangés presque tous sur la seconde ligne, se couchèrent à terre pour recharger selon leur coutume et causèrent ainsi quelque confusion. Les Anglais, à qui leur commandant avait ordonné de mettre deux balles dans leurs fusils, s'approchèrent avant de tirer, et de la hauteur d'où ils dominaient, répondirent par un feu bien dirigé qui décima le premier rang et le fit osciller. Le centre anglais surtout, dont la décharge instantanée résonna " comme un coup de canon ", fit d'affreuses trouées dans les régiments. Un nuage de fumée enveloppa les deux armées qui continuèrent à marcher de l'avant. Le combat fut court, mais d'une extrême vivacité. Les deux braves commandants de la Sarre et de Guyenne, Senezergues et Fontbonne, furent tués en ce moment, ainsi que le second commandant de la droite, M. de Saint-Ours. Le lieutenant-colonel de Languedoc, Privat, fut blessé dangereusement. L'aide-major Malartic eut deux chevaux tués sous lui.

Du côté des Anglais, le colonel Carleton reçut une blessure à la tête, le brigadier Monckton une balle au travers du corps. Pendant que Montcalm courait d'un point à l'autre pour raffermir ses bataillons ébranlés, Wolfe dirigeait l'attaque en personne à la droite de son armée. Une balle l'avait atteint au poignet, et il s'était fait un bandage avec son mouchoir. Il marchait en avant des grenadiers et leur donnait l'ordre de charger, lorsqu'une seconde balle le frappa dangereusement. Mais fidèle à l'axiome qu'il répétait souvent : " Tant qu'on peut marcher et tenir ses armes, c'est une honte de reculer ", il continua d'avancer. Son brillant uniforme le signalait aux francs-tireurs canadiens cachés dans les buissons, d'où montaient des flocons de fumée. Une troisième balle le frappa en pleine poitrine. Il chancela, et voyant qu'il perdait connaissance, il dit à un officier d'artillerie qui se trouvait près de lui : " — Soutenez-moi, il ne faut pas que mes braves soldats me voient tomber ". Le lieutenant Brown, du corps des grenadiers, le grenadier Henderson et un autre soldat accoururent, le prirent dans leurs bras, et l'emportèrent en arrière du champ de bataille. A sa demande, ils le déposèrent sur le gazon, dans un pli du terrain. Un des officiers voulut aller chercher un chirurgien. — " C'est inutile, soupira le général ; c'en est fait de moi ". Il paraissait sans connaissance, lorsqu'un de ceux qui l'assistaient cria : — " Ils fuient ! ils fuient ! — Qui fuit ? demanda vivement Wolfe, comme s'il se réveillait d'un profond sommeil.

— " Les ennemis, répondit l'officier, ils cèdent de tous côtés " !

Wolfe reprit : — " Que l'un de vous coure vite dire au colonel Burton de descendre en toute hâte avec son régiment vers la rivière Saint-Charles et de s'emparer des ponts pour couper la retraite aux fuyards ". Il se tourna sur le côté, murmura tout bas : " Dieu soit loué, je meurs en paix ", et il expira [1].

Les dernières décharges des deux armées s'étaient faites presque à bout portant. Wolfe avait communiqué son impétuosité à ses troupes. La charge à la baïonnette commandée par lui au moment où il tomba avait fait plier le centre [2], et faire volte-face à toute l'armée française ; mais " la déroute ne fut totale que parmi les troupes réglées. Les Canadiens accoutumés à reculer à la manière... des anciens Parthes, et à retourner ensuite à l'ennemi avec plus de confiance qu'auparavant, se rallièrent en quelques endroits [3] ", principalement dans le petit bois de la droite, où ils tinrent en échec une partie des régiments anglais.

La masse des fuyards, n'écoutant ni le général ni les officiers, se précipita dans la vallée pour regagner l'ouvrage à cornes : le reste s'enfuit vers la ville. Montcalm, entraîné par ce torrent, cherchait à rallier quelques compagnies en face de la porte Saint-Louis, quand il reçut deux blessures coup sur coup, une à la cuisse, l'autre dans l'aîne. Le capitaine Marcel était occupé à quelques pas de lui, à sauver une des pièces d'artillerie. " Je vis, dit-il, arriver M. le marquis de Montcalm à cheval, soutenu par trois soldats. J'entrai avec lui dans la ville où le chevalier de Bernetz me donna quelques

---

1 — *Knox*, vol. II, p. 78.
2 — *Journal tenu à l'armée.*   3 — *Idem.*

ordres que je courus exécuter sur le rempart"…. La foule qui s'y était pressée pour voir l'issue du combat, en descendait et inondait la rue Saint-Louis. Quelques femmes le voyant passer, pâle et inondé de sang, s'écrièrent en pleurant : " — O mon Dieu ! mon Dieu ! le marquis est tué !

— " Ce n'est rien ! ce n'est rien ! répondit le général mourant, en se tournant vers elles, ne vous affligez pas pour moi, mes bonnes amies [1] ".

Vaudreuil était arrivé près des hauteurs au moment de la déroute. Il avait vainement cherché à rallier les régiments : sa voix s'était perdue dans le tumulte de la fuite. Une partie des Canadiens, plus dociles à sa parole, étaient retournés sur leurs pas et couraient au secours des braves miliciens qui défendaient le terrain avec le courage du désespoir, dans le bois du chemin de Sainte-Foye et dans quelques taillis plus rapprochés de la porte Saint-Jean.

Les sauvages, suivant leur instinct d'oiseaux de proie, s'étaient retirés à l'écart au commencement de la mêlée, et attendaient le moment de se répandre sur le champ de bataille pour scalper et dépouiller les morts et les blessés. Townshend, à qui le commandement était dévolu, ne profita pas de la victoire autant qu'il l'aurait pu ; car il lui eût été facile de s'emparer des portes et de pénétrer dans la ville au milieu de la confusion générale. Murray était retenu sur la gauche par l'opi-

---

1 — Cette anecdote a souvent été racontée par feu M. Malcolm Fraser, fils du lieutenant des Fraser's Highlanders, qui l'avait apprise d'une vieille dame de Québec. Celle-ci, toute jeune fille, se trouvait parmi le groupe de femmes à qui le général adressa ces paroles.

niâtreté des Canadiens. Au moment de la déroute, les Highlanders qu'il commandait s'étaient élancés les premiers, la claymore à la main, en poussant leur farouche cri de guerre. Ils avaient tout fait fuir devant eux, et s'étaient avancés jusqu'à l'orée du bois ; mais là ils avaient été arrêtés par un feu de mousqueterie aussi bien nourri qu'habilement dirigé. Après d'inutiles efforts pour en déloger les Canadiens, les Highlanders avaient été forcés de battre en retraite, pour aller se reformer sur le chemin Saint-Louis. Murray les fit ensuite descendre plus à l'ouest, jusqu'au bord du coteau Sainte-Geneviève, afin de prendre le bois à revers, et chasser en même temps du penchant de la côte, des bandes de francs-tireurs canadiens qui en défendaient la descente. " Ils tuèrent et blessèrent un grand nombre de nos hommes, dit le lieutenant Fraser, et nous forcèrent de retraiter un peu plus loin pour refaire nos rangs ". Murray les ramena pour la troisième fois à l'attaque, mais renforcés à droite et à gauche du régiment d'Anstruther et du second bataillon du Royal-Américain. Une nouvelle lutte s'engagea et fut soutenue " avec une ardeur et un acharnement incroyables ", au dire du chevalier Johnstone, témoin de cette lutte héroïque. " Quand ils furent écrasés par le nombre, ils disputèrent pied à pied le terrain depuis le sommet jusqu'au bas des hauteurs ".

Au milieu de la vallée s'élevait la boulangerie de l'armée, entourée de quelques maisons. Les Canadiens s'y rallièrent une dernière fois et arrêtèrent encore assez longtemps les trois régiments ennemis. " Ce fut là et autour du bois, rapporte Fraser, que notre régiment souffrit davantage ". Le chevalier Johnstone qui a raconté en détail ce brillant fait d'armes, dit que ces infortunés héros se firent presque tous tuer sur place, mais qu'ils sauvèrent un grand nombre de fugitifs et donnèrent le temps à l'armée française de se réfugier dans l'ouvrage à cornes.

FORCES RESPECTIVES DES ARMÉES ANGLAISE ET FRANÇAISE A LA BATAILLE D'ABRAHAM.

M. Parkman, dans *Montcalm and Wolfe*, estime à moins de trois mille cinq cents les troupes qui soutinrent le choc des Français, ce qui ne peut se concilier avec le tableau suivant, extrait du *Journal* de Knox, où se trouve indiqué le nombre de soldats de chaque régiment présent à l'action, avec le chiffre des tués et blessés dans chacun de ces régiments. (Voir vol. 2, pp. 74 et 81.)

NUMÉROS.	NOMS DES RÉGIMENTS.	HOMMES.	TUÉS.	BLESSÉS.
15e	Amherst	406	2	61
28e	Bragg	421	5	49
35e	Otway	519	7	35
43e	Kennedy	327	3	23
47	Lascelles	360	2	37
48	Webb	683	0	3
58e	Anstruther	335	10	87
60e	Royal-Américain	862	7	91
78e	Fraser's Highlanders	662	18	148
	Grenadiers de Louisbourg.	241	4	52
	Le général et douze officiers supérieurs	13		
	Total	4,829		
	Artillerie		2	6
	Etat-major		1	6
	Manquants			5
	Total		61	603

Dans ce tableau ne sont pas comprises les troupes légères que M. Parkman admet avoir été de quatre cents hommes ; ce qui forme un effectif de cinq mille deux cent vingt-neuf. Cet historien n'a reproduit qu'une partie du tableau de Knox : il a omis d'indiquer les régiments d'Amherst et du Royal-Américain, comme si ces deux régiments n'avaient pas donné. Il suffit de regarder les chiffres des morts et blessés de chaque régiment pour constater la part qu'ils ont prise à l'action. Il n'y a que les Highlanders dont les pertes soient plus fortes que celles du Royal-Américain ; puis viennent Anstruther et Amherst. M. Parkman a également mis de côté les six cent quatre-vingt-trois hommes du corps de réserve qui, n'ayant donné qu'à la fin du combat, n'ont eu que trois blessés. En éliminant même, comme le fait M. Parkman, ce régiment, on trouve encore quatre mille cinq cent quarante-six combattants, auxquels il faut de plus ajouter quelques compagnies d'artillerie présentes à l'action, comme on le constate par le tableau de Knox, qui indique deux artilleurs tués et six de blessés.

Le chiffre exact de l'armée française n'est pas constaté : celui du chevalier de Lévis (trois mille cinq cents ou trois mille six cents) semble le plus proche de la vérité ; Bigot et Foligné le portent à trois mille cinq cents ; Malartic ne l'évalue qu'à deux mille cinq cents ; Vaudreuil à trois mille au plus.

" Si M. le marquis de Lévis y eût commandé en chef (au Canada), les Anglais ne l'auraient pas pris. Ce général eût porté, après que les Anglais eurent abandonné le camp du saut, la majeure partie de ses forces sur les hauteurs de Québec, et aurait éclairé de très près leurs mouvements dans cette partie ; s'il eût été à l'armée le 13 septembre 1759, il se serait opposé à ce que nous attaquassions ; il y avait dix à parier contre un que l'armée attaquante serait battue, étant obligée de descendre des hauteurs qu'elle occupait, de traverser un chemin creux qui séparait les deux armées ; et supposé qu'il y eût nécessité d'attaquer, il fallait faire des dispositions, former trois colonnes avec les cinq bataillons, placer les Canadiens dans les intervalles et les laisser tirer et marcher suivant leur usage : je suis persuadé que nous aurions été vainqueurs. La bataille du 28 avril suivant le prouve. Nous aurions encore pu attaquer le 14 septembre les Anglais qui, ayant perdu leur général, étaient au moins aussi embarrassés que nous ". *Journal de Malartic*, p. 368.

A view of the action gained by the English Sept. 13th 1759, near Quebec, brought from thence by an officer of distinction

THE BURGHERS OF QUEBEC | La Colonie | La Sarre | Languedoc | Béarn | Guyenne | Royal-Roussillon | La colonie

Amherst | Anstruther | Highlanders | Lascelles | Kennedy | Bragg | Louisbourg Grenadiers | Otway

Light Inf. Royal American

Light Inf.

WEBB'S RESERVE

CHAPITRE VINGTIÈME

1759

Après la bataille. — Découragement de l'armée française. — Conseil de guerre. — Il décide la retraite à Jacques-Cartier. — Lettre de Vaudreuil à Lévis. — Dernière correspondance de Vaudreuil et de Montcalm. — Marche nocturne de l'armée. — Derniers moments de Montcalm. — Sa mort. — Sa sépulture. — Townshend à l'Hôpital-Général. — Consternation à Québec. — Arrivée de Lévis à Jacques-Cartier. — Il ordonne la marche sur Québec. — Ramezay s'obstine à capituler malgré les ordres de Vaudreuil. — Le brave Fiedmond. — Protestations de Joannès. — Ramezay signe la capitulation. — Les troupes anglaises dans Québec. — Proclamation de Murray. — Départ de la flotte. — Démonstrations de joie en Angleterre. — Indifférence à Versailles.

La bataille d'Abraham, considérée au point de vue du nombre, ne fut qu'une sanglante escarmouche, puisque les deux armées réunies ne formaient pas dix mille hommes. Mais observée au point de vue des résultats, elle est un événement dans le XVIIIe siècle. Elle a sonné l'heure de l'indépendance américaine, d'où est née la grande République qui tend aujourd'hui à déplacer le centre de la civilisation. Les

Anglais n'avaient eu que six cent soixante-quatre hommes tués, blessés et manquants. Les régiments qui avaient le plus souffert étaient ceux des Highlanders, du Royal-Américain et d'Anstruther, les trois qui s'étaient battus contre les Canadiens. La perte des Français n'avait guère été plus considérable que celle des Anglais. Elle était de sept ou huit cents hommes tués, pris ou blessés, d'après le *Journal tenu à l'armée*; seulement de six cents soldats et de quarante officiers, au rapport de Vaudreuil [1].

Mais jamais déroute n'avait été plus complète : elle fut d'autant plus irrépressible, qu'il n'y avait pas de corps de réserve. Il eût été pourtant si facile de faire sortir cinq ou six cents hommes de la ville, où ils étaient inutiles, puisque la bataille se livrait sous ses murs. Mais telle avait été la précipitation de l'attaque qu'on n'avait pas même songé à la possibilité d'un échec. L'armée avait été saisie d'un affolement incroyable. " Triste spectacle pour ceux qui regardaient des fenêtres de l'Hôpital-Général, écrit M. de Foligné. Jamais je ne me serais imaginé que la perte d'un général pouvait causer une déroute que j'ose dire sans exemple ". Les détachements de milices canadiennes appelés dès le matin du saut Montmorency pour garder l'ouvrage à cornes, et qui se composaient des meilleurs coureurs de bois, avaient bondi comme des lions dans leurs cages en voyant l'armée taillée en pièces, sans pouvoir lui porter secours.

---

1 — De cinq ou six cents tués ou blessés, d'après *La Campagne du Canada, depuis le 1er juin jusqu'au 15 septembre* 1759.

Le chevalier Johnstone, qui servait à cheval en qualité d'aide de camp, avait été entraîné par le flot des fuyards jusqu'au penchant du coteau Sainte-Geneviève ; il s'était arrêté au fond d'un ravin pour encourager des soldats à sortir d'une fondrière une pièce de campagne. En regagnant la hauteur, il fut fort surpris de se trouver au milieu de l'armée anglaise qui s'était avancée pendant qu'il s'attardait dans le ravin avec les canonniers. Comme il montait un superbe cheval noir, les ennemis le prirent pour un des commandants, et le saluèrent par une volée de coups de fusil.... Quatre balles déchirèrent ses habits. Une autre vint se loger dans le pommeau de sa selle, et quatre atteignirent son cheval, sans toutefois le renverser. Il le lança à toute bride vers la côte voisine qu'indiquait de loin un moulin à vent placé à son sommet. Il traversa les champs de Saint-Roch en prenant la direction de la boulangerie, et rentra dans l'ouvrage à cornes, où son cheval, épuisé par le sang qui jaillissait de ses blessures, s'affaissa sous lui.

" Il est impossible d'imaginer, dit-il, le désordre et la confusion qui régnaient dans l'ouvrage à cornes. La peur et la consternation paraissaient générales. Les troupes étaient tellement démoralisées qu'elles croyaient que l'ennemi n'avait qu'à se présenter devant les ponts pour se rendre maître de la place ".

C'était cependant un ouvrage solidement construit, placé sur la rive gauche de la rivière Saint-Charles, large en cet endroit de soixante-dix pas, et guéable seulement à marée basse, à une portée de mousquet plus bas. Le côté regardant la rivière et les hauteurs se composait d'une rangée de hautes et fortes palissades, plantées perpendiculairement, et percées d'embrasures pour recevoir des pièces de gros calibre. La face donnant sur le chemin de Beauport consistait en terrassements, joints par deux ailes aux palissades.

Le tumulte et l'effarement augmentaient dans la place à mesure que les troupes s'y entassaient. Les derniers régiments étaient encore sur l'autre rive, celui de Royal-Roussillon même venait à peine de déboucher des rues du Palais, qu'un cri général retentit dans l'enceinte : Il faut couper le pont de bateaux ! De vieux officiers, tels que les capitaines de Montgay et de la Mothe, criaient tout haut au marquis de Vaudreuil que l'ouvrage à cornes allait être, dans un instant, pris d'assaut, le sabre à la main, que toute l'armée serait taillée en pièces sans merci ; et que la seule chose qui pouvait la sauver était une capitulation immédiate et générale, livrant le Canada à l'Angleterre.

S'il fallait en croire Johnstone, l'unique témoin qui ait laissé un récit circonstancié de cette scène, il aurait été le seul qui eût gardé son sang-froid et sa présence d'esprit. On a déjà vu comment au début du siège, il avait voulu faussement s'attribuer le mérite d'avoir, le premier, indiqué à Lévis l'existence des gués de la rivière Montmorency. Il prétend encore que c'est lui qui dans cette dernière occasion a empêché que le pont de bateaux ne fût coupé, et que Vaudreuil ne signât sur-le-champ la capitulation. Son récit quant au reste paraît digne de foi, et jette du jour sur les premières heures qui suivirent la bataille.

" Grâce, dit-il, au crédit dont je jouissais dans l'armée, à cause de l'estime et de la confiance que M. de Lévis et M. de Montcalm m'avaient toujours témoignées publiquement, j'allai trouver M. Hugon, chargé de livrer les laissez-passer dans l'ouvrage à cornes, et je le priai de m'accompagner au pont. Nous y courûmes, et sans demander qui avait donné l'ordre de le couper, nous renvoyâmes les soldats dont les haches étaient déjà levées pour exécuter cet acte insensé et coupable.

" M. de Vaudreuil s'était enfermé dans une maison située dans l'ouvrage à cornes, avec l'intendant et quelques autres personnes. Je soupçonnai qu'ils étaient occupés à rédiger les articles de la capitulation, et j'entrai dans la maison. Je n'eus que le temps de voir l'intendant, une plume à la main, écrivant sur une feuille de papier. M. de Vaudreuil me dit que je n'avais pas le droit d'assister aux délibérations. Je lui répondis qu'il avait raison, et je me retirai, la rage dans le cœur ".

Johnstone était encore sous le coup de la rebuffade qu'il venait de s'attirer, quand il vit s'approcher M. Dalquier, commandant de Béarn, vieil officier aussi loyal que brave, couvert de cicatrices apportées des champs de bataille. Johnstone s'emporta devant lui contre Vaudreuil, et conjura Dalquier de ne point consentir à la honteuse capitulation qu'allait proposer ce gouverneur, laquelle, d'un trait de plume, ferait perdre à la France une colonie dont la conservation avait coûté tant de sang et de dépenses. Johnstone ayant perdu son cheval, prit à pied le chemin de Beauport pour aller rejoindre Poulhariez, resté dans le ravin. A peine avait-il fait trois ou quatre cents pas, qu'il vit venir cet officier au grand galop de son cheval. Il l'arrêta et lui répéta ce qu'il venait de dire à Dalquier. Poulhariez répondit que plutôt que de consentir à une capitulation, il aimerait mieux verser jusqu'à la dernière goutte de son sang. Il dit ensuite à Johnstone d'aller prendre possession de sa maison, de s'y regarder comme chez lui, et de s'y rendre immédiatement pour y prendre quelque repos. Puis piquant des deux, il partit comme un éclair pour l'ouvrage à cornes. " Je continuai tristement ma route, reprend le chevalier, le cœur navré à la pensée de mon ami bien-aimé, M. de Montcalm, l'esprit bouleversé, perdu dans un abîme de réflexions à la vue des changements que la Providence avait amenés dans l'espace de trois ou quatre heures ".

Rarement, en effet, un revirement de fortune avait été plus soudain et plus complet. La veille encore tout faisait espérer une prochaine délivrance : la saison avancée, l'armée assiégeante découragée après plus de deux mois de tentatives toujours repoussées, l'inaction d'Amherst sur le lac Champlain, les nouvelles rassurantes venues des Rapides. Et maintenant tout était perdu ! les Anglais victorieux maîtres des hauteurs, Montcalm expirant dans les murs de Québec, l'armée française défaite, abattue, désorganisée, privée de son chef, n'ayant pas parmi les officiers supérieurs restés à sa tête un homme capable de le remplacer !

" Ah ! Monsieur, écrit Bougainville à Bourlamaque, quelle journée cruelle, et qu'elle a détruit tout ce qui nous intéressait ! Mon cœur est déchiré par tous ses endroits sensibles ; le vôtre ne le sera pas moins. Nous serons heureux si la mauvaise saison qui s'avance sauve le pays d'une ruine totale [1] ".

Bougainville, dans cette lettre, cherche à excuser sa conduite et à rejeter sur autrui, selon ses propres termes, " la perte de la plus belle position du monde et presque de notre honneur ". C'était cependant sur lui avant tout autre que retombait la responsabilité de ce désastre. C'était lui qui, chargé de veiller jour et nuit, s'était le premier laissé surprendre. De son propre aveu, il fut averti à huit heures du matin. Joannès affirme même qu'il le fut par les fuyards, et par conséquent plus tôt [2]. Quoi qu'il en soit, il savait dès huit heures par la lettre de Vaudreuil, la descente des Anglais au Foulon. Il se mit immédiatement en marche ; mais au lieu de voler au secours de Montcalm, il s'arrêta à Sillery où il se mit en tête de prendre d'assaut une maison en pierre où les Anglais s'étaient fortement retranchés. Il y sacrifia inutilement les braves volontaires de Duprat, dont plusieurs se firent tuer avec M. de Brignolet, lieutenant de la Sarre [3]. Il y fut repoussé et continua à perdre un temps précieux. C'était au moment même où Montcalm, prêt à livrer bataille, s'écriait : " — Est-il possible que Bougainville n'entende pas cela " ? Bougainville entendait distinctement la fusillade et le canon des deux armées, puisqu'il n'était qu'à une demi-lieue des plaines d'Abraham ; mais l'aveuglement qui s'était emparé de lui depuis la veille le poursuivait encore, et

---

1 — 18 septembre.
2 — *Mémoires sur la campagne de 1759.*
3 — *Journal de Lévis.* p. 210.

il semblait cloué au sol. Ce ne fut que vers midi qu'il ouvrit les yeux en apprenant la perte de la bataille.

Vaudreuil faisait défiler l'armée, dont chaque corps alla reprendre ses positions au camp de Beauport. Dans le conseil de guerre convoqué au quartier général, les officiers supérieurs furent loin de montrer la fermeté que laisse entendre Johnstone [1]. Ils furent tous unanimes à déclarer qu'il n'y avait pas d'autre parti à prendre que de retraiter à Jacques-Cartier. Le gouverneur et l'intendant déployèrent seuls quelque énergie. Ils étaient d'opinion de réunir les débris de l'armée au corps de Bougainville et de renouveler l'attaque en la combinant avec une sortie de la garnison. Vaudreuil expédia un courrier à Montcalm pour lui demander son avis. Le général mourant lui répondit qu'il n'y avait que le choix entre trois partis: renouveler le combat, retraiter à Jacques-Cartier, ou capituler ; mais il ne voulut pas donner de décision entre ces trois partis.

---

1 — Divers officiers des troupes de terre n'hésitèrent point à dire tout haut en présence du soldat, qu'il ne nous restait d'autre ressource que celle de capituler promptement pour toute la colonie". *Journal tenu à l'armée.*—" Il (Vaudreuil) pensait qu'on pouvait rattaquer le lendemain à la pointe du jour.... J'étais aussi de cet avis, mais tous les officiers du conseil insistèrent pour la retraite à faire à Jacques-Cartier". *Bigot au ministre,* 25 octobre. L'intendant écrivait avec beaucoup de sens, au chevalier de Lévis :

" De la Pointe-aux-Trembles, le 15 septembre. — N'auriez-vous pas pensé, Monsieur, comme moi, qu'il aurait été mieux de rassembler tous les corps de M. de Bougainville qui étaient l'élite des troupes et des milices, faire sortir tout de la ville, à la réserve de l'artillerie et des éclopés, et donner sur l'ennemi à la pointe du jour, si on n'avait pu le faire dès le jour même ; vous auriez formé dix mille hommes au moins contre trois ou quatre. Il y aurait eu bien du malheur si vous ne les eussiez pas battus".

" Si j'eusse attaqué, dit Vaudreuil, contre l'opinion de tous les officiers principaux, je m'exposais à perdre la bataille et la colonie, vu leur mauvaise volonté [1] ".

La retraite sur Jacques-Cartier fut donc décidée, mais tenue secrète jusqu'au moment du départ.

A quatre heures et demie du soir, Vaudreuil écrivit à Lévis : " Nous venons d'avoir une très malheureuse affaire. Dès l'aurore, les ennemis ont surpris M. de Vergor qui commandait à l'anse du Foulon. Ils se sont bien vite emparés des hauteurs.... M. le marquis de Montcalm est arrivé avec le premier détachement. Je faisais l'arrière-garde et hâter le pas aux troupes de milices qui étaient sur ma route. J'avais fait prévenir M. de Bougainville qui, dans l'instant, s'est mis en marche du cap Rouge avec les cinq compagnies des grenadiers, deux pièces de campagne, la cavalerie et tout ce qu'il avait de meilleur. Quoique l'ennemi nous eût prévenus, sa position était très critique. Il ne nous fallait qu'attendre le moment de l'arrivée de M. de Bougainville, parce que, tandis que nous l'attaquerions avec toutes nos forces, il serait pris par les derrières, mais le malheur nous en a voulu, au point que l'affaire s'est engagée avec trop de vivacité. L'ennemi, qui était sur une éminence, nous a repoussés, et malgré notre opiniâtreté, nous a contraints à faire notre retraite.... Nous avons eu beaucoup de monde de tués et de blessés. Le temps ne saurait me permettre de vous faire aucun détail à ce sujet ; d'ailleurs je n'en suis pas encore bien instruit. Ce qu'il y a de certain et de plus fâcheux,

1 — *Vaudreuil au ministre*, 5 octobre.

c'est que M. le marquis de Montcalm a reçu plusieurs blessures également dangereuses; on craint beaucoup pour lui. Personne ne désire plus que moi que ce ne soit rien. D'après cet événement, voici, Monsieur, dans quelles circonstances nous nous trouvons réduits : 1° Nous ne sommes pas en état de prendre notre revanche dès ce soir, notre armée est trop découragée et nous ne saurions la ranimer. Si nous attendons à demain, l'ennemi sera retranché dans une position inattaquable. 2° Je ne puis ni ne consentirai jamais à capituler pour toute la colonie. 3° Notre retraite devient donc indispensable, d'autant mieux que nous y sommes forcés par nos propres subsistances. D'après toutes ces considérations, je pars dès ce soir avec les débris de l'armée pour aller prendre poste à Jacques-Cartier, où je vous prie, Monsieur, de vouloir bien me venir joindre sitôt ma lettre reçue. Vous sentez qu'il est d'une très grande conséquence que vous fassiez toute la diligence possible. Je vous attendrai avec beaucoup d'impatience ".

Cette lettre de Vaudreuil est beaucoup plus calme qu'on serait porté à le croire, en lisant ce que disent ses ennemis sur l'état d'agitation et de trouble où il aurait été plongé. On remarque encore plus les égards et le ton de modération avec lesquels il parle de Montcalm, si peu d'heures après la défaite qu'il se croyait en droit de lui reprocher pour n'avoir pas suivi son avis.

Vaudreuil disait à Montcalm lui-même dans la dernière lettre qu'il lui écrivait à six heures du soir : " Je ne puis assez vous réitérer combien je suis vivement peiné de vos blessures ; je me flatte que vous en guérirez dans peu, et que vous êtes bien convaincu que personne n'y prend plus d'intérêt que moi pour l'attachement que je vous ai voué de tous les temps. J'aurais fort souhaité entamer dès aujourd'hui une nouvelle affaire avec l'ennemi, mais tous les commandants des corps m'en ont représenté l'impossibilité, eu égard à la position avantageuse des Anglais, à la diminution et au découragement de l'armée, et qu'il n'y avait pas à différer notre retraite. L'opinion de ces messieurs se trouvant appuyée de la vôtre, je consens, quoique avec douleur, par l'envie que j'ai de me soutenir dans la colonie à quelque prix que ce soit, d'autant mieux que ce n'est qu'en prenant ce parti que je puis me servir des uniques et faibles ressources qui nous restent pour la subsistance de l'armée. Je joins ici, Monsieur, la lettre que j'écris d'après cela à M. de Ramezay avec l'instruction que je lui adresse, contenant les articles de la capitulation qu'il doit demander à l'ennemi. Vous verrez qu'ils sont les mêmes dont j'étais convenu avec vous. Ayez la bonté de lui faire tenir le tout après que vous l'aurez lu ; ménagez-vous, je vous prie, ne pensez qu'à votre guérison ".

Montcalm fit répondre par son secrétaire Marcel: " Monsieur le marquis de Montcalm, sensible à vos attentions, me charge d'avoir l'honneur de vous écrire qu'il approuve tout ; je lui ai lu votre lettre, et le modèle de capitulation que j'ai remis à M. de Ramezay, suivant vos intentions, avec la lettre que vous lui écrivez à cette occasion ".

Marcel ajoutait, en post-scriptum : " Monsieur le

marquis de Montcalm ne va guère mieux, cependant il a le pouls un peu meilleur à 10 heures du soir".

Le défaut d'énergie de Vaudreuil ne se fit jamais autant sentir qu'après la défaite du 13 septembre. Sans doute qu'il avait raison de ne pas renouveler la bataille contre l'avis de ses principaux officiers ; mais il n'était pas nécessaire de combattre immédiatement : l'objet essentiel était de conserver Québec. Il ne devait donc pas décamper avant d'y avoir pourvu, d'autant plus que sa position au delà du Saint-Charles était pour le moment sans danger. Les Anglais, épuisés de veilles et de fatigues, occupés à se retrancher, ne pouvaient songer à venir l'attaquer. Une pareille témérité les aurait exposés à perdre le fruit de leur victoire et l'espérance de prendre Québec, objet de leurs vœux. L'armée française avait encore plus besoin de repos. Une nuit de sommeil l'aurait ranimée et remise de sa consternation. La ville ne se serait pas réveillée avec le désespoir de se voir abandonnée, et l'on aurait pu prendre le temps de la ravitailler en y transportant les dix jours de vivres qui se trouvaient au camp de Beauport, et qui furent en partie perdus. Enfin, la retraite à Jacques-Cartier n'était nullement nécessaire. L'armée n'avait qu'à faire sa jonction avec Bougainville qui se repliait sur Lorette, et à venir dresser ses tentes à Sainte-Foye où, adossée à de grands bois, elle aurait été en peu de temps mise hors d'attaque derrière de bons retranchements [1].

---

1 — Le *Journal tenu à l'armée*, rédigé évidemment par un militaire de grande expérience, insiste sur ce projet de retraite dont il démontre l'opportunité et les avantages.

Elle eût été plus rapprochée de ses dépôts de vivres, dont le transport n'était pas plus difficile qu'avant la bataille. Vaudreuil, avec toutes ses forces réunies, aurait pu se tenir en continuelles communications avec Québec, que les Anglais n'étaient pas en état d'investir. La saison avancée ne leur aurait pas permis de prolonger longtemps le siège, dont les opérations auraient pu être sans cesse arrêtées ou retardées par des attaques de jour et de nuit combinées avec des sorties de la garnison. Il est probable que ce fut l'opinion de Montcalm, jointe à celle de tous les chefs de corps ne suggérant d'autre plan de retraite que celui de Jacques-Cartier, qui l'emporta sur toutes les autres considérations.

Une nuit sombre et froide succéda à la funeste journée du 13 septembre. Le silence régnait dans le camp des vainqueurs comme dans celui des vaincus. Seules les batteries de la Pointe-Lévis grondaient encore, lançant de fois à autre quelques projectiles qui rayaient d'un trait de feu le ciel bas et obscur. A neuf heures, l'armée se mit en marche sur une seule colonne au milieu d'un profond silence. Les tentes restèrent dressées et le soldat n'emporta avec lui que des munitions et quatre jours de vivres. Le " gouvernement " de Québec, avec six cents hommes de celui de Montréal, faisait l'avant-garde, suivi de la brigade de la Sarre, formée des cinq bataillons. Enfin, l'artillerie et une partie des équipages, escortés par la garde du pont, fermaient la marche [1]. Un officier de cavalerie laissé dans le camp avec cent trente hommes fit enclouer les canons restés dans les batteries,

---

1 — *Journal de Malartic*, p. 287.

sauter un dépôt de poudre, couper les ponts et mettre le feu à la batterie flottante. La colonne s'allongea sur le chemin de Charlesbourg, où elle arriva à trois heures du matin, et à six au village de Lorette où elle fit halte. Une foule de miliciens affamés et découragés profitèrent de l'obscurité pour regagner leurs foyers, afin de veiller aux soins de leurs familles et de leurs récoltes, " peu inquiets, dit un contemporain, du maître auquel ils appartiendraient désormais [1] ".

Johnstone, dont on connaît les sentiments, exagère les désordres de cette marche nocturne. " Ce n'était pas une retraite, dit-il, mais une horrible et abominable fuite, mille fois pire que celle du matin sur les plaines d'Abraham. Elle se fit avec un tel désordre et une telle confusion que, si les Anglais l'avaient connue, trois cents hommes envoyés à la poursuite de notre armée auraient suffi pour la tailler en pièces et la détruire. A l'exception du régiment de Royal-Roussillon que Poulhariez, toujours strict et rigide observateur de la discipline, maintint en ordre, on ne pouvait voir trente soldats du même régiment. Ils étaient tous mêlés, éparpillés, dispersés et courant aussi vite qu'ils pouvaient, comme si les Anglais avaient été sur leurs talons ".

L'armée fit halte vers midi à Saint-Augustin, et arriva à cinq heures du soir à la Pointe-aux-Trembles, où elle fut logée dans le village. Elle n'atteignit Jacques-Cartier que dans l'après-midi du 15, après avoir

---

1 — *Journal de Montcalm*, rédigé par Marcel.

été retardée au passage de la rivière par les réparations qui se faisaient au pont.

Enfin, épuisée par quatorze lieues de marche [1], et encore plus par l'abattement de la défaite, elle put prendre quelque repos et sécher ses vêtements, trempés de pluie, dans les maisons et les granges du voisinage.

Le dernier billet de Montcalm écrit par Marcel, à dix heures du soir, avait été remis à Vaudreuil avant qu'il eût quitté le camp de Beauport. Le porteur de ce billet ne lui avait pas caché que le général était expirant. Lorsque Marcel l'avait quitté sur la rue Saint-Louis pour obéir aux ordres du chevalier de Bernetz, Montcalm avait été transporté dans la maison du docteur Arnoux, chirurgien du roi, lequel se trouvait alors à l'Ile-aux-Noix avec Bourlamaque. Son frère, le jeune Arnoux, chirurgien comme lui, fut appelé à sa place. Il examina attentivement la plus grave des deux blessures, puis hochant la tête, il regarda l'illustre patient.

— La blessure est mortelle ? interrogea Montcalm.

— Oui, répondit Arnoux sans ambages.

— J'en suis content, répliqua Montcalm, combien ai-je encore de temps à vivre ?

— Pas vingt-quatre heures !

— Tant mieux ! repartit le mourant ; je ne verrai pas les Anglais dans Québec.

Son fidèle secrétaire Marcel, revenu du camp de Beauport où l'avaient appelé des ordres pressants, s'établit à son chevet et ne le quitta plus.

---

1 — Par les détours que l'armée avait faits ; car il n'y a que dix lieues de Québec à la rivière Jacques-Cartier.

C'est à Marcel que Montcalm confia ses dernières recommandations ; il le chargea d'écrire à Candiac, et d'aller à son retour en France porter un suprême adieu à sa mère, à sa femme, à ses enfants. Au chevalier de Lévis, son meilleur ami, il légua tous ses papiers.

On a vu comment il avait répondu aux lettres du marquis de Vaudreuil. Mais quand M. de Ramezay, commandant de la garnison, vint lui demander des avis sur la défense de Québec, il le congédia en lui disant : " — Je n'ai plus d'ordres ni de conseils à donner, le temps qui me reste est très court et j'ai à traiter des affaires bien plus importantes " !

Cependant, à travers les ombres de la mort qui l'enveloppaient, il entrevit un dernier devoir public à remplir : celui d'implorer la clémence du vainqueur pour le peuple de colons dont la défense lui coûtait la vie. Il écrivit au successeur de Wolfe, le brigadier Townshend : " L'humanité des Anglais me tranquillise sur le sort des prisonniers français et sur celui des Canadiens. Ayez pour ceux-ci les sentiments qu'ils m'avaient inspirés. Qu'ils ne s'aperçoivent pas d'avoir changé de maître. Je fus leur père, soyez leur protecteur ".

Un instant après entra le vénérable évêque de Québec, dont la figure de mourant portait l'empreinte d'une douleur inexprimable. Il le prépara à la mort et lui administra les derniers sacrements que le général reçut avec l'ardeur de sa foi méridionale. Mgr de Pontbriand ne voulut pas le quitter avant d'avoir reçu son dernier soupir. " — Je meurs content, répéta de nouveau le général, car je laisse les affaires du roi, mon maître, entre de bonnes mains ; j'ai toujours eu une haute opinion des talents de M. de Lévis". Il rendit le dernier soupir le 14 septembre à l'aube du jour. Il n'était âgé que de quarante-sept ans et six mois.

Du moment que Marcel lui eut fermé les yeux, il écrivit au chevalier de Lévis : " C'est avec un cœur pénétré de la plus vive douleur que j'ai l'honneur de vous donner avis de la perte que nous venons de faire de M. le marquis de Montcalm, ce matin à cinq heures. Je ne l'ai pas quitté un moment jusqu'à sa mort, et je crois que c'était ce que je pouvais faire de mieux, surtout après en avoir eu la permission de lui. C'était une marque d'attachement et de reconnaissance que je lui devais des bontés dont il m'a honoré et des services qu'il m'a rendus ; aussi ne les oublierai-je de ma vie " !

Telle était la confusion qui régnait dans Québec, qu'il fut impossible de trouver un ouvrier pour faire le cercueil de l'illustre général. " Voyant cet embarras, dit l'annaliste des ursulines, notre contre-maître, vieux français du Dauphiné, connu dans nos traditions sous le nom de Bonhomme Michel, ramassa à la hâte quelques planches et parvint à confectionner, en versant des larmes abondantes, une boîte informe, peu en rapport avec la précieuse dépouille qu'elle devait renfermer[1] ". Le corps du brave soldat y fut déposé, et à neuf heures du soir, le cortège funèbre se mit en marche vers l'église des ursulines, traversant des rues jonchées de débris et de pans de murs renversés. Derrière le

---

1 — *Histoire des ursulines de Québec*, vol. III, p. 8.

cercueil, marchaient, mornes et silencieux, le commandant de la garnison avec ses officiers, suivis de plusieurs citoyens, auxquels se joignirent, à mesure qu'ils avançaient, des gens du peuple, des femmes et des enfants. Aucun son de cloches, aucune salve d'artillerie n'annonçaient les funérailles d'un général. Les rares coups de canons qui éclataient lançaient des projectiles. La foule emplit l'église, dont les ténèbres n'étaient éclairées que par les cierges rangés autour des tréteaux sur lesquels la bière fut déposée. A droite, tout près de la grille de la chapelle conventuelle, une bombe avait défoncé le plancher et fait une excavation dans le sol : la cavité avait été agrandie et creusée en fosse.

Le curé de Québec, l'abbé Resche, assisté de deux chanoines de la cathédrale, entonna le chant du *Libera* auquel répondirent les assistants et le chœur des huit religieuses restées à la garde du monastère. Puis le cercueil fut descendu dans la fosse. "Alors, dit la chronique du couvent, éclatèrent les pleurs et les sanglots ; il semblait que la Nouvelle-France descendît dans la tombe avec la dépouille du général". Ses ennemis le crurent ; mais ils se trompaient. L'épée de la France venait seulement de passer dans une autre main. Les vaincus devaient se relever de ce désastre, en vaincre de plus grands et se frayer un nouvel avenir.

Le deuil régnait aussi dans le camp des vainqueurs. Sur la flotte, les pavillons avaient été mis en berne, et la sentinelle veillait, l'arme renversée, devant la cabine où reposait le corps inanimé de Wolfe. Parmi les blessés des deux partis transportés sur les vaisseaux gisait, frappé à mort, un des principaux officiers de l'armée française, le sage et intrépide Senezergues, trop oublié de l'histoire.

Lorsque, à la fin de la bataille, Townshend eut rejeté les Français jusqu'à la rivière Saint-Charles, il rappela ses régiments sur les plaines d'Abraham et les remit en ordre de bataille pour faire face à un autre ennemi qui, d'un moment à l'autre, pouvait tomber sur ses derrières. La cavalerie de la Rochebeaucour et les têtes de colonnes de Bougainville commençaient en effet à se montrer à l'horizon ; mais elles se replièrent avant d'en venir aux mains et disparurent derrière le rideau des bois. Dès que le commandant anglais se fut assuré que tout le corps de Bougainville battait en retraite, il fit commencer les travaux de retranchements. Avant la nuit, il avait déjà fait enlever du plateau toutes les broussailles et les touffes d'arbres, amener des pièces d'artillerie, tracer des redoutes, fortifier les maisons et armer de canons le moulin à vent de la côte Sainte-Geneviève.

Un grand nombre de blessés avaient été portés à l'Hôpital-Général. " Nous étions, raconte la Mère de Saint-Ignace, témoin oculaire, au milieu des morts et des mourants que l'on nous amenait par centaines à la fois, dont plusieurs nous touchaient de très près. Il fallut ensevelir notre juste douleur et chercher à les placer.

" L'ennemi était maître de la campagne, et à deux pas de notre maison ; il semblait que nous eussions tout à appréhender.... La nuit, qui approchait, redoubla nos inquiétudes ".

Vers minuit, de grands coups retentirent à la porte du monastère. Deux jeunes religieuses qui portaient des bouillons passaient près de la porte, et vinrent l'ouvrir. Elles reculèrent de frayeur en se voyant en face d'une escouade de soldats anglais. Celui qui les commandait paraissait un officier de haut grade. " Il entra sans escorte, continue la chronique de l'hôpital, et demanda à voir les trois supérieures qu'il savait être réunies ici. Les révérendes Mères se présentèrent avec une contenance calme et digne, mais non pas toutefois sans trahir quelque peu leur surprise au sujet de cette visite nocturne.— " Rassurez-vous, mesdames, et veuillez aussi rassurer toutes vos sœurs ; vous ne serez inquiétées en aucune sorte, leur dit avec courtoisie le brigadier général Townshend, car c'était lui. Seulement, ajouta-t-il, afin de pouvoir mieux vous protéger, je vais faire investir votre maison ".

" Nos Mères n'eurent qu'à s'incliner et à subir leur sort. Aussitôt un détachement de deux cents hommes se rangea en ordre sous nos fenêtres [1] ".

Avant l'aurore du 14, le bruit se répandit dans Québec que l'armée avait abandonné le camp de Beauport. On ne voulut pas d'abord y croire, en apercevant aux clartés du soleil levant — un beau soleil d'automne — les tentes dressées, comme auparavant, le long de la côte. Mais quand on se fut assuré que le camp était désert, la panique s'empara de toute la population et gagna jusqu'aux officiers de la garnison. Malheureusement, le commandant de la place n'était pas à la hauteur du danger. " Il ne savait pas seulement donner l'ordre ",

---

1— *Mgr de Saint-Valier et l'Hôpital-Général de Québec*, p. 351.

dit le capitaine Pouchot [1]. " La désolation fut entière, écrit Ramezay, le découragement universel et porté à l'excès ; les plaintes et les murmures contre l'armée qui nous abandonnait devinrent un cri public ; je ne pus dans un moment aussi critique empêcher les négociants, tous officiers des milices de la ville, de s'assembler chez M. Daine, lieutenant général de police et maire de la ville ; là, ils prirent le parti de capituler et me présentèrent en conséquence une requête, signée du dit sieur Daine et de tous les principaux citoyens [2] ".

Ce qui surtout jetait l'épouvante dans la population, c'était l'irritation des Anglais depuis le massacre du fort William-Henry, les menaces qu'ils faisaient continuellement d'en tirer vengeance, les ravages commis dans les campagnes à la fin du siège, enfin, les cruautés des rangers. C'était pour soustraire la ville à ces vengeances qu'à l'ouverture du siège, Montcalm et Vaudreuil s'étaient concertés pour rédiger les articles de la capitulation remise à Ramezay le soir du 13. Une foule de familles qui, à l'approche des Anglais, s'étaient réfugiées des faubourgs dans l'intérieur des murs, avaient porté la population de la ville à six mille âmes, dont deux mille sept cents femmes et enfants, mille malades ou invalides à l'Hôpital-Général, quinze cents miliciens ou marins et six cents hommes de l'armée régulière [3]. Pour toute cette population déjà

---

1 — *Mémoires*, vol. I, p. 32.
2 — *Mémoires du sieur de Ramezay*.
3 — *Vaudreuil au ministre*, 5 octobre. — Joannès, *Mémoire sur la campagne de 1759*. Au rapport des Anglais, il y avait dans Québec six cent quinze hommes de l'armée régulière, outre les miliciens et marins. *Knox*, vol. II, p. 104.

affamée depuis longtemps, il n'y avait que pour huit jours de vivres à demi-ration [1]. Dans la soirée du 13, l'intendant n'avait pu faire passer dans la ville, faute de voitures, qu'une cinquantaine de quarts de farine, sur le dépôt de provisions qui se trouvait au camp [2]. Lorsque Ramezay envoya chercher ce qui en restait, il avait été pillé par les indiens et par la population famélique du voisinage.

Ramezay convoqua un conseil de guerre, auquel assistèrent quatorze officiers de divers corps. Il communiqua les instructions du marquis de Vaudreuil le prévenant de ne pas attendre que la ville fût prise d'assaut, et de capituler dès qu'il manquerait de vivres. Le conseil se montra aussi déconcerté et abattu que les commandants de bataillons assemblés l'avant-veille par Vaudreuil, et se prononça pour la capitulation. Un seul, l'héroïque Jacquot de Fiedmond, commandant de l'artillerie de la ville, fut d'avis de réduire les rations et de résister jusqu'à la dernière extrémité. Cet officier s'était déjà distingué à Beauséjour en s'opposant à la capitulation proposée par Vergor, et avait été souvent remarqué par Montcalm [3].

Si, au moment du conseil de guerre, Ramezay était excusable de capituler, il ne l'était plus le lendemain;

---

1 — *Requête des bourgeois de Québec.* M. de Ramezay mandait qu'il ne restait que pour six jours de vivres.
2 — *Bigot au ministre,* 25 octobre.
3 — Montcalm en parle avec éloges, à plusieurs reprises, dans son *Journal.*

car, avant la fin de cette journée, il avait reçu de Vaudreuil deux messages : l'un verbal, l'autre par écrit, l'assurant d'un prompt secours de vivres et de troupes [1]. Un officier d'ordonnance, le chevalier de Saint-Rome, était arrivé en même temps au cap Rouge, où il avait remis à Bougainville une lettre du gouverneur, lui enjoignant de faire escorter de Saint-Augustin à Québec un convoi de soixante quarts de farine que cet officier y conduisait. " La cavalerie, mandait Vaudreuil, me paraît la troupe la plus convenable. L'objet le plus intéressant est maintenant d'empêcher la ville de manquer, et de s'assurer de l'objet qui occupe les ennemis ". Le gouverneur insistait dans un post-scriptum : " Donnez tous moyens possibles à M. de Saint-Rome pour exécuter sa mission [2] ".

Bougainville écrivit en même temps à Ramezay un billet dans lequel il lui indiquait plusieurs endroits dans la ville où il pourrait trouver des farines recélées par des particuliers.

Le commandant, résolu à capituler, ne communiqua à personne les lettres de Vaudreuil et de Bougainville. Celui-ci avait exécuté avec promptitude les ordres du gouverneur. Malgré la pluie torrentielle qui tombait depuis deux jours, le capitaine de Belcour était entré dans Québec, le matin du 17. A une heure après midi, ce jour-là, la Rochebeaucour écrivit de Charlesbourg à

---

[1] — Joannès. *Mémoire sur la campagne de 1759.*
[2] — *Lettre de Vaudreuil à Bougainville*, 16 septembre.

Bougainville : " Je viens d'envoyer M. de Belcour, que vous connaissez très intelligent, à la ville, dire à M. de Ramezay que sûrement je lui porterai ce soir cent quintaux de biscuits. Belcour et moi avons bien reconnu le terrain et la position de l'ennemi, et certainement il ne nous empêchera pas d'entrer ce soir à marée basse ".

En sortant de Québec, l'intrépide Belcour, qui n'avait avec lui que trente cavaliers, alla prendre possession de l'ouvrage à cornes, d'où il canonna les détachements anglais qui venaient à sa portée.

Cependant, se passait à Jacques-Cartier un événement qui relevait les espérances : le chevalier de Lévis, arrivé de Montréal, prenait le commandement de l'armée. Il n'avait fait qu'une course de cette ville à Jacques-Cartier, où il avait trouvé le désastre plus grand encore qu'il ne l'avait craint. A son premier mot, on reconnut l'homme supérieur. Il s'était fait indiquer, en arrivant, le quartier général où Vaudreuil s'entretenait avec les principaux officiers. " — On n'abandonne pas dix lieues de pays pour une bataille perdue ! leur dit-il [1] ". Il blâma hautement la retraite sur Jacques-Cartier, et ordonna une marche en avant. La joie de son arrivée fut immense. La confiance revint aux plus faibles, et Vaudreuil reprit toute l'énergie dont il était susceptible. Le roseau avait trouvé l'appui du chêne. " Le grand nombre de fuyards que je commençai à rencontrer aux Trois-Rivières, écrit Lévis, me prépara sur le désordre où je trouverais l'armée.

---

[1] — *Journal de Malartic*, p. 289.

" Je ne connais point d'exemple pareil. On avait généralement tout abandonné au camp de Beauport, tentes, marmites et tous les équipages.

" La situation où je trouvai l'armée, manquant de tout, ne me découragea pas. Sur ce que M. de Vaudreuil me dit que Québec n'était pas pris et qu'il y avait laissé une assez nombreuse garnison, je pris la résolution, pour réparer la faute qu'on y avait faite, d'engager M. de Vaudreuil à faire remarcher l'armée au secours de cette place. Je lui représentai que c'était le seul moyen pour empêcher l'évasion entière des Canadiens et des sauvages, qui se retiraient chez eux, et de ranimer en même temps le courage de tout le monde ; qu'en marchant en avant, nous ramasserions beaucoup de traîneurs ; que les habitants des environs de Québec rejoindraient l'armée ; que par la connaissance que nous avions du pays, nous pourrions nous approcher fort près des ennemis ; que, si nous trouvions leur armée mal postée, nous pourrions l'attaquer, ou qu'au moins, en nous approchant (de la place), nous prolongerions le siège par les secours que nous ferions passer en hommes et en vivres ; que nous pourrions aussi l'évacuer et la brûler, quand nous ne pourrions plus la soutenir, afin qu'il ne restât aucune ressource aux ennemis pour s'y établir l'hiver [1] ".

Lévis eut bien vite rétabli la discipline et communiqué son activité autour de lui. Dès quatre heures le lendemain matin, 18, l'armée était en marche, et Bougainville en avait été prévenu. Depuis la journée du 13, celui-ci avait tâché de réparer par sa belle conduite

---

1 — *Lettres du chevalier de Lévis*, p. 240.

ce qu'il avait eu à se reprocher dans les derniers événements. Pendant que l'armée battait en retraite, il avait proposé à Vaudreuil, qui l'avait approuvé, de garder sa position au cap Rouge et d'occuper Lorette, pour se tenir en communications avec la ville [1]. Le 17 au matin, le mauvais temps ayant rendu les chemins affreux et retardé le convoi de M. de Saint-Rome, il fit partir en avant ses cavaliers, avec des sacs de provisions posés en travers de leurs selles. Vaudreuil, qu'il en avait informé, lui écrivait le même jour : " J'apprends avec plaisir par votre lettre que la cavalerie est à Charlesbourg. J'approuve fort le projet que vous avez d'aller au camp avec sept à huit cents hommes pour protéger le passage à Québec du biscuit qui est à Charlesbourg, et dont la cavalerie se chargera, et d'affecter beaucoup de vous montrer dans le camp, afin de donner à croire à l'ennemi que nous l'occupons.

" Je ne doute pas que vous n'ayez prévu à avoir de bons guides. Cependant je vous observe que vous pourriez faire votre route par Bourg-Royal. Vous ne manquerez pas sans doute de profiter du retour de votre cavalerie pour faire transporter tout ce qu'il sera possible de tirer des magasins ou du camp ".

Ramezay était informé de ces mouvements et des secours de toute espèce qui lui arrivaient ; mais au lieu d'en profiter pour relever le moral de la garnison, il ne chercha que des prétextes pour capituler au plus vite. Un grand nombre de soldats, profitant de ses disposi-

---

1 — Bougainville. *Trêve de Québec. Du camp de Lorette*, 21 septembre 1759.

tions, refusaient de combattre et mettaient bas les armes. D'autres désertaient à l'ennemi ou se jetaient dans la campagne ; certains officiers donnaient l'exemple de l'insubordination. Il y eut de violentes altercations, et le major de la ville, Joannès, s'emporta au point de frapper deux d'entre eux du plat de son épée.

Bien loin de partager les sentiments de Ramezay, le brave Fiedmond redoublait le feu de son artillerie. Pendant que les canons de la basse ville tiraient à toute volée sur la Pointe-Lévis, les nouvelles batteries qu'il avait fait ériger du côté de terre foudroyaient les ouvrages et le camp des Anglais. Ceux-ci avaient poussé leurs approches du côté de la porte Saint-Louis, où ils avaient commencé une redoute dont Fiedmond retardait la construction, en la faisant battre continuellement en brèche.

A dix heures du matin, Ramezay ordonna à Joannès

d'arborer sur les remparts le drapeau parlementaire, et d'aller proposer la capitulation ; mais Joannès se révolta avec indignation contre cet ordre. " Je protestai, dit-il, devant tout le monde, de l'avis que j'avais donné au conseil de guerre, puisque les choses changeaient de face ; et je proposai de faire par moi-même des recherches plus exactes pour trouver de la farine. On ne parla donc plus de capitulation jusqu'à quatre heures du soir ".

Mais alors, l'amiral Saunders, profitant du vent de nord-est qui soufflait depuis deux jours, avec des orages de pluie, fit avancer six de ses gros vaisseaux qui vinrent s'embosser en face de la basse ville. La garde de tranchée des Anglais s'approchait en ce moment de la porte Saint-Jean pour débarrasser le terrain des buissons et des abris qui pouvaient servir d'asile aux francs-tireurs. La ville crut à une attaque simultanée du côté de terre et de mer : on battit la générale. Fiedmond et Joannès proposèrent à Ramezay d'évacuer la basse ville, " séparée de la haute par des coupures ", et de renforcer celle-ci par les troupes qu'on y ferait monter. Mais cet officier qui, au dire de Joannès, n'avait jamais vu la guerre que dans un bois, et ignorait la façon de défendre une place, refusa de suivre cet avis. Il fit arborer le drapeau du côté de la rade et de la terre. " Je le fis arracher, continue Joannès, ne croyant pas qu'on eût changé d'avis, mais je reçus dans l'instant un ordre par écrit d'aller capituler, et le mémoire me fut remis en conséquence ". Joannès ne songea plus dès lors qu'à traîner les négociations en longueur, et à faire surgir des difficultés, afin de donner aux secours annoncés le temps d'entrer en ville. " Je gagnai par là, dit-il, jusqu'à onze heures du soir, que le général anglais me prescrivit pour avoir la réponse ; je rentrai donc dans la ville et rendis compte à M. de Ramezay des difficultés que j'avais fait naître ". La Rochebeaucour chevauchait en ce moment avec sa cavalerie, à travers la pluie, le vent et l'obscurité, le long des battures de Beauport, et s'engageait dans le gué de la rivière Saint-Charles. Dans une demi-heure, il allait pénétrer dans la ville. Onze heures sonnaient. Ramezay, bien loin d'écouter les adjurations de Joannès, se hâta de lui donner un second ordre par écrit pour conclure la capitulation, et le renvoya au camp anglais. A peine était-il sorti de la porte Saint-Louis, que la Rochebeaucour entrait par celle de la Canoterie, avec ses sacs de biscuits ruisselant d'eau. Ramezay, tout déconcerté, lui balbutia qu'il était trop tard, que Joannès était rendu auprès du général anglais pour conclure la capitulation. " Après lui avoir représenté, dit la Rochebeaucour, que certainement il allait avoir du secours, il m'a laissé entrevoir que si on lui refuse quelque article, il romprait tout, à condition que le lendemain vous lui enverriez de quatre à cinq cents hommes, chose qui peut être exécutée jusqu'à présent, quant à la communication. Je me chargerais si vous vouliez, de les faire passer avec les vivres [1]".

Ramezay se débarrassa de la présence importune de la Rochebeaucour, en le berçant de promesses qu'il était décidé à ne pas remplir.

Joannès prolongea la négociation jusque dans la matinée du lendemain. Lévis était alors en marche avec toute l'armée. Il descendit de cheval à la Pointe-aux-Trembles, pour écrire à Bougainville : " Vous ne devez pas douter de tous mes regrets de la perte que nous venons de faire (de M. de Montcalm), elle est des plus grandes. Je l'ai regretté comme mon

---

[1] — *Collection Moreau de Saint-Méry*, La Rochebeaucour à Vaudreuil, 18 septembre 1759.

général et mon ami. Il me laisse une besogne bien difficile à faire, et nos plus habiles en seraient embarrassés. Il faut faire pour le mieux.... La position où nous trouverons les ennemis nous décidera pour le parti à prendre [1] ".

Lévis venait d'écrire à Bourlamaque dans le même sens en lui annonçant qu'il était en marche pour secourir Québec. Il le priait de cacher le désastre autant que possible et ménageait sa susceptibilité. L'Ile-aux-Noix, si bien défendue par Bourlamaque, ne l'inquiétait pas. Il comptait sur lui pour le seconder et l'aviser. Enfin, il le priait de le tenir au courant de tout [2].

Le retour du beau temps, qui rendait la marche de l'armée plus facile, la présence de Lévis qui avait le soin de se montrer d'un régiment à l'autre, faisant paraître sur sa figure martiale un air calme et confiant, avaient ramené dans les rangs la bonne humeur et l'entrain. On se rassurait sur le sort de Québec, dans la pensée que le commandant n'oserait agir sans de nouveaux ordres, puisque le gouverneur avait révoqué ses premières instructions, et ordonné de tenir jusqu'à

---

[1] — *Manuscrits de Bougainville: Lévis à Bougainville*, 18 septembre.

[2] — Bourlamaque répondit à cette lettre, le 21 septembre : " La confiance que votre arrivée a rendue aux troupes battues a passé jusqu'à celles-ci, et l'on s'attend à vous voir bientôt rétablir nos affaires. Ce qui est sûr, et je le dis sans compliment, parce que je suis dans l'usage de n'en point faire, c'est qu'elles sont en bien bonnes mains.

" Je me ferai toujours gloire de vous seconder de mon mieux.... Ce ne sera jamais par mes avis, dont vous n'avez assurément pas besoin, mais par mon attention à vous aider, encore moins comme citoyen que comme votre serviteur et votre ami. Je vous supplie de me regarder comme tel ".

l'extrémité. L'armée marcha toute la journée du 18. Elle entrait le lendemain, au soleil couchant, à Saint-Augustin, et se préparait à y passer la nuit, lorsqu'éclata l'incroyable nouvelle que Ramezay avait signé la capi-

tulation. Le capitaine Daubrespy, de la garnison de Québec, expédié par lui, en remit les articles à Vaudreuil. Un cri d'indignation se leva dans toute l'armée. " Il est inouï, écrit le général de Lévis, que l'on rende une place sans qu'elle soit ni attaquée ni investie [1] ".

Bougainville qui marchait à l'avant-garde, avait dépassé Charlesbourg le 18 au soir, et n'était plus qu'à trois-quarts de lieue de Québec, prêt à s'y jeter avec six cents hommes d'élite, quand il apprit la fatale nouvelle : " Telle a été, dit-il avec amertume, la fin de la campagne du monde la plus belle jusqu'à ce moment ".

Townshend s'était montré très facile sur les termes de la capitulation, car sa position était très critique et il voulait Québec à tout prix. Il s'étonnait même de la bonne fortune qui lui en ouvrait les portes avant qu'il eût tiré un seul coup de canon [2]. La garnison obtint

---

[1] — *Lettre du chevalier de Lévis au maréchal de Belle-Isle*, p. 243.
[2] — " Its early submission, even before a gun was fired against it, has saved the troops from much fatigue ". *Ordre du jour du général Townshend. Knox*, Vol. II, p. 84.

les honneurs de la guerre : elle devait sortir de la ville tambour battant, mèche allumée, avec deux pièces de campagne et douze coups à tirer ; les soldats et les marins seraient transportés en France ; les citoyens ne seraient pas inquiétés pour avoir servi, et conserveraient leurs biens, leurs droits et privilèges avec le libre exercice de la religion catholique. Les habitants des campagnes qui mettraient bas les armes auraient droit aux mêmes avantages.

Le 18, avant le coucher du soleil, les portes de la cité furent ouvertes. Le général Townshend, avec son état-major, suivi de trois compagnies de grenadiers et d'un détachement de l'artillerie traînant une pièce de campagne sur laquelle flottait le drapeau britannique, traversa la haute ville, et s'arrêta en face du château Saint-Louis. Le commandant de la place qui l'y attendait, lui en remit les clefs. Les blancs uniformes de France s'alignèrent une dernière fois devant les portes et défilèrent en silence pour faire place aux sentinelles anglaises. Un corps de marins, détaché de la flotte sous le commandement du capitaine Palifer, prit possession de la basse ville. Des salves d'artillerie saluèrent le drapeau d'Angleterre, arboré à la fois sur le sommet de la côte de la montagne et sur la citadelle, d'où il ne devait plus descendre [1].

---

[1] — " The Union flag was displayed on the citadel ". *Knox*, vol. II, p. 85. La citadelle actuelle n'existait pas ; les fortifications coupaient la pointe du cap à peu près en ligne droite, et se terminaient du côté du fleuve par un ouvrage à double bastion, relié par une courtine.

Restait le soin de garder cette conquête en passant l'hiver au milieu des ruines, privé de toute communication, et à portée d'un ennemi actif et audacieux. L'orgueilleux Townshend, impatient de retourner en Angleterre pour jouir d'un triomphe que d'autres avaient plus mérité que lui, confia cette difficile tâche au brigadier James Murray. Les neuf régiments de la ligne, avec l'artillerie et une compagnie de rangers, formant un effectif de sept mille trois cent treize hommes, restèrent sous ses ordres. Les autres compagnies de rangers, avec les grenadiers de Louisbourg et les marins, se préparèrent à remonter sur la flotte. Le major Elliot, avec un corps de cinq cents hommes, alla déloger les Français de l'ouvrage à cornes, et y laissa une forte garnison. En attendant qu'un nombre suffisant de maisons fût réparé pour servir de casernes, les troupes vinrent camper sous les murs de la ville.

Le capitaine Knox ne tarda pas à porter son œil observateur sur tous les points de la cité guerrière. Le 20, ayant des ordres à transmettre à la Pointe-Lévis " Je partis, dit-il, en canot de la basse ville, ce qui me donna l'occasion de voir plus distinctement le grand effet produit par notre artillerie de la rive sud : de fait le ravage est inconcevable. Les maisons restées debout sont toutes plus ou moins perforées par nos boulets. La ville basse est tellement en ruines qu'il est presque impossible de circuler dans les rues. Les parties de la ville les moins endommagées sont les rues qui conduisent aux portes Saint-Jean, Saint-Louis et du Palais. Cependant, quoique plus éloignées de nos batteries, elles portent les marques d'une destruction presque générale. Les maisons bâties sur le sommet de la montagne, depuis le palais de l'évêque jusqu'au cap Diamant, sont les plus endommagées, et doivent subir d'incroyables réparations pour être tant soit peu habitables [1] ".

Les édifices publics, sur lesquels s'était principalement concentré le feu des ennemis, avaient été, les uns entièrement détruits, les autres criblés de coups et crevés par les projectiles. Il ne restait de la cathédrale que ses murs calcinés et la tour en pierre de son beffroi. Les églises des jésuites et des récollets, attenantes à leurs maisons, étaient ouvertes à tous les vents ; leurs toits, leurs planchers et même leurs caveaux défoncés. Les pots-à-feu, en éclatant parmi les tombes, avaient mis à découvert les cercueils et les ossements des morts. Seule, l'église des ursulines fut assez épargnée pour servir, après quelques réparations, aux exercices du culte dans le cours de l'hiver. Grâce à leur solide construction, le château Saint-Louis, le palais de l'évêque, le séminaire et le collège des jésuites étaient restés debout, mais horriblement troués et labourés par les boulets. Dans l'évêché, il n'était pas resté une seule chambre habitable, et dans le séminaire, uniquement la cuisine, où s'étaient retirés le curé et son vicaire [2]. L'Hôtel-Dieu, plus éloigné des batteries anglaises, avait moins souffert, quoiqu'il eût reçu quinze projectiles, dont quelques-uns avaient éclaté dans les salles des

---

[1] — *Knox's Journal*, vol. II, pp. 94-114.
[2] — *Mandements des évêques de Québec. Description imparfaite de la misère au Canada*, vol. II, p. 6.

malades et dans les cellules des religieuses. La basse ville, vue de la terrasse Saint-Louis, paraissait un amas de pierres parmi lesquelles surgissaient des cheminées branlantes et des pans de murs lézardés [1].

Le 21 septembre, Murray lança une proclamation annonçant qu'il était permis aux habitants des environs de Québec de rentrer dans la paisible possession de leurs biens, et de vaquer librement à leurs affaires. " Mais, dit Foligné, quels biens veut-il que nos habitants aillent occuper après les ravages qu'il a fait commettre, brûler leurs maisons, emmener les bestiaux et piller les meubles. C'est à partir de ce jour qu'on vit sortir du fond des bois nos pauvres femmes, traînant après elles leurs petits enfants mangés des mouches, sans hardes, criant la faim. Quel coup de poignard pour de pauvres mères qui ne savent si elles ont des maris et où elles les prendront, et quelle assistance elles donneront à leurs pauvres enfants à l'entrée d'une saison pendant laquelle elles ont de la peine à se garantir, lorsqu'elles sont arrangées dans leurs ménages ; les sièges de Jérusalem et de Samarie ne représentent rien de plus affreux ". Il n'y eut cependant que les familles des environs immédiats de Québec, n'ayant pas le moyen d'aller chercher un asile ailleurs, qui firent la paix avec les Anglais. A l'exception de ces infortunés qui n'avaient plus qu'à choisir entre la mort et la soumission, les Canadiens en masse s'obstinèrent à vouloir

---

1. — Il existe douze vues de Québec prises après le siège et publiées à Londres en 1761. Elles furent dessinées, à la demande de l'amiral Saunders, par Richard Short, commissaire à bord du vaisseau le *Prince d'Orange*.

combattre, à rester attachés à cette France qui ne songeait plus à eux. On ne trouve pas dans l'antiquité d'exemple d'une fidélité plus touchante, ni d'un courage plus persévérant.

Les gelées d'automne commençaient à se faire sentir. Toutes les troupes et les matelots furent mis en réquisition pour faire disparaître des plaines les travaux d'approches, enlever les décombres des rues, réparer les maisons, compléter les fortifications, couper et transporter du bois de chauffage, enfin débarquer et emmagasiner les vivres et les munitions. Au commencement d'octobre, l'armée put être logée, tant bien que mal, dans l'intérieur des murs et dans le palais peu endommagé de l'intendance. Les ursulines et les hospitalières de l'Hôtel-Dieu rentrèrent dans leurs monastères respectifs, occupés en partie par les troupes. La plus stricte discipline fut établie dans tous les postes. Jour et nuit, par le froid, la pluie ou le beau temps, des patrouilles sillonnaient les routes du voisinage, afin de prévenir toute surprise. Le commandement de la place aurait pu être confié à un plus habile tacticien, mais non pas à un homme mieux doué pour s'attirer l'estime et la confiance des Canadiens.

Dans les derniers jours d'octobre, le canon des remparts répondit au salut de la flotte qui appareillait pour l'Angleterre. Le *Royal-William* emportait à son bord les restes embaumés du général Wolfe.

Peu de jours auparavant, le capitaine Marcel, au moment de partir pour la France avec la garnison prisonnière, était allé dire un dernier adieu, dans l'église des ursulines, aux restes de son général qui, lui, ne devait plus revoir le beau ciel de Provence, ni ses plantations d'oliviers, ni son moulin à l'huile, ni les hôtes tant aimés de Candiac!

A l'arrivée de la garnison en France, le capitaine de Fiedmond demanda de revenir au Canada, et fit partie de l'expédition de M. de Danjac. Le navire la *Fidélité*, qu'il montait sombra en mer, à plus de cent lieues des Açores. Une partie des équipages et des passagers s'était réfugiée sur un radeau. Le capitaine de Fiedmond, avec quelques officiers et marins, parvint à gagner en canot l'île de Flore, où il chercha inutilement le moyen d'envoyer au secours des malheureux naufragés [1]. Un navire le ramena à Lisbonne, d'où il rentra en France.

En Angleterre, la nouvelle du succès de Wolfe eut l'air d'avoir été préparée comme un coup de théâtre. La lettre désespérée qu'il avait adressée à Pitt, peu de jours avant sa mort, venait d'être publiée et causait un désappointement universel. "Puisque le général doutait, disait-on, le public avait raison de désespérer". Trois jours après, on apprit du même coup la défaite de Montcalm, la mort de Wolfe et la chute de Québec. " Les incidents d'un drame, dit Horace Walpole, n'auraient pu être conduits avec plus d'art pour faire passer un auditoire de l'abattement à une soudaine exultation. On désespérait, on triomphait, on pleurait ; car Wolfe était tombé à l'heure de la victoire [2]". Le jeune héros fut porté aux nues. Toute la surface du royaume parut en

---

1 — Il était resté à bord soixante-huit soldats, dont vingt de la colonie, trente-trois matelots et quelques domestiques d'officiers.

2 — *Memoirs of the reign of George II*, vol. II, p. 385.

feu sous les clartés des illuminations. Un seul endroit, Blackheath, demeura obscur et silencieux ; car là une mère, veuve depuis peu, pleurait la mort du meilleur des fils. Ses concitoyens, respectant sa douleur, s'abstinrent de toute réjouissance publique. Lady Montagu écrivait à la comtesse de Bute : " Il faut regretter le général Wolfe, non le plaindre. Je suis de votre sentiment : on ne doit avoir de compassion que pour sa mère et pour sa fiancée [1] ". Le grand ministre qui avait deviné le génie du héros de Québec, fit son panégyrique dans la chambre des Communes, et la reconnaissance du peuple anglais lui a élevé un monument dans l'abbaye de Westminster.

La France de Louis XV se hâta d'oublier la mémoire de Montcalm qui lui pesait comme un remords. La France d'Amérique s'en est toujours souvenue. Elle a oublié ses fautes, pour ne se rappeler que ses vertus et son héroïsme. Le nom de Montcalm est inscrit sur ses monuments et ses places publiques. L'histoire et la poésie se sont donné la main pour célébrer sa gloire, devenue un héritage national. Le mausolée élevé sur son tombeau, un siècle après sa mort, n'est pas moins honoré que celui de Wolfe à Westminster.

---

1 — *Lady M. W. Montagu's letters*, vol. III, p. 191.

CHAPITRE VINGT ET UNIÈME

1759-1760

Retour de l'armée française à Jacques-Cartier. — Vaudreuil rappelé à Montréal. — Amherst s'avance sur l'Ile-aux-Noix. — L'épouvante à Montréal. — Ferme attitude de Bourlamaque. — Amherst retourne à Saint-Frédéric. — Une sotte campagne. — Surprise et destruction du village de Saint-François du Lac. — Vengeance des Abénakis. — Cantonnement des troupes françaises. — Québec et la garnison anglaise. — Les hôtes de l'Hôpital-Général. — Mission de Le Mercier en France. — L'hiver de 1760. — La vie à Québec. — A Montréal. — Les jeux de hasard. — Détresse générale. — Les Canadiens se dévouent à nourrir l'armée. — Projet de surprendre Québec en hiver. — Le capitaine de Saint-Martin à Lévis. — Mort de Langy.

Le général de Lévis s'était d'abord replié à la Pointe-aux-Trembles, après avoir laissé deux détachements à la garde des ponts du cap Rouge : l'un sous Bougainville, à l'embouchure de la rivière ; l'autre, sous Repentigny, à quelque distance plus haut. Il s'arrêta deux jours pour donner un peu de repos à son armée, et se retira ensuite à Jacques-Cartier, où il fit travailler activement à la construction du fort. Son avant-garde campa au calvaire de Saint-Augustin, et les régiments de Royal-Roussillon et de Guyenne dans la plaine de Deschambault, pour y empêcher un débarquement et assurer ses communications avec Trois-Rivières.

Une lettre inquiétante du chevalier de La Corne rappela Vaudreuil à Montréal. Les Iroquois de la Présentation avaient fait prisonniers neuf découvreurs anglais, porteurs de dépêches d'Amherst indiquant que le brigadier général Gage, alors à Chouaguen, allait s'avancer par les rapides, pendant que lui-même attaquerait l'Ile-aux-Noix.

En entrant à Montréal, le gouverneur écrivit à Lévis : " J'arrivai en cette ville le 1er de ce mois, sur les dix heures du matin, avec M. l'évêque. Nous abrégeâmes beaucoup les fatigues du voyage en profitant d'une goélette qui était aux Trois-Rivières prête à mettre à la voile.

" Vous trouverez ci-joint deux lettres de M. de Bourlamaque.... Il ne doute pas que la colonie ne soit attaquée à l'Ile-aux-Noix dans six ou huit jours au plus tard.

" J'aurais déjà mis nos milices en mouvement, si les vivres ne m'arrêtaient. Tout ce que je puis faire de mieux actuellement, c'est de disposer toutes choses pour les faire marcher aussitôt que M. de Bourlamaque me les demandera. Il n'a encore aucune nouvelle de l'ennemi. Je lui ai fait passer une cinquantaine de sauvages de très bonne volonté qui, j'espère, lui mèneront des prisonniers.

" Je n'ai aucune inquiétude pour les parties où vous commandez ; il me suffit, Monsieur, que vous soyez à la tête des forces que j'y ai laissées. Ménagez, je vous prie, votre santé ; vous savez que rien n'égale l'intérêt que j'y prends ".

Bourlamaque, épuisé par les fatigues de la campagne, et souffrant d'une fièvre qu'il ne pouvait guérir, se préparait cependant sans relâche à recevoir Amherst, que la chute de Québec avait paru réveiller de sa torpeur. Bourlamaque n'avait alors à sa disposition que deux mille deux cents hommes, sur lesquels il serait peut-être obligé de prélever des détachements pour fortifier Chambly et Saint-Jean [1].

" Les bras manquent, écrit-il à Lévis le 21 septembre ; il ne reste ici que cinq cents Canadiens, dont plus de cent vingt malades ou estropiés. Les soldats vont aussi tous à l'hôpital ; pluies continuelles, campés dans un marais, peu de nourriture. Je ne sais s'il en restera beaucoup de sains dans un mois. Quoi qu'il en soit, je tâcherai d'attraper le bout de la campagne, et de bien me battre d'ici là si l'ennemi se présente. J'espère qu'il ne me surprendra pas et qu'il ne me fera point de prisonniers. J'ai reconnu la baie de Missiscouy. Je voudrais être à la place de M. Amherst ; j'attaquerais par là sans difficultés. Au reste, je m'y prépare autant que je le puis avec si peu de monde, et si harassé de travail ".

Ce fut seulement au milieu d'octobre que le général anglais mit son armée en mouvement. " Elle est partie de Saint-Frédéric le 11, écrit Bourlamaque, au nombre de dix ou douze mille hommes, précédée d'une avant-

---

1 — *Bourlamaque à Lévis*, 2 octobre.

garde de soixante bateaux ou berges, d'un brigantin de vingt pièces de canon de dix-huit, d'un senau[1] aussi fort que notre goélette, et de plusieurs bateaux armés de gros canons ; un seul en porte six de vingt-quatre.

" Nos chebecs[2] ont été surpris sans doute et n'ont point vu cette avant-garde. Ils étaient à leur poste ordinaire près des îles aux Quatre-Vents, quoique j'eusse mandé au commandant que pour peu qu'il craignît d'être coupé, il eût à rapprocher sa croisière et sa station, parce que l'essentiel était d'entrer dans la rivière avant les Anglais. La goélette était placée à la pointe de la Grosse-Ile pour garder le passage de la baie de Missiscouy. Le 12, au point du jour, elle fut accueillie par le brigantin et le senau. Le premier lui donna la chasse et allait le prendre lorsqu'il s'échoua. La goélette se réfugia dans le fond de la baie de Missiscouy.

" Les chebecs, que le brigantin n'avait pas vus, étaient aux prises avec les berges et en avaient enlevé une, lorsque le vent manqua tout-à-coup, puis vint le nord-est. Le brigantin déchoué en profita pour retourner sur les chebecs. A l'entrée de la nuit, M. de Laubara, après avoir vu le corps de l'armée anglaise près des îles aux Quatre-Vents, se réfugia dans l'anse des Tsonnonthouans, où il coula bas ses trois bâtiments, et se mit en marche le 13 au matin par les bois, ayant précédemment dépêché deux chaloupes pour m'avertir de la marche des ennemis et du rapport des prisonniers.

---

1 — Espèce de brick.
2 — Bâtiments à trois mâts à voiles et à rames.

" Le vent de nord-est qui a duré trois jours avec violence a empêché cette armée de s'approcher d'ici ; elle a peu marché depuis hier matin, et je la crois bien près de la rivière.

" La goélette, sortie par le nord-est de la baie de Missiscouy, est vis-à-vis l'extrémité de l'île Lamothe, près de la côte du nord, et attend inutilement depuis trois jours un vent de sud-ouest, le seul qui puisse la faire marcher. Il y a à parier dix contre un qu'elle est prise ou brûlée à présent. La perte de ces bâtiments est un grand malheur pour la défense de la rivière.

" J'ai demandé des secours à M. de Vaudreuil, ayant trop peu de monde pour espérer de garder cette frontière. J'ignore ce qu'il m'enverra. Mes retranchements sont finis depuis quelque temps, et j'étais après le fort d'hiver. Tout est suspendu ; il faut songer au plus pressé. Si l'on est assez heureux pour repousser ou lasser l'ennemi, on fera comme on pourra.

" Par le rapport des prisonniers, il paraît que M. Amherst s'est concerté avec M. Gage pour agir en même temps.

" La saison est avancée ; malheureusement il fait sec depuis longtemps, et le plus beau temps du monde, quoique froid, depuis peu de jours.

" Montréal est dans la consternation, et je crains fort que cet abattement n'empêche les miliciens de marcher. Nous avons tous envie de bien faire. J'ai pris toutes les précautions que le temps, le peu de monde que j'avais et la nature du pays m'ont permises. Nous nous battrons de notre mieux, arrivera ce qui pourra ".

Il est incroyable qu'après toutes ces démonstrations, Amherst n'ait pas agi. Contrarié par les vents, il jugea la campagne trop proche de sa fin pour continuer sa marche et retourna à Saint-Frédéric. Bourlamaque en disait sa surprise à Lévis : " Je crois la saison trop avancée (25 octobre) actuellement pour que M. Amherst entreprenne. Je ne comprends pas trop comment il mettra sa tête en sûreté : il fait là une sotte campagne ".

Bourlamaque jugeait sévèrement, dans la même lettre, la conduite de M. de Laubara : " La perte des chebecs est une énigme pour moi. Cet homme, aussi malheureux, je crois, qu'il est ignorant, a coulé ses bâtiments sans essayer sa marche, sans avoir essuyé un coup de canon, et sans avoir cherché à profiter de l'obscurité pour se sauver. Je ne lui donnerais pas, je crois, le commandement de la galiote de Saint-Cloud ". Les équipages et les soldats débarqués des chebecs, furent réduits, pour ne pas mourir de faim en route, à manger jusqu'au cuir de leurs chaussures [1].

Avant la clôture de la navigation, Vaudreuil écrivit une série de dépêches qu'un des vaisseaux du munitionnaire devait essayer de porter en France après avoir risqué le passage devant Québec. En informant la cour des événements de la campagne, Vaudreuil rendait Montcalm responsable des derniers malheurs, et lui attribuait la perte imminente de la colonie. Montcalm avait eu de grands torts vis-à-vis le gouverneur. L'ayant pour chef, il n'avait jamais cessé de miner son autorité. Il n'était pas d'invectives et de ridicules qu'il n'eût

---

[1] — *Mémoires sur le Canada.*

déversés sur lui. Il avait tout fait pour le perdre et pour le supplanter dans le commandement. Mais Vaudreuil se donna un bien plus grand tort en portant des accusations après que la mort eut fermé les lèvres qui auraient pu lui répondre, et en s'attribuant à lui-même la plus large part dans les succès des campagnes précédentes.

Le général de Lévis écrivit au maréchal de Belle-Isle : " Faute de munitions de guerre et de bouche, il nous sera impossible de faire aucune expédition ni entreprise cet hiver ; bien heureux si nous pouvons nous soutenir. Nous finirons de manger la plus grande partie du reste des bœufs et chevaux.

" Nous aurons à nourrir dans les postes de trois à quatre mille personnes, y compris les sauvages, ce qui achèvera de consommer le peu de ressources qui pourront rester dans la colonie.

" Nous n'avons d'autres ressources pour faire subsister les troupes que de les faire nourrir par les habitants des gouvernements de Montréal et des Trois-Rivières ; celui de Québec ayant été dévasté par les armées, à peine pourra-t-il suffire pour nourrir ses habitants.

" Nous conserverons trois frégates pour qu'au printemps nous puissions garder le courant du Richelieu, pour empêcher que les ennemis ne remontent le fleuve avec leurs berges ou d'autres bâtiments jusqu'aux Trois-Rivières et même jusqu'à Montréal.

" Si le roi veut soutenir cette colonie, elle n'est pas encore sans ressources, et s'il lui plaît d'envoyer au mois de mai une escadre qui devance celle d'Angleterre et qui nous rende maîtres du fleuve, avec six mille hommes de troupes de débarquement, et quatre mille hommes de recrues pour les bataillons et les troupes de la marine qui sont ici....

" Si le roi ne juge pas devoir nous donner du secours, je dois vous prévenir qu'il ne faut plus compter sur nous à la fin du mois de mai. Nous serons obligés de nous rendre par misère ; manquant de tout, il nous restera du courage, sans aucune ressource pour le mettre en usage [1] ".

La garnison de Niagara, échangée pour d'autres prisonniers, rencontra sur les frontières l'armée d'Amherst qui rentrait dans ses quartiers d'hiver. Le capitaine Pouchot y fut félicité pour sa belle défense, et fêté par les officiers anglais. " On ne peut rien ajouter, dit-il, aux attentions qu'ils eurent [2] ". Retardé quelques jours à la chute par le commandant de Carillon, il y fut témoin de l'arrivée du major Rogers, d'une sanglante expédition d'où il n'avait ramené que " vingt et un de ses rangers, tous hâves et décharnés ". Amherst avait envoyé à la fin de septembre, un parti de rangers pour châtier les Abénakis de Saint-François du Lac de leur attachement aux Français, et de l'outrage récent qu'ils avaient fait à deux de ses ambassadeurs, les capitaines Kennedy et Hamilton. Le général les avait députés auprès d'eux avec des dépêches pour Wolfe, dans l'espérance qu'ils accepteraient la paix et les laisseraient passer. Mais, dès leur arrivée à Saint-François, les chefs les

---

1 — 1er novembre 1759.
2 — *Mémoires*, vol. II, p. 153.

avaient saisis et conduits à Montréal. L'intéressante mission de Saint-François, fondée vers 1680, était sise sur la rive droite de la rivière Saint-François, à deux lieues à peu près de son embouchure [1]. Une des tribus abénakises s'y était fait un petit oasis à la manière des sauvages, c'est-à-dire une éclaircie dans la forêt, semée de maïs, avec un groupe de maisonnettes et une chapelle, d'un extérieur simple, mais riche à l'intérieur de beaux vases sacrés et d'ornements d'autels, offerts en partie par les rois de France. A force de patience et de labeurs, les missionnaires qui les avaient desservis de génération en génération, leur avaient inculqué quelques principes rudimentaires de catholicisme et de civilisation, qui avaient adouci sur certains points leur barbarie primitive ; mais ils étaient toujours restés les farouches enfants des bois, avec leurs instincts féroces et leurs habitudes imprévoyantes et vagabondes. Comme toutes les peuplades de l'Acadie, d'où ils avaient émigré à la suite des guerres d'extermination que leur avaient faites les habitants de la Nouvelle-Angleterre, ils étaient les ennemis implacables de ces colons, en même temps que les alliés fidèles des Français, dont ils comparaient la bienveillance avec la cruauté de leurs voisins. Durant la dernière guerre, comme dans les précédentes, ces Abénakis avaient été les plus acharnés ennemis des Anglais, se glissant partout sur leurs frontières, surprenant les colons dans leurs champs, incendiant les villages, aussi bien que les maisons isolées, exterminant les bestiaux, massacrant sans dis-

---

1 — L'abbé Maurault, *Histoire des Abénakis*, p. 273.

tinction hommes, femmes et enfants, ou les emmenant prisonniers. Chaque maisonnette de Saint-François avait son trophée de chevelures, accroché à des poteaux devant sa porte. La troupe de rangers qu'Amherst avait déchaînée contre eux, formée par Rogers, n'avait rien à envier aux mœurs de ces indiens : on a vu qu'ils avaient pris jusqu'à l'habitude de scalper. Montés sur dix-sept berges, ils descendirent de nuit le lac Champlain, échappèrent à la vigilance des croiseurs français, et abordèrent dans la baie de Missiscouy, formée, on le sait, par une expansion du lac, à l'est de sa sortie. Ils y cachèrent leurs berges sous les fourrés de la rive, et mirent en sentinelles dans le voisinage deux de leurs indiens, chargés de venir les avertir si elles étaient découvertes. Rogers se mit ensuite en marche. Il ne mit pas longtemps en défaut les découvreurs de Bourlamaque. Deux jours après, des courriers furent dépêchés à Montréal, Trois-Rivières et Jacques-Cartier. Bourlamaque écrivit à Lévis : " Les Anglais sont partis de la baie de Missiscouy le 23 au matin. Trois cents hommes que j'ai envoyés sur les pistes de ces Anglais ont trouvé qu'ils dirigeaient leur marche vers Chambly, Masca ou Saint-François. On juge qu'ils peuvent être deux cents ou deux cent quarante hommes. Il se pourrait faire que ce détachement eût ordre d'aller vers Québec. Toutes les apparences sont cependant qu'ils veulent punir le village de Saint-François de sa fidélité [1] ".

---

1 — 27 septembre.

Le 25 au soir, les deux sentinelles avaient rejoint Rogers et l'avaient prévenu que les Français étaient à sa poursuite. L'alarme ne pouvait manquer d'être donnée du côté du Saint-Laurent, d'où seraient dirigés d'autres partis pour lui couper toute retraite. En effet, le marquis de Vaudreuil allait au premier avis, mettre en mouvement les Abénakis de Bécancour, et ceux même de Saint-François, avec quelques marcheurs canadiens [1]. Rogers ne vit d'autre moyen de réussir dans son projet qu'en devançant ses ennemis par la rapidité de sa marche. Ayant sur eux l'avantage de deux jours, il pouvait, en suivant la vallée de la rivière Yamaska qui coule en ligne droite vers le lac Saint-Pierre, fondre sur le village Saint-François avant que l'éveil y fût donné, le détruire et s'en retourner en remontant vers le sud-est, le long du Saint-François. Des sources de cette rivière, il atteindrait le lac Memphrémagog, et descendrait ensuite le Connecticut. Il dépêcha en conséquence le lieutenant McMullen, avec dix hommes, vers Saint-Frédéric, en lui enjoignant de faire un détour pour éviter d'être pris, et d'aller avertir Amherst d'envoyer des provisions au confluent des rivières Ammonoosuc et Connecticut. Rogers accéléra sa course à travers les mille obstacles des bois, les rochers, les savanes inondées par les pluies d'automne, laissant derrière lui beaucoup de traînards estropiés, malades ou incapables de le suivre.

---

1 — *Lettre de Vaudreuil à Lévis*, 3 octobre.

Enfin, après plusieurs jours de marche, inclinant à droite, il atteignit la rivière Saint-François, qu'il traversa à quatre ou cinq lieues du village. Pendant que ses hommes faisaient sécher leurs vêtements, Rogers partit en avant avec deux de ses officiers, le lieutenant Turner et l'enseigne Avery[1]. Arrivé à un mille de la mission, il grimpa sur un arbre, d'où il examina attentivement sa position et les moyens de s'en approcher. Les rangers s'avançaient à sa rencontre pendant que le soleil du 3 octobre[2] se couchait derrière le rideau de feuillage au delà duquel montaient les fraîcheurs brumeuses du lac Saint-Pierre. A la nuit fermée, Rogers, habillé à l'indienne comme un grand nombre de ses compagnons, traversa seul le village sans être observé, et reconnut qu'on n'y avait pas eu vent de son approche. Les feux étaient allumés dans la salle du conseil où la jeunesse chantait, criait, dansait au son du chichikoué. Rogers rejoignit sa bande, restée à distance, et attendit que le village fût enseveli dans un profond sommeil. A trois heures du matin, il le fit cerner, en recommandant à ses rangers de s'approcher en silence. Au signal convenu, tous poussèrent le cri de guerre à la façon des sauvages, enfoncèrent les portes et massacrèrent tout ce qui tomba sous leurs mains, sans distinction d'âge ni de sexe. Il y avait heureusement peu de familles, encore moins de guerriers dans le village. La plupart de ceux-ci, rappelés du camp de Lévis par Vaudreuil, et lancés à la poursuite des incursionnistes,

---

1 — L'abbé Maurault, *Histoire des Abénakis*, p. 491.
2 — *Vaudreuil à Lévis*, 5 octobre.

n'avaient pas eu le temps d'arriver. Rogers prétend avoir immolé au moins deux cents personnes. C'est une grossière exagération. Mgr de Pontbriand dit formellement qu'il n'y eut qu'environ trente indiens de tués, sur lesquels, ajoute-t-il, plus de vingt étaient des femmes et des enfants [1]. Le reste eut le temps de prendre la fuite. Quelques Abénakis se mirent en défense, tuèrent un sauvage mohican, et blessèrent plusieurs des assaillants. Rogers donne le chiffre invraisemblable de six cents scalpes trouvés aux portes des cabanes.

Le village fut pillé et incendié. Avant de mettre le feu à l'église, les rangers enlevèrent les objets les plus précieux, les reliquaires et les statuettes en or, en argent, les vases sacrés dont ils jetèrent les hosties et les foulèrent aux pieds. Rogers fit ensuite emporter tout ce qu'il put de provisions, consistant surtout en maïs, et prit la fuite, emmenant avec lui cinq prisonniers anglais qu'il avait délivrés, trois petites sauvagesses et deux jeunes Abénakis, Antoine et Xavier Gill [2].

Rogers prétend avoir su par les prisonniers qu'il y avait aux environs deux partis de sauvages et de Canadiens épiant son arrivée. Si pareil fait eût été connu dans le village, comment la population se serait-

---

1 — *N.-Y. Documents*, vol. X, p. 1058. *Lettre de Mgr de Pontbriand*.

2 — Descendants de Samuel Gill, jeune Anglais de quatorze ans, enlevé et adopté par les Abénakis un demi-siècle auparavant, du village de Gilltown, dans le Massachusetts. La mère des deux jeunes Gill fut tuée en route par les rangers. Ces enfants recouvrèrent plus tard leur liberté et revinrent à Saint-François.

elle livrée aux réjouissances sans avoir la moindre conscience du péril ? Nul doute que se voyant sans défenseurs, elle n'eût suivi son instinct traditionnel, et pris la fuite. Quoi qu'il en soit, Rogers comprit qu'il n'avait pas de temps à perdre, et avant que le soleil fût haut sur l'horizon, il s'était enfoncé dans la plaine par où descend la rivière Saint-François. Sa bande allait payer cher le coup d'audace qui lui avait réussi. La vengeance sauvage accourait avec les guerriers de Bécancour et de Saint-François. Ils les suivirent à la piste. Le général de Lévis, avec son froid laconisme, qui rappelle les commentaires de César, se contente de dire : " Ils les écharpèrent [1] ".

Les rangers n'avaient eu de provisions que pour se rendre au sud du lac Memphrémagog. Là ils furent obligés de se diviser en petites bandes, et de ralentir leur fuite pour vivre de chasse. Les Abénakis les y rejoignirent et les traquèrent avec cet acharnement qu'inspire la rage dans le cœur d'un indien. Rogers avoue qu'une bande d'une vingtaine, aux ordres des lieutenants Turner et Dunbar, fut à peu près toute tuée ou prise, qu'une autre, conduite par l'enseigne Avery, fut chaudement pourchassée, et perdit cinq de ses rangers faits captifs. Une relation française porte à cinquante le nombre des victimes que firent les Abénakis [2]. Ceux des fugitifs qui ne périrent pas de faim ou de fatigue, atteignirent les sources du Connecticut, d'où ils se traînèrent péniblement jusqu'au con-

---

1— *Journal de Lévis*, p. 224.
2— *Journal tenu à l'armée.*

fluent de l'Ammonoosuc, soutenus par l'espoir d'y trouver le dépôt de vivres demandé par Rogers. Amherst y avait en effet envoyé un parti d'hommes, avec d'abondants secours. Les feux qu'ils avaient allumés brûlaient encore ; les restes des repas qu'ils venaient d'y prendre gisaient çà et là, sur la mousse ; mais eux-mêmes, qu'étaient-ils devenus avec leurs provisions ? Sans doute qu'ils étaient allés camper un peu plus loin, dans un endroit plus favorable. On se mit à la recherche, on appela, on fit des décharges de mousqueterie. Nulle réponse, nul signe de vie : partout la solitude aride, morne, silencieuse. Le lieutenant Stephen, expédié par Amherst, s'était rendu coupable d'un acte indigne qui le fit chasser honteusement de l'armée. Il s'était impatienté d'attendre, et deux jours seulement après son arrivée, il était reparti avec ses provisions. Le désespoir des rangers en se voyant complètement abandonnés, est plus facile à comprendre qu'à exprimer. Presque tous se trouvaient à bout de forces, incapables d'avancer plus loin. Rogers seul avait conservé un reste de vigueur. Il s'offrit d'aller chercher du secours au poste le plus voisin, Charlestown, autrement dit Number Four, situé à cinq jours de marche plus bas sur la rivière Connecticut. En attendant, comme le gibier était rare, ses compagnons tâcheraient de se soutenir en mangeant des racines, quelques bulbes, l'écorce tendre des arbres, et des petites baies sauvages croissant sur certains buissons des alentours. Rogers leur promit qu'il serait de retour dans dix jours. Il construisit un radeau avec le bois sec de pins renversés, s'y embarqua avec le capitaine Ogden, un des rangers, le plus vigoureux des jeunes Abénakis, et s'abandonna au courant de la rivière. Durant le trajet du second jour, il faillit être entraîné dans un rapide avec son radeau. Il fallut en construire un autre au pied du courant. Rogers n'ayant plus assez de force pour bûcher les arbres, en renversa et coupa quelques-uns en y mettant le feu, pendant que le capitaine Ogden tuait les écureuils qui sautaient en criant sur les arbres voisins. Enfin, après cinq jours de cette navigation, il arriva au poste anglais, d'où il fit partir immédiatement un canot chargé de vivres. Il le suivit deux jours après. C'est à la suite de cette fatale expédition qu'il arriva à Carillon avec vingt et un de ses rangers, dans l'état pitoyable où les vit le capitaine Pouchot[1]. Dix des prisonniers faits par les Abénakis furent ramenés à Saint-François, où les familles échappées aux massacres erraient encore parmi les ruines, en cherchant les ossements calcinés de leurs proches. Malgré toutes les instances des Canadiens, les captifs furent livrés aux femmes qui leur firent cruellement expier leur terrible exploit[2].

---

1 — " Il est arrivé à l'Ile-aux-Noix, depuis quatre jours, cinq Anglais pris au fond de la baie de Missiscouy, qui y sont arrivés demi-morts de faim. Ils en annoncent encore dix, dont deux sont mourants, qu'ils ont laissés dans la rivière de Missiscouy. C'est un débris du parti de Rogers ". *Vaudreuil à Lévis*, 6 novembre. Bourlamaque, dans une lettre à Lévis (30 novembre), dit que ces rangers s'étaient égarés. " Trois Abénakis les ont pris sans peine ".
2 — *Journal tenu à l'armée*. Cf. Maurault, *Histoire des Abénakis* ; Parkman, *Montcalm and Wolfe*.

Les preuves d'inexpérience données par Bougainville au cours du siège de Québec, le firent reléguer au second rang par Lévis. Le général se disposait à partir pour Montréal, afin d'y préparer, durant l'hiver, sa fameuse campagne de 1760. Avant de quitter Jacques-Cartier, il remit le commandement de ce poste avancé à un soldat éprouvé, le major général Dumas, qui s'était si fort distingué à la Monongahéla, et tout récemment à la bataille d'Abraham. Sur les six cents hommes qu'il lui laissa, deux cents environ resteraient aux ordres de Repentigny à la Pointe-aux-Trembles. A l'Ile-aux-Noix, M. de Lusignan commanderait les quatre cents soldats de garnison, tandis que le colonel de Bourlamaque irait prendre quelque repos à Montréal. Aux rapides, le capitaine Desandrouins continuerait les travaux du fort Lévis avec trois cents hommes. Le régiment de la Reine prit ses quartiers d'hiver sur la rivière Chambly; celui de Guyenne, entre Sorel et Varennes; Royal-Roussillon à Boucherville et à Laprairie; Béarn dans l'île de Montréal; la Sarre à l'Ile-Jésus; Berry entre Terrebonne et Berthier; et Languedoc dans le gouvernement des Trois-Rivières.

Autour de la rade déserte de Québec, les froids de novembre jetaient des franges d'écume glacée et des taches de neige sur les cimes des Laurentides. L'hiver du Canada s'annonçait par de fortes gelées, avec un temps calme, un soleil éclatant, ou par des coups de vent presque toujours nord-est, amenant les jours sombres, un ciel gris, des nuages de plomb versant de froides averses. Le tonnerre du canon, le roulement de la mousqueterie avaient cessé. Les rivages de Beauport et de la Pointe-Lévis étaient devenus des solitudes. L'agitation et la vie s'étaient concentrées sur le cap de Québec. L'enceinte des murs regorgeait de soldats anglais, écossais, anglo-américains, se croisant sur les places publiques, dans les rues, sous les portes, avec une population muette, atterrée, en quête d'un abri ou d'une bouchée de pain. Un témoin oculaire écrit qu'on ne peut se faire une idée du chaos qui régnait dans la place tant parmi les Anglais que parmi les Français. Elle était devenue le rendez-vous des filous, de tous les êtres sans aveu qui se livraient au désordre et au pillage, malgré les exemples de sévérité donnés par le commandant. On voyait des gens courir à droite, à gauche, sans savoir où ils allaient. Chacun cherchait son bien, et ne le trouvant pas, prenait celui de son voisin [1]. Une partie des habitants chassés de leurs maisons pour faire place aux troupes, sortaient de la ville et allaient se réfugier au delà de Jacques-Cartier. D'autres, trop pauvres pour fuir, avaient à peine un coin pour se retirer dans leurs propres demeures envahies par les Anglais.

La ville se réveillait chaque matin au son des tambours et du clairon, comme dans un camp. Tout y annonçait la proximité de l'ennemi, la sévérité de la discipline militaire, la rigueur de la loi martiale appliquée aux citoyens, les précautions prises contre les allants et venants, les gros corps de garde stationnant à toutes les issues, le cordon de sentinelles faisant cercle autour des remparts, les postes avancés échelonnés sur

---

[1] — *Le commissaire général Bernier à Bourlamaque,* 27 septembre 1759.

les routes jusqu'à Lorette et Sainte-Foye. A l'intérieur des maisons, toute lumière devait être éteinte à dix heures du soir ; aucun citoyen ne pouvait sortir dans la rue, la nuit, sans un fanal à la main, et jamais après dix heures.

Avant la fin de l'automne, la froideur des rapports entre ennemis commença à s'adoucir. Les vainqueurs furent bientôt subjugués par les grâces, la courtoisie et la spirituelle conversation des dames canadiennes. Knox s'en fait l'écho dans plus d'une page de son *Journal*. Il avait eu en partage pour logement une espèce de hangar attenant à une écurie. Le local qu'il y occupait était assez spacieux, mais en bois brut, ouvert d'un côté par le râtelier d'une crèche, et n'ayant d'autre plafond que des planches volantes, servant de grenier à foin. Malgré cela, après y avoir fait monter un poêle, et exécuter quelques travaux de charpente, il s'y trouva mieux installé que bien d'autres officiers de son rang.

Rien, dans la cité conquise, n'échappait à son œil inquisiteur, ni le Chien d'Or avec son inscription légendaire, ni les niches pratiquées aux angles des rues avec leurs statues de grandeur naturelle, représentant Saint-Joseph, Saint-Augustin, Saint-Denis, Sainte-Ursule, ni les costumes des ordres religieux, ni les cérémonies du culte auxquelles il assistait, en se félicitant des attentions qu'on y avait pour lui. Il ne tarit pas d'éloges sur les religieuses hospitalières, celles de l'Hôpital-Général en particulier, dont il eut occasion de connaître la charité et le dévouement. Ce fut pour lui une agréable diversion quand il reçut l'ordre d'aller pendant une semaine y commander la garde, veiller à la discipline et observer l'ennemi, dont la cavalerie s'était montrée dans le voisinage. Ce monastère, avec son hôpital délicieusement situé dans un endroit salubre au bord de la rivière Saint-Charles, à un mille de Québec, était alors ouvert aux blessés des deux armées qui y jouissaient des mêmes soins.

" Quand, dit-il, nos pauvres malades recevaient l'ordre de sortir de nos détestables hôpitaux militaires pour y être transportés, ils ne pouvaient assez exprimer leur joie et leur contentement. Chaque patient a son lit entouré de rideaux, avec une religieuse qui en prend soin. Les lits sont rangés de chaque côté des salles, séparés chacun par un espace suffisant pour qu'une personne y circule ; les salles sont balayées et époussetées chaque matin, puis aspergées de vinaigre, de façon que l'étranger qui y passe ne s'aperçoit d'aucune odeur désagréable. Chaque officier a son appartement particulier. Les religieuses sont en général jeunes, d'un extérieur agréable, polies, mais de la plus stricte réserve ".

Knox continue : " Je vivais ici à la table du roi de France avec une société agréable et polie, composée d'officiers, des directeurs et des commissaires. Quelques-uns étaient mariés, et leurs femmes nous honoraient de leur compagnie. Elles étaient généralement gaies, excepté quand la conversation tombait sur les désastres de la dernière campagne. Alors elles donnaient cours à leur affliction, qu'elles exprimaient par des soupirs et par des : O mon Dieu " !

La communauté de l'Hôpital-Général, dont une bonne partie était issue des familles nobles ou distinguées du pays, avait pour supérieure la Mère de Saint-Claude de la Croix, sœur de M. de Ramezay, commandant de Québec. Elle semblait avoir été choisie tout exprès pour traverser ces temps difficiles. Femme du monde accomplie, en même temps que parfaite religieuse, elle sut se concilier non seulement l'estime, mais l'amitié des conquérants, par son tact, son esprit, sa haute raison.

" Deux ou trois jours après mon arrivée, dit Knox, une des sœurs me remit un gracieux billet de la Mère de Saint-Claude, m'invitant à prendre part à ce qu'elle appelait un déjeuner anglais.

— " Si vous êtes prêt, me dit la sœur, j'aurai l'honneur de vous conduire.

" Je suivis mon guide qui m'introduisit dans une salle spacieuse, où je trouvai la supérieure avec plusieurs religieuses occupées à des ouvrages d'aiguille. Sur une table au centre de la pièce étaient placés deux cafetières et deux autres vases, un gros pain, une assiette de beurre et un couteau ; sur une autre assiette étaient empilées cinq ou six tranches de pain, beurrées d'un pouce d'épaisseur, et de la moitié de la grandeur du pain. En entrant, je saluai la plus âgée des dames qui se trouva être la supérieure, et ensuite les autres. Deux chaises furent immédiatement approchées de la table, et Mme de Saint-Claude me faisant signe de prendre ma place, je m'assis en même temps qu'elle. Elle me dit en me montrant les deux cafetières, que l'une contenait du thé, l'autre du lait. S'apercevant que le thé n'était pas à mon goût, car il était noir comme de l'encre, elle m'assura qu'il y en avait une demi-pinte dans la cafetière, et qu'il avait été bien bouilli dans l'eau. Je lui dis qu'il était vraiment trop bon pour moi, et que je ferais un bon repas avec du pain et du lait. Je fus confus des excuses qu'elle me fit, me priant de remarquer que ce n'était pas la coutume dans le pays de prendre du thé, si ce n'est en cas de maladie. Là-dessus elle m'offrit avec empressement de faire venir du café, ce que je refusai. Je fis un excellent repas de ce qui se trouvait sur la table ; et je passai près de deux heures des plus agréables en conversation avec cette vieille dame et ses virginales compagnes. Quand le temps le permettait et que j'étais libre, je me promenais assez souvent dans le jardin, avec un ou deux des officiers français. D'autres fois je jouais au piquet avec eux ".

Cette semaine passée avec les habitués du cloître, s'écoula trop vite au gré du brave Ecossais, et lui parut comme une idylle au milieu de sa rude vie de soldat.

En rentrant dans ses quartiers, le capitaine trouva la ville toute pleine de rumeurs. Les cavaliers de la Rochebeaucour et des partis de sauvages s'étaient montrés à Sainte-Foye, et jusqu'à Beauport, où ils avaient fait quelques prisonniers. Le capitaine Canon, avec la flotte du munitionnaire, ancrée au-dessus du Richelieu, avait dessein de forcer le passage devant Québec pour retourner en France. Ce ne fut cependant que le 22 novembre qu'elle parut à la hauteur du cap Rouge. Elle ne se composait que d'une douzaine de voiles, deux frégates et deux autres navires en ayant été détachés pour hiverner à Sorel [1]. Le capitaine Canon appareilla hardiment durant la nuit obscure du 24, et franchit le

---

1 — *Journal de Lévis*, p. 231.

passage, malgré les boulets et les bombes lancés de la haute et basse ville. Trois frégates et un navire s'étaient échoués dans le trajet. Les équipages les abandonnèrent, après y avoir mis le feu. Un de ces vaisseaux, l'*Elizabeth*, n'ayant pas brûlé, les Anglais envoyèrent une goélette armée pour s'en emparer ; mais le commandant français lança sur elle deux de ses embarcations, montées de ses plus braves marins, conduits par son second, M. de la Giraudais. Ils l'abordèrent sous le feu de ses canons et de sa mousqueterie, la saisirent et allèrent triomphalement rejoindre la flotte. Après qu'elle eut disparu, le capitaine Miller, du *Racehorse*, destiné à hiverner à Québec avec le *Porcupine*, vint, avec une quarantaine d'hommes, prendre possession du vaisseau échoué, que l'imprudence de ses propres gens fit sauter avant qu'ils l'eussent quitté. Un habitant du voisinage, attiré par l'espoir de recueillir quelques provisions parmi les épaves, les trouva entourées de morts et de blessés affreusement mutilés. Il porta chez lui les survivants avec l'aide de ses voisins, leur prodigua les premiers soins et vint donner avis à Québec, où ils furent transportés ; presque tous moururent en peu de temps.

Dans les derniers jours de novembre, la bordée de neige de la Sainte-Catherine étendit, comme d'habitude, son voile blanc sur le front chauve du cap Diamant et sur la contrée qu'il domine. Les vieux chasseurs prédisaient un hiver précoce et rigoureux : ils faisaient remarquer le départ hâtif des outardes, des barnaches et autre gibier d'automne. Ils prétendaient en voir encore des indices dans l'instinct prévoyant des bêtes forestières. A la mi-décembre, le fleuve charriait déjà d'énormes champs de glaçons. L'hiver du Canada était définitivement établi, avec ses avalanches de neige enveloppant tout de sa blancheur uniforme, ses ouragans, ses nuages de poudrerie, ses froids hyperboréens, ses bises glaciales fouettant les joues, les déchirant comme des morsures. Et quand le ciel redevenait serein, le soleil versait un déluge de lumière sans chaleur, sur la nappe éblouissante déroulée à perte de vue ; puis venaient les longues nuits claires, avec leurs aurores boréales et leurs myriades d'étoiles. Les soldats, trop légèrement vêtus, ne savaient comment se défendre contre les rigueurs d'un tel climat. Les sentinelles, quoique relevées d'heure en heure, revenaient avec les pieds, les doigts insensibles, et presque sans connaissance. " Il y a eu à Québec, écrivait Malartic, deux sentinelles de gelées ; nos partis enlèvent quelquefois celles des postes avancés [1] ".

" Aux heures de parade, rapporte Knox, sur la place d'armes, nos gardes ont une apparence des plus grotesques sous leurs divers accoutrements. Les moyens que nous inventons pour nous garantir contre l'extrême rigueur de ce climat sont variés au delà de toute imagination. L'uniforme si propre et si régulier du soldat est enseveli sous la grossière robe de fourrure des habitants de la froide Laponie. Nous ressemblons plutôt à une mascarade qu'à un corps de troupes régulières ; et il m'arrive souvent d'être accosté par des personnes de ma connaissance que je reconnais à la voix, mais qu'il

---

1 — *Journal*, p. 303.

m'est impossible de distinguer sous leur costume. En outre, tout le monde paraît être continuellement pressé, car au lieu de marcher tranquillement dans les rues, chacun se précipite et va au pas de course [1]".

Le capitaine fut nommé de garde à la basse ville, un jour que le sol s'était couvert de verglas à la suite d'un dégel accompagné de pluie. " Il nous fut impossible, dit-il, de marcher dans la côte sans danger d'accident avec nos fusils chargés. Force nous fut de nous asseoir et de nous laisser glisser du haut en bas l'un après l'autre ".

Les Highlanders, avec leurs genoux à l'air, selon leur costume national, avaient plus à souffrir du froid que les autres troupes, ceux du moins qui n'eurent pas l'avantage d'être de garde à l'Hôpital-Général et aux ursulines ; car les bonnes religieuses, touchées de pitié, employèrent leurs rares loisirs à tricoter des grands bas, dont elles leur firent présent.

La coupe et le charroi du bois de chauffage étaient devenus la principale occupation des troupes, malgré les réquisitions de combustible exigées des paroisses voisines. Chaque matin, quand le temps le permettait, des escouades de bûcherons, escortés par de forts détachements destinés à les défendre en cas d'attaque, se rendaient dans les bois de Sillery et de Sainte-Foye, où ils abattaient et débitaient les arbres. D'autres soldats attelés sur des traîneaux transportaient le bois en ville.

A Montréal, la population avait à lutter contre un ennemi plus redoutable que le climat, c'était la faim.

---

[1] — *Knox's Journal*, vol. II, p. 231.

Jamais depuis le commencement de la guerre elle ne s'était aussi cruellement fait sentir. Une barrique de vin se vendait deux mille quatre cents livres ; un minot de sel de trois à quatre cents ; le pain valait huit sous la livre, le lard quarante, le bœuf vingt, un chou coûtait vingt sous, une douzaine d'œufs cinquante. Durant l'été suivant, la barrique de vin fut portée jusqu'à dix mille livres, et le reste en proportion.

On se demande comment la constance du peuple ne se démentit pas plus que le courage du soldat en présence d'une misère si profonde, venant s'ajouter aux malheurs de la dernière campagne. Deux choses y contribuaient plus que tout le reste : l'accord rétabli entre les chefs, lequel amenait l'unité dans le commandement ; et la confiance extraordinaire qu'inspirait l'habileté du général de Lévis. Grâce à son exemple et à ses paroles, les dissensions qui naguère avaient causé tant de maux, disparaissaient rapidement. " Des citoyens aisés, dit Pouchot, se faisaient un plaisir de nourrir leurs défenseurs ; l'on vivait fort cordialement ensemble, des malheurs communs resserrant cette union ". Pouchot en cite des exemples personnels :

— " Monsieur, lui dit un jour une dame, les vivres sont très chers ; on a bien de la peine à avoir des provisions. Faisons ordinaire ensemble : ce que vous y mettrez et ce que j'ai, nous feront vivre plus aisément ".

Durant les deux mois et demi qu'il séjourna à Montréal, Pouchot pressait souvent cette dame de recevoir quelque argent pour les dépenses qu'il lui causait.

— " Nous compterons à la fin de l'hiver, lui répondait-elle invariablement ". A son départ, il lui devait deux mille livres, et malgré les instances les plus vives, il ne put réussir à faire accepter la moindre somme à cette femme généreuse. "Plusieurs autres officiers, ajoute Pouchot, ont eu à se louer de procédés pareils [1]".

A la fin de l'automne, l'armée avait suivi par la pensée la garnison de Québec embarquée pour l'Europe. A la veille du départ, quelques-uns de ses officiers, comme Joannès, Marcel et autres, avaient obtenu l'autorisation d'aller dire adieu à leurs camarades, à Jacques-Cartier, et s'étaient chargés de messages pour leurs familles et leurs amis. Durant la dernière campagne, on avait été privé de toute communication comme pendant l'hiver. Les derniers liens qui rattachaient au vieux monde s'étaient brisés au départ de la flotte du munitionnaire. Personne ne pouvait dire quand ces liens pourraient être renoués. Le chevalier Le Mercier avait été chargé par Vaudreuil d'aller exposer à la cour de Versailles l'extrémité où était la colonie, et demander de prompts et énergiques secours. Il avait emporté avec lui les dernières dépêches du gouverneur et la correspondance de l'armée. Dans une lettre écrite à Mme Hérault de Séchelles, Bougainville a exprimé, sans y songer, le sentiment général, en écrivant ses propres pensées. Il résume d'abord, en quelques mots, les derniers événements. " La neige et les glaces vont enfin terminer notre campagne, ma chère maman ; je reste pour faire l'arrière-garde et conduire les dernières troupes dans leurs quartiers. Il est temps de prendre

---

1 — *Mémoires*, vol. II, p. 160.

un peu de repos. J'ai passé près de quatre-vingts nuits blanches, souffert des fatigues incroyables et des misères d'un genre inconnu en Europe. Je ne m'en sens que plus zélé à défendre nos malheureux débris, et il ne tiendra pas à moi qu'on n'affronte et ne supporte les dernières extrémités avant que de quitter la partie. Soyez assurée, ma chère maman, que le nom de votre enfant ne se prêtera jamais à rien de faible.

" Par le départ de la garnison de Québec, je vous ai informée du fatal événement qui nous a coûté notre général et Québec ; des efforts que j'avais faits pour empêcher la prise de cette place ; des commissions particulières que j'ai eues pendant toute la campagne où l'on m'a toujours confié un corps d'élite ; des petits succès que la fortune m'a procurés. Il ne me reste qu'à vous dire que chaque instant me rend plus sensible la perte de M. le marquis de Montcalm, quoique je trouve dans M. le chevalier de Lévis les mêmes bontés et la même confiance dont m'honorait notre infortuné général. Je le pleurerai toute ma vie, et j'ai du moins la consolation de voir que tout le monde ici partage ma douleur.

" Si la paix se conclut cet hiver, au nom de Dieu ! procurez-moi mon rappel, et ne me laissez pas dans cet exil éloigné de vous et de tout ce qui m'est cher.... Je suis maintenant comme l'oiseau sorti de sa cage, et je ne crois pas que l'on m'y rattrape.

" Vous sentez bien, ma chère maman, qu'enfermés comme nous le sommes, il ne nous est parvenu aucune nouvelle d'Europe. Si j'en avais seulement reçu de votre santé, je serais tranquille, au lieu que j'ai la plus vive inquiétude, et en vérité je n'y vois point de bornes. Il y a tant à gagner à vous faire l'interprète des sentiments du cœur, que je vous supplie, ma chère maman, de vouloir bien l'être des miens auprès de mon camarade et de sa charmante femme. Je ne puis leur écrire, manquant de papier et de temps. Je mets dans un autre bâtiment une lettre pour mon frère, afin que tous mes œufs ne soient pas dans un panier. Je vous prie de le lui dire, en cas qu'elle ne lui parvienne pas. Le sort de ces vaisseaux est extrêmement aventuré.... Aimez toujours, ma chère maman, un enfant qui vous aime de tout son cœur. Hélas ! quand pourra-t-il vous le dire lui-même [1] ".

Le peuple aussi bien que l'armée sentaient que le dénouement de la crise ne pouvait tarder. Cette pensée rendait les uns et les autres plus impatients de la paix : les Français pour rentrer dans leur patrie, les Canadiens pour rétablir un peu d'ordre dans leurs foyers dévastés et réparer leurs ruines. En attendant, la société de Montréal s'étourdissait comme avait fait celle de Québec durant les hivers précédents. Le faible traitement des officiers pouvait à peine suffire aux premiers besoins de la vie, attendu le prix exorbitant de toutes choses. On conçoit l'avidité avec laquelle ces officiers couraient à toutes les distractions, au sortir de l'esclavage militaire et de la dure campagne qu'ils venaient de faire. Où prenaient-ils des ressources ? " Le jeu y suppléait, dit Pouchot. Le plus gros qu'on imagine en France n'est rien en comparaison de celui qui se jouait. L'intendant et

---

1 — 9 novembre.

les dames de sa société, ainsi que les officiers canadiens qui, la plupart avaient beaucoup gagné par leurs pacotilles, perdaient des sommes dont les officiers français profitaient. Quelques-uns de ceux-ci ont rapporté encore en France beaucoup d'argent [1] ".

Vaudreuil et Lévis fermaient les yeux, ou ne réagissaient que faiblement contre ces entraînements qui surgissaient, en partie, de la situation. Ces amusements jetaient la ville dans un tourbillon qui y maintenait la vie et faisait oublier bien des privations. Les deux commandants étaient d'ailleurs absorbés par un bien plus grand souci : celui de préparer la revanche. La parfaite entente qui régnait entre eux doublait leurs moyens d'action ; d'autre part, le tyrannique intendant, menant de front, comme toujours, les plaisirs et les affaires, créait des ressources à force d'activité, portait partout son œil d'oiseau de proie, et se faisait livrer par les habitants ce qui leur restait de grains et de bestiaux, sans autre compensation qu'un papier-monnaie tellement discrédité qu'on n'en voulait plus. " Guerre et pitié ne s'accommodent point ", écrivait-il à Lévis [2].

Le plan de campagne du général fut prêt avant le 1er décembre : il était aussi hardi que promptement conçu, et clairement élaboré. Dans le mémoire qu'il présenta au gouverneur, il lui faisait comprendre que la célérité était la condition du succès, et il proposait d'emporter Québec d'assaut au cœur de l'hiver. Vaudreuil, séduit par l'exposé lucide du général, donna son assentiment sans hésitation, et l'entreprise fut résolue.

1 — *Mémoires*, vol. II, p. 158.
2 — 4 octobre 1759.

On prépara un grand nombre d'échelles, et tout ce qui était nécessaire à l'expédition. L'ordre de marche fut même écrit et prêt à être proclamé. La question la plus difficile était celle des vivres ; on espérait cependant la résoudre. Chaque habitant fut requis de tenir prêt un mois de provisions, tant pour lui-même que pour les soldats qu'il logeait. Mais un obstacle imprévu força d'ajourner l'expédition : les froids excessifs firent arrêter les moulins, et empêchèrent de réduire les blés en farine. On fut même obligé de faire descendre près des deux tiers de la garnison du fort Lévis, sans quoi elle serait morte de faim. Le général aurait voulu entretenir pendant tout l'hiver un gros corps de sauvages et de coureurs canadiens dans les bois de Lorette, d'où ils auraient fait des courses continuelles aux environs de Québec, pour empêcher la garnison anglaise de couper du bois, et la tenir nuit et jour en alerte ; mais la même difficulté des vivres le contraignit de renoncer à ce projet. Le major Dumas, réduit à sa faible garnison de Jacques-Cartier, ne put que détacher de petits partis pour inquiéter les avant-postes anglais. Ceux-ci s'étaient établis avec du canon dans les églises de Lorette et de Sainte-Foye, qu'ils avaient entourées de solides retranchements palissadés, munis de nombreuses garnisons.

Le fort Jacques-Cartier, dont on distingue encore très bien les restes sur le côté droit de la rivière, avait une forme oblongue fort irrégulière. Son enceinte contournait la crête d'un promontoire qui rappelle Québec en miniature. Les constructions du fort étant trop petites pour loger toute la garnison, une partie des soldats s'étaient fait à l'extérieur des cabanes avec tout ce qu'ils avaient pu trouver. La misère s'y montrait plus grande encore qu'à Montréal. Les troupes étaient presque nues ; leurs vêtements usés et déchirés tombaient en loques [1]. Elles ne pouvaient vivre qu'en achevant de ruiner les habitants des paroisses environnantes.

" A peine, dans chaque famille, raconte un ancien curé du lieu, put-on conserver ce qui était absolument nécessaire pour la subsistance. Heureuse celle où on laissait une seule vache. Ceux des habitants qui purent conserver un mouton ou deux, n'y réussirent qu'en cachant soigneusement ces animaux jusque dans leurs caves, pour les soustraire aux recherches continuelles que l'on faisait pour se procurer des aliments [2] ".

Le fort Jacques-Cartier devint le dépôt général du matériel et de l'équipement destinés à l'expédition contre Québec. Lévis n'avait attendu que l'ouverture des chemins d'hiver pour en faire commencer le transport, sur des traîneaux expédiés de Montréal et des forts voisins. Tandis que Bourlamaque, épuisé, gardait la chambre pour réparer ses forces ; que Bougainville, plus exténué encore, prenait le lit [3], le général ne parais-

---

[1] — *Lettre de la Rochebeaucour à Bougainville*, 28 octobre 1759.

[2] — L'abbé Gatien, *Histoire de la paroisse du Cap-Santé*. " Nous sommes obligés de leur enlever de force le peu d'animaux qui leur restent pour leur vie, étant à la dernière extrémité à ce sujet ". *Lettre du chevalier de Lévis*, 14 juillet 1760, p. 371.

[3] — Il avait même été forcé de le garder avant de quitter la Pointe-aux-Trembles. *De Caux à Bougainville*, 1er novembre 1759.

sait pas s'apercevoir des fatigues et continuait à se livrer à un travail herculéen. Voyant l'impossibilité de faire avancer immédiatement son armée, il songea à profiter du temps où le passage des glaces devant Québec, au fort de l'hiver, y rend la traversée du fleuve difficile et dangereuse, pour porter un détachement de quatre cents hommes à la Pointe-Lévis. Par cette manœuvre, il enlèverait aux Anglais la meilleure partie de leurs approvisionnements venant de cette côte, et s'en servirait pour sa propre armée. Malheureusement, la continuité du froid retardant toujours la mouture des grains, fit ajourner jusqu'à la fin de janvier le départ de l'expédition. Le capitaine de Saint-Martin, qui la commandait, émule de Repentigny en bravoure et en intelligence, n'arriva à la Pointe-Lévis que pour voir le pont de glace se former devant la ville.

La rumeur de l'attaque projetée du chevalier de Lévis y avait transpiré, causé de vives alarmes et donné cours à des rapports fantastiques. Le général français, disait-on dès le mois de novembre, rassemblait une armée de quinze mille hommes, composée des troupes régulières et de tout ce qu'il y avait de plus aguerri parmi les Canadiens, et s'avancerait bientôt pour emporter Québec d'assaut. En décembre, on précisait le jour de cet assaut : il se ferait dans la nuit du 22 ; car le nouveau Don Quichotte (c'est ainsi qu'on désignait le général) se vantait de venir dîner à Noël dans Québec, à l'ombre du drapeau français. Il avait fait construire une quantité d'échelles, et exerçait ses troupes en leur faisant escalader des remparts de neige. Des informations prises à de meilleures sources firent taire les moqueries.

L'infatigable Repentigny se montrait si actif, avec sa poignée d'hommes campés à la Pointe-aux-Trembles, il surprenait, tuait ou enlevait si souvent les sentinelles ou quelques-uns des "bûcheurs" qu'on craignait l'apparition de ses francs-tireurs jusque sous les murs de Québec. Ses partis de sauvages venaient de prendre coup sur coup six Anglais qui s'amusaient à patiner sur les glaces au pied du cap [1]. Le général Murray réitéra la défense déjà faite de ne laisser franchir les portes de la ville à aucun soldat sans qu'il eût un passeport.

Saint-Martin se fortifia dans l'église et le presbytère de la Pointe-Lévis, et mit en marche plusieurs convois de vivres. Connaissant bien quel épouvantail étaient les sauvages pour les Anglais, il fit savoir à Québec qu'il avait à sa disposition un bon nombre d'habiles perruquiers prêts à faire la chevelure à tous les demandants.

Le 13 février, à la pointe du jour, le major Dalling traversa le fleuve sur la glace avec l'infanterie légère, quelques pièces d'artillerie, et commença à canonner l'église, pendant qu'un autre corps de deux cents hommes descendu plus bas, l'attaquait du côté de l'est. Le capitaine de Saint-Martin, dont le détachement était beaucoup diminué par l'envoi de plusieurs partis dans les paroisses environnantes, pour y faire des levées de vivres, fut abandonné aux premiers coups de canon par les sauvages qui gagnèrent les bois. Il fit cependant

---

1 — *Journal de Malartic*, p. 306.

une résistance opiniâtre, jusqu'à ce que se voyant sur le point d'être cerné par des forces supérieures, il se replia sur le coteau voisin, où il continua à se défendre, puis derrière des retranchements construits un peu plus haut pendant le siège, d'où il retraita en bon ordre jusqu'au delà de la rivière Chaudière. Quoique les rangers qui s'attachèrent à sa poursuite, fussent monté sur des raquettes aussi bien que ses hommes, ils ne purent lui faire que seize prisonniers, dont un officier.

Quelques jours après, sur l'avis qu'un parti ennemi venait faire une reconnaissance, " il passa la rivière, s'embusqua et les attaqua. Il en tua beaucoup, fit quelques prisonniers et dispersa le reste [1] ". Il s'avança même jusqu'en face de Québec, après avoir grossi sa troupe d'une partie de la garnison de Jacques-Cartier, envoyée par Dumas pour reprendre le poste de la Pointe-Lévis ; mais les Anglais y étaient en force, barricadés et munis de canons. Une sortie conduite par Murray en personne avec plusieurs régiments, l'obligea de battre en retraite. Bourlamaque, qui était descendu jusqu'à la Pointe-aux-Trembles pour se mettre à la tête de l'expédition, reconnut l'impossibilité de s'approvisionner de ce côté, et retourna à Montréal. Les Anglais se vengèrent de ces attaques en incendiant une centaine de maisons à la Pointe-Lévis, trois moulins et plusieurs autres constructions au calvaire de Saint-Augustin. Le capitaine Donald McDonald, avec cinq cents Ecossais et troupes légères, y avait surpris un poste où commandait le capitaine Herbin, avec cent

---

[1] — *Journal de Lévis*, p. 239.

cinquante hommes, l'avait mis en déroute et en avait pris la moitié. Herbin n'eut que le temps de fuir, laissant derrière lui sa montre et son chapeau à plumes. Il fut blâmé par M. de Repentigny, qui aurait eu le temps d'accourir, si on lui avait fait les signaux convenus. L'alarme fut grande à Jacques-Cartier. On crut que les Anglais arrivaient en masse pour emporter le fort d'assaut. La milice des Trois-Rivières et deux cent vingt-cinq hommes du régiment de Languedoc furent mis en mouvement. Dumas les fit rétrograder, sur les rapports de ses éclaireurs qui lui apprirent que les ennemis avaient repassé la rivière du cap Rouge.

La frontière du lac Champlain avait été fort tranquille dans le cours de cet hiver. Les Anglais s'étaient tenus renfermés dans Saint-Frédéric et Carillon; et les Français, faute de vivres, n'avaient pu y faire que de rares courses. A la fin de l'hiver cependant, M. de Langy y dirigea une découverte avec son habileté et son audace ordinaires. Il tendit une embuscade avec un parti de sauvages au-dessus de Saint-Frédéric, et fit neuf prisonniers dont trois officiers. Ce fut son dernier exploit. A la descente des glaces qui eut lieu peu de jours après, ayant voulu traverser le fleuve pour aller à la chasse, son canot chavira sur un glaçon et il se noya. Sa mort fut un deuil pour toute la colonie. Aucun chef de parti ne fut plus estimé ni plus digne de l'être.

CHAPITRE VINGT-DEUXIÈME

1760

Lévis se prépare à assiéger Québec. — Reconnaissance qu'il témoigne aux Canadiens. — Rassemblement de l'armée. — Descente du Saint-Laurent.— Débarquement et marche sur Québec. — L'ouragan du 26 avril. — Alarme dans la ville. — Le passage de la Suète. — Les Anglais évacuent le village de Sainte-Foye.— Plan téméraire de Murray. — Il s'avance sur Lévis. — Bataille de Sainte-Foye. — Déroute de l'armée anglaise.

Le dur hiver de 1759-60 touchait à sa fin. Avril ramenait le grand soleil du printemps, les alternatives de pluies chaudes et de fortes gelées ; enfin l'effondrement à vue des neiges, avec le fracas de la débâcle et le déchaînement des eaux. " La fonte des glaces, écrivait Malartic, ne répond pas à l'empressement que les troupes ont de partir [1] ". Lévis avait tout prévu pour que chaque bataillon, avec les miliciens incorporés dans ses rangs, fût prêt à partir au premier ordre. Chaque habitant devait avoir en réserve huit jours de vivres pour lui-

---

[1] — *Journal de Malartic*, p. 312.

même et pour les soldats qu'il logeait [1]. Le premier acte du général en rappelant l'armée sous les drapeaux, fut un hommage de reconnaissance envers les Canadiens, qui durant tout l'hiver avaient servi pour ainsi dire de pères aux soldats, les avaient logés, chauffés, vêtus, et achevaient de manger avec eux leur dernier morceau de pain. " Nous devons, disait Lévis, par cette entreprise audacieuse, marquer notre reconnaissance à la colonie qui nous nourrit depuis le temps que nous y sommes. Les habitants ont reçu les soldats comme leurs enfants, et nous ne pouvons que nous louer de l'amitié et de l'attachement que nous avons reçus de tous les Canadiens ".

Le général n'avait pas voulu reconnaître seulement par des paroles cet admirable dévouement ; il n'avait rien omis pour réparer les torts qu'on avait eus envers les colons. Les ordres les plus sévères avaient été donnés pour mettre fin aux duretés dont Vaudreuil s'était tant de fois plaint inutilement. " Il sera défendu, disait une des instructions, de maltraiter les miliciens en paroles ou autrement [2] ". Et aux chefs de bataillons, Lévis recommandait de se concilier les capitaines de milices, d'agir de concert avec eux, " de traiter avec douceur les habitants. Vous savez qu'on nous accuse d'agir avec trop de sévérité envers eux ; il est essentiel de les bien traiter, et qu'ils vivent en bonne intelligence avec nos troupes [3] ".

---

[1] — *Lettres de Lévis*, p. 288.
[2] — *Journal de Lévis*, p. 252.
[3] — *Lettre circulaire aux commandants de bataillons*, 25 mars 1760, p. 284.

Ces procédés avaient gagné à Lévis le cœur de tous les Canadiens : il ne faut pas chercher ailleurs l'explication du prodige de cette campagne, je veux dire l'éclatante revanche du 28 avril.

Lévis s'était cru assez sûr du dévouement des soldats et des miliciens pour ne leur rien cacher de ce qu'ils auraient à souffrir. " Je vous prie, écrivait-il aux officiers, de les prévenir qu'ils doivent s'attendre à faire une campagne dure. Je ne vois la subsistance bien assurée qu'en pain, et lorsque nous serons devant Québec, nous ne mangerons, soit en cheval ou en bœuf, que la viande que nous pourrons avoir [1] ".

Il faut lire les réponses de Lévis aux demandes de l'armée pour se rendre compte du dénuement incroyable de toutes choses dans lequel elle se trouvait [2].

Les milices, sans autre uniforme que leur costume d'habitants, n'avaient pour armes que des fusils de chasse sans baïonnettes : on les remplaça par des couteaux dont la poignée s'adaptait au bout du canon [3]. L'insuffisance des munitions de guerre n'était pas moins grande. Après avoir recueilli tout ce qui en restait dans les différents postes, on ne trouva pour la campagne que trois cent douze boulets et deux cent mille livres de poudre. C'est avec de pareils moyens que Lévis osait entreprendre de battre l'armée victorieuse de Murray, et de ressaisir Québec. Depuis la fin de la dernière campagne, il avait employé les

1 — *Lettre circulaire*, 23 mars 1760, p. 287.
2 — Voir note I, à la fin du chapitre.
3 — *Mémoires sur le Canada.* — *Lettres de Lévis*, p. 289.

ouvriers des environs de Montréal à faire des outils, des affûts de canon et jusqu'aux ustensiles de cuisine qui manquaient à l'armée. Dans l'impossibilité où l'on était de se procurer certains articles indispensables, on les fit voler dans Québec même à la barbe des Anglais [1]. Lévis avait été l'âme de toute cette organisation, et il n'avait eu qu'à se féliciter de Vaudreuil, qui avait concouru dans tous ses plans avec une entière volonté. Le gouverneur avait réussi à entretenir dans Québec des espions qui l'informaient de l'état de la garnison et de ce qui se passait dans la ville. Il savait que le scorbut y faisait de grands ravages, surtout parmi les soldats. Six ou sept cents morts avaient été ensevelis dans les bancs de neige, en attendant que le soleil du printemps eût dégelé la terre et permis de les inhumer. Certains rapports invraisemblables disaient que plus de la moitié de la garnison était sur la liste des invalides, et qu'il n'y avait plus que deux mille hommes en état de porter les armes. La vérité était que Murray pouvait encore amener sur le champ de bataille quatre mille huit cents hommes qui, tout l'hiver, mieux favorisés que les habitants du pays, avaient eu des vivres, sinon frais, du moins en abondance. Sur le reste de la garnison, il y en avait encore un bon nombre qui n'étaient que légèrement indisposés [2].

A Sorel, le vaillant capitaine Vauquelin, resté à la garde des deux frégates du roi, l'*Atalante* et la *Pomone*,

---

1 — *Vaudreuil au ministre*, 23 avril 1760.
2 — " *Comprehending every degree*, we are reduced to four thousand eight hundred men". *Knox's Journal*, vol. II, p. 267.

achevait le chargement des munitions de guerre et se préparait à faire voile au premier signal.

Chaque fois que le chevalier sortait du château du gouverneur où siégeait le conseil, il s'arrêtait sur la terrasse donnant sur le fleuve, et examinait le travail des eaux sur le pont de glace, dont il aurait voulu hâter le départ. L'énorme cuirasse blanche soulevée par le gonflement du fleuve géant s'ouvrait en larges crevasses, qui se transformaient en lacs agités sur lesquels s'entrechoquaient, comme des murs éboulés, d'innombrables banquises. Enfin, le 15 avril, la navigation fut ouverte devant Montréal. Le même jour, deux transports, un bâtiment armé en flûte, la *Marie*, et une goélette, destinés à être convoyés par les frégates de Vauquelin, furent mis à flot, chargés des équipements et d'une partie des munitions. Un petit corps de cavalerie, parti sur deux divisions le 14 et le 15, était déjà en route pour Jacques-Cartier. Il ne se composait que de deux cents hommes montés sur les meilleurs chevaux qui avaient pu être rassemblés dans l'île de Montréal. Le 17, tous les chefs de bataillons avaient en main l'ordre de marche du général, leur enjoignant de s'embarquer, le dimanche 20 au matin, avec leurs troupes, sur les bateaux qu'ils trouveraient au rivage vis-à-vis leurs cantonnements. "Je vous prie, recommandait Lévis, de tenir la main à ce que les habitants emportent des fusils en état, les munitions qu'ils auront, des marmites et ustensiles, ainsi qu'il leur est ordonné, et des vêtements, ne devant rien espérer des magasins qui sont dépourvus de tout. Il faut avoir attention qu'on mette quelques planches ou écorces sous les vivres pour empêcher que les bateaux qui feraient eau ne les gâtent, et ordonner aussi qu'ils soient couverts avec les tentes ; car il n'est point de cas qui puissent leur procurer d'autres vivres avant l'expiration des huit jours. J'espère que vous ne négligerez rien pour accélérer notre départ, et prendre toutes les précautions pour qu'on ne fasse aucun tort aux habitants dans notre route [1]".

M. de Lapause, major général des logis de l'armée, partit en avant avec l'ingénieur Desandrouins, pour préparer le campement des troupes à la Pointe-aux-Trembles.

La flottille de bateaux, peu nombreuse en quittant Montréal, se grossit à mesure qu'elle approchait du lac Saint-Pierre. A LaChenaie, elle fit sa jonction avec celle qui amenait la Sarre, et à Verchères avec les berges conduisant Guyenne. Les deux bataillons de Berry cantonnés plus bas défilèrent à l'avant-garde. Un bon nombre de canots d'écorce, portant deux cent soixante-dix-huit sauvages, glissaient à travers les lourdes embarcations, avec leur prestesse accoutumée. Les deux frégates, les transports et quelques autres petits vaisseaux suivaient à peu de distance [2]. Le chiffre total de l'armée, y compris les sauvages et la cavalerie, qui descendaient par terre, s'élevait à six mille neuf cent dix hommes, répartis en cinq brigades et onze bataillons, moitié troupes régulières, moitié milices ; celles-ci presque toutes incorporées dans les régiments [3].

---

1 — " Notre petite flotte sera de treize voiles ". *Lettre de Bigot à Bougainville*, Montréal, 22 avril 1760.
2 — Voir note 11, à la fin du chapitre.
3 — *Journal de Lévis*, p. 257.

Lévis espérait recruter une partie des habitants du gouvernement de Québec, après qu'il aurait investi la place; mais, observe-t-il, ces miliciens ne pourraient servir qu'en qualité de pionniers, ayant été désarmés par les Anglais [1]. Il était autorisé par Vaudreuil à les forcer de rentrer dans les rangs " sous peine de la vie ", s'ils n'étaient amenés par les motifs de religion et de patriotisme [2].

Le général déroba un moment pour écrire à Bougainville qui venait de remplacer Lusignan à l'Ile-aux-Noix. " L'armée, disait-il, s'est mise en mouvement aujourd'hui. M. de Bourlamaque part dans le moment, et je partirai demain matin. Les prières sont pour nous. Dieu veuille qu'elles soient exaucées! M. l'évêque a fait un beau mandement [3] ". Mgr de Pontbriand et son clergé avaient en effet poussé le peuple à l'expédition comme à une croisade. Les chaires de toutes les églises avaient retenti de prières et de prédications. L'évêque de Québec, qui n'avait plus que deux mois à vivre, s'était arraché de son lit pour faire un appel suprême à ses ouailles [4]. Sa parole avait été entendue.

---

1 — *Journal de Lévis*, p. 258.
2 — *Vaudreuil aux capitaines de milices*, 16 avril 1760. Cette circulaire que l'auteur a trouvée par hasard dans une maison abandonnée de Sainte-Anne de Beaupré, est peut-être la seule de cette date adressée aux habitants de Québec, qui soit conservée. Elle a été publiée dans l'*Abeille* du séminaire de Québec.
" Arrivé devant Québec, Lévis donna à chacun la liberté de le faire ou de ne pas le faire ". *Mémoires sur le Canada*.
3 — *Lévis à Bougainville*, 20 avril.
4 — *Mandement du 17 avril 1760*.

Le fleuve qui coulait à plein bord, emportait rapidement la longue procession de bateaux chargés, à couler bas, de leur population armée et accoutrée de toutes façons. Des troupiers à moitié vêtus en paysans, se pressaient à côté des grenadiers en capotes régulières, à larges ceinturons ; des officiers galonnés, toujours élégants sous leurs chapeaux à plumet flétri, coudoyaient l'étoffe grise de l'habitant en casque de fourrure.

Les vastes plaines des environs de Montréal, à peine découvertes, avaient encore l'aspect triste et fatigué de l'hiver. D'énormes glaçons se détachant des deux rives, parsemaient le fleuve d'îlots blancs, les uns échoués, les autres entraînés par le courant. Les miliciens des paroisses devant lesquelles passaient les bateaux, faisaient des signaux, ou échangeaient quelques paroles avec leurs familles accourues au bord de l'eau pour les reconnaître et leur dire adieu.

Le *Journal* de Malartic indique en quelques mots les étapes de son régiment. Le premier soir, Béarn alla prendre logement pour la nuit à Repentigny. "Il a eu peine à aborder à cause des glaces. Le 21, Béarn parti de bonne heure, a été obligé de s'arrêter à Autray (La Noraie), afin de ne pas engorger l'entrée du lac Saint-Pierre, où les autres régiments sont retenus par un vent de nord-est violent. Le chevalier de Lévis a passé à trois heures après midi. Le 22, beau temps". La flottille traversa le lac et vint camper entre les paroisses de La Pérade et Deschambault.

Toute la journée du 23, un fort vent de nord-est, accompagné de pluie, arrêta l'armée. " M. le chevalier de Lévis nous a fait dire de n'arriver que demain à la

Pointe-aux-Trembles ". On y aborda au coucher du soleil. " Les régiments ont eu beaucoup de peine à tirer leurs bateaux à terre à cause des glaces ". Les frégates, les transports, et le canot monté par Lévis, les avaient précédés de quelques heures. Le général fit camper les troupes autour de l'église, et débarquer trois pièces de campagne qui devaient suivre par terre. L'armée arrivait au terme de son rude voyage. Elle avait été exposée pendant plus de cinquante lieues, au froid humide de cette saison, plus pénétrant encore sur les eaux du fleuve. Grelottant tout le jour dans les embarcations, elle n'avait pour se désaltérer que de l'eau froide, et pour se nourrir qu'une maigre ration de viande salée ; mais elle supportait sans murmure toutes ces souffrances que le général et l'officier partageaient avec le soldat.

Le soleil matinal du 25 avril éclaira toute l'armée réunie sur la " terre de l'église ". L'ennemi était proche : on le supposait au cap Rouge, où il pouvait disputer le passage de la rivière. Il avait menacé les habitants de Saint-Augustin de brûler toutes leurs habitations. Les troupes reçurent des munitions et du pain pour un jour. Des découvreurs canadiens et sauvages, détachés en avant, éclairaient la marche. Le lendemain, samedi, à huit heures du matin, malgré le vent de nord-est, toutes les embarcations furent remises à flots et firent route pour Saint-Augustin, où elles accostèrent avant midi. La saison était moins avancée ici qu'à Montréal ; le pont de glace devant Québec n'était parti que depuis trois jours et d'immenses remparts adhéraient encore aux rivages. Il fallut tirer à grand'peine les bateaux très loin sur la grève, afin qu'ils ne fussent pas emportés avec les bordages, les jours de grande marée. La difficulté de débarquer le long des hautes falaises qui pouvaient facilement être défendues par les ennemis, ne permettait pas de continuer plus loin la navigation. Deux hommes furent laissés à la garde de chaque bateau. Les approches de Québec allaient être faites par terre. C'était, par la route qu'on allait suivre, une marche de six lieues sur des chemins impraticables. Les obstacles qui, l'été précédent, avaient arrêté Wolfe au cap Rouge, se présentaient aujourd'hui devant le général français. Persuadé que l'embouchure de la rivière était gardée, il résolut de tenter le passage à deux lieues plus haut. Pendant que l'armée recevait une distribution de cartouches et trois jours de vivres, Bourlamaque, avec une avant-garde composée des grenadiers, des sauvages et d'un détachement de l'artillerie, eut ordre d'aller rétablir les ponts détruits par les Anglais. L'entreprise ne pouvait être confiée à une plus forte main. A deux heures de relevée, deux ponts de piétons étaient construits, et Lévis prévenu mettait son armée en marche. Le vent de nord-est, qui soufflait depuis le matin, avait tourné à la tempête, et fut bientôt suivi d'une pluie glaciale, accompagnée d'éclairs et de tonnerre. Les soldats, trempés jusqu'aux os, faisaient face au vent et à l'orage, les pieds dans une boue épaisse, mêlée de neige. Les officiers, à pied comme les simples fantassins, donnaient l'exemple du courage et de la bonne humeur.

Lévis, qui venait d'apprendre que les Anglais avaient abandonné les postes qu'ils occupaient à Lorette, pour se retirer à Sainte-Foye, fit dire à Bourlamaque de traverser la rivière et de s'emparer des postes et des maisons qui couvraient le passage. " On parvint, raconte Lévis lui-même, à faire passer avant la nuit une brigade qui occupa les postes des grenadiers, et M. de Bourlamaque eut ordre de se porter en avant le plus qu'il se pourrait, sans cependant se compromettre, jusqu'à ce qu'il eût avis que l'armée était en marche. En conséquence, il franchit les marais de la Suète, dont les ennemis auraient pu avec avantage nous retarder le passage, et fut prendre poste dans des maisons à un quart de lieue des hauteurs de Sainte-Foye où étaient les ennemis. M. le chevalier de Lévis fit avancer les brigades à mesure qu'elles avaient traversé, pour le soutenir, s'y porta de sa personne et y passa la nuit, ayant ordonné au sieur de Lapause de venir l'avertir, dès que toute l'armée aurait passé les marais.

" Il fit une nuit des plus affreuses, un orage et un froid terribles, ce qui fit beaucoup souffrir l'armée qui ne put finir de passer que bien avant dans la nuit. Les ponts s'étant rompus, les soldats passaient dans l'eau. Les ouvriers avaient peine à les réparer dans l'obscurité, et sans les éclairs, on eût été forcé de s'arrêter [1] ". " Les troupes étaient dans un état pitoyable [2] ". La tempête qu'elles venaient d'affronter était une des plus formidables qu'on eût vues depuis plusieurs années. Le craquement des maisons faisait craindre qu'elles ne

---

1 — *Journal de Lévis*, p. 260.
2 — *Lettre à Vaudreuil*, p. 292.

fussent renversées. Le vent ne s'apaisa que pour faire place à un froid plus vif et à une pluie mêlée de grêle.

Le général Murray était mieux instruit des mouvements de l'armée française que ne le pensait Lévis. Les rumeurs d'abord vagues, d'une attaque contre Québec, avaient pris de la consistance dans le cours de l'hiver, et s'étaient changées en certitude à l'approche du printemps. Vers la mi-avril, trois déserteurs français, appartenant à l'armée régulière, puis un sergent des grenadiers assurèrent que toutes les forces de la colonie seraient avant peu sous les murs de Québec. Le 21, à dix heures du matin, le gouverneur fit afficher une proclamation ordonnant à tous les citoyens d'évacuer la ville dans les trois jours. " Il est impossible, dit Knox, de ne pas sympathiser avec ces malheureux dans leur détresse. Les hommes ont prudemment retenu l'expression de leurs sentiments ; mais les femmes ont montré moins de réserve. Elles nous ont accusés de rompre la capitulation, disant qu'elles avaient souvent entendu dire que les Anglais sont des gens sans foi, et qu'elles en sont maintenant convaincues [1] ".

Le général Murray ignorait la présence de l'armée française au cap Rouge, lorsqu'une circonstance fortuite l'avertit de l'imminence du danger. Le dimanche, 27, à deux heures de nuit, une sentinelle placée sur la frégate le *Racehorse*, alors abritée dans l'anse du Cul-de-sac, crut entendre, à travers le brouillard qui couvrait le Saint-Laurent, de vagues lamentations ressemblant aux cris de détresse d'un homme qui se

---

1 — Vol. II, p. 287.

noie. La marée montante faisait refluer en ce moment une grande quantité de glaçons, dont on entendait le bruissement dans l'obscurité. Après avoir ouï des appels réitérés, la sentinelle ne douta point que ce ne fût quelque être vivant qui demandait du secours, et alla avertir le commandant. Le capitaine McCartney envoya sa chaloupe avec quelques marins à la recherche. Ils suivirent la direction d'où venaient les plaintes, et aperçurent un homme étendu presque gelé sur un glaçon. Ils le transportèrent à bord du vaisseau où, à force de soins, on réussit à lui rendre la connaissance et la parole. Les révélations qu'il fit parurent si importantes, qu'on crut devoir en informer immédiatement le général, quoiqu'il ne fût que trois heures du matin. Le mourant fut transporté dans un hamac à la haute ville et déposé au quartier général, où Murray, réveillé sur l'heure, lui fit raconter son aventure. Il était sergent d'artillerie dans l'armée descendue avec M. de Lévis pour prendre Québec. La batterie flottante qu'il montait avec six hommes, avait été renversée durant la dernière tempête, par une banquise de glace, sur laquelle il était parvenu à monter, tandis que ses compagnons se noyaient autour de lui. La nuit le surprit avant qu'il pût appeler du secours, et le baissant l'entraîna jusqu'à l'île d'Orléans, d'où il remonta avec la marée qui le poussa le long des quais de la basse ville. Il eut le temps, avant d'expirer, de dire que Lévis arrivait avec une armée de douze à quinze mille hommes.

Murray fit aussitôt mettre la garnison sous les armes, et sortit de la ville, au lever du jour, avec les grenadiers, cinq régiments et dix pièces d'artillerie, pour reconnaître les positions des Français, leur disputer le terrain, et, au besoin, replier ses avant-postes. Il disposa ses troupes dans la rangée de maisons qui bordaient le chemin de chaque côté de l'église de Sainte-Foye, et fit canonner l'avant-garde française qui se montrait sur sa gauche aux abords de la forêt. Lévis, qui en ce moment poussait avec Bourlamaque une reconnaissance sur le chemin de Lorette, comprit la position avantageuse prise par Murray. Le village de Sainte-Foye est situé sur une colline qui, du côté de l'est, s'élève à mesure qu'elle s'approche de Québec, où elle prend le nom de côte Sainte-Geneviève, et du côté de l'ouest se prolonge en pente moins raide jusqu'à la rivière du cap Rouge. En face de Sainte-Foye, cette colline devient un plan incliné, au pied duquel s'étend une savane connue sous le nom de la Suète. Cette savane était couverte d'une épaisse couche de neige détrempée par la pluie. C'était le chemin que devait suivre l'armée. Lévis savait que Murray était fortifié avec du canon dans l'église de Sainte-Foye et dans les maisons voisines " qui se flanquaient ". Il aurait fallu, pour l'y forcer, monter l'artillerie par des chemins impraticables, déboucher ensuite à travers des bois marécageux et se former sous le feu de l'artillerie et de la mousqueterie. L'armée était d'ailleurs accablée par trente heures de fatigues, outre que le temps était encore affreux : une pluie glaciale continuait à tomber. Le chevalier résolut d'attendre l'entrée de la nuit pour se mettre en marche, et tourner par la droite la position des ennemis. Il venait d'arrêter ses colonnes qui débouchaient du village de Lorette, lorsqu'il aperçut l'église de Sainte-Foye en flammes, et le toit voler en éclats. Les Anglais se retiraient en faisant sauter leur dépôt de munitions. Le général ordonna immédiatement une marche en avant ; et à six heures du soir, il était en possession du village de Sainte-Foye. " Cette marche, dit Malartic, a été aussi dure que pénible. Tous les officiers l'ont faite à pied, et ont eu à souffrir, aussi bien que les soldats, de la pluie, de la neige, ainsi que de l'incommodité de marcher dans l'eau jusqu'à demi-jambe [1] ". La cavalerie et les grenadiers poursuivirent les Anglais jusqu'à une demi-lieue de la ville, où ils avaient un poste fortifié dans une maison, et un moulin à vent appartenant à un nommé Dumont, situé au nord du chemin de Sainte-Foye, sur une petite éminence couronnant la côte Sainte-Geneviève. Sur l'emplacement de ce moulin s'élèvent aujourd'hui la colonne et la statue de Bellone, érigées en souvenir de la lutte héroïque qui s'y livra le lendemain. L'armée se cantonna dans les maisons et les granges du chemin de Sainte-Foye et des environs de Sillery.

Pendant que les soldats anglais, rentrés en ville, se réconfortaient avec le bon rhum qui leur était distribué, et se chauffaient à même le bois enlevé aux maisons de Saint-Roch, leur général délibérait, dans un conseil de guerre, sur le parti qu'il devait prendre. En se bornant à la défensive, on pouvait, soit se renfermer dans

---

1 — Page 315.

la place, soit se retrancher derrière les buttes à Neveu. Les fortifications étaient mauvaises, quoique bien meilleures qu'avant la prise de Québec, car les Anglais y avaient fait des réparations importantes. Il parut préférable de se retrancher en avant des murs, malgré les difficultés que présentait le sol qui ne faisait que de commencer à dégeler. Murray ne parla point en conseil de prendre l'offensive [1], quoiqu'il inclinât secrètement vers ce parti. Il était ardent comme les officiers de son âge, brave jusqu'à l'imprudence et très ambitieux. La gloire extraordinaire que s'était acquise le général Wolfe le séduisait et lui faisait rêver une renommée pareille.

Dès l'automne précédent, le commissaire des guerres, Bernier, qui avait eu beaucoup de rapports avec lui, le

Bernier

jugeait admirablement : " L'homme est jeune, disait-il à Bougainville, bouillant, fier de ses forces, décidé dans ses idées, chargé d'une province à laquelle il ne devait pas s'attendre, avide de figurer. Bon par le caractère ; méchant ou à craindre par opposition ; prompt à s'allumer, et, dans ces moments, prêt à tout faire.... Vous savez que trop d'opinion de ses forces laisse souvent peu de liberté de réfléchir et de considérer, et qu'on se

---

1 — *Fraser's Journal.*

repent d'avoir été si vite [1]". Ce jugement explique la conduite de Murray. Avec des forces toutes composées de troupes régulières, et le magnifique train d'artillerie dont il disposait, il se croyait sûr de battre les restes de l'armée vaincue qu'amenait Lévis. Le ramassis de miliciens dont ce général l'avait augmentée, ne lui inspirait que du mépris.

La nuit avait été calme et sereine. Aux premières lueurs de l'aurore, le chevalier de Lévis était monté à cheval et s'était avancé vers les plaines d'Abraham, pour choisir le terrain sur lequel il voulait attendre l'ennemi, s'il se présentait. Sa tactique de la veille lui faisait croire qu'il se tiendrait sur une stricte défensive. Le général avait fait même dire aux transports d'aborder à l'anse du Foulon, pour y descendre les vivres, qu'il avait l'intention de faire distribuer immédiatement à l'armée. Lorsque, suivi de son état-major et d'une escouade de cavaliers, il émergea du bois de Sillery, la plaine, éclairée par les rayons obliques du soleil levant, lui parut presque déserte. Des taches de neige ou des flaques d'eau glacée marquaient çà et là les ondulations du terrain. Les branches dénudées des buissons couverts de givre et de verglas, étincelaient comme des cristaux, sous les premiers feux du jour. L'herbe qui commençait à poindre sur les pentes orientales de la falaise, faisait pressentir le retour du printemps. A trois-quarts de lieue en avant, le cap Diamant dressait vers l'est sa cime frangée de lumières. De rares détachements anglais se montraient à l'horizon. L'un d'eux

---

1 — *Bernier à Bougainville*, 3 et 5 novembre 1759.

abandonnait une redoute placée à droite sur une éminence dominant l'anse du Foulon. Le général la fit occuper par des cavaliers à pied, et s'avança au delà pour reconnaître de plus près les mouvements de l'ennemi.

Murray était sorti de la ville avec toute sa garnison précédée de vingt-deux pièces d'artillerie, dont deux obusiers. Chaque soldat portait outre ses armes, soit un pic, soit une bêche, comme si le général n'avait eu que l'intention de se retrancher en avant des fortifications. Etait-ce pour dissimuler son véritable dessein, et laisser croire qu'il ne s'était déterminé qu'au moment de l'action ? Il est assez difficile d'en douter, quand on considère sa précipitation à engager le combat. Arrivé aux buttes à Neveu, il déploya ses régiments en ordre de bataille sur deux lignes de front, et se mit en marche vers les hauteurs où, l'automne précédent, Wolfe avait attendu l'armée de Montcalm. C'est à ce moment que Lévis les vit surgir du ravin, couvrant toute la plaine depuis la cime du rivage jusqu'au chemin de Sainte-Foye. Ils avançaient en étendant leurs lignes, afin d'occuper le plus d'espace possible sur le plateau. Dès que le chevalier eut reconnu qu'il avait affaire à toute l'armée anglaise, il fit retirer de la redoute les cavaliers, et donna ordre au major général Montreuil de resserrer ses troupes et de les pousser de l'avant. Il enjoignit en même temps à Bourlamaque de placer cinq compagnies de grenadiers dans le moulin et la maison de Dumont, que les Anglais avaient abandonnés pendant la nuit, et de porter les cinq autres compagnies sur une petite hauteur commandant la droite.

Ses deux ailes ainsi appuyées, il posta M. de Lapause au débouché du chemin de Sainte-Foye, par où s'avançait l'armée, pour indiquer à chaque commandant la place assignée à ses bataillons. Les deux brigades de la droite, celles de Royal-Roussillon et de Guyenne, eurent le temps de se mettre en position, et la troisième, celle de Berry, débouchait du chemin, quand l'armée anglaise, à qui Murray avait fait jeter ses outils, parut sur le terrain élevé au bas duquel défilaient les régiments français. En avant du moulin de Dumont, le brave d'Aiguebelle, avec ses grenadiers, contenait l'infanterie légère de Dalling, tandis que ceux de la droite refoulaient les volontaires et les rangers de Hazen. Murray, avec son état-major, se porta à quelques pas en avant de ses lignes. Il se vit alors en présence d'un spectacle capable d'enflammer une âme moins ardente que la sienne. Le terrain qu'il occupait était aussi favorable que celui d'où Wolfe, au mois de septembre précédent, avait foudroyé l'armée de Montcalm. Il avait de plus une artillerie formidable et une armée encore toute pleine du souvenir de sa victoire. Sur sa gauche, il était maître de la redoute que venaient d'abandonner les cavaliers français. A sa droite, l'infanterie légère n'était qu'à quelques pas du moulin de Dumont. En arrière de ce moulin se creusait, comme une défense naturelle, une ravine au fond de laquelle coulait un ruisseau, gonflé par la fonte des neiges, et qui venait tomber en cascade dans la côte Sainte-Geneviève. Sur la lisière de la forêt de Sillery s'avançaient à grands pas les brigades de Berry et de la Marine, qui allaient prendre poste au centre, tandis que le bataillon de Béarn émergeait du chemin de Sainte Foye. La droite seule de Lévis achevait de se ranger en bataille [1].

Le moment ne paraissait pas pouvoir être plus propice pour écraser en détail chaque tronçon de l'armée française. Murray commanda l'attaque. L'artillerie ouvrit, à cent pas de distance, un feu de mitraille qui fit un effet terrible, principalement sur les deux dernières brigades en marche. Lévis aperçut le danger, et prit sur-le-champ la résolution hardie de faire retraiter son armée à l'entrée du bois. Il alla lui-même ordonner ce mouvement qui, dit-il, " s'exécuta avec la plus grande valeur et activité sous le feu du canon et de la mousqueterie ". Murray se méprit sur cette marche rétrograde : il crut à un commencement de fuite, et ordonna à ses troupes de charger en inclinant vers la droite, pour s'emparer du moulin et de la maison de Dumont qui commandaient le chemin de Sainte-Foye. Plusieurs pièces d'artillerie balayaient déjà cette route, en travers de laquelle commençait à se déployer la brigade de la Sarre, formant la gauche des Français. Une lutte furieuse s'engagea autour du moulin entre les grenadiers et l'infanterie légère, derrière laquelle

---

1 — " La première fois que je vis les troupes françaises, dit Thompson, sergent dans les Highlanders, elles me semblèrent une horde déguenillée. Leur uniforme avait d'abord été blanc. Plusieurs régiments avaient un ruban bleu à la boutonnière : c'était, à ce qu'il paraît, une distinction pour bravoure ". *Revue Canadienne*, novembre 1867, p. 864.

s'avançait toute la droite anglaise, composée des régiments de Webb, d'Amherst, et d'une partie du Royal-Américain, aux ordres du colonel Burton. Les grenadiers, écrasés par le nombre, évacuèrent le moulin, et se replièrent sur la Sarre. Lévis passait en ce moment devant sa ligne de bataille, tenant son chapeau au bout de son épée : c'était le signal convenu pour l'attaque générale [1]. La brigade de la Sarre, que le vieux colonel Dalquier, qui la commandait, avait fait retirer un peu en arrière pour la former en alignement des autres brigades, ramena les grenadiers, et reprit le moulin ainsi que deux monticules voisins dominant la route. L'infanterie légère fut si maltraitée durant cette attaque, qu'elle se retira à l'arrière-garde, et ne revint plus à la charge. A la droite, les cinq compagnies de grenadiers, soutenues par les francs-tireurs canadiens, venaient de chasser de la redoute les rangers et les volontaires, et marchaient vers une seconde redoute, couronnant une butte à quelques pas plus loin. Les deux brigades de la droite, appuyées de trois pièces d'artillerie, disputaient le terrain avec opiniâtreté aux formidables Highlanders et aux deux régiments de Bragg et de Lascelles, formant la gauche des Anglais.

L'attention du général français se portait surtout sur ses deux ailes ; car le centre où combattait la masse des Canadiens, avec la Marine et Berry, lui parut toujours inébranlable. Chaque bataillon était précédé et flanqué d'une nuée de coureurs de bois, aux ordres du vaillant Repentigny, qui éclaircissaient les rangs anglais avec une

---

1 — *Le maréchal de camp Desandrouins*, p. 319.

effrayante rapidité. Ces admirables tireurs, répandus dans les plis du terrain, ajustaient avec la même précision que s'ils eussent été à la chasse, et abattaient un homme à chaque coup de fusil. Ils se couchaient ensuite pour laisser passer la mitraille ou une décharge de mousqueterie, puis se relevaient de nouveau pour mettre en joue. Pendant plus de deux heures que dura la bataille, le gros des ennemis, formé des meilleures troupes d'Angleterre, essaya de profiter de l'avantage de la position pour écraser ces miliciens mal armés. Chaque fois il fut forcé de reculer, et d'aller se reformer sous la protection de son artillerie.

Le colonel de Bourlamaque communiquait à la gauche qu'il commandait son invincible ténacité. Au plus fort de l'action, il traversa un instant vers la droite pour aller prendre des ordres du général. Pendant qu'il redescendait vers le chemin de Sainte-Foye, son cheval fut renversé sous lui, et un boulet lui emporta une partie du gras de la jambe. Il fut transporté chez M. de la Gorgendière, établi dans le voisinage.

Un détachement d'Ecossais, envoyé pour remplacer l'infanterie légère, s'égorgeait en ce moment au moulin de Dumont, avec les grenadiers de d'Aiguebelle. "Antagonistes dignes les uns des autres ! dit le chevalier Johnstone, les grenadiers, la baïonnette au poing, forçaient les Highlanders de sauter par les fenêtres de la maison, et ceux-ci, la dague à la main, revenant par la porte, obligeaient les grenadiers de sortir par le même chemin. La maison fut prise et reprise plusieurs fois, et la lutte aurait continué tant qu'il y aurait eu un Highlander et un grenadier, si les généraux des deux armées ne les avaient rappelés, et abandonné pour le moment la maison comme un terrain neutre. Les grenadiers étaient réduits à quatorze au plus par compagnie, et les Highlanders décimés dans les mêmes proportions ". Le chevalier de Lévis accourut pour soutenir la brigade de la Sarre de sa présence, et traversa ensuite " de la gauche à la droite entre les deux armées, ordonnant en passant à ses brigades de charger", et aux grenadiers de s'emparer de la dernière redoute [1]. L'élan fut irrésistible, et les rangers culbutés avec les volontaires, laissant à découvert le flanc gauche du régiment de Bragg qui commença à plier.

La brigade de la Sarre, après avoir traversé le ruisseau, s'avançait sans tirer sur l'aile droite des Anglais. Elle n'en était plus qu'à une trentaine de pas ; mais une épaisse couche de neige dans laquelle elle enfonçait jusqu'aux genoux l'empêchait d'aller plus loin. D'ailleurs, le terrain qu'elle occupait, s'affaissant graduellement vers la côte Sainte-Geneviève, l'exposait au feu plongeant des canons anglais chargés à mitraille. Elle souffrait si cruellement, et se trouvait en si grand danger, que Lévis envoya M. de Lapause, puis un autre officier, dire de faire demi-tour à droite, et de s'appuyer à quelques maisons rangées un peu en arrière. Quoique l'ordre fût transmis par un homme aussi intelligent que Lapause, il fut mal interprété, et faillit com-

---

1 — " Le chevalier de Lévis a été assez heureux pour n'être point blessé, quoiqu'il ait été pendant tout le temps de l'action à cheval entre le feu des ennemis et celui de nos troupes ". *Relation de l'expédition de Québec, en 1760.*

promettre la journée. Malartic n'osant y contrevenir, se porta sans rien dire à quinze pas en avant de la brigade, afin qu'elle vît qu'il fallait avancer. Une minute après, Dalquier, tout saignant d'une blessure qu'il venait de recevoir au côté, le rejoignit et lui dit : " — Major, je prends sur moi de contrevenir à l'ordre du général. Profitons de l'ardeur de nos soldats. Ne tirons pas, tombons sur l'ennemi avec la baïonnette, et nous le vaincrons ". Puis s'adressant aux soldats : " — Mes enfants, s'écria-t-il, ce n'est pas le temps de se retirer quand on est à vingt pas de l'ennemi. Fonçons sur lui à la baïonnette, c'est ce qu'il y a de mieux à faire ". Le centre, voyant avancer la gauche, fit la même manœuvre. Les grenadiers se jetèrent dans le moulin et s'emparèrent des deux monticules, d'où il ne fut plus possible de les déloger. Lévis arriva en ce moment, et dit à Dalquier. " — Vous avez rendu au roi le plus grand service possible en ne faisant pas demi-tour à droite. Tenez cinq minutes : je vous réponds de la victoire ". Le général disparut ensuite derrière les touffes d'arbres disséminés sur le plateau, et regagna la droite. Le moment était venu de porter un coup décisif. L'intention du chevalier était d'opérer un mouvement de flanc avec les brigades de Royal-Roussillon et de la Reine, de refouler l'armée anglaise vers la côte Sainte-Geneviève, de l'en précipiter et de lui couper la retraite sur Québec. Mais par suite d'un ordre mal exécuté, la Reine se trouvait placé en arrière de l'aile gauche. Lévis prit sur-le-champ le parti d'opérer son mouvement avec la seule brigade de Royal-Roussillon, et en donna l'ordre à Poulhariez qui, profitant d'un pli du terrain, défila sans être aperçu le long de la falaise. La panique se répandit parmi les Anglais quand ils virent briller les rangées de baïonnettes sur la crête du rivage. Murray éperdu, jeta son corps de réserve sur ses deux ailes à la fois ; mais il était trop tard. "L'ennemi, dit Johnstone, prit la fuite avec une telle précipitation et une confusion telle, qu'au milieu de la panique, pas un soldat anglais ne put être rallié par les officiers".

"Si la brigade de la Reine, dit Lévis, eût été à son poste, on aurait enveloppé les ennemis par leur gauche ; et vraisemblablement on leur aurait coupé la retraite sur la place, ce qui aurait été décisif. Mais ils se retirèrent avec tant de précipitation, et ils étaient si près de la place qu'on ne put les joindre, nos troupes étant excédées de fatigue ; mais ils abandonnèrent toute leur artillerie, munitions, outils, morts et blessés [1]".

Les Canadiens s'étaient montrés aussi fermes en rase campagne que les troupes régulières. Pendant que celles-ci se formaient à l'entrée de la forêt, ils avaient établi en avant d'elles un cordon infranchissable. Les Anglais effrayés de la précision de leur tir, n'osèrent jamais s'approcher du bois. "Les Canadiens des quatre brigades, dit Malartic, ceux qui étaient dans les intervalles, ou en avant des brigades, ont tiré longtemps et fort à propos. Ils ont fait beaucoup de mal aux Anglais [2]".

Le capitaine de Laas, du régiment de la Reine, qui commandait un détachement de Canadiens à l'extrême

---

1 — *Journal de Lévis*, p. 266.
2 — *Journal*, p. 319.

droite, ne reçut pas l'ordre de tourner l'aile gauche anglaise avec Royal-Roussillon. Il le fit cependant avec autant d'intelligence que de bravoure, et Lévis a noté cette charge comme une des plus brillantes de la journée.

" L'armée des ennemis, dit le chevalier, était d'environ quatre mille hommes, et la nôtre d'environ cinq mille, dont deux mille quatre cents miliciens ; mais il y a eu plus de quatorze cents hommes du dit nombre, comme la brigade de la Reine et la cavalerie, qui n'ont jamais eu part à l'action. Nous avions été obligés de laisser des détachements derrière, et nos sauvages s'étant retirés, ne combattirent point [1] ".

A la fin de l'action, Malartic fut blessé par un raisin qui vint mourir sur sa poitrine. " Ce coup, dit-il, me renversa et me causa une grande commotion. En revenant à moi, je me trouvai entre les mains d'un sergent et d'un soldat qui voulaient me relever. Je les priai de me laisser mourir sur la place. Comme ils me soulevaient malgré moi, je sentis quelque chose de froid glisser sur l'estomac. J'ouvris ma veste que je trouvai percée, la partie inférieure du sein gauche grosse comme le poing, et fort noire ". Malartic fut transporté à l'Hôpital-Général avec les blessés des deux armées.

Les Anglais avouèrent une perte de plus de mille hommes tués, blessés ou manquants. Le chiffre exact des morts du côté des Français fut de deux cent

---

1—*Journal*, p. 267. Dans sa lettre au ministre, Murray ne porte son armée qu'à trois mille hommes. *Murray à Pitt*, 25 mai 1760. Il avait tout intérêt à mettre ce chiffre au plus bas.

soixante-six, dont trente-trois officiers ; celui de leurs blessés s'éleva à sept cent soixante-treize. Sur ce nombre, les Canadiens avaient deux cent trois morts et blessés. Ils eurent à regretter le commandant du bataillon de Montréal, le brave colonel Réaume, et quelques-uns de leurs meilleurs officiers partisans, tels que les capitaines de Saint-Martin et de Corbière. Les sauvages qui, comme on vient de le voir, s'étaient lâchement tenus à l'écart durant l'action, ne poursuivirent pas les Anglais en déroute. Ils se répandirent sur le plateau, pendant que l'armée victorieuse s'attachait aux pas des fuyards, et scalpèrent indistinctement les Français et les Anglais restés sur le champ de bataille [1].

La plaine offrait un spectacle horrible à voir. L'œil ne s'arrêtait que sur des mares de sang que la terre gelée ne pouvait boire. Dans les plis du terrain, la neige en était rougie. Autour du moulin et de la maison de Dumont, le sol disparaissait sous les monceaux de cadavres. Aussitôt après la bataille, le général de Lévis envoya un officier avec des gardes prendre possession de l'Hôpital-Général, situé en face, au fond de la vallée du Saint-Charles. On y avait suivi avec une émotion facile à comprendre les péripéties du combat.

" Il ne se tira pas un coup de canon ni de fusil qui ne vînt retentir à nos oreilles, raconte une des religieuses ; jugez par là de notre situation !... L'intérêt de la nation était en jeu, ainsi que celui de nos proches

---

1 — *Journal de Malartic*, p. 319.

qui se trouvaient au nombre des combattants ; cet état de souffrance ne se peut peindre.

" Il faudrait une autre plume que la mienne pour peindre les horreurs que nous eûmes à voir et à entendre pendant vingt-quatre heures que dura le transport des blessés, les cris des mourants et la douleur des intéressés. Il faut dans ces moments une force au-dessus de la nature pour pouvoir se soutenir sans mourir.

" Après avoir dressé plus de cinq cents lits, que nous eûmes des magasins du roi, il en restait encore autant à placer. Nos granges et nos étables étaient remplies de ces pauvres malheureux. Nous avions dans nos infirmeries soixante-douze officiers ; il en mourut trente-trois. On ne voyait que bras et jambes coupés. Pour surcroît d'affliction, le linge nous manqua : nous fûmes obligées de donner nos draps et notre linge de corps. Il n'en était pas de cette bataille comme de la première. Nous ne pouvions espérer de secours des hospitalières de Québec ; les Anglais s'étaient emparés de leur maison ainsi que de celle des ursulines pour loger leurs blessés, qui étaient encore en plus grand nombre que les nôtres. Il nous vint encore une vingtaine d'officiers qu'ils n'eurent pas le temps d'enlever, et dont il nous fallut aussi nous charger [1]".

La nouvelle de la victoire de Sainte-Foye se répandit rapidement de paroisse en paroisse, et fit éclater une explosion de joie. Au premier moment, on se crut sauvé. La plupart des Canadiens, s'obstinant à espérer que la

---

[1] — *Relation de ce qui s'est passé au siège de Québec et de la prise du Canada, par une religieuse de l'Hôpital-Général de Québec.*

France ne les avait pas abandonnés, s'imaginèrent que les secours demandés avaient été expédiés, et que la flotte qui les apportait allait, comme l'année précédente, devancer celle des Anglais, et fournir à Lévis les moyens de reprendre Québec, ce qui aurait décidé de la campagne.

" Mon général, lui écrivait Bougainville, agréez mon compliment sur votre belle victoire. J'en suis d'autant plus enchanté que j'y vois belles manœuvres dans l'action, diligence incroyable dans votre marche, et fermeté faite pour être citée. Ma foi ! vous serez notre père, puisque vous nous avez rendu l'honneur. Et ne prissiez-vous pas la ville, vous n'en serez pas moins couvert de gloire. Ah ! mon général, vous n'avez pas voulu que je fusse avec vous ! J'en ai une douleur mortelle. Mais dans ce métier, il faut obéir et non choisir. Nous avons bien perdu, il n'était pas possible de le faire à moins. C'est ici une jubilation sans égale. Nous attendons avec impatience des nouvelles de la suite. C'est affaire à vous pour ne pas perdre de temps.

" Rien ici de nouveau ; nous travaillons tandis que vous gagnez des batailles [1] ".

Vaudreuil avait déjà écrit au chevalier : " Il n'a fallu rien moins que votre expérience et votre coup d'œil militaire pour déterminer la victoire en votre faveur. Cette journée sera mémorable et entièrement votre ouvrage. Il me serait bien difficile de vous exprimer la vive joie que j'en ressens.

---

1 — *Bougainville à Lévis*, à l'Ile-aux-Noix, 4 mai 1760.

" Je regrette infiniment les braves officiers, soldats et Canadiens que nous avons perdus : ils ne pouvaient que signaler leur valeur, combattant sous les yeux d'un général qu'ils aimaient également, et dont la bravoure doit être admirée....

" Mme de Vaudreuil a ressenti une joie si vive, qu'elle n'a pas la force de vous la témoigner. Elle est actuellement chez M. l'évêque, pour unir ses prières à celles du prélat. Vous y avez certainement la meilleure part [1] ".

NOTE 1 — (page 333)

Demandes pour les officiers. — Réponses :

Marmites .... { Il n'est pas possible de leur en donner ; on en manque totalement.
Capotes .... On ne peut en donner.
Fusils .... On en manque.

Quelques officiers m'avaient demandé des fusils et épées ; il n'est pas possible de leur en procurer, n'y en ayant point.

Demandes pour les soldats. — Réponses :

Gibernes .... { On n'en a point ; mais on donnera à la place une corne et un sac à plomb pour chaque giberne demandée.

Ceinturons .... { On en manque totalement ; il faut faire en sorte de réparer les vieux. Tâchez de savoir au juste ce qu'il vous en faudra absolument pour qu'on voie d'en faire faire, s'il est possible, avec des peaux.

Capotes .... Point.
Culottes et caleçons... Point.
Bidons, gamelles, cuillers à pot. — On en fait faire en bois, et on donnera la quantité demandée. — *Lettres de Lévis*, p. 275.

On ne pouvait fournir du fil, même aux officiers, pour raccommoder leurs vêtements.

1 — *Vaudreuil à Lévis*, 2 mai 1760.

NOTE 2 — (page 336)

BRIGADES.	RÉGIMENTS.	Officiers.	Soldats.	Miliciens, compris leurs officiers.	Total.
La Reine	La Reine...............	27	370	223	620
	Languedoc.............	14	280	285	579
La Sarre......	La Sarre...............	24	339	230	593
	Béarn.................	24	371	221	616
R. Roussillon	Royal-Roussillon...	24	305	279	608
	Guyenne	22	320	261	603
Berry...........	2 bat. de Berry......	51	727	519	1,297
La Marine......	2 bat. de la Marine.	80	898	246	1,224
Troupes hors de la ligne	Cavalerie	5	....	200	205
	Sauvages.............	8	....	270	278
	Bat. de la milice de Montréal...........	......	....	287	287
	Totaux..........	279	3,610	3,021	6,910

Journal de Lévis, p. 257.

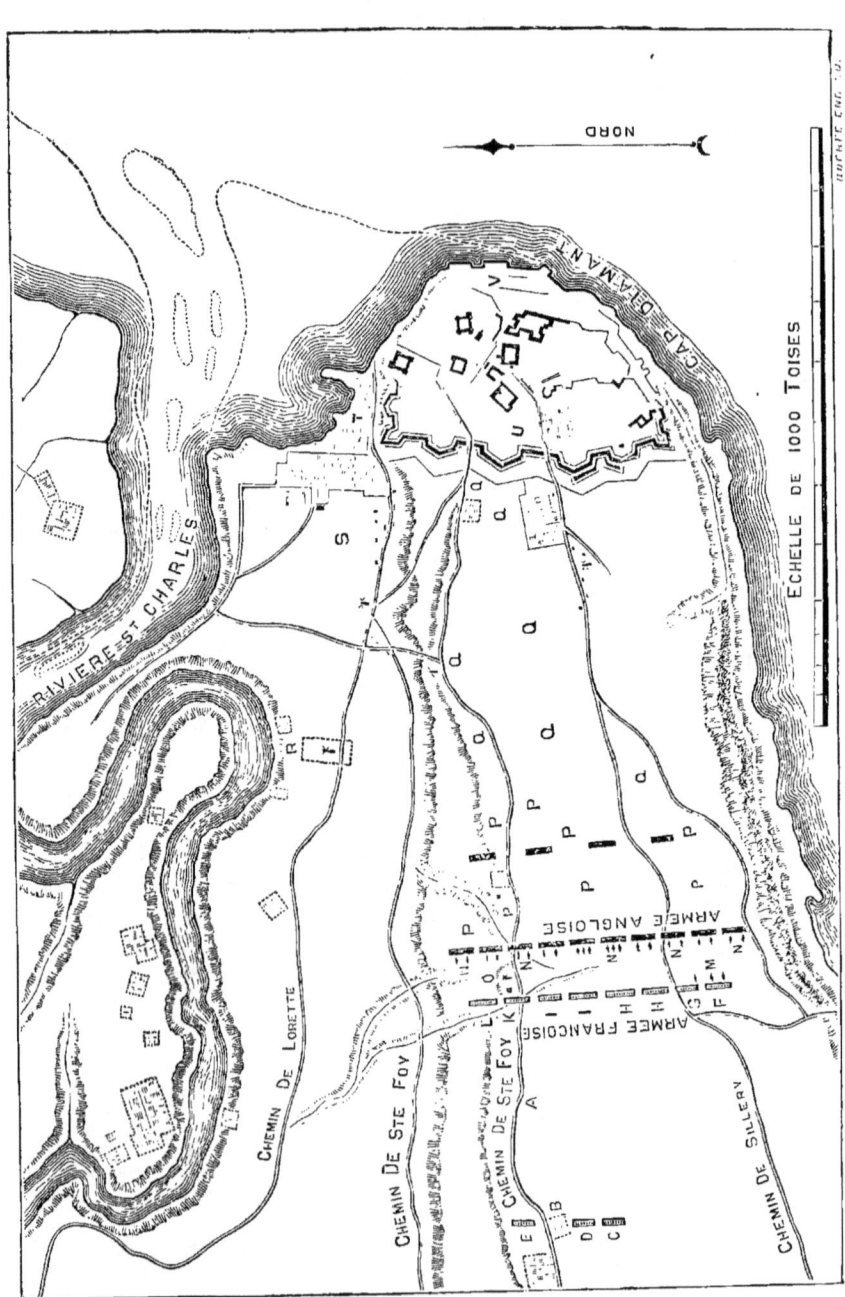

PLAN DE QUÉBEC ET DE LA BATAILLE

qui s'est livrée dans ses environs, le 28 avril 1760, entre les Français commandés par le marquis de Lévis, et les Anglais sous les ordres du brigadier général Murray.

LÉGENDE

A — Chemin du village de Sainte-Foye foudroyé par l'artillerie ennemie pendant que les Français débouchaient contre l'armée anglaise, déjà en ordre de bataille.
B — Premières maisons du village de Sainte-Foye, auxquelles appuyait la réserve.
C — La Reine, un bataillon, } réserve (corps de)
D — Languedoc, un bataillon, }
E — Corps de 180 Canadiens à cheval.

ORDRE DANS LEQUEL COMBATTIRENT LES HUIT BATAILLONS FRANÇAIS

F — Royal-Roussillon .... un bataillon, } aile droite.
G — Guyenne .... un bataillon, }
H — Berry.................... deux bataillons, }
I — Compagnies détachées } centre.
  de la marine......... deux bataillons, }
K — Béarn.................... un bataillon, } aile gauche.
L — La Sarre................. un bataillon, }
M — Trois pièces à la Suédoise des Français.
N — Vingt-deux canons ou obusiers des Anglais qui furent emportés par les Français.
O — Moulin à vent pris et repris pendant le combat.
P — Terrain disputé par les dix compagnies de grenadiers français, qui continrent l'armée anglaise, l'empêchèrent de se porter jusqu'au débouché du village, et donnèrent à la nôtre la facilité de se déployer.
Q — Retraite des Anglais qui commencèrent à plier par leur gauche, à mesure que par notre droite nous tombâmes sur eux en leur présentant la baïonnette.
R — Hôpital-Général.
S — Faubourg Saint-Roch.
T — Le Palais.
U — Haute-Ville.
V — Basse-Ville.

Manuscrits du chevalier de Lévis.

CHAPITRE VINGT-TROISIÈME

1760

Lévis met le siège devant Québec. — Découragement et désordre de la garnison. — Murray rétablit l'ordre. — Courtoisie entre les généraux. — Le premier vaisseau du printemps. — La levée du siège. — Combat de l'*Atalante*. — Nouvelles de France. — Le duc de Choiseul. — Il sacrifie le Canada. — Murray remonte le Saint-Laurent. — Belle défense à Jacques-Cartier. — Bourlamaque à Sorel. — Proclamation de Murray. — Il recommence à ravager les campagnes. — Désertions dans les troupes françaises. — Le général Haviland devant l'Ile-aux-Noix. — Le siège. — Bougainville évacue le fort. — Amherst descend le Saint-Laurent. — Il assiège le fort Lévis. — Héroïque défense de Pouchot. — Les trois armées anglaises devant Montréal — Indigne conduite d'Amherst. — Désespoir de Lévis. — Capitulation.

" Les ennemis ont manqué un coup d'or " (*a golden opportunity*), écrivait Knox à la date du 2 mai. Il ajoute que si le général de Lévis eut donné l'assaut dans les trois jours qui suivirent la bataille de Sainte-Foye, il est très probable que Québec serait retombé entre les mains de ses anciens maîtres [1]. La garnison

---

[1] — *Knox's Journal*, vol II, p. 301.

était, en effet, complètement démoralisée. Les soldats, devenus incontrôlables, profitaient du désordre et de la confusion qui régnaient dans la ville, pour se livrer à toute espèce de violences. Ils pillaient les dépôts de provisions, enfonçaient même les maisons des particuliers, afin de se procurer de l'eau-de-vie et de s'enivrer. Ces excès se commettaient en plein jour, sous les yeux des officiers incapables de les réprimer. C'était, conclut l'annaliste, le résultat de la panique et du désespoir portés à leur comble par l'ivrognerie [1]. Murray se vit obligé d'en venir aux dernières rigueurs pour rétablir la discipline : il fit même pendre un des émeutiers sans aucune forme de procès.

Le chevalier de Lévis n'aurait pas laissé échapper une aussi belle occasion de reprendre Québec, s'il avait pu supposer une pareille désorganisation ; mais il n'en sut rien. Le soir même de la bataille, il fit camper son armée sur le revers des buttes à Neveu, à six cents toises des fortifications. " Ce côté de Québec, dit-il, est défendu par une enceinte de six bastions revêtus, et presque sur une ligne droite. Un fossé peu profond, dont l'excavation en quelques endroits n'est que de cinq à six pieds, quelques terres rapportées sur la contrescarpe, six à sept redoutes de bois construites par les Anglais, couvraient cette enceinte. Le terrain pour les approches est pierreux ; il devient presque roc en approchant de la place, et les hauteurs même dont nous nous étions emparés ont à peine six pouces de

---

1 — The result of panic and despair, heightened by drunkenness, vol. II, p. 298.

terre. Il fut décidé après avoir reconnu la place, qu'on couronnerait par une parallèle les hauteurs qui sont devant le front des bastions Saint-Louis, de la Glacière et du cap Diamant, et qu'on y établirait des batteries, d'où on espérait, malgré l'éloignement et la faiblesse du calibre de nos pièces, qu'elles pourraient faire brêche, le revêtement étant mauvais dans cette partie [1] ".

Toute la journée du 29 fut employée à charroyer de l'anse du Foulon, où avaient abordé les frégates et les transports, une partie du matériel de siège, quelques pièces d'artillerie et une grande quantité de fascines apportées de Montréal. A l'entrée de la nuit, six cents travailleurs ouvrirent la tranchée. Elle fut continuée sans relâche les jours suivants, " malgré des difficultés incroyables ". On cheminait sur le roc ; la terre gelée était presque aussi dure que la pierre ; il fallait, de plus, la prendre très loin et la transporter dans des sacs par des sentiers montueux.

Le 30 avril, Lévis écrivit à Vaudreuil : " Les ennemis démasquent beaucoup d'embrasures, ce qui nous annonce un feu considérable de leur part. Tout cela ne serait rien, si nous avions l'artillerie et les munitions nécessaires pour leur répondre ; mais il faut espérer qu'il nous viendra quelque chose de France. Si notre faible artillerie pouvait ouvrir le mur, je vous assure que j'y grimperais le premier, et que le succès ne dépendra ni de moi ni des troupes, qui sont très bien disposées ".

Murray, qui manquait de science stratégique, mais non de volonté, avait trouvé un moyen efficace de

---

1 — *Journal*, p. 273.

rétablir l'ordre dans ses troupes. Il les avait sorties de leurs casernes dispersées dans les différents quartiers de la ville, et les avait rassemblées sous sa main, en les faisant tenter sur le terrain vague qui s'étendait en arrière des fortifications, depuis le bastion de la Caserne [1], placé au-dessus de la côte Sainte-Geneviève, jusqu'à celui du cap Diamant. Aucun soldat qui n'était pas de service ne pouvait sortir de l'enceinte du camp sans un permis. Le rhum ne leur était distribué que largement coupé d'eau, et seulement en présence des officiers. Ceux-ci leur remontaient le moral en faisant eux-mêmes les travaux du soldat, et en les assurant de la prochaine arrivée de la flotte anglaise. Le gouverneur de la place avait expédié le *Racehorse* à Halifax et Louisbourg pour la faire hâter. Lévis, qui avait vu partir cette frégate, n'en espérait pas moins que la première voile qui paraîtrait devant Québec, serait française. Au mois de décembre précédent, il avait appris qu'un vaisseau de trente canons, parti tard de France, avait relâché dans la baie de Gaspé en apprenant la prise de Québec, et qu'il s'y était mis en hivernement. Un voyageur canadien, nommé Legris, qui avait apporté cette nouvelle, fut renvoyé immédiatement pour avertir le capitaine de monter à Québec le plus tôt possible au printemps.

Le 24 avril, Vaudreuil avait mandé à Lévis: " Un courrier qui arrive actuellement de Ristigouche, m'a donné des nouvelles bien satisfaisantes de notre navire de Gaspé. Il m'assure qu'il y a plus de trois semaines qu'on avait rendu le passage de la baie libre; qu'on

---

[1] — Appelé aussi Bastion du Bourreau.

avait travaillé avec tant de zèle, que non seulement on avait cassé des glaces, mais que même on avait scié celles qui étaient trop épaisses. D'après cela, ce courrier croit fermement que ce navire s'est mis en route assez tôt pour paraître présentement. Dieu le veuille ! nous y avons un grand intérêt ".

Assiégeants et assiégés avaient les yeux tournés vers le bas du fleuve, attendant avec une égale anxiété les vaisseaux de leurs nations. " Les Anglais dans Québec avouaient, dit Johnstone, que le premier pavillon qui apparaîtrait dans le Saint-Laurent déciderait de la question de savoir si le Canada resterait au pouvoir de l'Angleterre ou retournerait à la France [1] ".

En attendant, les travaux d'attaque et de défense se poursuivaient avec une fiévreuse activité. Les obstacles que rencontraient les troupes françaises augmentaient chaque jour par les nouvelles batteries que démasquaient les Anglais. Outre les obus et les bombes lancés dans la parallèle, ils tiraient avec plus de soixante canons avant que les assiégeants eussent eu le temps de monter une seule pièce. Il ne se passait guère de jour sans que le drapeau parlementaire fût arboré d'un côté ou d'un autre, tantôt pour faire passer des effets ou des vivres aux blessés anglais soignés à l'Hôpital-Général, tantôt pour traiter de l'échange des prisonniers. Cela donnait lieu à des rapports de cour-

---

[1] — L'ingénieur anglais, Holland, qui dirigeait les travaux de défense, avoua la même chose à Desandrouins. " Une seule frégate arrivée avant la flotte anglaise eût décidé la reddition de Québec et assuré le Canada pour cette année ". *Lettre du chevalier de Lévis à M. Berryer*, 28 juillet 1760, p. 362. *Le même au maréchal de Belle-Isle*, p. 366.

toisie dont se piquaient les deux nations. Le général français crut faire plaisir, un jour, à M. Murray, en lui envoyant quelques branches de *pruche*, regardée comme un excellent remède contre le scorbut. Celui-ci lui écrivit en réponse, par l'intermédiaire de M. de Bellecombe, capitaine aide-major de Royal-Roussillon, resté prisonnier sur parole à l'Hôpital-Général [1].

" Je vous prie de faire bien mes remerciements à M. le chevalier de Lévis, de la pruche qu'il m'a fait le plaisir de m'envoyer. Ayez la bonté de lui présenter un fromage de Chester de ma part ; c'est tout ce que j'ai de mieux à lui offrir dans les circonstances présentes ".

M. de Lévis le remercia par la même voie, en lui faisant passer, avec ses compliments, quelques couples de perdrix et de bécassines ".

A mesure que le siège avançait, le général anglais devenait plus soucieux. Du haut des remparts de l'ouest, il suivait avec une poignante inquiétude les progrès de la tranchée. Si, par malheur, les Français reprenaient Québec, il savait quel compte terrible lui demanderait l'Angleterre du sang qu'il avait inutilement fait verser le 28 avril. Dans la matinée du 9 mai, il était rentré à son quartier général de la rue Saint-Louis, après une de ces visites, et se livrait à ses sombres pensées en se chauffant devant sa cheminée, lorsque le commandant de l'artillerie vint frapper à sa porte et lui annoncer qu'un navire de guerre apparaissait dans le chenal de l'île d'Orléans [2]. Il se leva en sursaut, ordonna de faire

---

1 — Depuis le 13 septembre 1759.
2 — *Journal de Thompson, Revue Canadienne*, novembre 1867.

hisser le drapeau anglais sur la citadelle, et courut à la terrasse du château Saint-Louis. La nouvelle s'était répandue, et une foule de militaires de tous grades bordaient la cime du cap, depuis la grande batterie jusqu'à celle du fort Saint-Louis. Le vaisseau doublait lentement la pointe de Lévis, poussé par une fraîche brise de l'est. Etait-il français ou anglais ? Chacun se le demandait, hésitant entre la crainte et l'espérance. Tout à coup, un pavillon parut à la tête du grand mât, et déroula au vent les couleurs d'Angleterre. " Cependant, rapporte Knox, il y en eut quelques-uns parmi nous qui, s'étant enrichis durant la guerre et craignant de perdre leurs gains, se tenaient prudemment sur la réserve. Nous restâmes quelque temps en suspens, n'ayant pas assez d'yeux pour regarder". Enfin, la frégate jeta l'ancre devant le quai du Roi, et dissipa tous les doutes en saluant la ville par vingt et un coups de canon. Le capitaine Deane, commandant du *Lowestoff*, descendit à terre et annonça qu'une escadre anglaise remontait le Saint-Laurent et ne tarderait pas d'arriver. "La joie des troupes est impossible à exprimer; officiers et soldats montèrent sur les remparts en face de l'ennemi, et remplirent l'air de hourras, en agitant leurs chapeaux pendant près d'une heure. La garnison, le camp des ennemis, le bassin, et tous les environs à plusieurs milles de distance, retentirent de nos acclamations et du tonnerre de notre artillerie. Les canonniers étaient si transportés qu'ils ne firent que tirer et charger pendant un temps considérable ".

Les Français sortirent de la tranchée en entendant ce bruit, et répondirent à chaque hourra des Anglais par les cris de : Vive le Roi [1] !

Lévis dissimula ses appréhensions, et poussa les travaux avec un redoublement de vigueur. Enfin, le 11 de mai, vers midi, il ouvrit le feu sur la ville. " Notre artillerie, dit-il, était de mauvaise espèce ; elle était composée de pièces de fer, la plus grande partie de dix-huit ou douze, excepté une seule de vingt-quatre qui creva, ainsi que plusieurs des autres, les jours suivants. Le peu de poudre que nous avions et le peu d'effet qu'on devait attendre de cette artillerie, qui était d'ailleurs trop éloignée, obligèrent M. le chevalier de Lévis, pour ne pas se trouver totalement dépourvu, d'ordonner qu'il ne fût tiré que vingt coups par pièce, dans les vingt-quatre heures, et de continuer en restant dans la situation où on était, jusqu'à l'arrivée des secours qu'on espérait de recevoir, croyant que la cour les aurait fait partir de bonne heure. On avait instamment demandé, avec quelques vivres, de la grosse artillerie et de la poudre, et l'on ne doutait pas de part ni d'autre que la place ne fût assurée à celui qui recevrait les premiers secours ".

Chaque jour le feu des Anglais devenait plus vif. La certitude d'une prochaine délivrance les avait transformés, et ils couraient à l'ouvrage avec enthousiasme. Ils transportèrent, des batteries de la basse ville, plusieurs pièces de gros calibre, et en armèrent les murailles de l'ouest. Bientôt plus de cent quarante canons vomirent

---

[1] — *Journal de Malartic*, p. 324.

la mort sur la tranchée et sur les plaines d'Abraham, labourées par les boulets à plus d'une demi-lieue de distance. Ils abritèrent leurs artilleurs en accumulant sur les remparts des sacs de terre et des fascines, dont ils avaient fait de grands amas dans le cours de l'automne, construisirent des ouvrages extérieurs pour protéger la porte Saint-Louis, et garnirent de chevaux de frise les parties les plus faibles de l'enceinte.

Cependant le courage des Français ne se démentait pas ; ils avaient approché leur parallèle jusqu'à deux cents toises de la place, et placé près de la rivière Saint-Charles une batterie qui prenait à revers les fortifications. Les soldats, travaillant à tour de rôle, ne quittaient les outils que pour reprendre les armes. Ils étaient sur pied à peu près nuit et jour. Pendant les deux semaines que dura le siège, Desandrouins fut, pour sa part, dix fois de garde à la tranchée. Les soldats des divers corps, moitié vêtus en habitants, d'autres absolument comme les miliciens, tous harassés et couverts de boue, ressemblaient moins à des militaires qu'à des ouvriers surmenés.

L'indomptable Lévis persistait toujours à prendre Québec, quoiqu'il eût perdu à peu près tout espoir de secours. Le 13 de mai il écrivait à Vaudreuil : " Vous devez être persuadé combien je suis pénétré de tous les accidents et malheurs qui nous arrivent. Pour peu que nous eussions eu du bonheur, nous aurions certainement réussi, mais il faut se soumettre aux décrets de la Providence ".

Le 15, il insistait : " Nous faisons moralement tout ce qu'il est possible de faire ; nous ne sommes point heureux, car si nos pièces de canon n'eussent pas crevé, nous aurions pu faire brèche. Il est temps que cela finisse d'une façon ou d'une autre ; je crois que cela ne tardera pas, attendu qu'il vente gros nord-est, et que nous sommes aux grandes mers. Je suis peiné de voir que nous perdons tous les jours quelqu'un à la tranchée ; mais cela ne peut être autrement. Si nous sommes assez heureux pour qu'il nous arrive des secours, nous prendrons bientôt Québec ".

Dans l'après-midi du même jour, le général, assis dans sa tente agitée du vent et fouettée par la pluie, traçait ces lignes amères à l'intendant : " Vous aurez vu, par ce que j'ai mandé à M. le marquis de Vaudreuil, notre situation. Elle est des plus inquiétantes. Je crains bien que la France ne nous ait abandonnés.... Nous avons fait et faisons ce que nous pouvons. Je juge la colonie perdue sans ressource.... Il n'y a point de notre faute, et il me semble que Dieu ait abandonné cette misérable colonie ".

A la tombée de la nuit, deux navires de guerre anglais, le *Vanguard* et la frégate *Diana*, mouillèrent dans la rade de Québec [1]. Vers onze heures du soir, un parti de sauvages arriva à la tente du chevalier avec un prisonnier qui lui assura que l'escadre anglaise était attendue d'heure en heure. Il n'y avait pas de temps à perdre. Le *Vanguard* était un vaisseau de ligne de soixante-quatorze canons [2] qui, joint aux deux frégates

---

1— Le *Vanguard* avait pris, vis-à-vis Gaspé, le vaisseau français qui avait hiverné dans cette baie.
2— *Journal de Malartic*, p. 325.

ancrées près de lui, et au *Porcupine*, qui avait hiverné
à Québec, donnait déjà une grande supériorité à l'ennemi
sur le fleuve. Lévis expédia sur-le-champ les premiers
ordres pour la levée du siège, et envoya un officier
avertir Vauquelin d'appareiller avec ses frégates et les
transports, afin de mettre en sûreté les approvisionnements de l'armée. Malheureusement, le temps était si
affreux, la nuit si obscure, que l'officier ne put transmettre ses ordres avant le jour.

Les deux frégates anglaises, suivies de près par le
Vanguard, étaient déjà parties de Québec, et arrivaient
à toutes voiles sur la flottille de Vauquelin. Celui-ci
ordonna à ses vaisseaux de couper leurs câbles. La
Pomone abattit trop en appareillant, et vint s'échouer
sur la côte de Sillery. Son commandant y mit le feu
et regagna l'armée avec son équipage. L'*Atalante*
rejoignit les transports à la hauteur du cap Rouge, où
ils l'avaient devancé. Vauquelin, s'apercevant qu'ils
allaient être pris, leur cria de s'échouer. L'*Atalante*
continua sa route jusqu'à la Pointe-aux-Trembles, où
les deux frégates l'atteignirent et lui coupèrent la
retraite. Vauquelin échoua son vaisseau, débarqua
tous les hommes qui ne lui étaient pas absolument
nécessaires, et soutint avec le reste, pendant deux
heures, un combat acharné, jusqu'à ce qu'il eût épuisé
toute sa poudre. Le pont de l'*Atalante* était couvert
de morts et de blessés. Les deux frégates, voyant
qu'il n'amenait pas son pavillon, continuèrent à le
cribler de boulets. A la fin, un canot se détacha d'une
des frégates, et l'officier qui le montait, s'approchant de
l'*Atalante*, demanda à Vauquelin pourquoi il ne tirait

plus, ou n'abattait pas son pavillon. Vauquelin répondit fièrement que s'il avait eu de la poudre, il n'aurait pas gardé si longtemps le silence ; que si on voulait prendre son pavillon, il fallait venir le descendre. Pour lui, son habitude était d'abattre les pavillons ennemis et non le sien.

L'héroïque marin, ramené à Québec, couvert de blessures, fut l'objet de l'admiration générale, et renvoyé en France, selon son désir [1].

Le combat de la Pointe-aux-Trembles fut le digne couronnement de cette expédition de Québec, qui a rendu à jamais immortel le nom de Lévis, et jeté sur nos derniers malheurs un tel reflet de gloire, qu'ils ressemblent à un triomphe. Ce soulèvement d'un peuple désespéré, courant sous les drapeaux avec sa dernière bouchée de pain, est aussi touchant que sublime. "On peut être fier, dit un écrivain français, quand on a un ancêtre ou un compatriote parmi de tels héros ! mais aussi quels reproches amers l'histoire ne doit-elle pas adresser au triste gouvernement qui les a si lâchement abandonnés [2] " !

Le chevalier de Lévis congédia les Canadiens du gouvernement de Québec, qui avaient rejoint l'armée en grand nombre depuis la bataille. Les Anglais les virent défiler toute la journée sur les chemins de Charlesbourg, de Beauport et de la côte du Sud. Il était

---

[1] — " Schomberg, commandant de la *Diana*, m'a dit avoir tiré cinq cents coups de canon, et M. Deane, trois cent cinquante ". *Journal de Vauquelin*.
[2] — L'abbé Gabriel, *Le maréchal de camp Desandrouins*, p. 335.

évident que le général français levait le siège ; cependant Murray n'osa se montrer hors des murs. La leçon du 28 avril, encore fraîche dans sa mémoire, lui inspirait une tardive réserve. La destruction de la flotte avait rendu impossible le transport de tout le matériel de siège. L'artillerie de fer fut jetée en bas de la côte du Foulon, et les canons de fonte, ainsi que les pièces de campagne, expédiés en avant. L'armée resta fièrement en position toute la journée du 16. Les sauvages profitèrent de la levée du camp pour se livrer au pillage, s'enivrer et commettre des horreurs. Ils tuèrent un grenadier et en blessèrent un autre. Un troisième ne put éviter la mort qu'en tuant le sauvage qui voulait l'égorger.

A dix heures du soir, l'armée se mit en marche au bruit de toute l'artillerie de la ville, qui faisait ricocher des boulets sur la surface entière des plaines d'Abraham. C'était la seule poursuite qu'osait faire le général Murray. L'armée traversa le lendemain, au lever du jour, la rivière du cap Rouge, où elle fut occupée à charger les bateaux des vivres et des munitions restés sur les transports échoués, qui furent ensuite brûlés. Bourlamaque, qui se faisait porter sur un brancard, stationna toute la journée sur la grève pour diriger et hâter les travaux. Les bateaux, avec la flûte la *Marie*, qu'on parvint à remettre à flot, échappèrent à la vigilance des frégates anglaises, grâce à une nuit pluvieuse, très obscure, et au vent de nord-est qui tourna à la tempête, et fit périr quelques-uns des bateaux et une des frégates, le *Lowestoff*.

Dumas, en qui Lévis avait une entière confiance, fut laissé à Deschambault, avec un corps de onze cents hommes, pour barrer aussi longtemps que possible le passage de Montréal aux Anglais. Deux postes avancés étaient également sous ses ordres : l'un à la Pointe-aux-Trembles, gardé par la Rochebeaucour, avec quatre cents hommes ; l'autre à Jacques-Cartier, où Repentigny occupait le fort avec trois cents miliciens et soldats.

Il ne restait plus à l'armée que du pain pour nourriture. La plupart des Canadiens furent renvoyés dans leurs foyers, et les bataillons échelonnés au-dessus des Trois-Rivières, sur les deux rives du fleuve, où les habitants partagèrent avec eux le peu qui leur restait [1]. Lévis se rendit à Montréal pour concerter avec Vaudreuil les derniers moyens de défense.

Malartic, encore souffrant de sa blessure, avait eu ordre de rester à l'Hôpital-Général pour veiller aux soins des blessés. Le 17, après avoir reçu la visite du colonel Burton et de plusieurs officiers anglais qui l'avaient " comblé d'honnêtetés ", il écrivit à son général : " Tous les officiers anglais conviennent bien que nous avons pris, le 28, la revanche du 13 septembre. Ils rendent justice à la valeur des troupes, et à l'habileté de vos dispositions et de votre retraite, qui a été forcée par l'arrivée de la flotte. Ainsi, vous devez être bien tranquille sur les relations qui parviendront en Europe ; les

---

1 — " Ils vivront comme ils pourront chez les habitants, et se tiendront prêts à marcher au premier ordre ". *Vaudreuil à Lévis*, 22 mai 1760.

Anglais disent qu'il n'y a point de grâce en France à laquelle vous ne puissiez prétendre [1] ".

Le surlendemain, Malartic notait dans son *Journal*: " J'ai dîné chez M. Murray. Il a été fort question de la bataille du 28. Le général a beaucoup vanté les dispositions de M. de Lévis, dont il m'a parlé avec estime, et la bravoure des troupes ; après dîner, il m'a fait l'honneur de me demander mon avis sur les motifs qui l'ont décidé à sortir le 28 avec sa garnison. Je lui ai répondu que vraisemblablement, il avait espéré être aussi heureux que le 13 septembre, et qu'il aurait eu la gloire de prendre le Canada sans le secours des autres généraux anglais. Il m'a remercié et s'est mis à rire [2] ".

Aux termes d'un cartel convenu entre les deux couronnes, les blessés français retenus à l'Hôpital-Général n'étaient pas prisonniers de guerre. Murray voulut les regarder comme tels, parce qu'il avait pourvu à leur subsistance. Mais Malartic lui ayant représenté que rien ne serait plus préjudiciable à l'avancement de ces officiers, " il m'a saisi par le bras et m'a dit : — Vos camarades sont les miens, les inimitiés de nos rois ne sont pas personnelles, je les regarde comme mes frères : je serais désespéré de nuire à leur avancement, et je vous accorderai les passeports que vous me demanderez [3] ".

L'entrée en rade de l'amiral Colville, avec l'escadre anglaise (19 mai), anéantit tout espoir de secours. Le

---

1 — *Lettres du chevalier de Lévis*, p. 310.
2 — *Journal de Malartic*, p. 327.
3 — *Idem*, p. 329.

blocus du Saint-Laurent était dès lors complet, et le Canada, resserré entre Jacques-Cartier, l'Ile-aux-Noix et le fort Lévis, se trouvait enveloppé dans un cercle de fer. Les petits corps d'armée préposés à la défense de ces trois frontières, étaient encore plus dépourvus de munitions de guerre que de moyens de vivres. Néanmoins, Vaudreuil ne songea pas à se rendre : il avait juré de se défendre jusqu'à l'extrémité, et il tenait parole. Sa force de volonté grandissait avec la crise. Sa dernière espérance était dans la paix, dont il était fortement question en Europe. Si elle se concluait avant qu'il eût capitulé, le Canada resterait à la France.

Les premières paroles qu'il avait adressées à Lévis en apprenant la levée du siège, avaient été pour le consoler de son cruel désappointement : " Il n'y a pas de notre faute, disait-il. Nous aurons en tout temps la consolation de dire, et tout l'univers en conviendra, que nous avons fait même au delà de ce qui était possible aux hommes [1] ".

" Quant à moi, je ne vois rien de désespéré ; nous persévèrerons l'un et l'autre de notre mieux : il faut espérer que la divine Providence bénira nos travaux.... Mme de Vaudreuil est constamment en prières [2] ".

Le gouverneur tâchait en même temps de faire peser le moins possible le fardeau de la guerre sur les malheureux Canadiens " aussi dociles que braves [3] ", qui se pressaient autour de lui, et lui faisaient un rempart de

---

1 — *Vaudreuil à Lévis*, 19 mai.
2 — *Idem*, 22 mai.
3 — Johnstone, *The Campaign of* 1760.

leurs personnes. Il recommandait au général de Lévis de choisir de préférence pour le service les hommes non mariés, et de les prendre en égal nombre dans les diverses paroisses, afin que l'une ne fût pas plus pressurée que l'autre. Les pères de familles s'occuperaient à ensemencer les terres. " D'ailleurs, ajoutait Vaudreuil, ils sont toujours prêts et de bonne volonté à servir, et nous les trouverons au besoin [1] ".

Tout le printemps se passa sans qu'on eût aucune nouvelle de France. Enfin, dans la nuit du 13 de juin, un courrier expédié de la baie des Chaleurs par M. de Danjac, qui s'y était réfugié avec quelques vaisseaux pour échapper à la poursuite des Anglais, apporta à Montréal les dépêches de Versailles [2]. Le chevalier Le Mercier y avait trouvé installée une nouvelle créature de la *reine* Pompadour, le jeune comte de Stainville, petit roué, intelligent, léger, ambitieux, un des personnages les plus néfastes de l'histoire de France. Il était à la veille de devenir célèbre sous le nom de Choiseul. Le roi Frédéric de Prusse appelait ses levrettes les marquises de Pompadour. Par la grâce de cette levrette, Choiseul fut créé duc et pair de France, ministre à trois portefeuilles : les Affaires Etrangères, la Guerre et la Marine. La Pompadour sacrifiait la France à sa vanité ; il l'immola à son ambition et à l'étranger. Son triste prédécesseur aux Affaires Etrangères, Bernis, promettait dix-huit mille hommes à l'Autriche ; il en donna cent mille, et une somme annuelle de huit

---

[1] — *Vaudreuil à Lévis*, 24 mai.
[2] — Ce courrier était M. de Saint-Simon, officier canadien.

millions, sans compter ce que la France payait, *elle seule*, à la Suède et à la Saxe, pour aider Marie-Thérèse à faire la guerre au roi de Prusse. La France, avec ce favori, perdit l'Inde et l'Amérique, c'est-à-dire l'empire du monde, abandonné à l'Angleterre.

Sans l'influence du duc de Choiseul, la paix aurait été signée, et les espérances de Vaudreuil et de Lévis réalisées, leur héroïque résistance couronnée de succès. L'Autriche épuisée, la France haletante, effrayée de la banqueroute, voulaient la paix. Bernis osa en parler tout haut, il fut éloquent une fois dans sa vie. Le roi, partageant son effroi, le dauphin, le conseil appelaient la paix de leurs vœux. Bernis fut perdu et Choiseul conclut cet étrange traité qui étonna le monde, la Turquie elle-même. La France y était livrée, pieds et poings liés, à l'Autriche : nulle paix sans elle. Tout ce que la France avait conquis, tout ce qu'elle pourrait conquérir appartenait d'avance à l'Autriche. Ce petit roquet, roux et punais comme Bigot, persifleur, audacieux, menait la France en laisse derrière sa levrette.

Le roi et la cour accordèrent un soupir à Montcalm, puis détournèrent la tête. Le deuil du Canada faisait ombre dans le ciel de Babiole et de Trianon.

"Sa Majesté, écrivit Berryer à Vaudreuil et à Lévis... compte sur votre zèle et votre expérience pour faire usage des forces qui se trouvent dans la colonie".

Ce fut à peu près tout l'encouragement donné aux braves qui se faisaient tuer pour la France aux bords du Saint-Laurent. Les ministres eurent honte au dernier moment, et frétèrent deux mois trop tard quelques vaisseaux qui vinrent se faire brûler par l'escadre de Lord

Byron, au fond de la baie des Chaleurs (8 juillet 1760) [1].

Le grand ministre qui gouvernait l'Angleterre attachait une toute autre importance au Canada. En apprenant la levée du siège de Québec, Pitt écrivit à sa femme : " Joignez-vous à moi, ma chère, pour adresser au Tout-Puissant les actions de grâce les plus humbles et les plus ferventes. Heureux, heureux jour ! Ma joie et mes transports sont inexprimables [2] ".

Les Communes avaient accordé tous les subsides nécessaires pour achever la conquête du Canada, et obtenu le concours unanime des provinces américaines. Chacune de leurs législatures avait voté de puissants secours en hommes et en argent, afin de frapper un coup décisif. Trois armées envahissaient à la fois le Canada, ayant pour objectif Montréal, la dernière ville qui restait à conquérir. Le général en chef Amherst s'avançait par le lac Ontario, le brigadier Haviland par le lac Champlain, et Murray se préparait à aller leur donner la main, pour enfermer les débris de l'armée française dans un triangle de baïonnettes. Ce plan, inventé par le cauteleux Amherst, était presque ridicule à force d'être prudent. Maître absolu du lac Champlain, avec la flottille qu'il avait mis toute une campagne à construire, il n'avait qu'à débarquer à la sortie du lac son armée, jointe à celle de Haviland, et à marcher droit sur Montréal, comme le fit Haviland seul au mois de septembre.

---

1 — Voir le récit de ce combat dans *Un Pèlerinage au Pays d'Evangéline*, édition de Paris, p. 8. " Si on eût fait partir ces vaisseaux en février, nous aurions repris Québec et conservé le Canada ". *Journal de Malartic*, p. 335.
2 — *Pitt à Lady Hester*, 27 juin.

Il aurait eu à sa disposition, outre tous ses matelots armés, quatorze mille deux cent quarante-huit hommes, y compris ses sauvages, et "plus de cent cinquante bouches à feu [1]". Montréal n'étant pas à l'abri d'un coup de main, Amherst aurait forcé Vaudreuil à capituler avant la fin de juin ; car les régiments français, réduits à deux cent cinquante hommes par bataillon, c'est-à-dire à deux mille hommes en tout, n'avaient plus de poudre que pour un seul engagement, et d'artillerie que les canons pris le 28 avril, avec quarante boulets à tirer par pièce [2]. Rien ne démontre mieux que ces chiffres authentiques, l'effroi qu'inspirèrent jusqu'à la fin les derniers restes de notre armée.

Le général Murray mit à la voile pour Montréal le 14 juillet, laissant dans Québec deux mille sept cent cinquante-neuf hommes de garnison, y compris les invalides. Il emmenait avec lui tout le reste de ses troupes, outre un très grand nombre de marins armés, distribués sur "une flotte de trois frégates de vingt, trente et quarante canons, de plusieurs brigantins et senaus armés, de douze chaloupes carcassières portant du 24, 18 et 12, et d'autres transports, faisant en tout trente-cinq voiles, sans compter les bateaux [3]".

Un renfort composé de deux régiments complets, venant de Louisbourg sur une escadre de vingt vais-

---

[1] — *Journal de Lévis*, p. 303.
[2] — *Journal de Lévis*, pp. 288, 303, 307. " Nombre de soldats mariés, furent rejoindre leurs femmes, de sorte que tout ce qui restait de combattants ne passait pas deux mille ".
[3] — *Journal de Lévis*, p. 292. Cinquante-deux voiles et vingt-six bateaux, d'après Mante, p. 333.

seaux [1], commandée par Lord Rollo, était attendu de jour en jour. Au rapport de Murray lui-même, l'ensemble de ces deux corps donnait un effectif de six mille cinq cents hommes de débarquement. Ainsi, les forces ennemies qui allaient bientôt se réunir sous les murs de Montréal, formeraient une armée de vingt mille sept cent quarante-huit combattants, sans compter les équipages des trois divisions, faisant une réserve de plusieurs milliers d'hommes armés de toutes pièces [2].

Les actes de rigueur commis par Murray avant son départ de Québec, avaient répandu la terreur dans les campagnes. Il avait forcé les habitants des environs de Québec, qui avaient osé se joindre à Lévis, de venir eux-mêmes démolir les travaux du siège, remplir les tranchées, et niveler le sol autour des fortifications. Il avait fait pendre un de leurs commandants devant sa propre maison, à Saint-Michel. Au passage de la flotte anglaise, les familles s'enfuyaient dans les bois comme l'été précédent.

La petite armée de Dumas, échelonnée le long du rivage, se tenait à la hauteur des vaisseaux, leur jetant quelques boulets, escarmouchant avec les berges qui s'approchaient de la grève. Après que la flotte eut dépassé la rivière Jacques-Cartier, il ne resta plus dans

---

1 — *Journal de Malartic.* Dix-sept, d'après la *Relation de la campagne de* 1760. *Coll. Lévis.*

2 — Lévis portait à quatre mille hommes les forces de Murray, celles d'Amherst à quinze mille, et celles de Haviland à neuf ou dix mille. *Journal,* p. 303. D'après Mante et Knox, l'effectif de l'armée d'Amherst, sans y comprendre les équipages de ses barques et bateaux, était de dix mille cent quarante-deux hommes, outre sept cent six sauvages. *History of the late war,* p. 301. *Knox's Journal,* p. 403.

le fort que cinquante soldats et un petit nombre de miliciens du voisinage, aux ordres du marquis d'Albergatti. Six ou sept cents Anglais et Ecossais débarquèrent, quelque temps après, sur la terre d'un nommé Anselme Thibaudeau pour s'emparer du fort et furent vivement attaqués par la petite garnison venue à leur rencontre. Pendant qu'elle se repliait devant des forces bien supérieures, un canon tout chargé fut laissé sur le bord de la route par où s'avançaient les ennemis. Un Canadien, habitant du grand bois de l'Ail, du nom de Joseph Lamotte, qui était venu, ainsi que plusieurs autres, pour prendre part au combat, s'apercevant que ce canon avait été oublié, retourna à la course sur ses pas, et malgré le feu des Anglais qui arrivaient à ce canon, il l'encloua, et vint rejoindre ses compagnons d'armes sans recevoir aucune blessure. Surpris lui-même de son bonheur, il dit aux premiers qu'il rejoignit et qui le croyaient criblé de balles : "— Vous voyez que ma dernière heure n'était pas encore venue ".

D'Albergatti se défendit avec autant d'habileté que de courage, jusqu'à ce que, se voyant sur le point d'être pris d'assaut, il congédiât les Canadiens, en leur recommandant d'abandonner leurs armes dans le fort, et de se rendre chacun à sa demeure, en se dérobant à la faveur des détours et des bois de la côte, afin que l'ennemi ne les inquiétât pas pour avoir pris part à la défense du fort. D'Albergatti ne consentit à se rendre qu'après avoir obtenu les honneurs de la guerre. Les Anglais ne furent pas peu surpris quand ils virent le petit nombre de soldats qui leur avaient fait une si longue résistance. Ils ne purent s'empêcher de témoigner leur admiration, observant que si la défense de Québec avait été confiée à un commandant aussi brave que D'Albergatti, la ville n'aurait pas été prise [1].

La flotte avançait lentement, et faisait des débarquements sur les deux rives. Murray descendait en personne, et envoyait des émissaires aux habitants, pour les inviter à venir conférer avec lui. C'était une nature sympathique, qui avait le don de persuader. Il traita avec une extrême douceur tous ceux qui se rendirent auprès de lui, leur démontra l'inanité d'une plus longue résistance, et la ruine totale qui en serait la suite. La confiance s'établit peu à peu, et les soins qu'il mit à protéger ceux qui vinrent prêter serment de fidélité, en firent augmenter le nombre. Les femmes et les enfants s'approchaient ensuite, et faisaient avec les troupes un petit commerce de légumes, de lait, de volailles et de quelques autres produits [2].

Le 4 d'août, la flotte arriva en vue des Trois-Rivières, où Dumas, qui s'attendait à y être attaqué, avait rassemblé son détachement. " Mais, raconte Knox, il eût été absurde de s'y attarder ; car ce misérable poste devait suivre le sort de Montréal, lors de la jonction de notre armée avec celles qui descendent par les lacs.

---

1 — L'abbé Gatien, *Histoire du cap Santé*.
2 — " General Murray conducted himself as an officer of great understanding. Coming from Quebec to Montreal, he stopped often in the villages, spoke kindly to the inhabitants, gave provisions to those unhappy creatures perishing from want of subsistance. In short, flattering some and freightening others, he succeeded so well, that at last there was no more possibility of keeping them ". Chevalier Johnstone, *The campaign of* 1760.

Notre flotte s'est mise à la voile ce matin. Les troupes françaises, au nombre de deux mille, en apparence, bordèrent leurs divers retranchements. Elles étaient en général vêtues comme l'armée régulière, excepté un très petit nombre de Canadiens, et une cinquantaine de sauvages le corps nu, peint en rouge, la figure bariolée de diverses couleurs, ce que je pus distinguer parfaitement avec ma lunette. Leur cavalerie légère qui paradait le long du rivage avait l'air en bon état, avec ses uniformes bleus à parements écarlates. Les officiers portaient des uniformes blancs. En un mot, les troupes, les batteries, les maisons d'une jolie apparence; leur situation au bord d'une magnifique rivière; notre flotte faisant voile triomphalement en face, avec nos batteries flottantes rangées en ligne de bataille ; le pays de chaque côté de la rivière parsemé d'habitations proprettes ; tout cela, avec la verdure des champs et des arbres vus par un temps clair et délicieux, offrait un aspect aussi agréable que puisse le concevoir la plus vive imagination [1]".

Un spectacle plus enchanteur encore attendait notre officier, amant passionné de la nature, au passage de la flotte parmi les îles du lac Saint-Pierre. " Je crois que rien ne peut égaler le charme de notre navigation, ce matin. Les méandres de l'étroit chenal que nous suivons, la majesté sauvage des sombres forêts qui couvrent ces îles, le parfum des fruits rustiques, des buissons et des fleurs, les nuances émeraudes de l'eau reflétant la verdure des bois, le gazouillement agreste

---

1 — Vol. II, p. 360.

des oiseaux, les mâtures et les voiles des vaisseaux qui, en avant comme en arrière de nous, semblent naviguer parmi les arbres, tout cela offre une scène d'une variété enchanteresse, qui défie toute description [1]".

Le canon qui grondait du côté de Sorel, rappela Knox aux réalités de l'heure présente. Bourlamaque, rétabli de sa blessure, y avait été envoyé, vers le 12 août, pour élever quelques retranchements et disputer le passage des îles. " En vérité, écrivait-il à Lévis, il est fou de vouloir garder autant de pays avec huit cents mauvais hommes. Presque pas de voitures sur cette route. Cette troupe-ci est nu-pieds [2] ". Le 14, il continuait : " Il fait le plus beau nord-est du monde ; je ne sais à quoi s'amusent ces gens-là. En mettant ce mot, j'entends qu'ils s'amusent à nous canonner. Ils tirent aussi de petites bombes de dessus leurs bâtiments, et il paraît qu'ils ont envie de nous déloger d'ici.

" Mon détachement est déjà sur les dents. Je suis excédé de fatigue, n'ayant personne sur qui compter et ne dormant point....

" Nous sommes fort alertes ; au bivouac nuit et jour. Toute la poudre est mouillée et les coups de fusil sont faibles [3] ".

Depuis que le général Murray avait appris le passage de Lord Rollo à Québec, il lui avait dépêché courrier sur courrier pour hâter l'arrivée de ses vaisseaux ; car il brûlait du désir de forcer Vaudreuil à capituler avant

---

1 — Vol. II, p. 366.
2 — 12 août.
3 — 16 août, à cinq heures et demie du matin.

la jonction des deux autres armées, afin d'effacer le souvenir de sa défaite. Il en prévenait Haviland dans une lettre qui fut saisie entre les mains d'un Canadien à qui Bourlamaque fit casser la tête.

" J'envoie, disait-il, le porteur pour vous faire savoir que le premier bon vent me portera devant Montréal. J'attaquerai cette capitale sitôt que Lord Rollo m'aura joint ; il est sur la rivière avec les troupes de Louisbourg et les deux bataillons complets d'Angleterre, bien portants, quoique entassés dans les transports. Comme mon corps passera six mille cinq cents hommes, vieilles troupes, je vous déclare que je n'attendrai ni vous ni M. Amherst. Je me crois plus que bastant pour M. de Lévis et son armée canadienne, et je suis impatient de lui prouver que c'est par un malentendu, et non par la valeur des Français, qu'il a pris notre canon le 28 avril dernier. Il est beau de faire connaître son intention, et vous ne pourrez me blâmer si vous arrivez trop tard pour cueillir des lauriers sur l'île de Montréal [1] ".

L'impatience de se signaler fit commettre à Murray des cruautés qui étaient contre son caractère. Il lança une proclamation qu'il fit distribuer dans les paroisses,

---

1 — *Devant Sorel*, 16 août 1760. — Mante, qui rapporte cet incident comme une ruse de guerre, prétend que Murray a exagéré ses forces, ce qui ne peut guère se concilier avec ce que dit le même auteur dans un passage précédent, p. 332. " Au mois de juin 1760, écrit-il, la garnison de Québec comptait considérablement moins que six mille hommes ". D'où l'on peut conclure qu'elle était au moins de cinq mille cinq cents. En y ajoutant les treize cents venus de Louisbourg, on arrive au chiffre de six mille huit cents, sans compter les marins armés de la flotte, dont le nombre compensait largement celui des troupes laissées à Québec.

annonçant qu'il ferait brûler les maisons, granges, étables et autres dépendances de tous les habitants qu'il trouverait absents de chez eux, tandis qu'au contraire, il protègerait la personne et les propriétés de tous ceux qui mettraient bas les armes, et resteraient paisiblement sur leurs terres.

L'exécution suivit de près la menace. Lord Rollo, arrivé le lendemain, se chargea de cette triste besogne, à laquelle il s'était endurci après la prise de Louisbourg, en incendiant tous les établissements français de l'île Saint-Jean.

Dans la matinée du 22, tout le bas de la paroisse de Sorel fut livré aux flammes. Murray sentit le besoin de s'excuser auprès du premier ministre. Il écrivit à Pitt : " J'ai été dans la cruelle obligation de brûler la plus grande partie des maisons de ces malheureux habitants. Je prie Dieu que cet exemple suffise, car ma nature se révolte quand cela devient une partie de ma tâche [1] ".

L'effet produit sur l'esprit des Canadiens fut terrible. Bourlamaque s'en indignait en l'apprenant à Lévis : " Les habitants de Sorel qui avaient très bien servi jusqu'à cette heure, sont tous retournés chez eux. Ceux de Saint-Ours, que j'avais gardés chez eux pour le service de l'armée, refusent tout service, et je suis obligé d'envoyer un détachement de soldats dans cette paroisse pour en tirer quelques secours. J'ai fait à main armée une levée dans Masca et les autres paroisses : ils désertent tous. Agréable besogne [2] " !

---

1 — *Murray à Pitt*, 24 août.
2 — 22 août.

Le chaos augmentait chaque jour. Presque tous les soldats mariés désertaient à la suite des miliciens et regagnaient leurs foyers. L'exaspération de Bourlamaque le rendait impitoyable. Il écrivit tour à tour à Lévis et à Vaudreuil pour obtenir l'autorisation de faire quelques exemples, afin de rétablir la discipline. Le 22, il mandait à Lévis : " J'ai fait arrêter trois miliciens déserteurs de Sorel qui passaient dans les bois à la hauteur d'ici. Ils sont attachés suivant vos ordres, et j'attends que vous, ou M. de Vaudreuil, prononciez sur leur sort ".

Le lendemain, il reprenait : " J'ai toujours les trois déserteurs. M. le marquis de Vaudreuil devrait bien se déterminer sur leur compte ".

Le gouverneur était trop enclin à la mansuétude pour se porter à des mesures extrêmes. Il est vrai que pour contrebalancer l'effet de la proclamation de Murray, il avait fait battre un ban par lequel il décrétait la peine de mort contre ceux qui remettraient leurs armes aux Anglais ; mais ce n'était qu'une menace dont secrètement il défendait l'exécution.

Bourlamaque s'en plaignait à Lévis : " Ce ban que j'ai fait battre a maintenant l'air d'une plaisanterie [1] ".

Le sort des Canadiens était trop lamentable pour que Vaudreuil, Canadien lui-même, songeât à l'aggraver par d'inutiles rigueurs. Une dernière iniquité de la cour de Versailles, révélée par les dépêches, avait consommé leur ruine. Le roi refusait de payer les lettres de change : c'était la seule monnaie livrée par ses agents

---

1 — 24 août.

en retour de tout ce qu'ils avaient enlevé en son nom aux habitants du pays [1].

Soit que Murray ait reculé, à la dernière heure, devant un second coup d'audace, soit qu'il ait reçu des ordres formels, il n'osa pas devancer les deux autres armées, et s'arrêta vis-à-vis l'île Sainte-Thérèse, où il fit camper une partie de ses troupes. Il n'était plus qu'à quatre lieues de Montréal.

A l'Ile-aux-Noix, Bougainville n'avait que mille quatre-vingts hommes, Canadiens et Français, à opposer aux trois mille quatre cents qu'amenait Haviland [2]. Le 21 août, il écrivit à Vaudreuil : " Il n'y a pas un endroit de l'île à l'abri. Lorsque les batteries joueront, il faudra que tout le monde soit à la belle étoile ; nul blindage, nul coin que le boulet ou la bombe ne laboure. J'entre dans ce détail, non que je sois intimidé par l'armée qui m'avoisine, mais afin qu'on tienne pour certain, ce qui l'est, qu'il s'en faut beaucoup que nous soyons inexpugnables. Voilà le vrai. Après cela, comptez que les troupes et moi ne manquerons ni de vigueur ni de tête, et que, si nous sommes pris, d'autres l'auraient été [3] ".

Il y avait six jours que Haviland était devant l'Ile-aux-Noix, au moment où Bougainville instruisait Vaudreuil de sa situation. L'armée anglaise était partie le 11, de Saint-Frédéric, sur " cinq bâtiments armés de

---

[1] — " Tous les habitants sont dans le désespoir. Ils ont tout sacrifié pour la conservation du Canada. Ils se trouvent actuellement ruinés sans ressources ". *Lévis au ministre.*

[2] — *Bougainville à Vaudreuil.*

[3] — *Idem,* 21 août.

canons de dix-huit à vingt pièces chacun, deux batteries flottantes portant du 24, et nombre de carcassières [1] ".

Le 23 au soir, Haviland " démasqua une batterie de seize pièces de canon et une chambre à bombes de huit mortiers ", qui firent " un feu continuel toute la nuit [2] ". Quatre nouvelles batteries furent érigées les jours suivants.

Roquemaure, instruit des progrès du siège par les blessés envoyés au fort Saint-Jean où il commandait, en informait chaque jour son général : " Les ennemis, lui écrivait-il le 24, sont venus par trois fois, avec cinq berges, pour couper la chaîne. Ils ont toujours été bien reçus par les grenadiers qui étaient dans les *fredoches*, et sur lesquels on tirait à mitraille.

" Je vais faire passer les blessés à Chambly tout de suite, n'ayant rien ici pour les panser, d'autant plus que les sauvages, avant de partir, ont enfoncé la chambre de M. Dubuisson et pris le linge et les médicaments qui y étaient ".

Après dix jours de tâtonnements, Haviland devina le plan qu'aurait dû suivre, l'année précédente, le général Amherst : celui de prendre à revers l'Ile-aux-Noix. L'infanterie légère du major Darby, soutenue des rangers du major Rogers, traînèrent sept ou huit pièces de campagne [3] à travers la plaine boisée qui s'étendait à l'est de l'Ile-aux-Noix, et vinrent les braquer sur la

---

1— *Journal de Lévis*, p. 298. Quatre cent dix bateaux et berges, trois galères, un radeau et un brigantin, d'après Mante, p. 341.
2— *Roquemaure à Lévis*, 24 août.
3— *Bougainville à Roquemaure*, 25 août.

petite marine française mouillée au-dessous de l'île. Cette marine se composait d'une grande et d'une petite tartane, d'une barque et de quatre chaloupes canonnières. Le capitaine Le Sage, commandant de la grande tartane, fut tué après quelque heures de combat, et l'équipage se rendit. La barque, poussée par un vent d'ouest, alla s'échouer sous le feu de l'ennemi. Les chaloupes canonnières furent jetées à terre en cherchant à échapper par la fuite. Cet échec, qui mettait en danger les communications avec Saint-Jean, décida du sort de l'Ile-aux-Noix.

La place avait été canonnée et bombardée pendant seize jours. Bougainville assembla un conseil de guerre, où il fut décidé d'évacuer le fort. Un officier de la colonie d'une bravoure éprouvée, M. Le Borgne, devait y rester, avec quarante hommes, pour continuer le feu, afin de dissimuler la sortie de la garnison [1]. Le 27, à dix heures du soir, elle se rangea en ordre de bataille, dans le plus profond silence, sans le moindre cliquetis d'armes, vis-à-vis un endroit marécageux de la rive gauche du Richelieu, où les Anglais n'avaient pas encore établi de postes. Le passage de la rivière se fit sans désordre ni confusion, et avec si peu de bruit, que les ennemis n'en n'eurent pas le soupçon, quoiqu'on entendît distinctement la voix des sentinelles sur la droite.

" Aussitôt la rivière traversée, dit le chevalier Johnstone qui assistait à cette retraite, nous partîmes pour Montréal à travers les bois, distants seulement de huit

---

[1] — *Manuscrits de Bougainville*, Conseil de guerre tenu à l'Ile-aux-Noix, le 27 août 1760.

lieues de l'Ile-aux-Noix. Nous courions continuellement les uns à la suite des autres sans nous arrêter. Après avoir ainsi marché depuis minuit jusqu'au lendemain midi, dans des marécages couverts de mousse, de fougères, où l'on enfonçait souvent jusqu'à la ceinture, nous restâmes foudroyés en nous apercevant que bien loin d'être près de Montréal, nous n'étions qu'à une demi-lieue de l'Ile aux-Noix. Notre guide s'étant égaré, nous avait fait continuellement tourner pendant douze heures.

" Nous étions si près d'un poste anglais, qu'un grenadier du régiment de Berry, voyant son commandant Cornier[1] tomber de fatigue et incapable d'aller plus loin, enleva un cheval de ce poste qui se trouvait près du bois, et y fit monter son commandant; autrement il aurait été abandonné, fait prisonnier par les Anglais ou scalpé par les sauvages.

" Ayant perdu toute espérance d'arriver à Montréal par les forêts, nous prîmes le chemin du fort Saint-Jean, bâti quatre lieues plus bas que l'Ile-aux-Noix. Mes forces étaient tellement épuisées, que je pouvais à peine traîner mes jambes l'une après l'autre. Mais la crainte de tomber entre les mains des sauvages, l'idée des horribles cruautés qu'ils font subir à leurs prisonniers, m'empêchèrent de tomber de lassitude, et me donnèrent des forces pour continuer.

" Arrivé, vers quatre heures du soir, à un établissement situé à une lieue et demie environ du fort

---

1 — Il ne faut pas confondre cet officier avec le capitaine Cornier, du régiment de Guyenne, tué à la bataille d'Abraham.

Saint-Jean, Bougainville fit faire halte pour la première fois depuis notre départ de l'Ile-aux-Noix. J'eus seulement la force de me jeter dans un bateau que j'aperçus, se dirigeant vers le fort Saint-Jean. Nous perdîmes dans cette marche environ quatre-vingts hommes ; ceux qui ne purent suivre furent abandonnés et devinrent victimes des sauvages ".

M. de Lapause, qui se trouvait à Saint-Jean, se hâta d'écrire à M. de Lévis : " Mon général, il faut que le munitionnaire mette tout en usage pour donner des vivres aux débris du pauvre corps de l'Ile-aux-Noix, qui est exténué et excédé de fatigue. On fera en sorte d'attendre ici jusqu'au dernier moment, pour sauver le plus de monde qu'il sera possible des gens qui sont perdus dans les bois. M. de Bougainville va arriver ; Launay et Manneville le sont, ayant trouvé un canot au détroit. On porte sur un brancard M. de Trivio [1] ".

Roquemaure n'avait avec lui que mille quarante-trois hommes, soldats et miliciens, presque nu-pieds, manquant de vivres, et pas un seul sauvage [2]. Du jour où les Canadiens avaient appris l'incendie de Sorel, il n'avait plus été possible de les retenir, et ils déclaraient ouvertement leur intention de retourner chez eux, malgré la défense faite par Roquemaure de s'absenter du camp sous peine de vie. " Vous voyez par là, man-

---

1 — *Lapause à Lévis*, 28 août, à six heures et demie du soir.
2 — *Roquemaure à Lévis*, 21 et 24 août. *Roquemaure à Bougainville*, 22 août. *De Laas à Lévis*, Saint-Jean, sans date, 1760.

dait cet officier à Lévis, dans quelle situation je vais me trouver. Je ne puis compter que sur les deux bataillons qui ne montent qu'à quatre cents hommes ".

A l'approche de l'armée de Haviland, Roquemaure et Bougainville abandonnèrent le fort Saint-Jean après y avoir mis le feu, et se replièrent sur Longueuil, où Bourlamaque les avait devancés. Au nord du fleuve, Dumas, qui avait disputé le terrain d'étape en étape, était refoulé dans l'île de Montréal. Haviland et Murray réunis n'eurent plus qu'à attendre l'arrivée d'Amherst.

Le généralissime avait mis tout le printemps et l'été à faire l'inutile détour d'Albany à Oswego, et de là à la sortie du lac Ontario. Le 15 d'août, sa flotte de bateaux, la plus nombreuse qu'on eût vue depuis le commencement de la guerre, émergea des Mille-Iles. Enfin le 18, elle parut devant le fort Lévis. " Toute leur armée, dit Pouchot, resta près de quatre heures en bataille dans des bateaux, au commencement des courants. Elle formait un très beau coup d'œil ".

Amherst fit descendre une partie de ses troupes au-dessous de l'île, afin d'attaquer le fort par plusieurs côtés à la fois. Pendant le défilé des bateaux sous le feu de la place, Pouchot, qui se tenait debout sur les remparts, reconnut plusieurs officiers anglais avec qui il avait souvent causé durant son séjour dans les colonies américaines. Plusieurs le saluèrent au passage, en lui souhaitant le bonjour, ou en lui criant de ne pas tirer sur eux, parce qu'ils étaient ses amis. Le fort Lévis, de forme irrégulière, couvrait à peu près toute la surface de l'îlot sur lequel il était construit, et n'avait pas trois cents pieds de diamètre intérieurement. Il avait pour toute garnison deux cent trente hommes, dont la plus grande partie étaient des miliciens.

Trois jours après l'investissement du fort, les ennemis démasquèrent leurs batteries, formées de soixante-quinze pièces d'artillerie, les unes placées sur la rive du sud, les autres dans les îlots voisins du fort. Trois de leurs vaisseaux, embossés au-dessus de l'île, ouvrirent le feu avec vingt-cinq canons. Avant la fin du jour, la petite enceinte fut couverte de boulets, d'éclats de bombes et de mitraille, qui avaient fait voler le fort en pièces. Pouchot, quoique blessé, n'en continua pas moins à commander. Amherst le croyant déconcerté, fit approcher les vaisseaux à la portée du pistolet. Ils étaient remplis de monde jusque dans les hunes, et soutenus par le feu de toutes les batteries de terre. Trois mille hommes, montés sur des bateaux, se tenaient à l'abri des îles voisines, prêts à voler à l'assaut au premier signal. Heureusement pour les assiégés, que les vaisseaux ne purent approcher que l'un après l'autre. Pouchot les fit battre successivement avec tant de vigueur qu'il en força deux à s'échouer; le troisième, qui s'était jeté à terre sur l'île, fut si maltraité qu'il amena son pavillon. Il était servi par trois cent cinquante hommes. Le capitaine en second et quelques matelots descendirent sur l'île pour capituler. Mais Pouchot, " ne pouvant recevoir tout ce monde qui aurait été plus nombreux que sa garnison, les garda en otages ". Cet échec empêcha Amherst d'ordonner l'assaut. L'action avait duré depuis cinq heures du matin jusqu'à sept heures et demie du soir. Quarante hommes de la garnison avaient été tués ou blessés. Officiers, soldats et miliciens s'étaient montrés admirables de sang-froid et de fermeté. Les canonniers, qui étaient presque tous des matelots, avaient fait des merveilles. " Trois ou quatre de ces derniers, dit Pouchot, étaient impayables, à cause de leur adresse et de leur vivacité à servir leurs pièces.

" Une chose qui amusa la garnison dans des moments si sérieux, fut que les sauvages qui étaient montés sur les tranchées et les batteries pour voir le combat de ces vaisseaux, qu'ils regardaient comme à eux à cause du nom qu'on leur avait donné [1], et parce qu'ils portaient un sauvage peint sur leurs grands pavillons, faisaient des cris affreux, les voyant si maltraités. Les Anglais leur avaient persuadé qu'avec ces bâtiments seuls, ils nous feraient rendre. Lorsque ces sauvages les virent dériver en travers pour aller s'échouer, ils redoublèrent leurs cris et chantèrent pouille aux Anglais, en leur disant : " — Tu n'as pas voulu tuer notre Père à Niagara, vois comme tu le prendras. Si tu nous avais crus, nous ne le trouverions pas ici. Une poignée de Français te fait bouquer [2] ".

Pendant trois jours consécutifs, les Anglais concentrèrent leur feu, augmenté de nouvelles batteries, sur l'étroit flot dont les fortifications n'étaient plus qu'un monceau de décombres. Les assiégés ne tiraient presque plus, faute de munitions. Enfin, le 25, Amherst furieux d'une si opiniâtre résistance, inonda la place de boulets rouges et de pots-à-feu. Les survivants restés autour de Pouchot ne suffisaient pas à éteindre les flammes.

---

1 — *L'Outaouaise et l'Oneyout*.
2 — Pouchot, vol. II, p. 275.

Il n'y avait plus que deux canons en état de tirer, et pas un seul boulet. Ce ne fut cependant qu'à la tombée du jour que la brave garnison consentit à capituler.

Lorsque, le 26 au matin, les Anglais entrèrent dans la place, " ils furent extrêmement surpris de ne voir que quelques soldats dispersés dans les postes qu'ils remettaient, et une soixantaine de miliciens, un mouchoir sur la tête, tous en chemises " et déguenillés. " Ils demandèrent à M. Pouchot où était donc sa garnison. Il leur répondit qu'ils la voyaient toute ". Des officiers qui avaient survécu, pas un seul n'était sans blessure. Ainsi, deux cent trente hommes derrière une bicoque avaient retardé, pendant huit jours, les dix mille soldats d'Amherst. Plusieurs colonels vinrent complimenter le capitaine Pouchot, et le conduisirent à la tente du général. Elle était entourée d'un grand nombre de sauvages, parmi lesquels Pouchot reconnut plusieurs des principaux chefs, à qui il reprocha d'être passés aux Anglais. " — Ne sois pas fâché, mon Père, répondirent-ils ; tu vas de l'autre côté du grand lac. Nous nous débarrasserons bien des Anglais ". Ceux-ci furent surpris de les voir si tranquilles [1] ".

Amherst choisit, parmi les Canadiens, trente-six guides pour conduire les bateaux, et il renvoya le reste de la garnison par Chouaguen à New-York.

Restaient à franchir les passages les plus difficiles de la route, les rapides du Saint-Laurent, épouvantail pour les Anglais, mais dont les Canadiens se jouaient depuis plus d'un siècle. Les bateaux descendirent en longues

---

1 — Pouchot, p. 284.

files et sans beaucoup de difficultés les Galops, le Rapide-Plat, le Long-Saut ; mais en franchissant le Coteau du Lac, qui n'est pas le plus dangereux, plusieurs embarcations furent mises en pièces, et une partie de leurs équipages noyée. Peut-être, observe malicieusement Pouchot, leurs guides canadiens choisissaient-ils les passages les plus mauvais. Les pluies fréquentes avaient grossi les eaux du fleuve, et les formidables rapides des Cèdres, du Buisson, des Cascades rugissaient en fouettant leurs troupeaux de vagues à crinières blanches, au grand soleil d'août. Quarante-six bateaux volèrent en éclats, dix-huit furent défoncés, et quatre-vingt-quatre hommes se noyèrent [1]. Enfin, l'armée respira à l'aise après avoir sauté la dernière cascade, et la flotte de bateaux glissa tranquillement sur la nappe unie du lac Saint-Louis.

Le chevalier de La Corne avait été envoyé avec un détachement de Canadiens, pour retarder la marche d'Amherst aux différents portages des rapides ; mais la désertion s'était mise dans les rangs à la nouvelle proclamation de Murray, et le chevalier était revenu presque seul. En apprenant la sortie d'Amherst du lac Saint-Louis, Lévis avait replié ses bataillons dans l'intérieur de Montréal, et s'était contenté d'aller, de sa personne, observer à Lachine le débarquement de l'armée anglaise qui vint, le soir du 7 septembre, camper sous les murs de la ville. Le lendemain, Murray débarqua ses troupes à la Longue-Pointe, et, le même

---

[1] — Pouchot porte le chiffre des bateaux brisés à quatre-vingts, sans compter les carcassières, vol. II, p. 285.

jour, Vaudreuil et Lévis purent apercevoir de la terrasse du château les tentes de Haviland dressées à Longueuil.

Montréal, aujourd'hui la plus grande et la plus belle ville du Canada, n'était à cette date qu'un assemblage de maisons d'une modeste apparence, la plupart en bois, d'un ou deux étages, d'où surgissaient les clochers des églises de la paroisse, des jésuites, des récollets, de l'Hôtel-Dieu et des sœurs de la congrégation de Notre-Dame. Il n'y avait d'autres édifices importants que le château du gouverneur, le séminaire de Saint-Sulpice et les couvents. La ville n'était protégée que par une longue et étroite enceinte de murailles de deux ou trois pieds d'épaisseur, armée de cinq ou six petits canons. A l'intérieur, un cavalier surmontant une éminence située du côté de l'est, et à l'extérieur un fossé sec et peu profond, complétaient ce système de défense fait pour résister à une incursion de sauvages, mais nullement à l'artillerie. Une foule de familles, réfugiées de Québec et des campagnes, encombraient les maisons. Les derniers miliciens restés à l'armée se hâtaient de rentrer dans leurs foyers, afin d'éviter les nouvelles rigueurs inventées contre eux. A Varennes, plusieurs maisons venaient d'être incendiées, et d'autres livrées au pillage [1]. Les généraux anglais ne cessaient de répéter que tous les Canadiens pris les armes à la main, seraient transportés en France comme les troupes régulières. Nombre

---

1 — *Lettre de Bourlamaque à Vaudreuil*, 31 août. *Journal de Malartic*, p. 344. — *Coll. Lévis, Relation de la suite de la Campagne de 1760, depuis le 1er juin jusqu'à l'embarquement des troupes pour la France.*

de soldats mariés avaient, comme on l'a vu, rejoint leurs femmes, de sorte que tout ce qui restait de combattants ne dépassait guère deux mille hommes. Les derniers événements avaient, en outre, tellement anéanti la discipline, que les troupes ne pouvaient guère plus être commandées que par la persuasion. Le rigide Bourlamaque en était au désespoir. Le 1er et le 2 septembre, après avoir averti son général que la désertion s'était mise même parmi les grenadiers, il ajoutait : " Les officiers disent que la plupart des soldats ont résolu de ne pas retourner en France ". Il terminait une autre lettre par ce cri de rage : " La maraude se joint à la désertion ; je viens de faire passer par les verges, mais il faudrait bientôt fouetter toute la troupe [1] ".

Les reproches de Roquemaure n'étaient pas moins amers : " La position de l'armée est des plus déplorables pour moi et pour tous les officiers. Le mécontentement ne fait qu'augmenter. La désertion est totalement dans l'armée, même dans les grenadiers, qui partent par demi-douzaine à la fois.... Ce qui me désespère le plus, c'est que les officiers marquent encore plus leur mécontentement.

" Il me paraît par la lettre que m'écrit M. de Bourlamaque, que son armée fond comme la mienne [2] ".

Lévis avait à peine assez de munitions pour une affaire de mousqueterie, et des vivres pour quinze à vingt jours seulement, tandis que son adversaire, abon-

---

1 — *Bourlamaque à Vaudreuil*, 2 septembre.
2 — *Roquemaure à Lévis*, 1er septembre. " M. de Roquemaure est au désespoir. Sa petite armée diminue à vue d'œil." *De Laas à Lévis*, Saint-Jean, sans date, 1760.

damment pourvu de tout, pouvait s'approcher dans une heure avec ses trois armées réunies, formant, on le sait, plus de vingt mille hommes, outre ses milliers de matelots et plus de cent cinquante bouches à feu.

Pendant la nuit du 6, le gouverneur avait assemblé au château un conseil de guerre, composé des principaux officiers des troupes de terre et de la Marine. Tous déclarèrent unanimement que, vu l'état de l'armée, réduite à un effectif de deux mille cent trente-deux soldats, presque sans moyens de défense, " l'intérêt général de la colonie exigeait que les choses ne fussent pas poussées à la dernière extrémité, et qu'il convenait de préférer une capitulation avantageuse au peuple et honorable aux troupes qu'elle conserverait au roi, à une défense opiniâtre qui ne différerait que de deux jours la perte du pays [1] ". Vaudreuil fit ensuite lire par l'intendant un projet de capitulation qui fut également adopté à l'unanimité.

Dans la matinée du 8, Bougainville se rendit à la tente d'Amherst pour demander une trêve de six mois. Sur le refus du général anglais, Bougainville fut renvoyé à dix heures avec les articles de la capitulation. Ils furent acceptés avec quelques modifications qui ne parurent pas essentielles ; mais Amherst eut la bassesse de refuser les honneurs de la guerre à la brave armée de Lévis, et d'exiger qu'elle ne servît pas de toute la guerre. Tous les officiers protestèrent avec indignation contre cet outrage, et Lévis, de concert avec le gouverneur, renvoya Bougainville au camp ; mais Amherst demeura

---

1 — *Journal de Lévis*, p. 304.

inflexible. Enfin, durant la nuit, M. de Lapause fit une troisième tentative qui n'eut pas plus de succès. Le chevalier de Lévis adressa alors au marquis de Vaudreuil un mémoire dans lequel il lui proposait de rompre toutes négociations et de se défendre jusqu'à l'extrémité. " Il serait inouï, concluait-il, de se soumettre à des conditions si dures et si humiliantes pour les troupes, sans être canonnés.

" Si M. le marquis de Vaudreuil, par des vues politiques, se croit obligé de rendre présentement la colonie aux Anglais, nous lui demandons la liberté de nous retirer avec les troupes dans l'île Sainte-Hélène, pour y soutenir en notre nom l'honneur des armes du roi, résolus de nous exposer à toutes sortes d'extrémités, plutôt que de subir des conditions qui nous y paraissent si contraires [1]".

Le gouverneur, tout en admirant la conduite du général français, répondit que l'intérêt de la colonie dont le sort lui était confié, ne lui permettait pas de refuser les conditions favorables qui lui étaient offertes. Toute la population qui encombrait la ville était affolée, et le suppliait de ne pas la livrer à la fureur des sauvages et d'une armée exaspérée.

Amherst donna pour raison de son refus, les cruautés commises par les sauvages alliés des Français, dont il rendait l'armée responsable; mais ce n'était là qu'un prétexte pour cacher son véritable motif: il voulait venger la honteuse capitulation de Closter-Severn, qu'il avait été forcé de subir avec l'armée du duc de Cum-

---

1 — *Journal de Lévis*, p. 307.

berland, lequel avait perdu en cette occasion sa réputation d'homme de guerre. La conduite d'Amherst est d'autant plus injustifiable que les Anglais, aussi bien que les Français, avaient accepté comme alliés les nations sauvages, avec leur manière de faire la guerre. Bien plus, les Anglais seuls avaient donné l'exemple d'un corps d'armée tel que celui des rangers, scalpant leurs ennemis absolument comme les indiens. On se rappelle avec quelle énergie Montcalm avait flétri cette pratique indigne d'un peuple civilisé, et l'avait fait contraster avec la conduite des Français.

En apprenant que toute espérance était perdue, Lévis brisa son épée, et ordonna aux officiers " de brûler leurs drapeaux pour se soustraire à la dure condition de les remettre aux ennemis [1] ". Il refusa ensuite de voir le général Amherst.

Le matin du 8 septembre fut signée cette célèbre capitulation, qui fit passer la Nouvelle-France au pouvoir de l'Angleterre. " Ainsi tomba, dit Henri Martin, cette race d'hommes que l'habitude de vivre au sein de la nature sévère du Nord avait rendue forte et simple comme les anciens. Dans l'Inde, on avait pu admirer quelques grands hommes ; ici, ce fut tout un peuple qui fut grand [2] ".

La capitulation était, en somme, trop avantageuse pour que Vaudreuil pût se dispenser de la signer. Elle a été la sauvegarde des Canadiens, qui en ont conservé un souvenir reconnaissant au dernier des gouverneurs

---

1 — *Journal de Lévis*, p. 308.
2 — *Histoire de France*, vol. XV, p. 554.

français. Le libre exercice de la religion catholique était garanti aux nouveaux sujets; les séminaires et les communautés de femmes maintenus dans la possession de leurs biens, constitutions et privilèges. Quant aux articles concernant les ordres religieux d'hommes, les dîmes, les lois, usages et coutumes, ils furent réservés à la sanction du roi. Le peuple aurait la jouissance de ses propriétés, et les seigneurs celle de leurs droits féodaux et autres. Tous les officiers civils et militaires, les soldats et les matelots seraient renvoyés en France sur les vaisseaux de Sa Majesté britannique. Enfin, tous les miliciens détenus prisonniers dans les colonies américaines seraient renvoyés sur leurs terres. Le même droit était demandé pour les malheureux Acadiens, mais il fut refusé.

Murray, qui s'était mesuré avec les troupes du Canada, les appréciait bien mieux qu'Amherst. S'il eût été général en chef, il aurait consenti aux mêmes conditions honorables qu'avait faites Townshend à la garnison de Québec. Il l'insinua délicatement peu de jours après la capitulation. A un dîner auquel il avait invité M. de Malartic, il le combla de politesses, et le plaça à côté de lui. Au cours de la conversation, il lui dit :

— Vous devez tous être bien contents. Vous vous êtes couverts de gloire en défendant pendant six campagnes cette colonie que nous aurions dû prendre dans une.

— Nous le serions, repartit Malartic, sans la dure capitulation qu'on nous a imposée.

Murray le saisit par le bras, et lui dit vivement :

— Vous n'y êtes pas compris, si vous le voulez. Je vous considère toujours comme officier de garde à l'Hôpital-Général. Et il lui fit livrer, peu de jours après, l'autorisation de servir pendant la guerre.

Le roi d'Angleterre répara autant que possible l'affront qu'avait reçu M. de Lévis, en levant, dès son retour en France, la défense qui lui avait été faite de servir durant la guerre [1].

Le général ne garda pas rancune à Vaudreuil. Il lui rendit pleine justice dans son rapport au ministre de la Marine : " Je crois pouvoir dire, écrivait-il, que M. le marquis de Vaudreuil a mis en usage jusqu'au dernier moment, toutes les ressources dont la prudence et l'expérience humaines peuvent être capables.

" J'ai fait de mon côté tout ce qui a dépendu de moi pour le seconder, soit pour le concert des sentiments les plus unanimes entre nous deux, soit en exécutant ses ordres, ou en lui suggérant les moyens qui me paraissaient devoir être utiles au bien du service.

" Les troupes de la colonie, celles de terre, les habitants même, ont fait des prodiges de valeur. Ils ont donné des preuves réitérées, surtout le 28 avril dernier, que la conservation de la colonie ne pouvait dépendre ni de leur zèle pour la gloire de Sa Majesté, ni de leur courage à se défendre, ni de leur bonne volonté à endurer les plus grandes fatigues et la privation des choses les plus nécessaires.

---

1 — La lettre écrite par le général Ligonier, au nom du roi, contient un passage qui ne peut s'expliquer que comme un désaveu de l'accusation portée par Amherst. " La manière généreuse avec laquelle vous avez traité nos Anglais, y est-il dit, a d'abord déterminé Sa Majesté d'accorder votre demande ". *Coll. Lévis, Lettres et pièces militaires*. C'était précisément le contraire qu'Amherst avait prétexté pour refuser les honneurs de la guerre.

"C'est une suite des malheurs auxquels, depuis quelque temps, cette colonie était en butte par une fatalité inexplicable, que les secours envoyés cette année de France ne soient pas arrivés dans le moment critique. Quelque médiocres qu'ils fussent, joints aux succès des armes du roi le 28 avril, je crois pouvoir assurer que Québec aurait été repris [1]".

Du moment que la capitulation eut été signée, Vaudreuil avait tourné toute sa sollicitude au soulagement de la misère publique. Il se mit au service de tous ceux qui, ruinés par la guerre, vinrent assiéger son château. Le plus pauvre habitant était reçu avec la même affabilité que le grand seigneur. Aux uns et aux autres, il promettait la même protection auprès du roi. Ses secrétaires ne suffisaient pas à écrire les certificats et recommandations qui lui étaient demandés. J'ai sous les yeux une liasse de ces papiers jaunis, poudreux, tachés par l'humidité, racornis par le temps, troués dans les plis, tous portant la belle signature de Vaudreuil. Les uns sont pour certifier des états de service ou quelque action d'éclat accomplie, soit dans des découvertes, soit dans de lointaines expéditions ; d'autres pour reconnaître la générosité et le désintéressement avec lesquels certains particuliers ont mis tout ce qu'ils avaient à la disposition du roi. Quelques-uns se terminent par ce bel éloge : " Ils ont saisi, sans intérêt et avec empressement, tous les moyens de se rendre utiles. En un mot, leurs services nous ont été si agréables que nous

---

[1] — *Lettre de Lévis à M. Berryer, La Rochelle*, 25 novembre.

ne pouvions rien faire de mieux que de leur accorder le présent certificat".

Dans la dépêche expédiée aux ministres de Louis XV pour annoncer la capitulation, Vaudreuil avait déjà rendu hommage aux habitants du Canada : " Avec ce beau et vaste pays, la France perd soixante et dix mille âmes [1], dont l'espèce est d'autant plus rare que jamais peuples n'ont été aussi dociles, aussi braves et aussi attachés à leur prince. Les vexations qu'ils ont éprouvées depuis plusieurs années, et particulièrement depuis les cinq dernières avant la reddition de Québec, sans murmurer ni oser faire parvenir leurs justes plaintes au pied du trône, prouvent assez leur docilité".

La guerre était finie de ce côté de l'Atlantique. Elle avait duré six ans, six campagnes marquées chacune par un succès de nos armes, sur un ennemi incomparablement plus fort en hommes et en ressources de tout genre : Monongahéla, Chouaguen, William-Henry, Carillon, Montmorency, Sainte-Foye. Les trois revers du lac George, de Louisbourg et d'Abraham n'en font que mieux ressortir le prestige. La cause en était due à la supériorité des généraux français, à la solidité de l'armée régulière, mais surtout au concours des Canadiens, obéissant comme un seul homme, et dont l'élite

---

1 — Dans un mémoire sur la campagne de 1759, où Vaudreuil expose les difficultés de pourvoir à la subsistance de la population, il dit qu'il y a " environ quatre-vingt-dix mille âmes dans la colonie ". Il comprend sans doute dans ce nombre quelques milliers de sauvages qu'il fallait nourrir pour s'assurer de leur concours. *Coll. Lévis. Lettres et pièces militaires.* Bougainville, dont j'ai adopté le calcul, évalue la population du Canada, en 1760, à quatre-vingt mille âmes.

était de tout temps endurcie à la guerre. Quelques poignées d'hommes échelonnés sur cinq cents lieues de frontières les avaient défendues, presque toujours victorieusement, contre des voisins quinze fois plus nombreux, et pour lesquels l'Angleterre était aussi prodigue que la France se montrait avare pour nous. Le nombre devait finir par triompher ; mais la plus large part de gloire est restée aux vaincus. Trois noms en sont sortis immortels : Montcalm et Lévis, du côté des Français ; Wolfe, du côté des Anglais. Mais, comme il arrive presque toujours, la gloire a été trop exclusivement confisquée à leur profit. On a souvent répété que ce sont les soldats qui gagnent les batailles, et les généraux qui en profitent. Ce paradoxe apparent est plus vrai ici qu'ailleurs. Les plus grands héros de cette guerre sont les chefs d'expédition, ces officiers partisans, dignes d'être chantés par Homère, qui, en éclairant les armées par des marches prodigieuses et des luttes corps-à-corps dans les bois, ont préparé les victoires. C'est là le côté vraiment épique de cette histoire, par où elle touche au merveilleux dans ses détails, autant qu'à la grandeur dans son ensemble.

CHAPITRE VINGT-QUATRIÈME

1760-1763

Embarquement des troupes françaises à Montréal. — Une succession de tempêtes. — Départ pour la France. — Le naufrage de l'*Auguste*. — Procès et condamnation de Bigot et de ses complices. — Le roi reconnaît les services de Vaudreuil. — Lévis à l'armée d'Allemagne. — Sa brillante carrière. — La situation en Europe. — Mort de George II. — Le pacte de famille. — Choiseul propose la paix. — Pitt devant les Communes. — Le traité de Paris. — Conclusion.

Le lendemain de la capitulation, les grenadiers anglais et quelques compagnies d'infanterie légère, aux ordres du colonel Haldimand, prirent possession de Montréal. Les sauvages alliés des Anglais s'étaient déjà répandus dans les campagnes où ils jetaient l'épouvante, en se livrant à des actes de violence et de brigandage. Des maisons furent pillées jusque dans la ville de Montréal [1]. Le marquis de Vaudreuil se plaignit hautement de cette rupture de la capitulation. Amherst fit pendre un des principaux coupables, et envoya des détachements en

---

1 — *Journal de Malartic*, p. 353.

différentes directions pour maintenir l'ordre. La plupart des familles possédant encore quelques biens, surtout parmi la noblesse, se préparèrent à passer en France en même temps que les officiers civils et l'armée. Elles y étaient fortement encouragées par les nouveaux maîtres du pays, qui espéraient par ce moyen parvenir plus facilement à asservir la population. Une partie de ces familles ne purent trouver place dans les navires, dont le nombre était insuffisant, et durent attendre à l'année suivante.

Les régiments s'embarquèrent successivement, du 13 au 17 septembre, sur tout ce qui put être rassemblé de transports, de goélettes et de bateaux. Ils ne comptaient plus que seize à dix-sept cents hommes sur deux mille deux cents tout compris, malades et invalides, etc., qu'ils étaient au jour de la reddition de Montréal. " Le reste, ajoute Lévis, est demeuré dans le pays où ils ont pris des établissements [1] ". Le marquis de Vaudreuil ne fut libre de partir que le 21 septembre. La descente de Montréal à Québec fut accompagnée de contretemps et de délais inouïs. Des semaines entières de vent contraire, des tempêtes qui plusieurs fois mirent en danger les embarcations, retardèrent leur marche, au point que les derniers navires n'arrivèrent à Québec que vingt-cinq jours après leur départ. La navigation de la goélette sur laquelle s'étaient embarqués M. Dalquier et de Malartic fut une espèce d'odyssée. Elle échoua trois fois, subit des avaries, des coups de vent à tout rompre. On manqua de vivres, et il fallut en

---

1 — *Lévis à Berryer*, de la Rochelle, 25 novembre 1760.

envoyer chercher bien loin aux dépôts anglais chargés de les fournir. De temps en temps, on mettait des hommes à terre pour cuire du pain et apporter des légumes. Enfin la goélette mouilla dans la rade de Québec. Les voyageurs ahuris, impatients de se délasser des vingt et un jours de réclusion qu'ils venaient de subir, se préparaient à descendre à terre, lorsqu'on vint leur dire que la saison avancée ne permettait pas de retarder le départ, et que le vaisseau l'*Isabelle*, destiné à les transporter en Europe, était prêt à faire voile.

La descente du navire la *Fanny*, monté par Bigot et sa suite, fut une des plus lentes et des plus accidentées. L'intendant écrivit de la rade de Batiscan au chevalier de Lévis, alors à Québec : " Nous sommes mouillés ici depuis lundi, et il n'y a pas apparence que les vents qui nous retiennent veuillent changer. Ce retardement est fâcheux par rapport aux troupes qui sont les unes sur les autres dans certains transports ".

L'intendant se plaint ensuite de l'insuffisance des vivres. " Il est sûr, dit-il, que nos matelots et nos soldats ne peuvent se soutenir avec une aussi modique ration ; et je ne vois pas la raison que le général anglais pourra alléguer pour la justifier, puisqu'il est dit par la capitulation que la ration sera la même que celle que Sa Majesté britannique donne à ses équipages.

" Mme Péan, qui s'ennuie beaucoup, comme vous le pouvez penser, me charge de vous faire mille compliments de sa part. Elle est incommodée de la mer, mais pas tant que moi qui le suis continuellement [1]".

---

[1] — *Bigot à Lévis*, mardi 28 septembre 1760.

Le navire sur lequel descendait le marquis de Vaudreuil se défonça sur les rochers, dans une tempête, et dut être abandonné, ainsi que plusieurs bateaux jetés à la côte. Une partie des troupes firent à pied le reste du trajet.

Le chevalier de Lévis, connaissant les sentiments du général Murray, se rendit aux invitations qu'il lui fit à son retour à Québec. Les deux généraux se traitèrent ensuite en frères d'armes, et Murray ne perdit aucune occasion de lui faire oublier la journée du 8 septembre. En souhaitant au chevalier une heureuse traversée, au moment de son départ, " il l'assura, dit Malartic, que l'Angleterre consentirait à rendre le Canada à la France, à condition qu'on n'y enverrait pas pour gouverneur général M. de Lévis, vu qu'elle ne pourrait pas le reprendre [1] ".

La cour d'Angleterre était tellement sous cette impression, qu'en déliant le chevalier de son engagement de ne point servir, elle restreignit son autorisation à l'Europe seulement : " Si le roi excepte l'Amérique, fut-il répondu, c'est votre faute : vous y avez servi avec trop de distinction [2] ".

Le 18 octobre, le navire l'*Aventure* et la flûte la *Marie* mirent à la voile pour l'Europe. L'*Aventure* emportait à son bord le marquis et la marquise de Vaudreuil, MM. de Rigaud, de Longueuil, Dumas et quelques autres officiers de la colonie. Le général de

---

1 — *Journal*, p. 369.
2 — *Lettre du général Ligonier au chevalier de Lévis*, 10 mars 1761.

Lévis emmenait avec lui le chevalier de Montreuil, le commissaire Bernier, la Rochebeaucour, Pontleroy, Montbeillard, Lapause et le célèbre officier partisan Wolff. Bourlamaque était resté à Québec pour surveiller le départ des derniers régiments [1].

Quatre ans et demi auparavant, Montcalm et Lévis avaient remonté ce même fleuve avec des rêves de gloire, qui s'étaient réalisés au delà de leurs espérances. Le premier s'était enseveli dans le drapeau de la France, et dormait sous les dalles des ursulines de Québec ; le second, encore au début de sa carrière, se préparait à conquérir le bâton de maréchal sur d'autres champs de bataille. Le marquis et la marquise de Vaudreuil, quittant pour toujours leur pays natal, qu'ils chérissaient d'un égal amour, allaient se faire à Versailles les derniers défenseurs du peuple dont ils emportaient les regrets.

L'*Aventure* et la *Marie*, qui naviguaient de conserve, furent séparés, à la sortie du golfe, par une tempête qui fut sur le point de les engloutir l'un et l'autre. La *Marie*, qui portait Lévis, eut son mât d'artimon emporté, et pendant deux heures les passagers se crurent perdus.

Les mêmes parages devaient être témoins, l'année suivante, d'un accident bien plus triste : le naufrage de l'*Auguste*, vieux navire mal équipé, sur lequel retournaient en France plusieurs familles nobles du Canada.

---

[1] — " Le nombre de personnes à embarquer pour France, tant troupes que familles employées au service, ne sera guère moins de quatre mille ". *Lettre de M. Bernier à M. de Crémille*, 25 septembre 1760.

Parmi elles se trouvaient le célèbre chevalier de La Corne et ses enfants, son frère, des officiers de distinction, entre autres le capitaine de Portneuf, les lieutenants de Contrecœur et de Saint-Blin, plusieurs dames avec leurs enfants et leurs domestiques, outre des négociants et des ouvriers, enfin plusieurs soldats de Béarn et de Royal-Roussillon, absents lors de l'embarquement général. Un des rares survivants de cette catastrophe, le chevalier de La Corne, en a laissé un récit émouvant. Il avait eu avant le départ de sinistres pressentiments, et fait des observations au général Murray sur l'inexpérience du capitaine. Au mouillage de l'Ile-aux-Coudres, l'*Auguste* perdit une de ses ancres et courut le risque de se briser sur les récifs. A trois différentes reprises, le feu se déclara dans la cambuse, et ne fut éteint en dernier lieu, qu'après avoir consumé une partie du gaillard d'avant. La société frivole qui donnait le ton parmi les passagers, se livrait à un dévergondage dont le chevalier, accoutumé pourtant à des scènes et à des propos soldatesques, était scandalisé. Les heures de tempêtes amenaient des démonstrations de repentir bien vite oubliées. " Que de vœux au ciel ! s'écrie-t-il, que de promesses !... le dirai-je ! combien de parjures [1] " ?

Les derniers accidents avaient détruit la meilleure part des provisions, et les passagers aussi bien que les matelots étaient réduits au biscuit sec. Une tourmente qui dura trois jours, poussa le navire en vue de Terre-

---

1 — *Journal du voyage de M. Saint-Luc de La Corne dans le navire l'Auguste.*

neuve, d'où il fut rejeté par une autre tempête sur les côtes du cap Breton. Les matelots, à bout de forces, perdirent entièrement courage, et allèrent se jeter dans les hamacs, d'où ni les supplications, ni les menaces, ni les coups ne purent les arracher. Il ne restait plus d'autre espoir que de se jeter à la côte, en face d'une anse d'où paraissait sortir une rivière. Tout le monde était accouru sur le pont ; et au milieu des cris, des pleurs, des invocations, l'*Auguste* alla s'échouer sur un banc de sable, où les vagues le renversèrent sur le côté, emportant l'un après l'autre les malheureux naufragés, et une des chaloupes. M. de La Corne se tenait accroché aux cordages, avec un de ses enfants enlacé à son cou, quand il aperçut la dernière chaloupe, montée par le capitaine et un domestique, s'éloignant du navire. D'un bond prodigieux il s'y élança, mais perdit son enfant en voulant s'y cramponner. Un coup de mer emplit la chaloupe et la poussa sur le sable. Sept des naufragés seulement abordèrent vivants au rivage. Deux ou trois heures après, l'*Auguste* se brisa et joncha toute l'anse de ses épaves. Sur le sable de la grève gisaient cent quatorze cadavres, parmi lesquels le chevalier de La Corne reconnut ses enfants et son frère. Après leur avoir donné la sépulture, et pris quelques vivres, il se mit en marche pour gagner les habitations. Pendant dix-huit jours, il erra dans les montagnes couvertes de neige, au bord des rivières et des lacs, sans savoir où il était, sans rencontrer un seul être humain. Quelques sauvages micmacs, faisant la chasse dans ces parages, lui fournirent des raquettes et lui indiquèrent des guides acadiens. Cet homme de fer fit à pied, au cœur de l'hiver, l'énorme trajet du cap Breton à Québec, c'est-à-dire une marche de plus de cinq cents lieues à travers un pays presque partout inhabité.

Les vaisseaux qui portaient Vaudreuil et Lévis arrivèrent en France dans les derniers jours de novembre. L'*Aventure* aborda à Brest, la *Marie* à la Rochelle, où était déjà débarquée une partie des troupes. Le reste entra en rade les jours suivants. L'impression pénible causée par la perte du Canada, se réveilla au passage des débris de l'armée dans les différentes provinces où elle fut envoyée en garnison. Le peuple, blessé dans son orgueil national, ne pardonnait pas au gouvernement l'abandon de la grande politique de Henri IV et de Richelieu. La déchéance apparaissait aux yeux des moins clairvoyants. Il fallait satisfaire l'opinion publique, dont le grondement précurseur des tempêtes du règne suivant arrivait jusqu'au pied du trône. Les ministres saisirent avec empressement l'occasion que leur offraient les scandales administratifs du Canada pour détourner l'attention. Bigot fut accueilli à Versailles par les reproches de tous les ministres. En le voyant entrer au bureau de la Marine, Berryer lui dit : " — C'est vous qui avez perdu le Canada. Vous avez trahi tous vos devoirs, votre administration a été criminelle, vous vous êtes joué des deniers publics. Vous avez enrichi vos favoris, et fait vous-même une fortune immense. Attendez-vous à toutes les rigueurs de la justice ".

L'intendant fut jeté à la Bastille, avec les chefs de la Grande Société. Ce fut le signal de dénonciations qui atteignirent les innocents comme les coupables. Vaudreuil fut de ce nombre, et n'échappa point à la Bastille. Il n'y eut pas jusqu'à l'honnête Pouchot qui ne fût inculpé par d'ignobles délateurs. Des accusations d'un autre genre brisèrent la carrière de braves officiers de l'armée : Dalquier et Poulhariez perdirent leurs grades de commandants de bataillon, qui furent donnés à de jeunes officiers plus agréables aux dames de la cour [1].

En décembre 1761, une commission, présidée par M. de Sartines, lieutenant général de police, et composée de vingt-sept juges au Châtelet, fut chargée de prononcer souverainement dans le procès intenté au nom du roi " contre les auteurs des monopoles, abus, vexations et prévarications commis en Canada ". Bigot et Cadet nièrent tout effrontément, tant qu'on n'eut pas mis sous leurs yeux les preuves irrécusables de leur culpabilité. Alors ils tâchèrent de se défendre en enveloppant autant de personnes que possible dans leurs accusations. Les juges mirent quinze mois à dépouiller l'énorme masse de documents qui formaient le dossier du procès.

Vaudreuil parut plutôt comme juge que comme accusé dans la cause. Le calme et la contenance honnête de ce vieillard sexagénaire, blanchi au service de l'Etat, la dignité de sa défense concise et probante, firent impression sur les juges. " Lorsque, dit-il en commençant son plaidoyer, un gouverneur a été chargé d'une administration purement militaire, qu'il s'en est acquitté avec honneur et de la manière la plus distinguée, sans

---

1 — Johnstone, *Dialogue*.

jamais sortir du cercle tracé par ses instructions et ses pouvoirs, il a droit de regarder une procédure dont l'objet est de discuter l'administration des finances et l'emploi des deniers du roi, comme une affaire qui lui est totalement étrangère [1] ". Le marquis de Vaudreuil avait gouverné la Nouvelle-France durant une des périodes les plus difficiles de son existence. Après avoir servi l'Etat pendant cinquante-six ans, et avoir eu toute espèce d'occasions de s'enrichir, il était rentré pauvre en France. Tour à tour gouverneur des Trois-Rivières, de la Louisiane et du Canada, il avait été obligé de vendre les belles plantations qu'il avait acquises au bord du Mississipi, pour soutenir sa dignité de gouverneur général. Durant la dernière guerre, il avait sacrifié tout son traitement, et jusqu'à sa vaisselle d'argent pour le soutien de l'armée. Selon sa propre expression, toute sa fortune consistait " dans l'espérance des bienfaits du roi [2] ".

Dédaignant de se justifier davantage des perfides insinuations de Bigot, il ne songea qu'à défendre ses compatriotes, les Canadiens, que cet intendant et ses complices cherchaient à dépouiller de leur honneur, après leur avoir enlevé tous leurs biens. " Elevé, dit-il, dans la colonie, il a eu tout le temps d'étudier et de connaître à fond les officiers qu'il a employés ; et il soutient qu'ils étaient presque tous d'une probité aussi éprouvée que leur valeur. En général, les Français-

---

1 — *Affaires du Canada, Mémoire de M. de Vaudreuil.*
2 — *Idem.*

Canadiens semblent être nés soldats : une éducation mâle et toute militaire les endurcit de bonne heure à la fatigue, et les familiarise avec le danger ; ils apprennent à se servir des armes dès qu'ils peuvent les porter ; la nécessité et l'expérience les forment de bonne heure à tous les stratagèmes d'une guerre de surprise, et la férocité de l'ennemi qu'ils ont souvent à combattre dans leurs courses à travers les bois et les montagnes, les aguerrit en même temps contre les périls les plus redoutables. C'est de cette école que sortent les officiers et les commandants. Le détail de leurs expéditions, de leurs voyages, de leurs entreprises, de leurs négociations avec les naturels du pays, offre des miracles de courage, d'activité, de patience dans la disette, de sang-froid dans le péril, de docilité aux ordres des généraux, qui ont coûté la vie à plusieurs, sans jamais ralentir l'empressement des autres, diminuer leur hardiesse à tout entreprendre pour le salut de la colonie. Ces commandants intrépides, avec une poignée de Canadiens et quelques guerriers sauvages, ont souvent déconcerté les projets, ruiné les préparatifs, ravagé les provinces, et battu les ennemis huit à dix fois plus nombreux que leurs détachements. Ces talents étaient précieux dans un pays dont les frontières étaient si vastes". Vaudreuil ajoutait en concluant, " qu'il manquerait à ces généreux guerriers, à l'Etat et à lui-même, s'il ne publiait leurs services, leurs talents, leurs vertus et leur innocence [1] ".

1 — *Mémoire de M. de Vaudreuil.*

Cet éloge de Vaudreuil n'était que l'expression de la vérité. Le nombre des concussionnaires restés au Canada après la capitulation, fut presque nominal, et chacun d'eux a été marqué d'une tache qui ne s'est pas effacée.

Le président de la commission rendit son arrêt contre les accusés, le 10 décembre 1763. Vaudreuil fut déchargé de toute accusation. Bigot et le trésorier Varin bannis à perpétuité du royaume, et leurs biens confisqués. Cadet fut condamné à être banni neuf ans de Paris, et à restituer six millions. Les autres concussionnaires, Bréard, Pénisseault, Péan, Maurin, Corpron, Estèbe, Martel, eurent à restituer des sommes variant de trente mille à six cent mille livres. Des vingt et un accusés, dix furent condamnés, six acquittés, trois admonestés, et deux renvoyés faute de preuves. Sept des contumaces furent condamnés à diverses peines.

En apprenant l'acquittement de Vaudreuil, le roi lui écrivit une lettre de félicitations, et lui accorda une pension de six mille livres. Le marquis n'en jouit pas longtemps. Miné par le chagrin que lui avaient causé les persécutions dirigées contre lui encore plus que par l'âge, il mourut l'année suivante.

Mme Pénisseault, dit-on, sut gagner les bonnes grâces du duc de Choiseul, qui lui accorda des lettres de justification pour son mari, et lui conserva les gains frauduleux qu'il avait été condamné à rendre. Bréard légua à son fils le soin de venger la flétrissure que lui avait infligée son souverain. Jean-Jacques Bréard, né à Québec, en 1751, se fit élire membre de la Convention, et vota la mort de Louis XVI.

Louis XV témoigna sa satisfaction au chevalier de Lévis en le créant, dès son retour, lieutenant général, par une promotion spéciale. A l'ouverture de la campagne, il alla rejoindre l'armée du Rhin, sous les ordres du maréchal de Soubise. Après avoir assisté aux combats de Fillinghausen et de Schedinghem, il vint renforcer en Hesse le maréchal de Broglie, avec un corps de dix mille hommes. Chargé en 1762 du commandement de l'avant-garde du corps de réserve, placé sous les ordres du prince de Condé, il soutint victorieusement toutes les attaques du prince héréditaire de Brunswick. Il eut une large part à la brillante affaire de Gremighen. Attaqué par vingt-cinq mille hommes à deux lieues de l'armée, il ne put jamais être entamé. Durant une des nombreuses charges qu'il eut à repousser, il eut un cheval tué sous lui d'un coup de pistolet. Ce fut Lévis qui décida du succès des armes françaises à Johannisberg. Il y commanda la gauche de l'armée, qui eut à soutenir tous les efforts du prince de Brunswick. Cinq jours après, n'ayant avec lui que quatre mille hommes, il se maintint pendant plus de trois heures sur la montagne de Johannisberg contre dix-neuf bataillons et trente pièces de canon [1].

Les compagnons d'armes de Lévis, privés de se battre à ses côtés, applaudissaient de loin à ses succès. Bourlamaque lui écrivit de Paris : " Voulez-vous bien, mon général, recevoir mon compliment sur l'affaire du 25, et

---

1 — *Lettre du chevalier de Lévis au duc de Choiseul*, 18 septembre 1762.— A de Cardevacque, *Le quartier de Lévis à Arras*.

sur ce qui l'a précédée. J'apprends avec grand plaisir que vous avez eu grande part au succès en cette affaire. N'allez pas, je vous prie, vous faire tuer au moment de la paix. Elle paraît sûre [1]".

Bougainville de son côté lui disait : " Mon général, il faudra donc tous les ordinaires vous faire un compliment nouveau ? Recevez, je vous prie, le mien sur la part que vous avez certainement eue à la victoire de M. le prince de Condé. Elle est belle et bien glorieuse pour la nation et bien agréable au moment de la conclusion. C'est bien finir et rester sur la bonne bouche. M. de Nivernais part demain matin et pourra se montrer à Londres la tête plus haute [2]".

A la mort du duc de Chaulnes (1765), le général de Lévis fut créé gouverneur de la province d'Artois. En 1771, il fut nommé capitaine des gardes de M. le comte de Provence, depuis le roi Louis XVIII. Enfin, comme couronnement de sa glorieuse carrière, il fut créé chevalier des Ordres du Roi, maréchal de France, puis duc héréditaire. Il mourut d'apoplexie à Arras, le 26 novembre 1787, à l'âge de soixante-sept ans [3].

Il serait superflu de tracer ici le portrait de Lévis : il ressort de l'ensemble de cet ouvrage. On l'a entendu parler ; on l'a vu agir. Il s'est montré supérieur à tout ce qui l'environnait. Montcalm n'hésitait pas à reconnaître sa supériorité. Sa correspondance témoigne du

---

1 — *Lettre de Bourlamaque à Lévis*, 1er septembre 1762.
2 — *Lettre de Bougainville à Lévis*, 4 septembre 1762.
3 — Voir, à l'appendice : Notes sur la *famille de Lévis*.

soin qu'il prenait de toujours le consulter, de modifier au besoin ses idées pour ne pas être en opposition avec lui. Lévis fut le seul homme dont l'impérieux marquis subit l'ascendant. Il se sentait dominé par sa haute et froide raison, par l'empire qu'il avait sur lui-même, la sagesse de ses conseils, la prudence de sa conduite. Montcalm et Lévis avaient de commun de grandes qualités militaires, une bravoure à toute épreuve, une science et une expérience consommées dans l'art de la guerre ; mais Lévis avait plus de sûreté dans le coup d'œil, plus de largeur dans les vues, plus de sang-froid et de fermeté dans l'action. Ce fut la bonne fortune de Wolfe de ne pas rencontrer Lévis sur les plaines d'Abraham. La journée de Montmorency n'avait été pour lui qu'un échec ; celle du 13 septembre eût été un désastre.

La guerre de Sept Ans touchait à sa fin. Un million d'hommes y avaient péri, sans changer la carte de l'Europe. Toutes les puissances belligérantes soupiraient après la paix, l'Angleterre victorieuse aussi bien que la France vaincue. La mort du vieux roi George II, auquel succédait son petit-fils, George III, modifia la politique de la Grande-Bretagne. Le jeune roi, seul souverain vraiment anglais qui eût régné depuis la chute des Stuarts, fut salué avec transports, à son avènement au trône. La puissance de Pitt fut dès lors ébranlée, car le roi le haïssait. Son favori, lord Bute, conseillait la paix.

En France, le petit Choiseul était devenu tout puissant. Il avait acquis la terre de Chanteloup, où il tenait une cour. Sa fortune personnelle s'était accrue, dit-on, de six mille livres à un million de revenu. Il entama des négociations avec l'Angleterre, après avoir conclu le fameux pacte de famille qui unissait dans une étroite alliance les différentes branches de la maison de Bourbon. Pitt traîna les négociations en longueur, afin de frapper de nouveaux coups. L'Espagne perdit Cuba et Manille. Le drapeau anglais flotta sur le territoire de France : Belle-Isle fut prise malgré la belle défense de M. de Sainte-Croix.

Les négociations recommencèrent en septembre 1762. Pitt n'était plus ministre ; le roi et son conseil, fatigués de son arrogance, avaient accepté sa démission qu'il avait offerte, et Bute était devenu premier ministre. Le duc de Bedford fut envoyé à Paris, le duc de Nivernais à Londres. Bute exigeait l'abandon de l'Inde et du Canada, de plus la démolition de Dunkerque " comme un monument éternel du joug imposé à la France ".

Dans les deux royaumes une question passionnait les esprits : le Canada serait-il rendu à la France ? Voltaire, chez qui le sentiment national était éteint, en réclamait l'abandon. L'occupation de ces *quelques arpents de neige* ne serait, selon lui, " qu'une cause éternelle de guerre et d'humiliations [1] ". Les esprits clairvoyants — Bougainville et le commissaire Bernier étaient de ce nombre — pensaient bien différemment. Bougainville écrivit un mémoire très curieux, plein d'idées fécondes

---

1 — *Lettre au marquis de Chauvelin*, le 3 octobre 1760.

sur la Nouvelle-France, ses ressources, son avenir, le grand intérêt qui s'attachait à sa conservation [1].

Bernier écrivit de son côté à M. de Crémille : " Je pleurerai avec vous et tous les vrais patriotes la perte de cette belle colonie. Si elle doit revenir à la France, c'est un bien ; si elle doit être séparée pour toujours, la perte en est irréparable [2] ".

En Angleterre, les esprits étaient également divisés ; mais la masse de la nation, partageant les sentiments de Pitt, voulait retenir le Canada. L'homme d'Etat le plus éminent des colonies anglaises, Franklin, se moquait de ceux qui prophétisaient que l'acquisition du Canada amènerait leur prochaine indépendance. " J'ose dire, écrivait-il, que l'union entre elles pour un tel objet est non seulement improbable, mais impossible ". L'Amérique allait, dans bien peu d'années, lui donner un éclatant démenti.

A Québec, le général Murray se montrait plus perspicace.

— Croyez-vous que nous vous rendions le Canada, dit-il un jour à M. de Malartic ?

— Je ne suis pas assez versé dans la politique pour voir les choses de si loin, répondit celui-ci.

— Si nous sommes sages, repartit Murray, nous ne le garderons pas. Il faut que la Nouvelle-Angleterre ait un frein à ronger, et nous lui en donnerons un qui l'occupera en ne gardant pas ce pays-ci [3].

---

1 — *Considérations sur le Canada*. Ce manuscrit, tout à fait inconnu, couvre cinquante - trois pages de papier grand in-folio.
2 — 8 octobre 1760.
3 — *Journal de Malartic*, p. 331.

Les préliminaires de la paix signés à Fontainebleau (3 novembre 1762) entre la France, l'Angleterre et l'Espagne, soulevèrent de longs et vifs débats dans le parlement anglais. Pitt, quoique souffrant de la goutte, s'y fit transporter. Il affecta d'y entrer au milieu de la séance, soutenu par deux de ses amis. Il parla pendant trois heures, tantôt debout, tantôt assis, contrairement aux usages parlementaires. La scène théâtrale qu'il avait montée n'eut pas l'effet qu'il en espérait. Il fut écouté assez froidement, la chambre voulait la paix.

Par égard pour l'Autriche, le cabinet de Versailles avait ajourné la signature du traité, qui ne devait être que la reproduction exacte des préliminaires. La France cédait le Canada et tout ce qu'elle possédait dans l'Amérique du Nord, à l'est du Mississipi, à l'exception de la Nouvelle-Orléans et d'un petit territoire adjacent. Elle renonçait à toutes prétentions sur l'Acadie, le cap Breton et toutes les îles du Saint-Laurent, ne conservant que le droit de pêche sur une partie des côtes de Terreneuve et les petites îles de Saint-Pierre et Miquelon comme station maritime, mais à condition que ces îles ne seraient ni fortifiées ni munies de garnison. Dans les Antilles, l'Angleterre restituait les îles de la Guadeloupe, la Martinique, Marie-Galante et la Désirade qu'elle avait conquises. La France ne gardait des îles neutres que Sainte-Lucie. L'Espagne recouvrait la Havane, mais cédait en retour la Floride et toutes ses possessions à l'est du Mississipi. La France lui livrait en compensation la Nouvelle-Orléans et toute la Louisiane, c'est-à-dire l'immense territoire s'étendant à l'ouest du Mississipi jusqu'au Pacifique.

En Europe, la France se soumettait à l'humiliante condition de démolir les fortifications de Dunkerque. Elle rendait Minorque aux Anglais, et l'Angleterre lui restituait Belle-Isle. Les deux puissances s'obligeaient à ne plus fournir aucun secours à leurs alliés respectifs qui resteraient engagés dans la guerre d'Allemagne. La France abandonnait le Sénégal, où elle ne gardait que les îlots de Gorée. Dans l'Inde, elle perdait tous les territoires qu'elle avait acquis depuis le traité d'Aix-la-Chapelle, mais recouvrait quelques postes de commerce, en s'engageant à n'en fortifier aucun dans le Bengale.

Le traité de Paris, signé le 10 février 1763, mit fin à la guerre de Sept Ans. Il paraissait n'avoir rien changé à la physionomie de l'Europe; en réalité, il marquait une évolution dans l'histoire de l'humanité. La France, confinée dans le vieux continent, allait se replier sur elle-même, se livrer tout entière aux idées nouvelles qui fermentaient dans son sein et qui, avant la fin du siècle, devaient faire explosion sur le monde. L'éclatante revanche qu'elle prit sur l'Angleterre, vingt ans après le traité de Paris, fut le prélude de ce vaste embrasement qui a creusé un abîme entre le passé et le présent. Le traité de Versailles, conclu en 1783, a consacré l'indépendance des colonies anglaises, devenues la république des Etats-Unis. Par ce traité, l'Angleterre ne conservait plus en Amérique qu'une partie de la Nouvelle-France, avec le petit peuple qu'elle avait conquis, et qui commençait à renaître de ses ruines. Si

M. de Malartic, interrogé par le général Murray, avait pu lire dans l'avenir, il lui aurait répondu :

— Le cabinet de Londres sera moins prévoyant que vous : il ne laissera pas de frein à ronger aux colonies voisines qui, avant peu, briseront celui de leur allégeance. Devenus indépendants, les Etats-Unis étonneront l'univers par leur rapide accroissement. Dans un siècle, ils formeront un peuple de cinquante millions d'hommes. Vous me demanderez sans doute comment s'accomplira ce prodige ? Il viendra de toutes les parties de l'Europe un tel flot d'émigration, que les invasions des barbares peuvent seules en donner une idée. Il vous est facile d'en prévoir la conséquence. Cette invasion pacifique sera plus funeste aux colons primitifs des Etats-Unis, que ne le sera pour les Canadiens la conquête violente de la Nouvelle-France. A la fin du XIXe siècle, les descendants des Pilgrim Fathers, c'est-à-dire vos colons les plus intelligents et les plus actifs, auront à peu près disparu de la Nouvelle-Angleterre. Ils auront été remplacés par d'autres races qui donneront au pays une toute autre physionomie, si bien que si les Elders du temps de Cotton Mather revenaient sur la terre, ils ne retrouveraient plus rien des mœurs, des usages, de la religion d'autrefois.

Il en sera tout autrement des Canadiens. Délaissés par la France dans un état de ruine inconcevable, et livrés à un vainqueur qui emploiera sa toute-puissance à les anéantir comme race, ils survivront à tout. Sans immigration étrangère, par le seul développement de leurs familles, ils accroîtront si rapidement, qu'à la fin du siècle prochain, ils formeront un peuple homogène de plus de deux millions, uni comme un seul homme, et resté si français, qu'un de leurs poètes pourra dire en toute vérité :

> Nous avons conservé le brillant héritage
> Légué par nos aïeux, pur de tout alliage,
> Sans jamais rien laisser aux ronces du chemin.

Ils jouiront alors des libres institutions de la Grande-Bretagne, qu'ils auront conquises par des luttes non moins héroïques que celles qu'ils viennent de soutenir. Et ils n'auront plus qu'à rester fidèles à eux-mêmes, pour réaliser les desseins que la Providence a eus en vue dans la fondation de la Nouvelle-France.

FIN DU TOME DEUXIÈME

APPENDICE

APPENDICE

CHAPITRE PREMIER

NOTES SUR LA FAMILLE DE MONTCALM

Ces notes m'ont été fournies p'ar M. le marquis Victor de Montcalm. Elles ont été rédigées sous forme de correspondance adressée en 1889, à l'un des journaux du Canada :

Dans le quartier le plus aristocratique de Paris, le faubourg Saint-Germain, au bout de la rue Casimir Périer, qui longe la belle église de Sainte-Clotilde, s'ouvre une grande porte cochère, où je vous prie d'entrer avec moi. A gauche, au fond du couloir, montons ensemble l'escalier tournant, jusqu'au premier palier. A peine le son argentin de la sonnette a-t-il retenti sous la pression de notre doigt, que la porte s'ouvre.

— Monsieur le marquis est-il chez lui ?

— Monsieur le marquis y est toujours pour vous, répond en souriant le valet de chambre.

Nous sommes, en effet, plus que de vieilles connaissances, nous sommes des amis intimes du marquis. Au reste, tout ce qui porte le nom de Canadien ou d'Acadien est cher à M. de Montcalm. Il ne parle de notre pays qu'avec attendrissement ; il lui porte toute l'amitié, je devrais dire toute la tendresse que lui avait vouée son immortel bisaïeul.

— " Je les aimais comme mes enfants ! " écrivait le général expirant au commandant anglais Townshend, en lui recommandant les Canadiens.

Le petit-fils a recueilli ce testament de son aïeul, et il l'exécute avec toute la chaleur du sang méridional qui coule dans ses veines et qu'il a hérité de lui. Aussi avec quelle effusion de cœur il nous tend ses deux mains et nous embrasse ! Avec quel empressement il approche de la belle flamme du foyer un fauteuil près du sien ! Avec quel intérêt il nous interroge et veut savoir les moindres incidents de notre vie sociale !

Pour le marquis de Montcalm, le passé et le présent du Canada n'ont pas de secrets.

Vous avez hâte que je vous dise quelle est sa physionomie, quel est l'ensemble de sa personne.

Le marquis de Montcalm est, à s'y méprendre, le portrait du général, son ancêtre. Même stature, toute petite (à peine cinq pieds), même coupe des épaules, même corpulence, même démarche, dit-on, même tête, peut-être un peu moins forte et moins osseuse. Il est dans ses soixante ans, quelque peu chauve. Des yeux brillants abrités sous de fortes arcades. Il a la figure mobile, un sourire d'une infinie douceur et un timbre de voix plus doux encore. Sa parole, pleine d'épanchement, prend des accents maternels, tant ils sont suaves, quand il parle de ce qu'il aime le plus, je veux dire de notre pays.

Son salon, sa salle à manger, sa chambre à coucher, meublés avec un goût aussi simple qu'exquis, sont ornés d'une profusion de portraits de famille, tous plus précieux les uns que les autres. Le plus en vue est la belle toile qui représente le général de Montcalm en costume militaire, avec sa cuirasse aux reflets métalliques ; c'est le meilleur que l'on connaisse, et c'est celui qui a servi de modèle à la copie envoyée par le marquis à Québec. Du reste, il répond bien à son caractère à la fois fier et bon enfant.

Voici le duc de Lévis, grand-oncle du marquis ; M. de Montausier, l'austère duc et pair de France, qui, dit-on, a servi de type au misanthrope de Molière, Mme de Damas, Mme de Montcalm, sœur du duc de Richelieu, etc., etc. A côté, voici la gravure si connue qui représente la mort de Montcalm ; puis, sur le panneau voisin, l'obélisque commémoratif du jardin du fort à Québec.

Puisque nous sommes au milieu de tous ces illustres morts, c'est le lieu de parler de la généalogie de Montcalm, d'autant qu'il ne serait guère pardonnable à nos compatriotes de n'en pas connaître au moins les principales figures.

La maison de Montcalm est originaire du Rouergue, et connue depuis Simon de Montcalm, seigneur de Viala et de Cornus. Son fils Hayral épousa, en 1302, Réveillade de Chavanon, dont le petit-fils Bernard acquit la terre de Saint-Véran de la maison d'Armagnac. Par le mariage de Gaillard de Montcalm, fils de Jean, avec Marguerite de Joyeuse, la terre de Candiac, où naquit le héros du Canada, devint la propriété de la famille.

Après sept générations, on arrive à Louis Daniel, dit le marquis de Saint-Véran, seigneur de Candiac, marié le 30 avril 1708, à Marie-Thérèse de Lauris de Castellane d'Ampus, de qui sont issus deux fils et trois filles : Louis-Joseph (notre héros) ; Jean-Louis-Pierre-Elizabeth, petit prodige mort à l'âge de sept ans, sachant déjà le grec et le latin, trop précoce pour vivre ; Louise-Françoise-Thérèse, plus tard Mme de Lunas ; Louise-Charlotte, Mme de Massilian ; et Thérèse-Macrine, Mme de Faret, marquise de Fournès.

Louis-Joseph avait épousé, le 3 octobre 1736, Angéline-Louise Talon du Boulay, dont il avait eu deux fils et quatre filles dont l'une mourut très jeune : Louis-Jean-Pierre-Marie, l'aîné, dont il sera question ci-après, et Gilbert-François-Déodat, chevalier de Malte. Chacune des trois filles devint respectivement Mme de Coriolis, Mme Doria, de la famille Doria, de Gênes, et Mme la vicomtesse de Damas, arrière-grand'mère maternelle du représentant actuel de la famille, le marquis Victor, notre ami. La mère du général, dit-il, était une femme supérieure, dont on se souvient encore dans le Midi. C'était une romaine devenue chrétienne. Elle avait converti au catholicisme son mari, né huguenot, et avait exercé la plus grande influence sur son fils. Ce fut elle qui, malgré sa belle-fille, caractère timide et un peu effacé, avait engagé le général à passer en Amérique. Celle-ci ne pardonna jamais à sa belle-mère la mort de son mari qu'elle attribuait à ses conseils. Elle en fut inconsolable, et ne quitta plus le château de Candiac où elle mourut.

Son fils, Louis-Jean-Pierre-Marie, comte de Montcalm, marquis de Saint-Véran, maréchal de camp, fut député de la noblesse de Carcassonne aux États généraux. J'ai sous les yeux un beau portrait de lui, don de son petit-fils. Il porte en exergue ce quatrain qui respire bien l'esprit du temps :

> Digne fils d'un héros, modèle des guerriers,
> Il sait par des vertus soutenir sa mémoire.
> Montcalm au champ de Mars périt couvert de gloire,
> Et Montcalm citoyen renaît sous ses lauriers.

Le député de la noblesse ne tarda pas à être désigné pour la proscription. Il n'émigra cependant pas et se tint caché à Paris pendant la Terreur, ne sortant qu'à la nuit close. La sentinelle placée à sa porte ne le trahit pas, y trouvant son intérêt, car son silence était largement payé.

Un horrible incident de famille se rapporte à cette date. Un neveu qui partageait la retraite de son oncle, le comte de Damas, à peine âgé de dix-sept ans, jeune homme charmant, se livrait à des imprudences naturelles à son âge, malgré les recommandations de son oncle. Las de sa captivité, il n'attendait pas toujours le soir pour sortir. Il fut reconnu, arrêté, amené devant le tribunal révolutionnaire, condamné et traîné à la guillotine.

Au retour des Bourbons, le comte de Montcalm fut nommé lieutenant général par Louis XVIII, et mourut à Montpellier avant les Cent Jours. Il était né en 1739 et avait épousé Jeanne-Marie de Lévis, nièce du vainqueur de Sainte-Foye.

Son fils aîné, Louis-Hippolyte, maréchal de camp, chevalier de Saint-Louis, épousa Armandine du Plessis-Richelieu, sœur du duc de Richelieu, ministre des affaires étrangères sous la Restauration. Il mourut sans postérité.

Mme de Montcalm a joué un rôle à Paris parmi les femmes célèbres de son temps. Douée de beaucoup de charmes extérieurs et intellectuels, elle réunissait autour d'elle un cercle d'esprits d'élite. C'est dans son salon que son frère, le duc de Richelieu, recevait le grand monde officiel, et ce qu'il y avait de plus distingué à la ville et à la cour, comme on disait jadis.

Je me souviens qu'en 1874, passant l'hiver à Nimes en compagnie de mon ancien précepteur, l'abbé Bouchy, je voulus, en mémoire de Montcalm, visiter, dans le voisinage, le château de Candiac, devenu la propriété de la famille de Bernis. Le château était désert, les Bernis, selon la tradition de la noblesse, passant toujours l'hiver à Paris. L'intendant me reçut avec une politesse parfaite, et me fit visiter le château, vaste édifice, d'une architecture simple et sévère, dont il ne reste cependant plus que la moitié.

— Quelle est la cause de cette démolition, demandai-je à l'intendant?

— C'est toute une histoire, me répondit-il.

Il y a quelque soixante ans, le château de Candiac était habité par le fils aîné du député des Etats généraux, et par le marquis de Grave qui avait épousé sa sœur Amélie.

Une violente querelle éclata entre les deux beaux-frères, et une rencontre au pistolet eut lieu sur la passerelle qui joignait les deux ailes du château. C'était au marquis de Montcalm à tirer le premier.

— Je ne veux pas vous tuer, dit-il à son antagoniste. Voyez cet oiseau dans cet arbre. Ce disant, il l'abattit. Les témoins séparèrent les combattants.

Ne voulant plus vivre dans ce voisinage, il fit démolir la partie du château qu'il occupait.

Louis-Dieudonné, comte, puis marquis de Montcalm à la mort de son frère aîné, aide de camp du duc d'Angoulême, marié en 1819 à Antoinette-Marie-Cécile de Sainte-Maure-Montausier, est le père d'André-Dieudonné-Victor, notre chaleureux ami. Il n'a outre ce fils qu'une fille, Marie, comtesse d'Avéjan.

Le marquis Victor a épousé Gabrielle de Montcalm, sa cousine, morte il a quelques années, qui ne lui a pas laissé de postérité. Il a adopté pour successeur son neveu, le jeune comte de Saint-Maurice, qui, à la mort de son oncle, prendra le nom de Montcalm, et qui s'est marié il y a quelques mois seulement. Le marquis est un véritable oiseau du Midi qui ne peut se passer des chauds rayons du soleil de Provence. Délicat de santé, il souffre toujours du climat humide de Paris, et il a hâte, chaque printemps, d'aller se baigner dans l'atmosphère tiède de son pays natal.

Mais en province comme à Paris, il porte toujours le même intérêt à ce qu'il appelle sa patrie d'Amérique. C'est plaisir de l'entendre discourir sur tous les sujets, car il a infiniment de connaissances, mais surtout sur celui-là.

(*Courrier des Provinces Maritimes*, 21 février 1889.)

Au cours des longs entretiens que j'ai eu l'honneur d'avoir avec M. le marquis de Montcalm, j'ai pu recueillir les traditions qui lui ont été transmises sur son illustre ancêtre. Il a bien voulu mettre à ma disposition, non seulement la correspondance de Montcalm avec sa famille, mais aussi son autobiographie qui forme un très gros manuscrit, ayant pour titre : *Mémoires pour servir à l'histoire de ma vie*. Ces nombreux renseignements m'ont permis de donner sur le général de Montcalm des détails inconnus jusqu'à présent.

NOTES SUR LA FAMILLE DE LÉVIS

La Maison de Lévis tire son origine du village de Lévi, aujourd'hui Lévy-Saint-Nom, dans l'Ile-de-France, à une lieue au nord de Chevreuse, département de Seine-et-Oise.

Le premier membre de cette famille que l'on connaisse d'une manière certaine est Philippe de Lévis, mentionné dès 1179, dans une charte de l'abbaye de Saint-Denis. Il accompagna Philippe-Auguste en Terre-Sainte pendant la troisième croisade, et, en mai 1200, figura comme caution au traité du Goulet, conclu entre Philippe-Auguste et Jean-Sans-Terre.

Gui Ier de Lévis, son fils, fonda l'abbaye de Notre-Dame de la Roche, près de Lévi, et y bâtit une chapelle qui appartient encore aujourd'hui à la famille [1]. Il avait épousé Guiburge, qui passe pour avoir été sœur de Simon de Montfort. Lorsque Simon, dont les possessions étaient voisines des siennes [2], partit, en 1208, à la tête de l'armée qui allait combattre les hérétiques albigeois, il emmena avec lui son voisin, Gui de Lévis, et lui donna la charge de maréchal de l'armée qu'il commandait [3]. Comme cette armée marchait contre les hérétiques et s'appelait l'armée de la Foi, Gui de Lévis fut nommé le *Maréchal de la Foi*, et ce titre, confirmé par le roi de France et par le pape, s'est perpétué chez ses descendants par ordre de primogéniture. Dans le partage des biens des barons du Midi, dépossédés par les croisés, Gui de Lévis obtint la seigneurie de Mirepoix, au pays de Foix, et plusieurs châteaux, dont les principaux étaient la Garde, Montségur et

---

[1] — Voyez le *Cartulaire* de Notre-Dame de la Roche, publié par M. le duc de Luynes.
[2] — Montfort-l'Amaury (Seine-et-Oise).
[3] — Voyez P. Meyer, *Chanson de la Croisade des Albigeois*.

Léran, encore aujourd'hui patrimoine de la famille. Ces possessions lui furent confirmées par le roi de France et par le pape. Un siècle plus tard, à la prière d'un de ses descendants, le pape Jean XXII, en 1317, fit de la ville de Mirepoix le siège d'un évêché, qui fut plusieurs fois occupé par des prélats du nom de Lévis [1] et a été supprimé en 1790.

Son petit-fils, Gui III, épousa Isabelle de Marly, de la maison de Montmorency. Il en eut plusieurs enfants. Le premier, Jean, seigneur de Mirepoix, fut l'auteur de la branche aînée de la famille, sur laquelle nous reviendrons plus tard. Un autre, Thibaut, fit la branche de Montbrun, qui ne tarda pas à s'éteindre. Un troisième, Pierre, fut évêque de Maguelonne, en 1306, puis évêque de Cambray et de Bayeux. Enfin, le quatrième, Philippe, fut auteur de la branche de Lautrec-Villars, d'où sont issus d'abord les rameaux de Florensac [2], de Couson et de Caylus, puis les deux branches ducales de la Voûte-Ventadour et de Charlus. A celle de Charlus se rattache le rameau de Châteaumorand, éteint peu avant la Révolution.

La terre de Ventadour, entrée dans la maison de Lévis, en 1492, par le mariage de Louis de Lévis, baron de la Voûte, avec Blanche de Ventadour, fut érigée en duché-pairie, en 1589, par le roi Henri III, pour Gilbert de Lévis. Un de ses petits-fils, François-Christophe de Lévis, comte de Brion, fut créé duc de Damville en 1648, et vice-roi d'Amérique en 1655 ; il mourut sans postérité. La branche de Ventadour s'éteignit en la personne de Louis-Charles de Lévis, mort le 28 septembre 1717, sans enfants, de Charlotte-Éléonore-Madeleine de la

---

[1] — *Gallia Christiana*, tome XIII, p. 238.
[2] — Philippe de Lévis, dernier des Florensac, périt en 1451 au siège d'Acqs, en sauvant la vie du Dauphin, depuis Louis XI.

Motte-Houdancourt, qui fut, après sa mère, gouvernante des enfants de France, et éleva successivement Louis XV et le dauphin, père de Louis XVI.

La branche de Lévis-Charlus, issue de celle de Ventadour, par Jean, fils puiné de Louis de Lévis et de Blanche de Ventadour, eut aussi son duché-pairie, érigé en février 1723, sous le nom de Lévis, en faveur de Charles-Eugène, comte de Charlus. Les fils de ce duc de Lévis moururent avant lui, et la branche de Charlus s'éteignit en sa personne, ainsi que ce titre ducal.

Dans la branche aînée, Jean Ier, premier fils de Gui III de Lévis, seigneur de Mirepoix, épousa Constance, fille du comte de Foix, Roger-Bernard. Il en eut deux fils. L'aîné, Jean II, continua la branche des seigneurs de Mirepoix, qui subsista jusqu'au milieu du XVIIIe siècle et s'éteignit à la mort de Gaston-Charles-Pierre-François de Lévis, marquis de Mirepoix. né en 1700, successivement colonel du régiment de Saintonge en 1719, brigadier en 1734, ambassadeur à Vienne en 1737, maréchal de camp en 1738, lieutenant général en 1744, ambassadeur à Londres en 1749, créé duc à brevet en septembre 1751, maréchal de France le 24 février 1757, et mort à Montpellier le 25 septembre suivant. Il avait épousé une Beauveau, veuve du prince de Lixheim, de la maison de Lorraine, femme aussi distinguée par sa beauté que par son esprit. La correspondance du chevalier de Lévis pendant la guerre du Canada, contient un certain nombre de lettres adressées à la maréchale de Mirepoix, et plusieurs font autant d'honneur à celui qui les écrivait qu'à celle qui les recevait.

En vertu du testament du maréchal de Mirepoix, le titre et la terre de Mirepoix passèrent à la branche des marquis de Léran, issue de Gaston de Lévis, second fils de Jean Ier, et dont le représentant, à cette époque, était Louis-Marie-François-Gaston de Lévis, marquis de Léran. Cette branche est la seule qui subsiste aujourd'hui. Elle est représentée à l'heure actuelle par Henri de Lévis, duc de Mirepoix et grand d'Espagne, fils unique de Gui de Lévis, duc de Mirepoix, et par les trois fils de Sigismond, comte de Lévis-Mirepoix, à savoir: Gaston, marquis de Lévis ; Félix, comte de Lévis-Mirepoix, et Adrien, comte de Lévis-Mirepoix.

De cette branche de Lévis-Léran était issue celle d'Ajac, à laquelle appartenait le chevalier, puis marquis de Lévis, compagnon d'armes de Montcalm au Canada. Son père, Jean-Gaston, baron d'Ajac, eut deux fils, dont l'aîné, Pierre, ne laissa qu'une fille qui épousa le fils du marquis de Montcalm. Le second fils, François, d'abord appelé le chevalier de Lévis, naquit le 23 août 1720. Dès 1735, il fut nommé lieutenant au régiment de la Marine ; il prit part à la campagne du Rhin et obtint le grade de capitaine le 1er juin 1737. En 1741 et dans les années suivantes, il fit les campagnes d'Autriche, de Bohême et d'Allemagne ; en 1747, il fut nommé aide-major à l'armée d'Italie, colonel et chevalier de Saint-Louis en 1748. En 1756, il fut choisi par le comte d'Argenson pour accompagner en Canada le marquis de Montcalm, avec le grade de brigadier. Deux ans plus tard, il fut nommé maréchal de camp. Revenu en France en 1760, après la perte définitive de la colonie, le chevalier de Lévis reçut le grade de lieutenant général et prit part à la campagne de 1762, en Allemagne, sous les ordres du prince de Condé. A la paix (1763), il fut pourvu du gouvernement de la province d'Artois, vacant par la mort du duc de Chaulnes. En 1771, il fut nommé capitaine des gardes de Monsieur, comte de Provence, depuis, le roi Louis XVIII. Enfin, comme couronnement de sa glorieuse carrière, il fut créé chevalier des Ordres du roi en 1776 ; maréchal de France, le 13 juin 1783 ; duc héréditaire, le 24 avril 1784. Il mourut à Arras, trois ans après, le 26 novembre 1787, à l'âge de soixante-sept ans. Il avait épousé, le 28 février 1762, Gabrielle-Augustine Michel de Tharon, morte sur l'échafaud révolutionnaire, le 10 juillet 1794. Il eut pour fils Gaston-Pierre-Marc de Lévis, qui fut, avant la Révolution, capitaine des gardes de Monsieur, comte de Provence, puis député aux États généraux de 1789. Ayant émigré, il prit part à l'expédition de Quiberon, et y fut grièvement blessé ; mais on le rapporta enveloppé dans le drapeau royal à bord d'un vaisseau anglais, et il échappa ainsi aux exécutions sanglantes où allait périr la fleur des anciennes armées, et particulièrement de la Marine. Il rentra de bonne heure en France. A défaut de la carrière des armes, les lettres ornèrent sa vie. On a de lui plusieurs ouvrages qui lui valurent d'entrer à l'Académie française, en 1816. Les principaux sont : *Maximes et Essais sur différents sujets de morale et de politiques* ; *Souvenirs et Portraits* ; *Lettres de Kang-Hi*. Ce dernier ouvrage est écrit dans le genre des *Lettres Persanes*.

Lors de la Restauration, en 1814, le roi Louis XVIII nomma le duc de Lévis pair de France héréditaire, ministre d'État et chevalier du Saint-Esprit, et enfin chevalier d'honneur de Mme la duchesse de Berry, en 1817. Cette princesse étant devenue veuve dès 1820, les fonctions de chevalier d'honneur, qui paraissaient devoir être purement honorifiques, acquirent une importance réelle. Le duc de Lévis s'en acquitta avec dévouement jusqu'au jour de sa mort, arrivée le 15 février 1830. Il avait épousé Françoise de Paule-Charpentier d'Ennery, fille du comte d'Ennery, ancien gouverneur de Saint-Domingue.

De ce mariage étaient issus Gaston-François-Christophe-

Victor de Lévis, et Adèle-Charlotte-Augustine de Lévis, qui épousa, en 1809, le marquis de Nicolay.

Gaston de Lévis naquit à Londres, pendant l'émigration, en avril 1794. Il avait vingt ans à l'époque de la Restauration. Pendant les Cent jours, il prit part à la lutte soutenue par le duc d'Angoulême. Quelques années après, il devint aide de camp de ce prince. Chef de bataillon en 1822, il fit, en cette qualité, la campagne d'Espagne de 1823. Nommé colonel du 54me régiment de ligne, il participa à l'expédition de Grèce, en 1828, et s'y distingua. Revenu à Paris, il reprit son service auprès du dauphin, duc d'Angoulême. Après la mort de son père, en 1830, il succéda au titre de duc de Lévis. Il avait porté, avec l'agrément du roi Louis XVIII, le titre de duc de Ventadour depuis 1820, époque de son mariage avec Marie-Catherine-Amanda d'Aubusson de la Feuillade.

Après les funestes journées de juillet 1830, il accompagna le dauphin, dont il était toujours l'aide de camp, jusqu'à son embarquement pour l'Angleterre. En 1838, il consentit, sur la demande du dauphin, duc d'Angoulême, à devenir le conseiller officiel du duc de Bordeaux, connu plus tard sous le nom de comte de Chambord. A partir de ce moment, le duc de Lévis abandonna tout pour attacher sa destinée à celle de l'auguste chef de la maison de Bourbon, et sa vie ne fut plus qu'une suite d'actes d'abnégation et de sacrifices. Du reste, en cela, il suivit un exemple cher à son cœur. Dès 1834, en effet, sa sœur, Augustine de Lévis, marquise de Nicolay, avait pris le chemin de l'exil et quitté ses enfants, pour aller, sur la demande du roi Charles X, achever l'éducation de Mademoiselle, depuis duchesse de Parme. Touchante émulation du frère et de la sœur dans leur dévouement aux deux derniers rejetons de la branche aînée de la maison royale de France.

Lorsque, en 1848, la marquise de Nicolay mourut, le comte de Chambord écrivit les lignes suivantes : " Douée d'une douceur admirable, d'une grande élévation d'âme, d'une piété profonde, la marquise de Nicolay était en outre, comme son mari et son frère, un parfait modèle de dévouement et de fidélité, et on peut dire que ma sœur avait trouvé en elle une seconde mère ".

Le duc de Lévis rendit le dernier soupir à Venise, le 9 février 1863, dans les bras de celui à qui il s'était consacré tout entier. Il ne laissait pas de postérité.

Le comte Raimond de Nicolay, son neveu, ayant été institué son légataire universel, est devenu ainsi possesseur des manuscrits du maréchal de Lévis, dernier général des troupes françaises au Canada.

Journal de Lévis, Introduction.

CHAPITRE SEPTIÈME

Tableau *des sauvages qui se trouvent à l'armée du marquis de Montcalm, le 28 juillet 1757, sous les ordres de MM. de La Corne et de Saint-Luc.*

DOMICILIÉS.		OFFICIERS ATTACHÉS AUX SAUVAGES.	MISSIONNAIRES.	INTERPRÈTES.
Népissings	53	M. de Langy-Montgron	L'abbé Mathavet, sulpicien	Saint-Germain.
Algonquins du lac	24 ⎫ 47			
Idem des Trois-Rivières	23 ⎭			
Abénakis de Saint-François	104 ⎫	MM. le chevalier de Niverville, de Hertel.	Le Père Roubaud, jésuite	Châteauvieux.
" de Bécancour	80 ⎪ 245			
" de Missiskoué	25 ⎪			
" de Pannouské	36 ⎭			
Iroquois du saut Saint-Louis	258 ⎫	MM. de Longueuil, Sabrevoix	L'abbé Piquet, sulpicien	Perthuis. La Force.
" du lac des Deux-Montagnes	94 ⎪ 363			
" de la Présentation	3 ⎪			
" Onéyouts	8 ⎭			
Hurons du Détroit	26 ⎫ 52	M. de Longueuil	Idem	Saint-Martin.
" de Lorette	26 ⎭			
Micmacs de l'Acadie	4 ⎫ 60	MM. le chevalier de Niverville, de Hertel.	Idem	Launière.
Amalécites	56 ⎭			
Total	820			

CHAPITRE SEPTIÈME.—(Suite.)

SAUVAGES DES PAYS D'EN HAUT

SAUVAGES.		OFFICIERS ATTACHÉS AUX SAUVAGES.	MISSIONNAIRES.	INTERPRÈTES.
Têtes de boules, ou gens de terre	3			
Outaouais Kikapous	94	MM. de Langlade, de Florimond, Herbin, cadet.	L'abbé Mathavet, pour quelques-uns du Détroit et de Michilimakinac.	Forly. Saint-Jean.
" Sinago	35			
" de la Fourche	70 } 337			
" Mignojan	10			
" de l'Île au Castor	44			
" du Détroit	30			
" du Saguinau	54			
Santeux de Chagoamigon	32	MM. de La Plante, de Lorimier.		Chesne.
" du Castor	24			
" de Carschimagan	14 } 157			
" de la Carpe	37			
" de Kabibonocki	50			
Mississagués de Toronto	35	Idem		Idem.
" de la Carpe	43 } 141			
" de la Loutre	63			
Poutéotamis de Saint-Joseph	70 } 88	M. Marin		Dutailly.
" du Détroit	18			

Folles-Avoines de l'Original du Chat	62 } 129 67 }	Le Chevalier de Langy	Réaume.
Miamis de Saint-Joseph	8		
Puants de la Baie	48		
Avous de la Mer d'Ouest	10 } 124	Idem	Idem.
Renards du Mississipi	20		
Sakis et Loups	38		
Total	979		
Total des domiciliés	820		
Total des Sauvages	1,799		

Journal de Montcalm.

LETTRES DE JAUBERT ET DE DUCHAT

Les lettres suivantes de deux officiers de l'armée, le lieutenant de Jaubert et le capitaine Duchat, écrites à leurs familles, donnent quelque idée de ce qu'éprouvait le soldat français transporté de la vieille Europe dans les solitudes du nouveau monde. Les lettres du lieutenant de Jaubert, du régiment de Béarn, ont à ce point de vue un intérêt tout particulier. Elles sont écrites par un jeune homme assez peu instruit, qui a quitté depuis peu le toit paternel, et qui fait part à son père de ses ennuis, du sentiment de profond isolement qui l'accable dans son lointain exil, et de ses embarras financiers. Il interrompt ses réflexions pour raconter, dans une première lettre, la marche de l'armée contre le fort George, et dans une seconde, la prise de ce fort. Je les reproduis à peu près dans leur entier, avec leurs imperfections de style et leurs incorrections, parce qu'elles traduisent bien les impressions du simple troupier.

La lettre du capitaine Duchat, d'un tout autre genre, est celle d'un soldat accoutumé à la guerre, qui crayonne, avec plus ou moins d'attention, ce qui le frappe dans le pays nouveau qu'il parcourt, et y mêle des appréciations, quelquefois hâtives ou hasardées, le plus souvent judicieuses et vraies. Cette lettre est écrite sous forme de *Relation* à son frère qui porte un nom différent du sien et s'appelle M. Lamy de Châtel. Je cite d'abord les lettres de Jaubert.

Au camp sous Carillon, ce 15 juillet 1757.

Je n'ai rien de plus pressé, mon très cher père, que de vous donner de mes nouvelles. Je saisis avec empressement cette occasion pour Québec pour pouvoir vous assurer de nouveau de mes profonds respects, et en même temps, pour vous demander la continuation des bontés que vous avez daigné avoir pour un fils qui cherche et qui cherchera avec empressement toutes les occasions de tâcher de les mériter et de répondre aux bontés que vous voulez bien avoir pour moi. J'ose espérer, quoique éloigné de vous, mon très cher père, que vous voudrez bien m'accorder cette grâce. Il n'y a personne dans le monde qui s'aperçoive plus que moi d'être éloigné d'un père que j'aime tendrement. Que ne donnerais-je pas dans le monde si je pouvais être à même d'être auprès de vous et de pouvoir avoir le plaisir de vous voir. Les expressions me manquent avec raison pour pouvoir vous l'exprimer. Je ne fais qu'adresser tous les jours mes vœux au Ciel pour votre conservation et pour qu'il me fasse la grâce de vous posséder de longues années. C'est la seule marque de reconnaissance que puisse vous donner un fils qui vous a été, toute sa vie, extrêmement dévoué.

J'ai reçu avec un plaisir et une satisfaction inimaginables, mon très cher père, deux de vos lettres, dont l'une datée du 20 janvier 1756, et l'autre du 16 janvier 1757. Les expressions me manquent pour pouvoir vous exprimer le plaisir que j'ai eu de recevoir de vos nouvelles, aussi de mes très chers frères, après si longtemps que je n'avais pas eu ce bonheur, par les immenses espaces qui malheureusement nous séparent. J'ai reçu les deux lettres par le même courrier le 22 du mois de juin.

Ici, tous nos chers pays qui n'avaient pas reçu de nouvelles de Perpignan, m'écrivirent de vouloir bien leur en faire part. Je leur envoyai toutes les nouvelles que vous m'avez mandées, et tout ce qui a concerné notre cher pays. Vous pouvez bien vous imaginer le plaisir que cela leur a fait. Quand vous aurez la bonté de m'écrire, je vous prierai de vouloir bien me marquer touchant chacun d'eux sur leur famille, parce que nous avons convenu que chacun en ferait la même chose. J'espère que vous voudrez bien m'accorder cette grâce. Je vous prierai très instamment de vouloir bien me donner de vos nouvelles et de mes très chers frères le plus souvent que vous pourrez ; car la seule consolation que j'aie ici est de pouvoir recevoir de vos nouvelles. Vous me priveriez beaucoup si vous ne m'accordiez cette grâce. J'ai été charmé que mes lettres vous soient parvenues jusqu'à vous. Vous devez bien juger par vous-même le chagrin que j'ai du manque de vos lettres, puisque ce sont elles qui doivent faire mon unique consolation dans un pays si éloigné.

Nous reçûmes le 20 avril dernier des nouvelles de France par un vaisseau qui est arrivé à Louisbourg le 1er janvier, et qui était parti de France du mois d'octobre dernier, par lesquelles il nous a confirmé la prise de Port-Mahon avec toutes les dépendances, le détail du siège, et tous les préparatifs que l'on fait en Europe tant dans nos ports que sur terre, et la bataille qui a été donnée entre l'armée autrichienne avec celle du roi de Prusse, qui a passé et ravagé toutes les terres du roi de Pologne, et le secours que le roi de France doit y envoyer, commandé par le prince de Soubise, et le secours que la Czarine doit fournir en cette campagne, et six bataillons que l'on a fait passer dans l'île de Corse. Tous ces préparatifs nous font conjecturer que notre séjour dans ce pays sera plus long que nous n'avions pensé ; vos nouvelles n'ont fait que nous le confirmer. Il nous tarde pourtant de repasser en France pour pouvoir avoir le plaisir de vous voir.

Il est étonnant comme toutes les denrées et les marchandises sont chères ; il nous en a coûté très cher cet hiver en faisant ordinaire, et nos appointements ne suffisent pas pour pouvoir vivre, tant en campagne qu'en garnison. Et si vous ne suppléez pas par l'argent que vous voudrez bien m'envoyer, je puis vous assurer qu'il me sera impossible de pouvoir vivre. Il est très malheureux pour nous, étant éloignés comme nous sommes de nos pays, de devoir manger notre argent. Vous me direz : " Mais vous avez vécu jusqu'ici avec vos appointements, pourquoi n'en vivrez-vous pas dorénavant " ?

Si le roi nous avait donné les rafraîchissements de cette campagne, comme il nous les avait donnés les campagnes précédentes, nous aurions pu, en bien épargnant, nous tirer d'affaire. Depuis qu'il nous faut acheter les rafraîchissements pour la campagne sur nos appointements, il est impossible de pouvoir vivre.

Comme il serait inutile que vous m'envoyassiez de l'argent comptant, parce que les ennemis pourraient s'en emparer, je vous demanderai seulement une lettre de crédit que vous aurez la bonté de m'envoyer sur quelque commerçant de Québec. Comme je pourrais en avoir besoin pour mon hiver, j'en emprunterai, et par le moyen de la lettre de crédit que vous aurez la bonté de m'envoyer au printemps prochain, je paierai par ce moyen aux personnes à qui j'aurai emprunté.

Vous devez être bien persuadé, mon très cher père, que je n'en ferai pas mauvais usage et que je ne le dépenserai pas mal à propos. Et mon propre intérêt est d'épargner le plus que je pourrai, et ce sera assurément dans la dernière nécessité que je ferai usage de la lettre de crédit que vous voudrez bien m'envoyer. Il serait bien malheureux pour moi si vous n'aviez pas la bonté de me l'envoyer. Vous pouvez vous adresser à M. de Tabaris ou à M. Jue qui a des correspondants à Bordeaux, et ceux-là écriront à leurs correspondants qu'ils ont à Québec de me compter l'argent dont j'aurai besoin. J'espère que vous ne voudrez pas laisser dans l'embarras un fils qui vous a été toute sa vie extrêmement dévoué, et j'ose espérer que vous voudrez bien m'accorder la grâce que je vous demande, et j'espère tout de vos bontés et que vous voudrez bien faire pour moi comme vous avez fait jusqu'ici.

Nous avons reçu hier au soir un courrier qui était dépêché par M. le marquis de Vaudreuil, gouverneur général du Canada, à M. le marquis de Montcalm, par lequel il nous annonce deux vaisseaux de guerre qui sont en rivière, et qui escortent plusieurs vaisseaux marchands, et les deux bataillons du régiment de Berry qui étaient destinés pour Louisbourg. Mais M. de Drucour, gouverneur de Louisbourg, n'ayant pas besoin de ces deux bataillons dans la place, ayant une bonne garnison, et étant gardée par la flotte de M. Dubois de la Mothe, portant pavillon de vice-amiral, ayant avec lui seize gros vaisseaux et cinq frégates, se croit assez fort pour battre l'ennemi qui oserait se présenter devant cette place ; par ce moyen, l'entrée de la rivière nous est libre. Notre escadre croise depuis plus d'un mois devant Louisbourg. Ils n'ont pas vu le moindre vaisseau anglais sur nos côtes, et on ignore où ils sont et ce qu'ils veulent faire ; leur projet était de venir faire le siège de Louisbourg et, après cela, de venir tout droit à Québec. On ignore ce qu'ils sont devenus. Mais la fin de la campagne nous développera le tout.

Notre armée est rassemblée depuis quelques jours et, sur la fin de ce mois, nous allons marcher pour aller faire le siège du fort George, quoiqu'il y ait beaucoup d'obstacles qui se présentent pour le transport des vivres et de l'artillerie, et pour le portage que nous sommes obligés de faire d'une lieue

APPENDICE

pour entrer au lac Saint-Sacrement. Tous les obstacles n'empêcheront pas les projets que l'on a faits de faire le siège de ce fort. J'ose espérer que, vers le 20 du mois d'août, je pourrai vous annoncer la réussite, si Dieu me fait la grâce d'en revenir.

Nous avons eu un des plus cruels hivers qu'il ait jamais fait dans le pays ; jamais personne du Canada n'avait vu un hiver plus terrible que celui que nous avons passé ; nous avons eu huit pieds de neige pendant l'hiver, et la rivière a été prise jusqu'au 17 du mois d'avril, où les glaces ont commencé à partir. Nous avons eu, pendant tout l'hiver, de petits partis sauvages en campagne, sans en compter un, qui a été très considérable, de quinze cents hommes commandés par M. de Rigaud de Vaudreuil, gouverneur des Trois-Rivières. Sa mission était d'aller brûler tous les hangars qui étaient hors du fort William-Henry (ainsi que nous appelons le fort George au bout du lac Saint-Sacrement), et de l'enlever d'assaut, s'il y avait jour, sans pourtant sacrifier l'armée du roi. Il avait avec lui une compagnie de grenadiers, tirés des quatre régiments de la Sarre, Royal-Roussillon, Languedoc et Béarn, et quatre piquets tirés de ces quatre régiments, et le reste de troupes de la marine, Canadiens et sauvages. Ils ont brûlé quatre barques et tous les bateaux, un petit fort où il y avait environ quinze maisons, et toutes les maisons qui étaient aux environs du fort. Ne pouvant pas monter à l'assaut, parce que les ennemis avaient été prévenus, on les a sommés de se rendre. Ils ont répondu qu'ils ne se rendraient pas à une armée qui n'avait pas du canon. Si on en avait eu, ou autrement dit, si l'on avait pu trainer sur les glaces deux ou trois pièces de canon, le fort aurait peut-être été à nous, et actuellement il nous en coûtera peut-être beaucoup pour l'avoir.

Nous sommes partis de notre quartier d'hiver pour entrer en campagne depuis le 3 de mai, et nous travaillons continuellement au fort pour le mettre en état de défense. Nous travaillons actuellement aux demi-lunes et au chemin couvert et il nous tarde déjà d'être à la fin de la campagne pour nous aller reposer.

Je vous suis bien obligé des nouvelles que vous voulez bien me donner de Perpignan, touchant toutes les personnes de ma connaissance. Je vous prierai très instamment de continuer à me donner des nouvelles de Perpignan, car j'en fais la lecture avec un plaisir inexprimable. J'ai été très sensible à la mort de la tante Soler et de celle de la cousine Grau.

Depuis que nous sommes dans le pays, il n'y a eu aucun changement au régiment; il n'y a eu que le pauvre M. de L'Hôpital, notre commandant, qui est mort, il y a cinq ou six jours, d'une maladie qu'il avait depuis longtemps, et qui s'était renouvelée depuis qu'il était dans ce pays. Nous l'avons tous beaucoup regretté, et nous ne trouverons jamais un commandant si aimable et qui aimât plus le corps que lui; son plus grand plaisir était de pouvoir rendre service à tout le monde; vous verrez bien par là que le régiment a beaucoup perdu.

Je me trouve toujours le dernier lieutenant; j'ose espérer qu'à notre retour en France, je serai des premiers à avoir une compagnie, parce qu'il y a beaucoup de nos messieurs qui attendent d'être de retour en France pour quitter; et, par ce moyen, je pourrai être à même de faire un accommodement pour avoir une compagnie.

J'ai été très sensible aux marques de souvenir que tous mes chers parents veulent bien se ressouvenir de moi. Je vous prierai de faire bien mes compliments à l'oncle et à la chère tante Lassus, à toute la famille, à toutes les familles d'Oms, à l'oncle et à la chère tante Palmarolle, et surtout à ma chère marraine, et à toute la famille de Térésa, (sans pourtant oublier les cousinettes), à M. et à Mme de Rox, à Mme Denonville, à l'abbé Prat, à la chère tante de Sainte-Catherine, à la cousine Palmarolle et Soler, à toute la famille, à mon très cher beau-frère, à mes très chers neveux Ronira, à toute la famille, (mes très chers frères ne sont pas oubliés), à tous mes chers parents et pays. Je les prie de vouloir bien m'accorder un peu de part dans leurs souvenirs.

Tous nos chers pays se portent à merveille. Palmarolle, d'Oms, Selve, Lassus et Malia m'ont chargé de vous assurer de leur respect, et plus particulièrement Auguste Selve.

Vous pouvez dire à la chère cousine Palmarolle que son cher mari se porte à merveille.

Il ne me reste plus qu'à vous demander de m'écrire le plus souvent que vous pourrez, car la seule consolation que j'aie est de pouvoir recevoir de vos nouvelles et de mes très chers frères. Je ne saurais comment pouvoir vous exprimer combien il me tarde d'avoir le plaisir de vous revoir. Il ne me reste plus qu'à vous demander la continuation des bontés que vous avez bien voulu avoir pour moi, et qu'à vous assurer du profond respect avec lequel

J'ai l'honneur d'être,

Mon très cher père,

Votre très humble et très obéissant serviteur,

JAUBERT.

M. de Malartic a été très sensible à votre marque de souvenir, et m'a chargé de vous assurer de ses respects, comme aussi au cousin d'Oms.

Du camp de Carillon, ce 25 août 1757.

Je saisis avec empressement, mon très cher père, l'occasion d'un vaisseau qui doit partir pour France, pour annoncer la conquête que l'armée du roi a faite du fort William-Henry, ainsi que nous appelons le fort George, à douze lieues de distance du fort de Carillon, qui était situé au fond du lac Saint-Sacrement. Je n'ai pas voulu laisser passer cette occasion, quoique pressé, sans vous en faire part.

Je suis fort en peine de savoir l'état de votre santé, comme aussi celle de mes très chers frères, après les immenses espaces qui malheureusement nous séparent. J'ai reçu encore une de vos lettres datée du 16 janvier 1757, avec une autre que j'ai reçue aussi par le courrier du 20 janvier 1756. Cette dernière était restée infailliblement dans quelque bureau de la poste. Il est déjà arrivé à Québec vingt navires marchands, dont la plus grande partie partis de Bordeaux et de La Rochelle. Je suis fort en peine, après me l'avoir annoncé, de ne pas en recevoir de vous. Si je ne connaissais pas les bontés que vous daignez avoir pour moi, cela me donnerait à augurer que vous m'avez oublié totalement. J'ose pourtant espérer que vous voudrez bien vous ressouvenir d'un fils qui n'a cherché et qui recherchera avec empressement toutes les occasions pour vous demander la continuation de toutes les bontés que vous voulez bien avoir pour moi. Je ne saurais comment pouvoir vous exprimer la peine et le chagrin que j'ai de ne pas recevoir de vos nouvelles ni de mes très chers frères dans un pays si éloigné, où c'est mon unique consolation. Je suis au moins très charmé que mes lettres parviennent jusqu'à vous. J'ai appris avec bien du plaisir par votre lettre que vous en aviez reçu cinq. Vous ne me taxerez pas d'être paresseux à vous écrire. Je désire beaucoup que celles que je vous écrirai cette année-ci puissent vous parvenir. Aussi je n'épargne rien à ce sujet. Voici ma seconde que j'ai l'honneur de vous écrire cette année ; je vous écrirai dorénavant tous les douze jours, et toujours par numéro ; ainsi vous verrez celles qui vous manqueront ; je vous prierai très instamment de vouloir bien m'accuser la réception des numéros que vous aurez reçus.

Je vais vous faire en peu de mots le détail du siège que nous venons de faire ; je vous enverrai plus au long le détail par ma première lettre.

Nous sommes partis du Portage, où est l'entrée du lac Saint-Sacrement, le premier, étant au nombre de sept mille hommes, y compris quinze cents sauvages. M. le chevalier de Lévis a marché par terre avec trois mille hommes depuis le Portage pour favoriser notre marche, faire l'avant-garde de l'armée et aller protéger notre débarquement au fort George. Notre armée, qui était par eau, arriva la nuit du 2 au 3 à une anse éloignée d'une lieue et demie du fort George, et dont M. le chevalier de Lévis s'était emparé. L'armée, qui était dans deux cent cinquante bateaux, où étaient les six bataillons des régiments de la Reine, la Sarre, Royal-Roussillon, Guyenne et Béarn, et le reste des troupes, marine, Canadiens et sauvages, y débarqua au point du jour et se porta au-dessus du fort George, pour en faire l'investiture et pour aller à la rencontre d'un secours de douze cents Anglais qui devaient se jeter dans le fort. Il se trouva que le secours était entré pendant la nuit. On en fut informé par les prisonniers que nos sauvages firent sur une sortie de quatre cents hommes, que les ennemis voulurent tenter, dont il y eut beaucoup de tués. L'armée, le même soir du 3, campa très près du fort, et, la nuit du 4 au 5, la tranchée fut ouverte par six cents travailleurs et quatre cents pour les soutenir. Les travaux ont été poussés avec tant de vivacité que, le 6 au matin, une batterie de huit pièces de canons et un mortier ont tiré pour ruiner les défenses de la place ; et, le 7 au matin, une autre batterie de huit pièces de canons, et trois mortiers ou obusiers ont fait la même chose. La nuit du 7 au 8 et celle du 8 au 9 ont été employées à construire un boyau et une seconde parallèle, et à y établir deux autres batteries pour pouvoir battre en brèche. Les ennemis, pendant tout le siège, ont fait une très vigoureuse résistance : s'étant aperçus, le 9 au point du jour, que nous avions avancé nos travaux jusqu'au glacis de la place, ils demandèrent le même jour à sept heures du matin, à capituler. On dressa les articles de la capitulation aux conditions suivantes : la garnison et les troupes qui étaient dans le camp retranché sous le fort George, seraient renvoyées au fort Lydius avec les honneurs de la guerre, armes et bagages, une pièce de canon et un chariot couvert. La garnison, avec les retranchements, était composée de deux mille cent hommes, sans compter la perte qu'ils ont faite pendant le siège. Les dites troupes ne serviraient pas leur prince de dix-huit mois, et ils nous renverraient sous trois mois, du jour de la capitulation, tous les prisonniers qu'ils nous ont faits pendant cette guerre, de cette colonie. Nous leur avons pris vingt-trois pièces de canons, un mortier, trois mille quarts de farine ou de lard, et quatre barques qui ont été brûlées, dont deux prêtes à lancer. Tous les magasins ont été donnés au pillage aux sauvages. Voilà, mon très cher père, de très grands avantages pour cette colonie. Nous n'avons perdu que cinquante hommes, tant tués que blessés, depuis le 1er jusqu'au 16. Les ennemis en ont perdu au moins trois fois autant. Une partie de l'armée a été employée à démolir le fort et à combler le fossé. Toute l'armée est partie le 16, pour se rendre au Portage, dont une partie est descendue le même soir ; ceux qui faisaient l'arrière-garde se sont rendus le lendemain.

On a reçu dernièrement des nouvelles de la Belle-Rivière, par lesquelles on mande qu'on y est très tranquille. Nous y avons continuellement des partis en campagne, qui ravagent la Virginie, la Caroline et toutes les provinces. Nos sauvages font des merveilles, et nous sommes fort heureux qu'ils soient pour nous. Ils sont pires que des pirates, ils inventent toutes les cruautés inimaginables pour faire souffrir, et cela se passe tous les jours sous nos yeux, sans pourtant pouvoir y apporter aucun remède. Je ne vous en dis pas davantage, parce que le cœur me soulève toutes les fois que j'y pense. Je vous assure qu'il me tarde beaucoup de repasser en France....

JAUBERT.

Le chevalier de Jaubert fut fait prisonnier le 6 juillet 1758 aux avant-postes de Carillon, et envoyé en Angleterre, d'où il revint en France. Durant sa captivité dans les colonies anglaises, il chargea M. de Malartic de régler ses affaires au Canada. Sa situation financière n'était pas aussi mauvaise qu'on pourrait le croire d'après ses lettres. Déduction faite de ses dettes, il lui revenait 1387 livres.

M. de Jaubert devait être un officier élégant, si on en juge par l'énumération des effets vendus lors de sa captivité. A l'aide de l'inventaire qui en a été conservé, on pourrait reconstituer la toilette d'un officier, telle qu'elle était aux jours de gala, à une réception chez le gouverneur, par exemple, ou à un de ces bals chez l'intendant, dont il a été si souvent question au cours de cette histoire. L'inventaire porte que le chevalier de Jaubert avait des chemises brodées, des bas et des vestes de soie, des manchettes, une culotte à jarretière d'or, des cols blancs en mousseline, deux devants de veste en satin brodé d'or, etc.

M. Pasquier, archiviste du département de l'Ariège, de qui je tiens ces renseignements, m'écrit de Foix que le chevalier de Jaubert était aide-major de la ville de Perpignan lors de son mariage. Sa famille, très ancienne dans le Midi, existait encore au commencement du siècle.

La lettre du capitaine Duchat dont je ne donne ici que de courts extraits, fait partie des archives de la Guerre, à Paris. Dans le *Mémoire* adressé au ministre par le général de Lévis pour demander " des grâces " en faveur des troupes de terre, figure le nom du capitaine Duchat, du régiment de Languedoc. " C'est un ancien officier, y est-il dit, qui a toujours servi avec zèle et application et qui mérite ". (*Lettres du chevalier de Lévis*, pp. 418-446).

Au camp de Carillon, ce 15 juillet 1756.

... La Nouvelle-France contient plus de terrain que les deux tiers de l'Europe ; je ne parle seulement que du pays où les Français vont trafiquer des castors avec les sauvages, où ils ont des forts, des magasins et des établissements ; il serait beaucoup plus grand que l'Europe si l'on comptait toutes les terres du Nord-Ouest, pays jusqu'ici inconnu.

Il y a vingt ans que le Canada était aussi peuplé qu'aujourd'hui ; les guerres que les habitants sont obligés de soutenir les affaiblissent cruellement et les voyages qu'on leur fait faire dans les postes d'en haut, dès que l'Anglais paraît vouloir envahir ou interrompre notre commerce ; ces courses sont pour l'ordinaire de trois ou cinq cents lieues, ne mangeant autre chose que du lard, du biscuit et quelques coups d'eau-de-vie.

Les Canadiens ou Créoles sont grands, robustes et infatigables, surtout pour les marches, fort ignorants, n'ayant aucune idée des sciences, ne s'attachant seulement qu'à leur commerce. Cela n'empêche pas qu'ils ne soient présomptueux et remplis d'eux-mêmes, s'estimant au-dessus de bien des nations ; grands menteurs. Le sang du Canada est assez beau, les femmes y sont généralement jolies, grandes, bien faites, spirituelles, babillardes, maniant la parole avec aisance, paresseuses en tout, et pour le luxe au dernier point.

Tous les lacs et rivières fournissent quantité de poissons. Outre l'espèce que l'on trouve en Europe, il y en a une infinité d'autres très bons ; aussi les voyageurs, officiers et soldats, ont soin de se munir d'hameçons pour leur faire la guerre, c'est à quoi nous nous amusons pendant nos campagnes, et nous pouvons dire que la vertu de patience est bannie de la pêche, tant elle est abondante.

Les arbres que produit le Canada sont d'une beauté à ne pouvoir se lasser d'admirer, tant par la hauteur que par leurs droits (sic) ; les troncs ont jusqu'à soixante pieds (de hauteur), aussi gros à un bout qu'à l'autre ; c'est pourquoi l'on construit chaque année un vaisseau de guerre ou frégate à Québec.

Toutes les forêts sont remplies de gibier : la tourterelle est l'espèce la plus féconde en Canada, elles y fourmillent et ressemblent beaucoup au pigeon ramier de France, à la réserve qu'elle est un peu plus petite. Les arbres en sont si chargés que je puis dire y en avoir vu presqu'autant que de feuilles, si l'on peut se servir de cette expression. L'on en tue jusqu'à cent cinquante d'un coup de fusil, c'est sur le témoignage des Canadiens ; pour moi je n'altère point la vérité en assurant que plusieurs soldats de nos régiments en ont abattu jusqu'à quatre-vingts, et en mon particulier quarante. Il me semble que ce soit une manne que Dieu envoie, puisqu'elle nourrit pendant quatre mois tous les habitants du Canada.

Le passage commence au mois de juin et finit à la fin de septembre où elles se réfugient vers le Midi.

Les oies, outardes, canards de dix espèces et d'autres oiseaux inconnus en Europe abondent aussi dans ce pays.

La perdrix qui, à le bien prendre, est une gelinotte grosse comme une petite poule, se tient continuellement dans le bois, se perche attroupée sur les arbres, et se laisse tuer les unes après les autres à coup de fusil sans branler.

Il y a aussi un grand passage, au mois d'octobre, de merles aussi bons que des grives, et qui sont en si grand nombre que chaque jour nous en rapportions cinq à six douzaines : c'était notre divertissement tous les matins, joint à cela que la nécessité nous y engageait, étant réduits aux pois et au lard.

Vous avez su sans doute le projet que l'Anglais avait formé depuis trois ans, par des papiers que l'on trouva au général Braddock, à l'affaire de la Belle-Rivière, de ranger sous sa puissance tout le Canada ; mais le désavantage qu'il a eu dans cette affaire que l'on doit regarder comme un coup du ciel, et l'envoi des régiments français auquel il ne s'était jamais attendu, l'ont étourdi à un point qu'il ne songe aujourd'hui qu'à être sur la défensive. Quoique la Nouvelle Angleterre soit dix fois plus peuplée que notre continent, il est à remarquer que ce sont des gens qui n'ont aucune teinture de la guerre, et que ces misérables sont obligés d'abandonner leurs femmes et tout ce qu'ils possèdent pour courir à un fusil. Outre cela les subsides et les frais sont tirés des provinces, car l'ancienne Angleterre leur a signifié qu'il n'y avait plus ni argent ni hommes à espérer de l'Europe. Jugez si de pareilles troupes sont à craindre : vous me direz peut-être que le Canadien ne peut se glorifier d'être plus aguerri, puisqu'il est dans le même cas ; il est aisé à concevoir que ne payant ni taille ni impôt et défendant son propre foyer, il soit meilleur soldat, joint à cela que dans toutes les affaires du passé, l'Anglais a toujours été battu par le Canadien ".

CHAPITRE HUITIÈME

LÉGENDE DE TICONDÉROGA

(Voir p. 419)

Cette légende m'a été racontée par le Dean Stanley, lors de son passage à Québec, il y a quelques années. J'ai appris depuis que le marquis de Lorne se plaisait à en faire le récit, à l'époque où il était gouverneur du Canada.

Sur le versant occidental des montagnes d'Ecosse, s'élève le vieux château d'Inverawe, encadré dans un paysage renommé pour ses beautés pittoresques. Ce château a été restauré à différentes époques, mais le *hall*, vaste pièce nue et froide, appelée la Salle du revenant, est resté tel qu'il était, il y a un siècle et demi.

C'était vers 1742. Le Laird d'Inverawe, Duncan Campbell, veillait un soir devant sa cheminée, n'ayant d'autres compagnons que ses chiens de chasse, couchés autour de lui. Rien ne troublait le silence de sa rêverie, quand tout à coup ses chiens dressèrent les oreilles, et se mirent à aboyer. Un instant après, de violents coups retentirent à la porte du château. Le Laird se leva et alla ouvrir. Un montagnard du voisinage, Stuart of Appin, se précipita vers lui tout hors d'haleine et les traits bouleversés. Son plaid était couvert de sang.

— " Je viens d'avoir une rencontre avec des brigands, dit-il, et je suis poursuivi. Cache-moi, et jure sur ta dague que tu ne me trahiras pas ". Duncan Campbell, sous le coup de la surprise et de l'émotion, jura sur sa dague. A peine avait-il conduit l'étranger dans les oubliettes du donjon, que de nouveaux coups retentirent à la porte. En ouvrant, le châtelain se trouva en face de plusieurs montagnards, dont le chef lui dit :

— " Ton cousin Donald vient d'être lâchement poignardé par Stuart of Appin ; nous le cherchons ; il a pris le chemin du château ".

Duncan Campbell demeura confondu à ces paroles. Il comprit pourquoi Stuart l'avait fait jurer sur sa dague de ne pas révéler sa présence. Cependant il ne laissa rien voir de l'horreur qu'il éprouvait, ne voulant pas violer son serment, et congédia les montagnards, sans rien leur dire. A peine Duncan était-il étendu sur son lit, qu'il vit se dresser, au fond de la salle, un spectre qui s'avança vers lui. Il reconnut distinctement les traits de Donald ; mais sa figure était celle d'un mort, et ses vêtements maculés de sang. Duncan se releva de son lit glacé d'épouvante.—" Inverawe ! Inverawe ! dit le spectre d'une voix solennelle, mais sépulcrale, il y a eu du sang de répandu. Ne cache pas le meurtrier ".

Dès l'aube du jour, Campbell descendit dans le donjon et dit au meurtrier qu'il ne pouvait le garder plus longtemps. — " Tu as juré sur ta dague, lui répondit Stuart ". Campbell l'assura qu'il ne le trahirait pas, et le conduisit dans la montagne, où il lui indiqua une caverne pour asile. La nuit suivante, Campbell essaya vainement de dormir. Vers minuit, ses chiens poussèrent de sourds grondements, et il vit de nouveau l'ombre de Donald éclairée par la flamme de la cheminée. La même voix retentit dans le silence, mais cette fois lamentable et suppliante. — " Inverawe ! Inverawe ! Il y a eu du sang de répandu : le sang demande du sang. Ne cache pas le meurtrier ".

Duncan se leva dès le jour ; il courut dans la montagne. Mais la caverne était vide, Stuart avait pris la fuite. Le même soir, pendant que le Laird se promenait, en proie à une fiévreuse agitation, dans la salle solitaire, le spectre lui apparut pour la troisième fois, plus pâle et plus livide, mais moins attristé qu'auparavant, et lui dit : — " Adieu, Inverawe ! adieu jusqu'à ce que nous nous rencontrions à TICONDÉROGA ".

Le bruit de cette vision fut bientôt répandu dans tout le pays. Mais qu'était-ce que Ticondéroga ? Campbell eut beau interroger, personne n'avait entendu parler d'un tel lieu.

Quelques années après, il servait en qualité de major dans le 42me régiment des Highlanders, surnommé *The Black Watch*, qui fut appelé en Amérique pendant la guerre de Sept Ans. Campbell fut terrifié en apprenant que son régiment avait reçu l'ordre de marcher à l'attaque de Ticondéroga. La veille de la bataille, les officiers, qui connaissaient l'histoire de l'apparition et s'étaient aperçus de ses craintes, tâchèrent de le rassurer en lui faisant croire qu'on n'était pas encore arrivé à Ticondéroga, et que c'était le fort George qui allait être attaqué le lendemain. Mais à la pointe du jour, Campbell vint à leur rencontre, la figure consternée, les yeux hagards. — " Vous m'avez trompé, leur dit-il, je l'ai vu cette nuit, il est entré dans ma tente. Nous sommes à Ticondéroga. Je serai tué aujourd'hui ".

Ses prévisions furent réalisées.

Telle est la légende. Le fait incontestable, c'est que Duncan Campbell, blessé d'une balle au bras, le 8 juillet, fut emporté au fort Edouard, où il mourut et fut inhumé.

Sur la pierre qui marque son tombeau, on lit encore distinctement le nom de Duncan Campbell d'Inverawe, avec la date de sa mort, 17 juillet 1758.

CHAPITRE VINGTIEME

JUGEMENT SUR MONTCALM ET VAUDREUIL PAR L'AUTEUR DU " JOURNAL TENU A L'ARMÉE ".

(Le nom de cet annaliste n'est pas connu, mais on voit par son récit qu'il était un des principaux officiers de l'armée française).

Au lieu de chercher l'explication de nos malheurs dans une fatalité que la superstition aperçoit toujours dans ce qui arrive de fâcheux aux hommes, je crois pouvoir, sans rien hasarder, me flatter de les trouver dans les passions auxquelles nous avons eu le malheur d'être trop sujets, ou plutôt dans les désordres qui en sont les suites nécessaires.

Quand le roi a fait passer des troupes de terre en Amérique, il ne les a considérées que du côté des services qu'elles pouvaient y rendre, et l'on peut dire que Sa Majesté, au lieu de les exiger en maître, a semblé ne vouloir les attendre que de la reconnaissance que devaient exciter ses bienfaits ; mais ces mêmes faveurs dont les troupes de terre se trouvaient comblées en arrivant au Canada, ne contribuèrent pas peu à dégoûter celles dont le sort était d'y servir à perpétuité, et sur lesquelles on ne peut disconvenir que l'on ne dût, malgré le relâchement de leur discipline, plus compter que sur les premiers. Chaque nation a sa méthode de faire la guerre, et l'on sait que celle qu'il faut suivre dans le Canada n'a que peu de rapport avec celle que l'on pratique en Europe.

De ce genre de jalousie naquit bientôt, entre les différents corps, une mésintelligence à laquelle le partage de l'autorité dans le commandement prépara les voies, pour monter de grade en grade jusques aux chefs, où elle produisit les ravages dont les suites devaient être si funestes.

M. de Montcalm en ressentit et en laissa le premier apercevoir les accès : plein d'esprit, mais d'une ambition démesurée, plus brillant par les avantages d'une mémoire ornée que profond dans les sciences relatives à l'art de la guerre, dont il n'avait pas même les premiers éléments, ce général était peu propre au commandement des armées ; il était d'ailleurs sujet à des emportements qui avaient refroidi pour lui ceux mêmes qu'il avait obligés, et qui par état devaient lui être unis d'intérêts. J'ajouterai que, quoique brave, il n'était nullement entreprenant ; il n'eût jamais, par exemple, attaqué

Chouaguen, s'il n'avait pas été forcé par les reproches que lui fit sur l'espèce de timidité qu'il montrait. M. de Rigaud, homme borné à la vérité, mais plein de valeur et d'audace, accoutumé à courir les bois ; il eût abandonné le siège du fort George, dès l'instant même qu'il l'eut entrepris, s'il n'eût été ramené par la fermeté de M. le chevalier de Lévis ; il joignait à cette médiocrité dans les talents nécessaires à un militaire de son rang un défaut bien grand pour un général : c'est l'indiscrétion. Plus occupé du soin de faire briller son éloquence que des devoirs qu'exigeait son état, il ne pouvait s'empêcher de publier ses desseins longtemps avant qu'ils dussent être mis à exécution, et il suffisait qu'il en voulût à quelqu'un pour qu'il ne cessât d'en déchirer la réputation en termes indécents, en présence de ses domestiques même et par conséquent des troupes ; c'est par ses propos, qu'il ne répandait pas dans le fond sans intention, qu'il a fait perdre à M. de Vaudreuil la confiance du soldat, des habitants et du sauvage même, auxquels ce gouverneur eût certainement été cher, si ces gens avaient pu pénétrer ses sentiments pour eux.

Du bon sens, point de lumières, trop de facilité, une confiance dans les événements qui rend les précautions souvent tardives, de la noblesse et de la générosité dans les sentiments, beaucoup d'affabilité ; voilà les principaux traits qui m'ont paru caractériser M. le marquis de Vaudreuil. Sa bonté poussée à l'excès eût certainement, en Europe, été sujette à des inconvénients infinis ; en Canada, le vice opposé eût certainement précipité la ruine de la colonie ; on ne peut sans y avoir vécu se faire une idée exacte de la patience dont il faut, en particulier, être doué, pour soutenir les importunités de la part des sauvages auxquels un gouverneur est continuellement exposé, et surtout en temps de guerre. Ignorant également les maximes du gouvernement civil ou militaire, M. de Vaudreuil n'a pu, d'un autre côté, comprendre les inconvénients qu'il y avait à pousser trop loin l'indulgence, dont il convenait cependant d'user, avec mesure, envers les milices; cela a produit deux effets également fâcheux.

Les Canadiens, de la valeur, de l'adresse et de la docilité desquels, bien modifiées, il n'est rien que l'on ne pût attendre, sont tombés insensiblement dans le relâchement, et M. de Montcalm, de son côté, fut assez peu citoyen pour en tirer une sorte de droit de laisser périr parmi ses troupes de terre, toute espèce de discipline ; le soldat cessa de reconnaître l'officier, qui, lui-même, devint insubordonné ; les désordres de tous genres suivirent, il n'y eut plus de règle ni d'exactitude dans le service ; rien n'égale les dégâts commis par les troupes dans toutes les campagnes où l'ennemi a campé (sic) ; on s'en plaignait, le général répondait que tout appartenait au soldat, qui, instruit de ces dispositions, se répandait dans les habitations à deux et trois lieues à la ronde. C'est à cette occasion qu'une femme, un jour d'alerte, en reprochant à M. de Montcalm la dureté avec laquelle il laissait ravager par ses soldats, le bétail, la volaille, les jardins, les plantations de tabac, et même les blés, lui dit chez M. de Vaudreuil, en présence de vingt officiers, qu'il aurait cinq cents soldats de moins à opposer aux efforts de l'ennemi dont on s'attendait à être attaqué dans le moment, s'il ne se hâtait d'envoyer battre la générale dans les profondeurs de Charlesbourg (environ deux lieues), où ils s'occupaient à piller dans l'intérieur même des maisons....

Il serait superflu que je fisse ici de nouvelles réflexions sur ce qui devait résulter d'un gouvernement aussi convulsif.

GARNISON ANGLAISE LAISSÉE DANS QUÉBEC DURANT L'HIVER DE 1759-60

(*Voir* p. 289)

	RÉGIMENTS.	Rank and file.	Total of all ranks.
15th...	Amherst	455	
28th...	Bragg	536	
35th...	Otway	728	
43td...	Kennedy	585	
47th...	Lascelles	538	
48th...	Webb	802	
58th...	Anstruther	508	
60th...	Royal-American	1005	
78th...	Fraser	978	
	Rangers	100	
	Royal Artillery	195	
	Total	6,430	7,313

Knox Journal, vol. II, p. 181.

En comparant ce tableau avec celui qui se trouve reproduit dans le *Journal* de Fraser, à la date du 11 juin 1759, on constate que les chiffres de ce dernier sont au-dessous de la vérité. Ceci est évident surtout pour quatre régiments, puisqu'ils se trouveraient avoir été plus nombreux après qu'avant le siège de Québec. Fraser donne, en effet, les chiffres suivants pour les régiments :

    Lascelles.. 500
    Webb... 800
    Anstruther... 500
    Royal-Americain 1000

D'après Knox, les mêmes régiments avaient après le siège :

    Lascelles 538
    Webb... 802
    Anstruther... 508
    Royal-Americain 1005

Le même Fraser dit que le corps d'artillerie se composait de 300 hommes, celui de l'infanterie légère et des rangers de 600. Il indique également parmi les troupes de débarquement 1000 marins.

AUTOGRAPHES CONTENUS DANS CE VOLUME

	PAGES
D'Hébécourt	20
Daine	104
Bourlamaque	145
Pouchot	164
Cher de Montreuil	239
Dalquier	261
Fiedmond	278
Le cher de St-Rome	279
Joannès	283
De Ramezay	287
Malartic	345
Bernier	346
Le cher d'Aiguebelle	349

ERRATA

Page 225, ligne 13, au lieu de Jarvis,......*lisez* Jervis.
Page 225, ligne 14, au lieu de Porc-Epic,......*lisez* Porcupine.

Dans les ERRATA du tome premier, il faut ajouter :
Page 5, ligne 8, au lieu de Nicolaï,......*lisez* Nicolay.
Page 14, ligne 24, au lieu de ces colonies,......*lisez* ses colonies.
Page 313, ligne 1, au lieu de L'esprit qu'animait,......*lisez* L'esprit qui animait.

TABLE DES MATIÈRES

TOME DEUXIÈME

CHAPITRE QUINZIEME

1758-1759

PAGES

Epuisement de la colonie. — Mission de Bougainville. — Son amitié avec Bigot. — Double rôle qu'il accepte. — Ses invectives et celles de Montcalm.— Son voyage et son arrivée en France. — Activité à Carillon.— Dernières incursions. — La levée du camp. — Le soldat chez l'habitant. — Montcalm à Québec. — Il reprend sa correspondance avec Lévis. — Misère affreuse. — Une émeute. — Pressentiments de Montcalm.— Jeux et folies indécentes. — Mandement de l'évêque de Québec. — Il dénonce les coupables et prédit des châtiments.................................... 7

CHAPITRE SEIZIÈME

1759

Bougainville à Versailles. — Sa partialité. — Il est flatté et berné. — Le Canada abandonné par la France. — Noces à Candiac. — Tristesses de Montcalm. — Sérénité de Lévis. — Appels de Vaudreuil. — La colonie se lève en masse. — Travaux de défense à Québec, Carillon et Niagara. — Adieux de Pouchot à Montcalm. — Kisensik à Carillon.— Une terrible leçon... 35

CHAPITRE DIX-SEPTIÈME

1759

PAGES

Wolfe chargé de l'expédition contre Québec. — Une soirée chez Pitt. — Séjour à Bath. — Mlle Lowther. — Wolfe à sa mère. — Son projet d'attaque. — La flotte anglaise dans le Saint-Laurent. — Retour de Montcalm à Québec. — Son plan de défense. — Vauquelin et Pellegrin. — Arrivée de Vaudreuil et de Lévis. — Les Canadiens accourent sous les drapeaux. — Activité à Québec et au camp de Beauport. — L'amiral Durell à l'Ile-aux-Coudres. — Embuscade au cap à la Branche. — La Traverse. — Débarquement des Anglais. — Wolfe en vue de Québec. — Les brûlots. — Les Anglais à la Pointe-Lévis. — Alerte au camp de Beauport. — L'équipée des écoliers. — Bombardement de Québec. - Hésitations de Wolfe. — Une descente à la Pointe-aux-Trembles. — Embuscade au Gué-d'Hiver. — Bataille de Montmorency. — Lévis, l'homme du jour. — Alarmes pour la frontière. — Départ de Lévis... 55

CHAPITRE DIX-HUITIÈME

1759

Bourlamaque à Carillon. — Amherst, son caractère. — Il s'avance par le lac George. — Bourlamaque fait sauter Carillon et Saint-Frédéric. — Sa retraite vers l'Ile-aux-Noix. — Lenteurs d'Amherst. — Marche du général Prideaux sur Niagara. — Le chevalier de La Corne repoussé à Chouaguen. — Philippe et Daniel de Joncaire chez les Iroquois. — Pouchot néglige leurs avis. — Siège du fort Niagara. — Héroïsme de la défense. — Mort de Prideaux. — Des Ligneris et Aubry viennent au secours de la place. - Embuscade de Johnson. — Défaite et massacre des Français. — Capitulation de Niagara... 145

TABLE DES MATIÈRES 481

CHAPITRE DIX-NEUVIÈME

1759

PAGES

Lévis aux rapides. — A l'Ile-aux-Noix. — Bourlamaque s'y fortifie. — Sa correspondance avec Montcalm. — Abattement et maladie de Wolfe. — Il fait incendier les campagnes. — Horreurs commises par les rangers. — Protestations de Montcalm. — Descente des Anglais à Deschambault. — Inquiétudes de Montcalm. — Bougainville en observation au-dessus de Québec. — Perplexités de Wolfe. — Sa dernière lettre à sa mère. — Il évacue le camp de Montmorency. — L'amiral Holmes cherche à surprendre Bougainville. — Nouveau projet d'attaque. — Démonstration au cap Rouge. — Pressantes recommandations de Vaudreuil à Bougainville. — Il n'en tient compte. — La veille du 13 septembre. — Pressentiments de Montcalm et de Wolfe. — Vergor surpris à l'anse du Foulon. — L'armée anglaise sur les plaines d'Abraham. — Montcalm à la Canardière. — Nuit d'agitation. — Il refuse de croire au débarquement des Anglais. — Sa stupéfaction. — L'armée française accourt de Beauport. — Vaudreuil conjure Montcalm de ne pas précipiter l'action. — Bataille d'Abraham. — Montcalm et Wolfe blessés à mort. — Héroïque résistance des Canadiens.. 183

CHAPITRE VINGTIÈME

1759

Après la bataille. — Découragement de l'armée française. — Conseil de guerre. — Il décide la retraite à Jacques-Cartier. — Lettre de Vaudreuil à Lévis. — Dernière correspondance de Vaudreuil et de Montcalm. — Marche nocturne de l'armée. — Derniers moments de Montcalm. — Sa mort. — Sa sépulture. — Townshend à l'Hôpital-Général. — Consternation à Québec. — Arrivée de Lévis à Jacques-Cartier. — Il ordonne la marche sur Québec. — Ramezay s'obstine à capituler malgré les ordres de Vaudreuil. — Le brave Fiedmond. — Protestations de Joannès. — Ramezay signe la capitulation. — Les troupes anglaises dans Québec. — Proclamation de Murray. — Départ de la flotte. — Démonstrations de joie en Angleterre. — Indifférence à Versailles.. 257

CHAPITRE VINGT ET UNIÈME

1759-1760

Retour de l'armée française à Jacques-Cartier. — Vaudreuil rappelé à Montréal. — Amherst s'avance sur l'Ile-aux-Noix. — L'épouvante à Montréal. — Ferme attitude de Bourlamaque. — Amherst retourne à Saint-Frédéric. — Une sotte campagne. — Surprise et destruction du village de Saint-François du Lac. — Vengeance des Abénakis. — Cantonnement des troupes françaises. — Québec et la garnison anglaise. — Les hôtes de l'Hôpital-Général. — Mission de Le Mercier en France. — L'hiver de 1760. — La vie à Québec. — A Montréal. — Les jeux de hasard. — Détresse générale. — Les Canadiens se dévouent à nourrir l'armée. — Projet de surprendre Québec en hiver. — Le capitaine de Saint-Martin à Lévis. — Mort de Langy... 295

CHAPITRE VINGT-DEUXIÈME

1760

PAGES

Lévis se prépare à assiéger Québec. — Reconnaissance qu'il témoigne aux Canadiens. — Rassemblement de l'armée. — Descente du Saint-Laurent. — Débarquement et marche sur Québec. — L'ouragan du 26 avril. — Alarme dans la ville. — Le passage de la Suète. — Les Anglais évacuent le village de Sainte-Foye. — Plan téméraire de Murray. — Il s'avance sur Lévis. — Bataille de Sainte-Foye. — Déroute de l'armée anglaise.. 331

CHAPITRE VINGT-TROISIÈME

1760

Lévis met le siège devant Québec. — Découragement et désordre de la garnison. — Murray rétablit l'ordre. — Courtoisie entre les généraux. — Le premier vaisseau du printemps. — La levée du siège. — Combat de l'*Atalante*. — Nouvelles de France. — Le duc de Choiseul. — Il sacrifie le Canada. — Murray remonte le Saint-Laurent. — Belle défense à Jacques-Cartier. — Bourlamaque à Sorel. — Proclamation de Murray. — Il recommence à ravager les campagnes. — Désertions dans les troupes françaises. — Le général Haviland devant l'Ile-aux-Noix. — Le siège. — Bougainville évacue le fort. — Amherst descend le Saint-Laurent. — Il assiège le fort Lévis. — Héroïque défense de Pouchot. — Les trois armées anglaises devant Montréal. — Indigne conduite d'Amherst. — Désespoir de Lévis. — Capitulation... 363

CHAPITRE VINGT-QUATRIÈME

1760-1763

PAGES

Embarquement des troupes françaises à Montréal. — Une succession de tempêtes. — Départ pour la France. — Le naufrage de l'*Auguste*. — Procès et condamnation de Bigot et de ses complices. — Le roi reconnaît les services de Vaudreuil. — Lévis à l'armée d'Allemagne. — Sa brillante carrière. — La situation en Europe. — Mort de George II. — Le pacte de famille. — Choiseul propose la paix. — Pitt devant les Communes. — Le traité de Paris. — Conclusion.. 411

Appendice 435

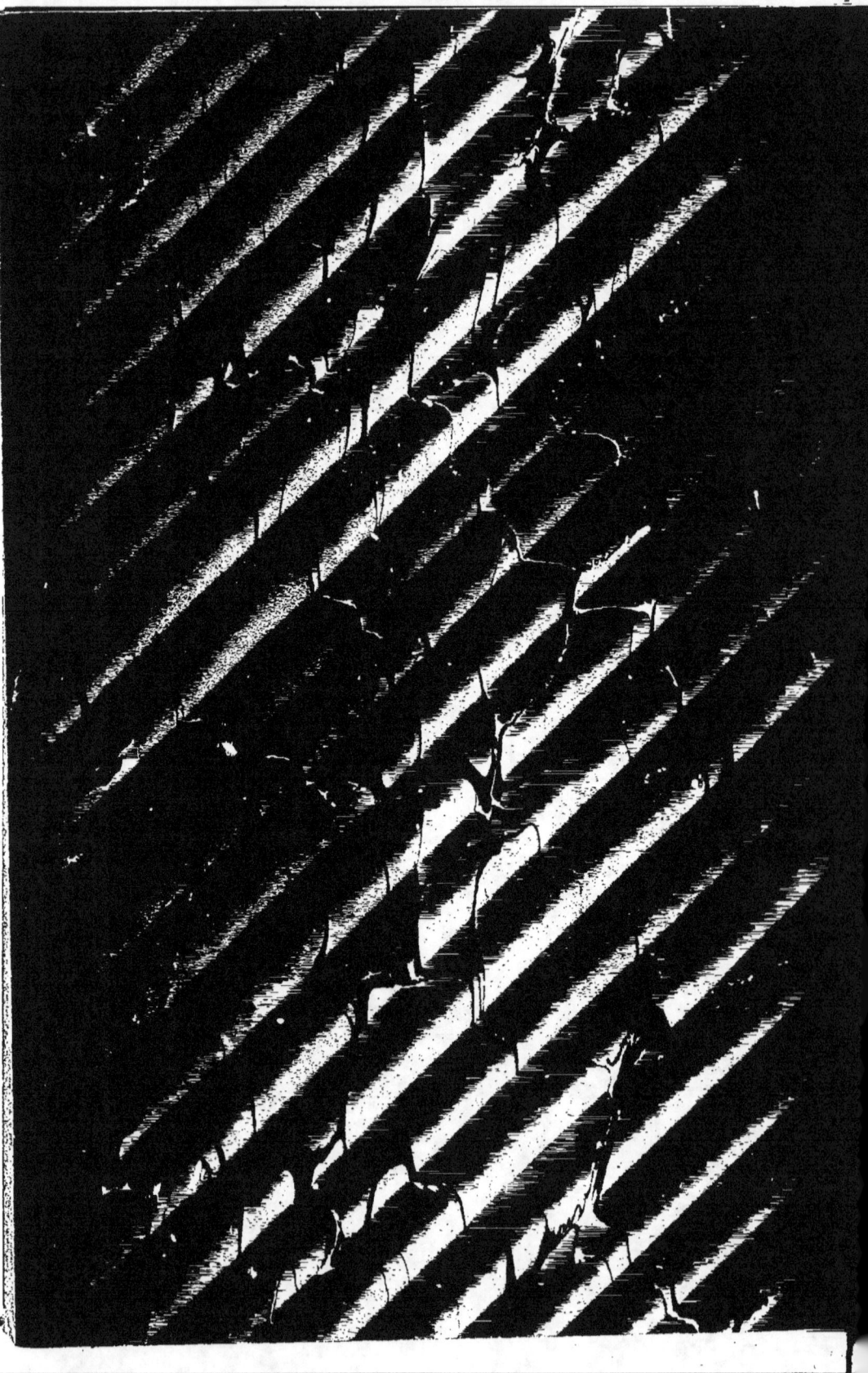

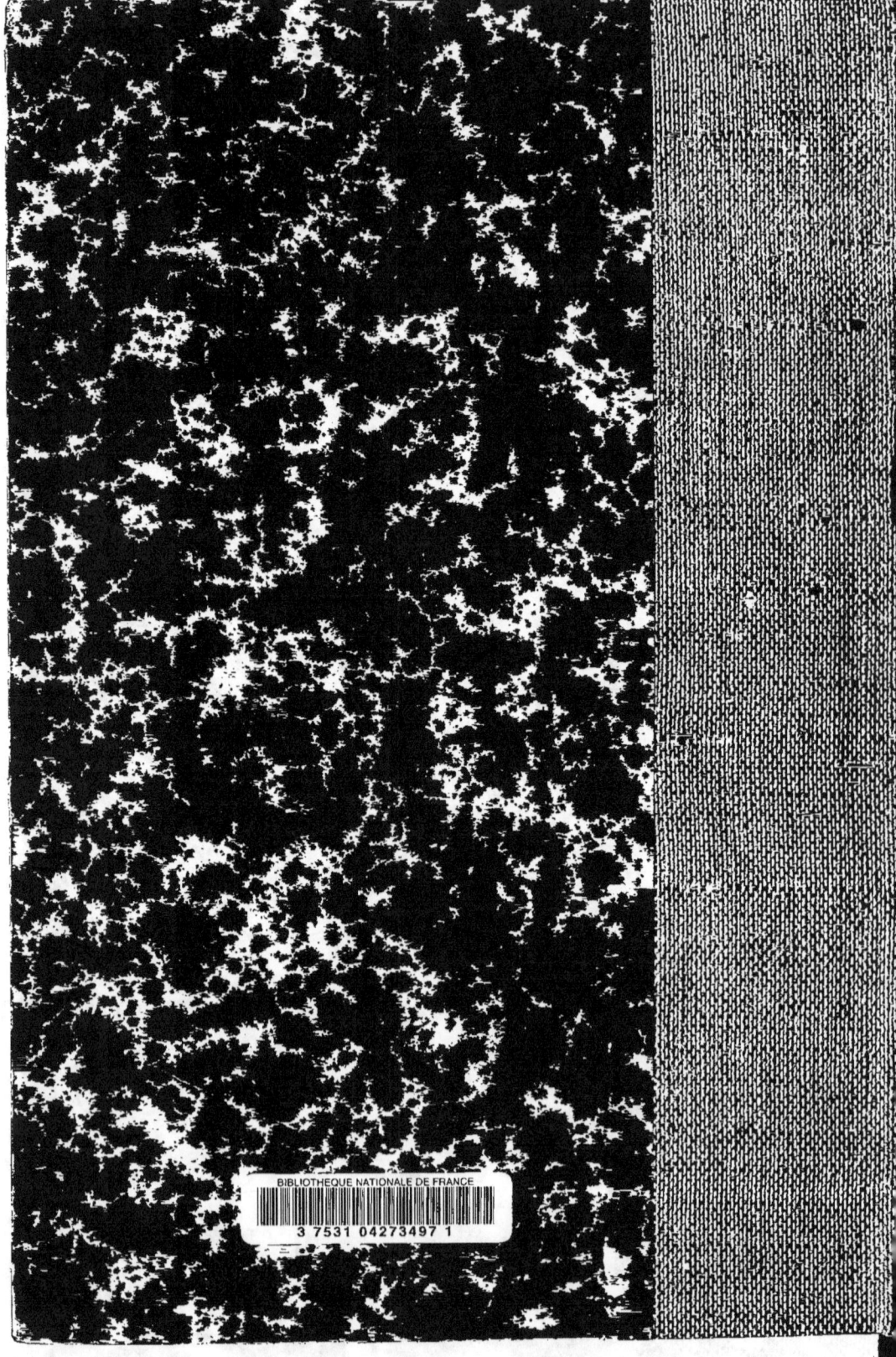